»Wir können's ja nicht lassen ...«

MISSION UND KONTEXT (MuK)

Band 1

Herausgegeben von Felix Eiffler, Michael Herbst und Patrick Todjeras

Felix Eiffler | David Reißmann (Hrsg.)

»Wir können's ja nicht lassen...«

Vitalität als Kennzeichen einer Kirche der Sendung

EVANGELISCHE VERLAGSANSTALT
Leipzig

Erweiterter Tagungsband zum Greifswalder Symposium 2022

Bibliographische Information der Deutschen Nationalbibliothek
Die Deutsche Nationalbibliothek verzeichnet diese Publikation in der
Deutschen Nationalbibliographie; detaillierte bibliographische Daten
sind im Internet über http://dnb.dnb.de abrufbar.

© 2023 by Evangelische Verlagsanstalt GmbH · Leipzig
Printed in Germany

Das Werk einschließlich aller seiner Teile ist urheberrechtlich geschützt.
Jede Verwertung außerhalb der Grenzen des Urheberrechtsgesetzes ist ohne
Zustimmung des Verlags unzulässig und strafbar. Das gilt insbesondere für
Vervielfältigungen, Übersetzungen, Mikroverfilmungen und die Einspeicherung
und Verarbeitung in elektronischen Systemen.

Das Buch wurde auf alterungsbeständigem Papier gedruckt.

Cover: makena plangrafik, Leipzig
Satz: David Reißmann, Halle (Saale)
Druck und Binden: Hubert & Co., Göttingen

ISBN Print 978-3-374-07295-8 // eISBN (PDF) 978-3-374-07296-5
www.eva-leipzig.de

Geleitwort der Herausgeber

»Wir können's ja nicht lassen ...« Ohne es intendiert zu haben, passt dieser Titel hervorragend zum ersten Band der neuen wissenschaftlichen Reihe ›Mission und Kontext‹. Die Begriffe ›Mission‹ und ›Kontext‹ dienen als grundsätzliche Orientierungspunkte für die Arbeit an Fragen der Kirchentheorie sowie der Kirchen- und Gemeindeentwicklung. Mission bezieht sich auf die Sendung bzw. den Auftrag der Kirche, welcher sich aus der Sendung Gottes, der missio Dei, ableitet. Kirchliches Handeln ist Teilhabe an dieser Sendung und die kritische Reflexion dieser Teilhabe ist die Aufgabe der Theologie. Die Praktische Theologie kann in diesem Sinn als Theorie der Praxis kirchlichen Handelns im Licht der Sendung Gottes beschrieben werden. Diese Sendung findet aber nicht im Vakuum statt, sondern kontextualisiert sich immer wieder neu und muss demzufolge immer vor dem Hintergrund des je spezifischen Kontextes betrachtet werden. Unser Anliegen ist es, das Wahrnehmen zu fördern und zu einer reflektierten Hermeneutik des Kontextes beizutragen.

Die Reihe ›Mission und Kontext‹ knüpft auch an die mittlerweile abgeschlossene Reihe ›Beiträge zur Erforschung von Evangelisation und Gemeindeentwicklung‹ (BEG) an und entwickelt die dort reflektierten Themen in missionstheologischer und kontextueller Perspektive weiter. Damit werden Themen und Anliegen, die bisher am Greifswalder Institut zur Erforschung von Evangelisation und Gemeindeentwicklung (IEEG) bearbeitet wurden, auch weiterhin in den theologischen Diskurs eingespielt. Dies geschieht – wie auch bisher schon – in internationaler Perspektive.

Wir freuen uns, mit diesem erweiterten Tagungsband des letzten Symposiums des IEEG (2022) einen Eröffnungsband für die neue Reihe vorlegen zu können. Dieser markiert zugleich den Übergang zu weiterer Forschung zu Fragen einer missionalen und kontextuellen Kirchentheorie sowie Kirchen- und Gemeindeentwicklung. Unser Dank gilt der Evangelischen Verlagsanstalt in Leipzig und in besonderer Weise Frau Dr. Annette Weidhas, die unserem Anliegen und Vorhaben Vertrauen entgegenbringt.

November 2022   Michael Herbst, Felix Eiffler, Patrick Todjeras

Vorwort

Der vorliegende Band dokumentiert die Beiträge des letzten vom Greifswalder *Institut zur Erforschung von Evangelisation und Gemeindeentwicklung* (IEEG) durchgeführten Symposiums, das im Mai 2022 im Alfried Krupp Wissenschaftskolleg in Greifswald unter dem Titel »*Denn wir können's ja nicht lassen ...« Vitalität als Kennzeichen einer Kirche der Sendung* stattfand. Darüber hinaus wurde dieser Band um weitere Beiträge ergänzt und vertieft damit die bisherige Diskussion. Die Frage nach der aktiven Identität der Kirche, die Frage also, was die Kirche zur Kirche macht und wie sich das gegenwärtig äußert, wird in diesem Band inhaltlich auf die Frage nach ihrer Vitalität ausgerichtet und multiperspektivisch untersucht. Mit dem Leitbegriff der »Vitalität« wird eine bisher wenig erprobte hermeneutische und heuristische Kategorie an den Ist-Zustand der Kirche angelegt, um nach ihrer Lebendigkeit zu fragen. In diesem Zuge werden soziologische und durch empirische Forschungen unterfütterte Befunde mit theologischen Diskussionen um die Identität der Kirche und die Aktivität dieser Identität verbunden.

Der Dank für das Zustandekommen des Bandes gebührt in erster Linie den Referentinnen und Referenten des Symposiums sowie den Autorinnen und Autoren, die mit ihren Beiträgen die inhaltliche Diskussion des Themas gestalten. Zu danken ist ebenso den Teilnehmern des Symposiums, die mit Rückfragen und kritischen Beiträgen eine vertiefte Debatte ermöglicht haben und zusätzliche Aspekte, bspw. aus der Perspektive des Pfarralltags oder des Theologiestudiums, eingebracht haben. Den studentischen Hilfskräften des IEEG, allen voran Matthias Berger, Konstantin Vogel, Friedemann Wienß und Clara Zühl, ist herzlich für die Unterstützung bei der Durchführung der Tagung zu danken. Sie haben gemeinsam mit dem Team des IEEG und dort besonders Carla J. Witt dafür gesorgt, dass das Symposium trotz mehrmaliger durch die Corona-Pandemie und -Maßnahmen bedingter Verschiebung stattfinden konnte. Herzlich zu danken ist außerdem dem Alfried Krupp Wissenschaftskolleg in Greifswald, das mit seinen Mitarbeitenden und seinem wissenschaftlichen Geschäftsführer Dr. Christian Suhm einen sowohl finanziellen und logistischen als auch äußerst freundlichen Rahmen für die Veranstaltung zur Verfügung gestellt hat. Der Evangelischen

Kirche in Deutschland (EKD) und der Evangelisch-Lutherischen Kirche in Norddeutschland (Nordkirche) sei für weitere finanzielle Hilfen gedankt. Sarah Görgen danken wir für ihre Mithilfe bei der Erstellung des Manuskripts. Schließlich danken wir herzlich der Evangelischen Verlagsanstalt (EVA) in Leipzig und dort besonders Frau Dr. Annette Weidhas dafür, dass dieser Band bei der EVA veröffentlicht werden kann und damit zugleich eine neue Reihe begründet wird, die dort fortan unter dem Titel »Mission und Kontext« erscheint.

Mit dem Symposium wurde Prof. Dr. Michael Herbst als (Gründungs-)Direktor des IEEG an der Universität Greifswald verabschiedet. Nach zahlreichen Symposien unter seiner wissenschaftlichen Leitung endete damit eine Ära in Greifswald. Seinem Engagement ist es mitzuverdanken, dass das Thema der Vitalität der Kirche in vielerlei Hinsicht bereits zum Gegenstand des wissenschaftlich-theologischen Diskurses sowie zum Thema für viele Studierende, Haupt- und Ehrenamtliche in unterschiedlichen Kirchen geworden ist. Die Forschungen zu diesem und ähnlichen Themen werden nun an neuen Standorten und unter veränderten Vorzeichen und Bedingungen fortgesetzt: Dazu zählen die *Arbeitsstelle zur Erforschung von Evangelisation und Kirchenentwicklung* (AEEK) am *Werk für Evangelisation und Gemeindeaufbau* (WeG) der Evangelischen Kirche in Österreich A.B. und die Forschungsstelle *Missionale Kirchen- und Gemeindeentwicklung* (MKG) am *Center for Empowerment Studies – Christliches Empowerment in der Säkularität* (CES) an der Martin-Luther-Universität Halle-Wittenberg.

Wir hoffen, dass dieser Band, der die neue Reihe unter dem Titel »Mission und Kontext« begründet, einer dem Grund und der Sendung der christlichen Kirche entsprechenden Vitalität dient und auch im wissenschaftlichen Diskurs weitere kritische Auseinandersetzungen mit dem Thema nach sich zieht.

Halle, im November 2022   Felix Eiffler & David Reißmann

Inhalt

Abbildungsverzeichnis 13

David Reißmann & Felix Eiffler
Einführung in den vorliegenden Band 15

ERSTER TEIL
MULTIPLE PERSPEKTIVEN AUF VITALITÄT

Christfried Böttrich
Ein »Haus aus lebendigen Steinen« 27
Vitalität und Stabilität des Glaubens in neutestamentlicher Perspektive

Tom Greggs
Vitality as a Nota Ecclesiae? 49

Miriam Zimmer, Veronika Eufinger, Matthias Sellmann
Religiöse Vitalität erklären und messen 63
Ein vierdimensionales Wirkungsmodell erfolgreicher kirchlicher Arbeit

Annette Haußmann
Spiritualität als Quelle einer vitalen Kirche? 91
Pastoraltheologische und kirchentheoretische Überlegungen

Ralph Kunz
»Nicht lassen können und lassen müssen« 115
Eine Rede zur Sendung der Kirche und zum Umgang mit notwendigen Abschieden

ZWEITER TEIL
RÜCKBLICK UND AUSBLICK: DIE FORSCHUNGSARBEIT ZU EINER VITALEN KIRCHE DER SENDUNG IM UMFELD DES IEEG

Hans-Jürgen Abromeit
»Wir konnten's ja nicht lassen« 131
Forschung und Lehre zu Evangelisation & Gemeindeentwicklung seit 2004

Matthias Clausen
»Wir konnten's ja nicht lassen« 141
Forschung und Lehre zu Evangelisation & Gemeindeentwicklung seit 2004

Sabrina Müller
Szenarien der Kirchenentwicklung 147
Beobachtungen und Perspektiven

Mirjam Best
»Wir können es nicht lassen ...« über den eigenen Tellerrand zu schauen 157
Impulse zu einer Sendungs- und Herzensökumene

Felix Eiffler
»Wir können's auch weiterhin nicht lassen« 165
Künftige Forschung und Lehre zu Evangelisation & Gemeindeentwicklung

Thomas Schlegel
»Wir sollten es nicht lassen ...« 177
Perspektiven der Erforschung von Evangelisation und Gemeindeentwicklung in Verbindung von Kirchentheorie und kirchlicher Praxis

Michael Herbst
»Weil Gott es nicht lassen kann ...« 191
Missio Dei als Leitbegriff der Praktischen Theologie?

DRITTER TEIL
HORIZONTE IN DER ERFORSCHUNG DER VITALITÄT DER KIRCHE

Michael Domsgen
»Empower people or don't do it!« 213
Überlegungen zum Potenzial von Empowerment-Diskursen für Kirchentheorie und Gemeindeentwicklung

Miroslav Volf
Mission als Teilhabe an Gottes »Zuhause-Schaffen« 227
»Mission as Participation in God's Homemaking«, übersetzt von David Reißmann

Henning Wrogemann
Die Kraft des Kontra-Faktischen 243
Anbetung Gottes als Ziel von Mission und als Ausdruck einer vitalen Kirche

Nicole Chibici-Revneanu
Tagungsbeobachtung 257
Statt eines Schlusswortes: Ein Kommentar zum Symposium aus Sicht einer vorpommerischen Pastorin

Autorenverzeichnis 265

Abbildungsverzeichnis

Abbildung 1: Theorie des Wandels zu Vitalisierung kirchlicher Gemeinschaften 68
Abbildung 2: Zentraler Zusammenhang kirchlicher Vitalität 70
Abbildung 3: Zielgröße: Die Vitalität religiöser Gemeinschaften 74
Abbildung 4: Wirkungsmodell der Vitalität (religiöser) Gemeinschaften 84

David Reißmann & Felix Eiffler

Einführung in den vorliegenden Band

Der vorliegende Band befragt in einem internationalen und interdisziplinären Diskurs die gegenwärtige Kirche auf ihre Vitalität hin. Unter dem Leitbegriff der »Vitalität« wird eine bisher wenig genutzte hermeneutische und heuristische Kategorie erprobt, theologisch erörtert und an den kirchlichen Ist-Zustand angelegt, um nach der Lebendigkeit der Kirche zu fragen. Dies ist notwendig geworden, um neben die bereits bekannten und wissenschaftlich breit diskutierten soziologischen – und zunehmend durch empirische Forschungen unterfütterten – Befunde des Rückgangs von Mitgliederzahlen, rückläufiger Gottesdienstbesuche und schwindender kirchlicher Bindungskräfte in der Gesellschaft auch Diskussionen um die Identität der Kirche und die Aktivität dieser Identität zu stellen.

Diese Frage nach der *aktiven Identität der Kirche* wird durch die Beiträge dieses Bandes inhaltlich auf die Frage nach ihrer Vitalität ausgerichtet und multiperspektivisch untersucht. Beispielsweise folgende Fragen sind dabei erkenntnisleitend: Worin besteht das anhaltende Leben der Kirche? Wie zeigt sich gegenwärtig ihre Lebendigkeit, und wie lässt sich diese wissenschaftlich untersuchen? Dieser Band führt bereits bekannte wie auch neue Befunde weiter in inhaltliche Debatten, die beispielsweise aus kirchenleitender und systematisch-theologischer Perspektive aufgeworfen werden. Dabei wird auch die Bedeutung der wissenschaftlichen Theologie, der Ausbildung des theologischen Nachwuchses sowie religionspädagogischer Zukunftsaufgaben und deren Beitrag für eine lebendige Kirche thematisiert. Mit dem Begriff der Vitalität steht dann auch ein Instrument zur Verfügung, das die theologisch verantwortete Entscheidung darüber leiten kann, was Kirche inmitten neuer gesellschaftlicher Veränderungen und Verflechtungen nicht mehr tun kann und lassen muss – ohne darüber ihre Lebendigkeit zu verlieren.

In diesem Zug schlägt dieser Band grundlegende theologische Verortungen von Vitalität vor (Christfried Böttrich aus neutestamentlicher, Tom Greggs aus systematisch-theologischer, Michael Herbst aus praktisch-theologischer und Henning Wrogemann aus missionswissenschaftlicher Perspektive, sowie Miroslav Volf mit einer Gesellschaftsvision in öffentlich-theologischer Perspektive), skizziert sowohl für den wissenschaftlichen als auch den kirchlichen Kontext ein Modell zur Wahrnehmung, Messung und Erklärung von Vitalität (Miriam Zimmer, Veronika Eufinger und Matthias Sellmann), diskutiert die Beiträge von Spiritualität und Seelsorge für Vitalität (Annette Haußmann) und fragt nach den Entscheidungskriterien, Priorisierungen und Abschieden, die für die Vitalität und Vitalisierung der Kirche notwendig geworden sind (Ralph Kunz). Zu dieser Frage nach notwendigen (Um-)Strukturierungen zur Ermöglichung von vitaler Kirche gehören auch aktuelle Debatten in der Kirchentheorie und Kirchenleitung (Thomas Schlegel) sowie Impulse aus der Kirchenentwicklung (Sabrina Müller).

Immer wieder gerät dabei die Sendung der Kirche und damit die ihr aufgetragene Aufgabe in den Blick der Diskussion: Kann es eine vitale Kirche geben, solange sie sich nicht eingehender über ihre *missio*, ihre Sendung, verständigt? Inwiefern kann sie sich dieser *missio* bewusst werden, solange sie der Selbstaktivität Gottes, der *Missio Dei* als Selbstsendung Gottes, nicht eingehender nachforscht? Damit ist eine Spannweite der Diskussion in diesem Band angezeigt, die von der Vitalität des Einzelnen, mitunter in anderen Debatten der Gegenwart unter dem Begriff der »gelebten Religion« verhandelt, über die Lebendigkeit der sowohl als evangelisch als auch ökumenisch gedachten Kirche bis hin zu der Lebendigkeit und Selbstaktivität Gottes hin reicht. Im Zuge dieser Fragen werden sodann auch Ergebnisse aus fast zwei Jahrzehnten der Forschung des Institutes zur Erforschung von Evangelisation und Gemeindeentwicklung (IEEG) gebündelt und beispielsweise aus kirchenleitender (Hans-Jürgen Abromeit) und diskursorientierter (Matthias Clausen) Perspektive vorgestellt. Schließlich geben die Beiträge auch einen Einblick in die gegenwärtige und zukünftige Erforschung des Themas der Vitalität: Sowohl die ökumenische Zusammenarbeit (Mirjam Best) als auch die Kommunikation des Evangeliums von Jesus Christus in einem säkularen Kontext (Felix Eiffler) und die Bildung in Schulen und Kirchen sowie die Erschließung neuer Leitbegriffe und Diskurse (Michael Domsgen) bilden den Horizont für die aktive Identität der Kirche. Sie bleiben auch Forschungsfelder gegenwärtiger Untersuchungen und Lehrtätigkeiten – und werden zukünftig beispielsweise am *Center for Empowerment Studies: Christliches Empowerment in der Säkularität* (CES) erforscht, das sich als neues Forschungszentrum an der Martin-Luther-Universität Halle-Wittenberg unter anderem mit der Forschungsstelle *Missionale Kirchen- und Gemeindeentwicklung* (MKG) diesen Fragen widmet.

Der Titel des Bandes, »Wir können's ja nicht lassen«, ist ein Zitat aus der Apostelgeschichte (4,20). Er evoziert einige Fragen, die von den unterschiedlichen Beiträgen des Bandes immer wieder aufgegriffen und thematisiert werden. Wer ist dieses »Wir«? Wir, die wir an dem Symposium und diesem Band gearbeitet haben? Wir, die Kirche? Wir, die Theologinnen und Theologen, die wir akademische Wissenschaft betreiben? Wir, die Christen? Wer rechnet sich zu diesem »Wir«, im Sinne einer Äquivalenz – und wer stellt sich lieber in die kritische Distanz dazu, im Sinne der Differenz? Außerdem: Was bedeutet es, wenn man »es« – »nicht lassen kann«? Ist es gut, wenn die Kirche bestimmte Dinge nicht lassen kann, oder muss sie bereit sein, alles auf den Prüfstand zu stellen? Auch dieses *Es* thematisieren die Beiträge daher. *Es* ist der Forschungsgegenstand dieses Bandes: Was muss Kirche tun, um Kirche zu sein, was kann sie aber auch lassen, ohne sich dabei selbst zu verlieren? Was kann sie nicht lassen, ohne auch ihre Vitalität zu verlieren?

CHRISTFRIED BÖTTRICH legt im ersten Beitrag des Bandes mit einer Analyse der ekklesiologischen Metaphorik des Neuen Testamentes den Grundstein für die weiteren Debatten. Dabei stellt er den Übergang von einem Organismus-Modell in das Oikos-Modell im Verlauf der neutestamentlichen Schriften heraus. Der ekklesiologische Ankerpunkt von Vitalität liegt dabei in dem biblischen Organismus-Modell. Das klassische Bild dahinter ist das von der »Gemeinde als Leib Christi« (1Kor 12,12-27), das Bild eines Körpers, in dem alle Glieder miteinander verbunden sind und ihre Spezifika zur Geltung bringen können. Gesund oder vital ist dieser Organismus nur, wenn die Austauschprozesse funktionieren. Der ekklesiologische Ankerpunkt für Stabilität hingegen liegt im Oikos-Modell. Das neutestamentliche Bild dahinter hat sich unter der Chiffre »Haus Gottes« entwickelt. Nach diesem Modell ist die Kirche nicht mehr nur ein Kontrastprogramm (wie die Gottesherrschaft). Als Oikos ist sie auch gesellschaftsfähig. Gemeinsam reflektieren die Modelle genau jenes Spannungsverhältnis, das zwischen Vitalität und Stabilität besteht. Resilienz – dass die Identität der Gemeinde nicht in gesellschaftlicher Akzeptanz gründet, sondern in Christus – ist dann die Verbindung der beiden Modelle. Das Selbstverständnis der Gemeinde als »lebendige Steine« (1Pet 2,5), die mit dem »lebendigen Stein« Christus ein großes, sinnstiftendes Ganzes bilden, könnte unter dem Stichwort der ›Resilienz‹, so zeigt Böttrich, durchaus zu den Kennzeichen der Kirche gezählt werden.

TOM GREGGS zeichnet in seinem Beitrag dann dogmengeschichtlich die Herausbildung der *notae ecclesiae* in den Debatten der Kirche(n) nach. Die reformatorische Überzeugung, dass die Kirche unter dem lebendigen Wort Gottes lebt, nämlich als Geschöpf dieses lebendigen Wortes, als *creatura verbi*, kann dann als Grundsatz der Vitalität gelten, der allen weiteren Kennzeichen der Kirche zugrunde liegt. Es ist aber das Leben und die Aktivität des Heiligen Geistes, das die Bedingung der Möglichkeit für die Vitalität der Kirche bildet. Nach außen hin mag die empirische Kirche in ihren Kennzeichen zunächst nicht von anderen gesellschaftlichen Organisationen zu unterscheiden sein. Die Kennzeichen der Kirche sind auch ihr sichtbares Leben. Dabei ist aber die Unterscheidung von sichtbarer und unsichtbarer Kirche zu beachten; wo die Kennzeichen der Kirche sichtbar werden, dort lassen sich Rückschlüsse auf die Vitalität der Kirche und das Handeln des Geistes Gottes zu.

Damit steht bei Greggs also zur Debatte, was überhaupt – in systematisch-theologischer Perspektive – die Vitalität der Kirche ausmacht. Das Handeln des Geistes als Grundlage der Vitalität der Kirche bleibt für Greggs eingebunden in die Ökonomie zwischen Geist und Sohn und rückgebunden an das ewiggültige Bundesversprechen Gottes (Ex 6,7): »Und ich will euch als mein Volk annehmen und will euer Gott sein.« Die Anfänge der Vitalität der Kirche lägen daher noch weit vor dem Aufkommen der frühen Bezeichnung ›Ekklesia‹ im ersten Jahrhundert nach Christus. Die Vitalität des Gottesvolkes, im Verbund von Kirche und Synagoge, ist die Ausgestaltung – das Embodiment – des ewigen Bundes Gottes mit seinem Volk. Die Verheißungen Gottes und die darin (zu)gesicherte Relationalität sind die Grundlage der Kirche, die selbst ein Ereignis des Heiligen Geistes in der Zeit ist. Damit sind es aber Gottes Kontinuität und Heiligkeit selbst, welche die Grundlage der Kontinuität und des anhaltenden Lebens der Kirche ausmachen – und nicht ihre eigenen Phänomene, Tätigkeiten oder Aktivitäten. Gerade weil Vitalität Ausdruck der Kontinuität Gottes ist, könne sie nicht etwas sein, das nur sporadisch passiert. *Die treue Lebendigkeit Gottes* – für Gottselbst, d.h. für sich selbst, und für Gottes Volk – bildet die Grundlage jeder Diskussion über die Vitalität der Kirche. Zeugin genau dieser Lebendigkeit, nämlich des Lebens Gottes zu sein, durch die Vitalität des Heiligen Geistes und in der Auferstehung Jesu, ist dadurch der Auftrag der Kirche, sodass Vitalität nicht ein Kennzeichen der Kirche sei, sondern allen Kennzeichen der Kirche zugrunde liege.

MIRIAM ZIMMER, VERONIKA EUFINGER, und MATTHIAS SELLMANN vom Bochumer Zentrum für angewandte Pastoralforschung (ZAP) stellen nach diesem Grundlagenteil in ihrem Beitrag ein Modell zur (religiösen) Erklärung und Messung von Vitalität vor. Ihr Vitalitäts-Modell religiöser Gemeinschaften verbindet Theory of Change Ideen und eine von den *notae ecclesiae* her gewonnene normativ-deduktive Dimension der Theologie mit einem Modell empirischer Nutzbarkeit. Durch die Verbindung der Kategorien sollen Messungen von kirchlicher Vitalität ermöglicht werden. Daraus entsteht eine von Zimmer, Eufinger und Sellmann entworfene Matrix, die ekklesiologische und soziologische Begriffe aufeinander bezieht und dann in ihrer gegenseitigen Abstimmung für die Messung von Vitalität unter vier neuen Begriffen anwendet. Aus dem gegenseitigen Bezug von (ekklesiologisch) »Einheit« und (soziologisch) Handlungsfähigkeit wird in dem Modell der Autoren *Professionalität*; aus »Heiligkeit« in Bezug auf Identität wird in der Matrix *Spiritualität*; aus der *nota* »Katholizität« in Verbindung mit der soziologischen Kategorie der Performanz wird in dem Modell *Kontextualität*; und aus dem Kirchenkennzeichen »Apostolizität« als Dynamisierung von transformativem Einfluss wird schließlich *Intentionalität*. Der Vorteil dieser interdisziplinär gewonnenen vier Begriffe liegt darin, so der Vorschlag der Autorinnen und des Autors, dass sie sehr viel leichter mit Indikatoren versehen werden könnten als die ursprünglichen *notae*. Von daher sind sie leichter zu konkretisieren, zu präzisieren, zu evaluieren und empirisch zu erheben. Auch wie sich solch eine empirische Erhebung operationalisieren und messen, sowie mit weiteren ergänzenden qualitativen Methoden verbinden lässt, wird in dem Artikel von Zimmer, Eufinger und Sellmann vorgestellt.

ANNETTE HAUSSMANN diskutiert in ihrem Beitrag den Zusammenhang von Vitalität und Spiritualität. Dabei analysiert sie zunächst die Chancen, aber auch die Gefahren der Verquickung dieser beiden Bereiche in Hinblick auf das Theologiestudium und in Bezug auf das Leben von Pfarrpersonen bzw. das Pfarramt.

Haußmann stellt fest: Die Quellen der Vitalität sind bedroht, wenn aus dem »Wir können es ja nicht lassen« ein »Wir müssen Vitalität erhalten und dürfen es nicht lassen« wird. Damit hinterfragt sie ein nur funktionales Verständnis von Spiritualität als Ressource und schlägt vor, darüber hinaus Freiräume zur Entdeckung des Glaubens zu schaffen. Außerdem verweist Haußmann darauf, dass Pfarrbilder in enger Weise mit den ihnen zugehörigen Visionen von Kirche-sein und Kirche-werden korrespondieren, sodass sie immer in Verbindung mit den ihnen korrespondierenden Kirchenbildern betrachtet werden müssen. Daher gelte im Fall der Spiritualität, dass das Pfarrbild Auskunft über das ekklesiologische Idealbild gibt, das nicht selten implizit bleibt. Im Zusammenhang von *vita activa* und *vita passiva* erscheint Spiritualität nicht nur als gelebte Praxis, sondern auch als Geschenk. Dabei bleibt zu bedenken, dass diese Spiritualität nicht nur individuell zu verstehen ist, sondern gerade in und aus der Gemeinschaft lebt. Damit gerät schließlich das Verhältnis von Pfarrpersonen und mündigen Gemeinden als ein zentraler Aspekt von kirchlicher Vitalität in den Blick. Der Beitrag betont dabei sowohl die protestantische Pluralität als auch die protestantische Freiheit.

RALPH KUNZ stellt in seinem Beitrag, ausgehend von der inzwischen weithin geteilten Beobachtung, dass die Kirche nicht mehr *alles* wollen und leisten kann, die entscheidenden Fragen nach den Kriterien und Priorisierungen beim Abschied von Aspekten der »alten« Kirche: *Was* können wir in Gottes Namen nicht lassen und *wie* müssen wir um Himmels willen Altes loslassen? Dieser Frage geht Kunz in ihrem Zusammenhang nach und plädiert von dort aus für ein Zulassen des Nicht-Könnens – unter Beachtung der Unterscheidung von Proprium und Adiaphora, und unter Aufrechterhaltung dessen, was die Kirche nicht lassen kann. Neben Karl Barths Unterscheidung der *paradoxen Wahrheit* – die Kirche muss von Gott reden, kann es aber nicht – sollte nach Kunz die *doxologische Weisheit* nicht übersehen werden. Denn zwischen dem Reden-Sollen und Nicht-Reden-Können ist ein Zwischenraum der Ermöglichung: ein Sich-Rufen-Lassen und Sich-Verwandeln-Lassen. Die Bedeutung dieses Zwischenraumes wird von Kunz für die Bedeutung der Vitalität der Kirche erkundet und sowohl theologisch als auch an praktischen Beispielen beleuchtet.

HANS-JÜRGEN ABROMEIT referiert in seinem Beitrag die Entwicklungen, die zur Gründung des *Institutes zur Erforschung von Evangelisation und Gemeindeentwicklung* (IEEG) an der Universität Greifswald geführt und diesem Institut einen singulären Rang im deutschsprachigen Raum eingetragen haben, was dessen Forschungsschwerpunkte angeht. Er nimmt dabei auch Bezug auf Impulse in der Theologie Dietrich Bonhoeffers und zeigt, wie dieser bereits aktuelle Entwicklungen vorgedacht hat und daher für die heutige Situation theologisch bedeutende Aspekte beleuchtet. In Anknüpfung daran skizziert Abromeit dann einige Forschungsprojekte des IEEG der letzten Jahre und zeigt, was die Ergebnisse dieser Studien (bspw. zu Burnout im Pfarramt oder zu Bedingungen des Wachsens und Schrumpfens im peripheren Raum) für die Vitalität (oder Vitalisierung) der Kirche in der Gegenwart bedeuten.

MATTHIAS CLAUSEN argumentiert und demonstriert anhand der Begriffe »Evangelisation« und »Konversion«, dass und wie es gelingt, Themen zu setzen, indem man sie theologisch begründet und dann (u.a. empirisch) aufarbeitet. Dabei zeigt er, wie sowohl die theologische Vorarbeit als auch die Nacharbeit durch empirische Studien dazu führen kann, dass Aspekte praktisch-theologischer Arbeit, die zuvor unter bspw. rein phänomenologischen Gesichtspunkten übersehen wurden, auf diesem Weg sichtbar wurden und werden. Diese Art des Themen-Setzens – durch theologisches Vordenken und empirisches Ausarbeiten – habe, so die These des Beitrags, eine diskursverschiebende Wirkung auf die wissenschaftliche Debatte gehabt. Gerade auch die evangelistische Predigt als Möglichkeit des Themen-Setzens ist in ihrer Bedeutung für die Vitalität der Kirche noch zu wenig beachtet und wird von Clausen hervorgehoben.

SABRINA MÜLLER führt in ihrem Beitrag in Szenarien der Kirchenentwicklung ein und stellt drei Beobachtungen vor, wie die Kirche derzeit auf gesellschaftliche Entwicklungen – vor allem den Bedeutungsverlust religiöser Institutionen in der Spätmoderne – reagiert: Dazu gehört die *Aufgabe* (landes-)kirchlicher Strukturen, die *Anpassung* an bestimmte Trends, und der *Umbau* der bestehenden Strukturen. Darüber hinaus formuliert Müller drei entsprechende Impulse. Sie plädiert einerseits für eine Ausrichtung der Kirche an Kontext und Individuum; des Weiteren sei Kirche als identitätsstiftender Heimatort zu erbauen; dies schließlich fordere eine Vielzahl unterschiedlicher am Bau beteiligter Akteure, damit Kirche weniger als Angebot denn als ekklesialer Erfahrungsraum erscheinen könne.

MIRJAM BEST schlägt ausgehend von ihren Forschungen zu Konkurrenz und Kooperation von Kirchen in einer Region Wege vor, um der die Vitalität der Kirche bedrohenden Uneinigkeit zwischen christlichen Kirchen und den daraus resultierenden Verlusten von Deutungsmöglichkeiten und Standorten im Diskurs zu begegnen. Ökumenische Zusammenarbeit wird in diesem Beitrag daher als Dienstökumene und Sendungsökumene partikularisiert – und damit als eine Ökumene in sowohl innerer als auch äußerer Verbundenheit, in der Handlungsebene und Beziehungsebene miteinander verflochten werden. Diese Verbundenheit wird von Best schließlich auch anhand der Begriffe Profilierung, Ergänzung, Kooperation und Solidarität weiter konkretisiert, um zu zeigen, inwiefern dadurch die regionale Zusammenarbeit *unterschiedlicher* Kirchen einen Beitrag zur Vitalität *der* Kirche leistet.

FELIX EIFFLER beschreibt dann drei Chancen, die die Kirche in den gegenwärtigen Prozessen der Säkularisierung hat. Er betont dabei die Kommunikation des Evangeliums von Jesus Christus als zentrale Aufgabe der Kirche, als das also, was die Kirche nicht lassen kann und somit als ihr Proprium. Von diesem Proprium her lassen sich drei Chancen und damit Konkretionen der Aufgabe der Kirche bestimmen: Es bedarf erstens einer Klärung dessen, was überhaupt das Evangelium ist; damit einher geht, zweitens, dass die Kirche selbst das Evangelium neu für sich entdeckt und in diesem Prozess (re-)vitalisiert werden kann; und von dort kommt drittens die Gemeinde als Kommunikatorin des Evangeliums und die Befähigung der Gemeinde eben dazu in den Blick. Wie aus dem Spannungs- und Beziehungsfeld dieser drei Chancen auch die wissenschaftliche Forschung unmittelbare Impulse bezieht, ist Teil des von Eiffler gegebenen Ausblicks.

THOMAS SCHLEGEL bearbeitet in seinem Beitrag Fragen der Kirchenleitung und -steuerung. Zunächst betont Schlegel die gegenseitige Zusammengehörigkeit von Predigt und homiletischer Forschung: Evangelisation braucht die kritische Begleitung durch die theologische Forschung; die Homiletik braucht ihrerseits glaubensweckende Verkündigung als ihren Gegenstand. Daraus ergibt sich ein Wechselspiel, bzw. ein lebendiger Kreislauf, der der Vitalität beider Akteure des Kreislaufes dient und das Auseinanderdriften von Theologie und Kirche verhindert. In diesem gegenseitigen Gegenüber zeigt sich dann ein iteratives System der Theoriebildung mit Anwendungsorientierung, das sich ähnelnde Ansätze Karl Barths und Friedrich Schleiermachers aufnimmt. Aus diesem Ansatz lässt sich ein Kirchenbegriff gewinnen, der einerseits weit ist, zugleich aber auch eine Kritik der Kontingenzen desjenigen Verständnisses von Praktischer Theologie enthält, das anhand von Sinnfragen rein auf kulturelle Phänomene und Praktiken abzielt und sich zulasten der Ekklesiologie auf Bereiche der Ethnographie oder Religionssoziologie fokussiert – wodurch jedoch der Bezug zur kirchlichen Praxis verblasst. Problematisch sei dabei nicht, dass Impulse aus der Soziologie oder der systemischen Organisationsentwicklung übernommen werden, sondern dass die Referenzsysteme von Kirche und Theologie zu stark divergieren. Aufgrund des Verlustes eines gemeinsamen Referenzsystems würden aber zunehmend Einsichten und Studienergebnisse trotz eines hohen Handlungsdruckes nicht zur Umsetzung gelangen – und damit die Vitalität der Kirche schädigen. Von daher kommt in diesem Beitrag ein System aus Pfadabhängigkeiten inklusive Faktoren zufälliger Ereignisse, von Rückkopplungen, Verstärkungen und Netzeffekten, individueller Trägheiten, und der Steuerung komplexer Pluralitäten, enger Kirchenbilder, Zweifel und Fragen des Subjekts in den Blick, um eine Deutung des gestörten Kreislaufes zwischen Kirche und Forschung anzubieten. Damit ist dann auch die grundlegende Frage gestellt, inwieweit menschliches Handeln und das Handeln Gottes in Fragen zur Vitalität der Kirche einzubeziehen sind.

MICHAEL HERBST diskutiert anhand von vier Fragen, inwiefern das Missionsthema als eine wichtige Perspektive der Praktischen Theologie zu betrachten sei. Ausgehend von der Frage, inwiefern die Mission *zum Wesen der Kirche* gehört, wird weitergefragt, inwiefern Mission *zur Theologie* allgemein und *zur Praktischen Theologie* im Besonderen gehört und warum eine missionsinteressierte Praktische Theologie etwas *zur Vitalität der Kirche* beitragen kann. Zur Beantwortung dieser Fragen analysiert Herbst den Missionsbegriff und führt eine Unterscheidung zwischen einer Mission 1 (*Äußere Mission*), Mission 2a (*Innere Mission*), 2b (*Volksmission*) und Mission 3 (*Missio Dei*) ein. Die Art, wie wir von Gott reden (wenn wir es noch tun) wird davon ausgehend als bedeutendstes Problem gegenwärtiger evangelischer Theologie markiert, die Anteilnahme der Kirche an der Mission 3, der missio Dei, als Teil ihrer grundlegendsten Bestimmung. Von dort wird dann weiter skizziert, was diese Bestimmung im Rahmen der Theologie allgemein und speziell im Rahmen der Praktischen Theologie bedeutet und der Diskurs zu diesem Thema bis in die Gegenwart nachgezeichnet. Dabei kommen die Positionen und Argumente gegen Mission in der Praktischen Theologie ebenso zur Sprache, wie die Vorzüge einer Inklusion des Themas in die Praktische Theologie.

MICHAEL DOMSGEN formuliert aus der Perspektive des lernenden Individuums heraus und im Blick auf die mit dem Begriff »Empowerment« markierten Diskurse Aspekte, die kirchentheoretisch und kirchenentwicklerisch von Bedeutung für den Zugang von Menschen zum Thema Kirche, Glaube, Religion sein können und sollten. Für den praktisch-theologischen Diskurs führt er den Begriff »Empowerment« ein, indem auf vier in Verbindung mit diesem Begriff wesentliche Diskurse Bezug genommen wird. So wird eine Tür zu neuen Diskursen und Disziplinen geöffnet, die bisher als Gesprächspartner der Praktischen Theologie kaum in den Blick kamen. Wo Empowerment als Befähigung und Be(voll)mächtigung gesehen wird, als Ermutigung im Modus der Selbstwirksamkeit, dort kann kirchliche Arbeit als »doing empowerment« verstanden werden. Anhand vierer Anknüpfungspunkte wird dann skizziert, wie empowerment als Assistenz funktionieren und perspektiveröffnend wirken kann.

MIROSLAV VOLF präsentiert in seinem Beitrag ein Verständnis von Mission als Teilhabe an Gottes Zuhause-Schaffen bzw. Wohnung-Bauen (»*Homemaking*«). Damit stellt er eine an der Offenbarung des Johannes orientierte Vision von Heimat vor, die als eine Art Utopie – nicht im Sinne eines Nicht-Ortes, sondern im Sinne eines *Noch-Nicht-Ortes* – der Normalisierung eines Zustandes entgegengestellt wird, der als Aus-den-Fugen-Geratensein der Dinge verstanden werden kann. Dem »Realen« wird damit nicht ein »Ideal« gegenübergestellt, sondern das Ziel von Gottes Mission in der Welt wird als Zuhause-Schaffen (*Homemaking*) beschrieben – und in die *Verwirklichung* dieses Zuhauses, in das Schaffen von Heimat, ist die Kirche und damit der Mensch als Teilhaber an Gottes Mission eingeladen. Die Bibel schließt mit der Vision, dass die Wohnung Gottes wieder bei den Menschen ist. Die Idee, dass »Heimat« das Ziel von Gottes Wegen mit der Menschheit ist, ist von diesem biblischen Impuls her ein verbreitetes Thema in der christlichen Tradition geworden. Spätestens seit Augustinus ist das Bild der zwei Städte – (das Neue) Jerusalem im Gegenüber zu Babylon – prägend dafür geworden, wie diese Heimat und demgegenüber eine Nicht-Heimat aussehen. In der Aufnahme dieses Bildes skizziert Volf in seinem Beitrag eine Phänomenologie von Heimat und greift dafür auf bedeutende Debatten der gegenwärtigen Soziologie zurück, unter anderem auf das Konzept der Resonanz von Hartmut Rosa sowie auf Bindungs- und Reziprozitätstheorien. Die Dynamiken der *Eskalation* und der *Verdinglichung* werden von dort als Feinde der Heimat Gottes in der Moderne neben die alten Feinde Mammon und Leviathan gestellt; durch ihre Kräfte der *Beschleunigung des Tempos* und der immer größeren *Ausweitung der Reichweite* unsere Engagements gehen die Zeit und die Präsenz verloren, die notwendig wären, um an der Verwirklichung des Zuhauses, an Gottes *Homemaking*, mitzuwirken. Das Resultat sei eine Entheimatung der Welt, die in ihren politischen und wirtschaftlichen Ausschweifungen und weiter angetrieben durch die Dynamiken der Verdinglichung und Eskalation zunehmend Babylon gleicht – während das Neue Jerusalem als »die Heimat Gottes« unter den Menschen das Licht einer Vision vorauswirft, das zur Beteiligung am Werk des Zuhause-schaffenden Gottes einlädt.

HENNING WROGEMANN fragt in seinem Beitrag zunächst noch einmal danach, was eigentlich die Bemessungsgröße für die Vitalität der Kirche ist. Sind es kirchlich Zahlen, kerygmatisch Widerständigkeit oder gesellschaftlich Christlichkeit? Oder vielleicht – marktorientiert – die Anzahl der Klicks und Likes von kirchlichen Internetangeboten? Anhand dreier Großerzählungen, sog. Narrative, die vielen Menschen Orientierung geben, testet Wrogemann die zuletzt in den Debatten gegebenen Antworten. Der Gottesdienst gerät dann als der Ort in den Blick, an dem die Definition des ›wirklich Wirklichen‹ ausgehandelt wird und an dem eine (Kontra-)Faktizität die als das sogenannte Faktische erscheinende Welterfahrung als ›Vorletztes‹ enttarnt. Diese (Kontra-)Faktizität erschließe sich jedoch nicht in Aussagesätzen, sondern wird in der Anbetung Gottes ansatzweise erfahrbar, und zwar in einer oikoumenischen Vielfalt. Während nun die (weltliche) Fixierung auf das vermeintlich Faktische Kräfte aufzehrt, haben Christen und Gemeinden in der Anbetung Gottes die Möglichkeit, als Klangkörper des Evangeliums zu schwingen und so die Kraftquelle der kontrafaktischen Verheißung des Evangeliums zu entdecken und widerklingend auch darzustellen.

In einer »Spurensuche in missionstheologischer Absicht« skizziert Wrogemann dann kontrafaktische Verheißungen, diesen Verheißungen entsprechende geistliche Haltungen und mögliche Konsequenzen daraus. Dabei deutet er auch an, welchen (vermeintlichen) »Faktizitäten« die Kirche derzeit »auf den Leim« gehen könnte. So kommen fünf Bereiche in den Blick: Atmosphären von Depression, Erfolgsdruck, Selbstbetrug, Selbst-Überhebung und Selbst-Projektion; diesen gegenüber stellt Wrogemann die *Klage* im Horizont der Hoffnung, *Dank* im Horizont der Rechtfertigung des Sünders allein aus Glauben, *Lobpreis* im Horizont der Menschwerdung Gottes in Jesus Christus, des Gottes, der sich in diesem Namen anrufen lassen will, die *Fürbitte* im Horizont des grenzüberschreitenden Geistes, der als Geist Christi nicht nur versöhnend, sondern auch überraschend wirkt, und die *Bitte* im Horizont des Geisteswirkens, das in vielfaltigen Gaben und Ausdrucksformen erfahrbar wird und damit immer wieder neu Räume der Kommunikation eröffnet. Abschließend formuliert Wrogemann Wege, wie diese theologischen Motive Gemeinden ermutigen und inspirieren, eine Kultur der *Achtsamkeit* und der *Wertschätzung* zu pflegen, eine Kultur der *Neugier* zu entwickeln, eine Kultur des *Fragens* einzuüben und nicht zuletzt eine Kultur des *Geltenlassens* anderer zu versuchen. Die Vitalität der christlichen Gemeinde erweist sich dann darin, dass sie trotz aller Herausforderungen und Bedrängnisse dieses bleibt: Klangkörper des Evangeliums zu sein.

Die Tagungsbeobachtung von NICOLE CHIBICI-REVNEANU beschließt den Band. Sie gewährt einen Einblick in weitere Vorträge, die zwar auf dem Symposium in Greifswald gehalten wurden, allerdings nicht in diesem Band erscheinen. Außerdem bietet die Tagungsbeobachtung eine partikulare Perspektive in Form eines Kommentars aus der Sicht einer vorpommerischen Pastorin auf die Inhalte mancher Beiträge und lädt damit zur sowohl kritischen als auch konstruktiven Fortführung der Diskussion ein.

Erster Teil
Multiple Perspektiven auf Vitalität

Christfried Böttrich

Ein »Haus aus lebendigen Steinen«
Vitalität und Stabilität des Glaubens in neutestamentlicher Perspektive

Der Erste Petrusbrief wartet mit einem überraschenden Bild auf: Diejenigen, die zu Christus gehören, werden als »ein Haus aus lebendigen Steinen« (2,5) bezeichnet. Unter allen ekklesiologischen Bildern, die am Ende des 1. Jh.s kursieren, erweist sich dieses Bild als besonders herausfordernd.

Mein erster Gedanke: Sind die »lebendigen Steine« nicht ein klassischer Kategorienfehler?[1] Steine sind Gebilde der festen Erdkruste und anorganischen Ursprungs.[2] Alles Leben wiederum gehört zum Bereich des Organischen, ist in Bewegung, Werden und Vergehen begriffen. Nicht zum Spaß unterscheiden die Naturwissenschaften zwischen Bio- und Lithosphäre. Steine sind nicht lebendig – und lebendige Wesen lassen sich nicht zu Bauwerken vermauern.

Doch dieser Widerspruch ist offensichtlich gewollt. Die Rhetorik kennt dafür die Stilfigur des »Oxymorons«. Noch genauer handelt es sich bei den »lebendigen Steinen« um eine Spezialform desselben – um einen Widerspruch, der in einem hinzugefügten Adjektiv liegt wie z. B. bei der »aggressiven Freundlichkeit« oder den »alten Knaben«.[3]

Weitere Aufschlüsse verspricht die Metapherntheorie. Immerhin hatte Paul Ricœur den »kalkulierten Kategorienfehler« geradezu als ein Wesensmerkmal

---

[1] Die »lebendigen Steine« stehen nicht allein: bemerkenswert sind vor allem die »Hüften des Verstandes« (1,13); vgl. ferner »unvergängliches, unbeflecktes, unverwelkliches Erbe« (1,4); »vergängliches (Silber oder) Gold« (1,7.18); »vernünftige, unverfälschte Milch« (2,2); »Fußspuren Christi« (2,12); »unvergänglicher Schmuck des sanften und stillen Geistes« (3,4).

[2] Vgl. Martin Meschede, Hans Murawski, Wilhelm Meyer (Hg.): *Geologisches Wörterbuch*, Berlin [13]2021, 342. In der Geologie spricht man von Mineralien und Gesteinen (als Mineralvergesellschaftungen); der Begriff »Stein« wird als Ausdruck für die Bezeichnung der Korngröße (> 63mm) gebraucht. Für fachkundige Beratung danke ich meiner Kollegin Maria Theresia Schafmeister.

[3] Zur »contradictio in adiectum« vgl. https://www.inhaltsangabe.de/wissen/stil-mittel/oxymoron/ (letzter Zugriff 30.04.2022).

der Metapher beschrieben, in dem ihr sprachschöpferisches Potential liege.⁴ Methodisch besteht Konsens, dass eine Metapher zwei verschiedene Sinnbezirke miteinander verbindet; ein solcher kreativer Akt hat den Zweck, neuen Sinn zu generieren. Was könnte Neues entstehen, wenn sich die Sinnbezirke zu »Stein« und »lebendig« miteinander verbinden? Der unbelebten Materie wird Beweglichkeit und Veränderlichkeit zugeschrieben, dem flüchtigen und anfälligen Leben wird Festigkeit und Stabilität zugeschrieben. Das Objekt verwandelt sich zum Subjekt.

Ein Blick in die biblische Literatur zeigt, dass eine solche Metaphorik keineswegs singulär ist. Es gibt Analogien. In Lk 19,40 wird erzählt, dass bei der Annäherung an Jerusalem einige Pharisäer im Zug der Festpilger fordern, Jesus solle seinen Schülern verbieten, ihn als den »Kommenden« zu proklamieren; darauf antwortet Jesus: »Wenn diese schweigen werden, so werden die Steine (λίθοι) schreien.« Hier lebt die metaphorische Rede von der Wucht des Gegensatzes – also davon, dass Steine genau das niemals tun. Um so dringlicher muss diese Botschaft ausgesprochen werden. Im Hintergrund steht Hab 2,11 mit einer vergleichbaren Intention. Vielleicht hatte der Autor des 1Petr also Vorbilder – und dabei eine höchst produktive Idee?

Von den »lebendigen Steinen« ist in einem Brief die Rede, der beansprucht, von einem gewissen »Petrus« zu stammen, genauer »Simon, genannt Petrus« = Stein (ein Beiname, der ihn sicher auszeichnen soll: nicht der Betonkopf, sondern der Verlässliche).⁵ In Simon Steins Lebenslauf gibt es Auf- und Umbrüche, Höhe- und Tiefpunkte. Simon Stein ist einer, auf den man sich – gleichsam felsenfest – verlassen kann (so besonders Mt 16,18).⁶ Aber dann gibt es da auch noch die Geschichte mit dem Hahnenschrei (Mk 14,66-72) und den Streit in Antiochien (Gal 2,11-14). Simon Stein erscheint als ein ambivalenter Charakter – verlässlich und fehlbar, agil und stabil zugleich.

Im 1Petr spielt der Glaube eine wichtige Rolle. Grundlegend bezeichnet er das Vertrauen auf Gott (1,20-21).⁷ Unzweifelhaft aber ist Gott ein »lebendiger Gott« / ein »Gott der Lebenden« – das lässt sich in einer gesamtbiblischen Got-

---

⁴ Paul Ricœur, *Die lebendige Metapher*, Übergänge 12, München 1986, 187-188. Ricœur bezieht sich mit dem Begriff des Kategorienfehlers auf Gilbert Ryle und meint: »Man fühlt sich versucht zu sagen, dass die Metapher ein kalkulierter Metaphernfehler ist ... Mit anderen Worten, die Gewalt der Metapher bestünde darin, eine frühere Kategorisierung zu brechen, um auf den Trümmern der älteren logischen Grenzen neue zu errichten.«

⁵ David G. Horrell, »The Product of a Petrine Circle? Challenging an Emerging Consensus«, in: ders., *Becoming Christian, Essays on 1 Peter and the Making of Christian Identity*, Library of New Testament Studies 394, London 2013, 7-44

⁶ Ulrich Luz hat das griech. Wortspiel von πέτρος und πέτρα in Mt 16,18 mit der Wendung »Du bist Stein, und auf dieses Gestein werde ich ...«) wiedergegeben; vgl. Ulrich Luz, *Das Evangelium nach Matthäus*, EKK I/2, Zürich/Neukirchen-Vluyn 1990, 452.

⁷ Ohne konkreten Bezug gebraucht ist πίστις in 1,5-7.9; 5,9; Glaube gilt »seinem Wort« in 2,8; 3,1; dem »Evangelium« in 4,17.

teslehre als sein herausragendes Wesensmerkmal beschreiben.[8] Dennoch wird genau dieser Gott im Psalter in vielen Variationen immer wieder als ein »Fels« angesprochen.[9]

In 1Petr 2,4-10 geht das Bild von den »lebendigen Steinen« auf einen weiteren »lebendigen Stein« zurück: nämlich auf Christus. Schon in 1Kor 10,4 hatte Paulus den wasserspendenden Fels der Wüstenzeit mit Christus identifiziert[10] – als einen »geistlichen Fels« (πνευματικὴ πέτρα), den er dem Volk Israel sogar hinterher ziehen (ἀκολουθούσῃ) lässt.[11] In 1Petr 2 erfolgt die Identifikation über Ps 118,22: Ein von Menschen verworfener, aber von Gott erwählter »kostbarer Stein« – das ist ein Bild für die unverhoffte Ehrenstellung eines zuvor Verachteten.[12]

Von Christus als einem »Fundament / θεμέλιος« hatte Paulus in 1Kor 3,11 gesprochen und damit ebenfalls etwas Festes oder Felsiges assoziiert. Der Autor des 1Petr, der fiktive Simon Stein, bezeichnet Jesus Christus nun ganz direkt als einen »Eckstein«, der zur Orientierung dient.[13]

Wenn der 1Petr also mit dem Oxymoron »lebendige Steine« operiert, kann er auf eine längst eingeführte, biblisch gut begründete Metaphorik zurückgreifen.[14] Das Spiel mit den beiden Sinnbezirken um Festigkeit und Lebendigkeit ist Teil eines durchdachten Beziehungsgefüges. Daraus speist sich das Bild aus 1Petr 2,4-10 – mit dem dieses Beziehungsgefüge für die Beschreibung von Gemeinde oder Kirche fruchtbar gemacht wird.

---

[8] Reinhard Feldmeier und Hermann Spieckermann, *Der Gott der Lebendigen. Eine biblische Gotteslehre*, Tübingen ³2020, spez. 529-561.

[9] So z. B. in Ps 18,3.32.47; 19,15; 28,1; 31,3.4; 42,10; 62,3.7.8; 71,3; 92,16; 144,1; in Dtn 32 (Moselied) ist »Fels« die leitende Gottesmetapher; vgl. Georg Fischer, »Der Fels«. Beobachtungen im Umfeld einer theologischen Metapher, in: ders., *Gott und sein Wort. Studien zu Hermeneutik und biblischer Theologie*, Stuttgart 2019, 307-321.

[10] Karl-Heinrich Ostmeyer, *Taufe und Typos. Elemente und Theologie der Tauftypologien in 1. Korinther 10 und 1. Petrus 3*, WUNT 2/118, Tübingen 2000; Wolfgang Schrage, *Der erste Brief an die Korinther*, EKK VII/2, Solothurn/Neukirchen Vluyn 1995, 393-394.

[11] Die atl. Belege Ex 17,1-7 (Massa und Meriba) / Num 20,1-13 (Haderwasser) wissen von unterschiedlichen Orten; daraus macht die frühjüd. (LAB 10,7) und rabbin. (Billerbeck III, 406-408) Literatur jenen beweglichen Felsen, auf den sich auch Paulus bezieht.

[12] Alexander Weihs, *Jesus und das Schicksal der Propheten. Das Winzergleichnis (Mk 12,1-12) im Horizont des Markusevangeliums*, BThSt 61, Neukirchen-Vluyn 2003, zum Eckstein 33-46. 160-166.

[13] Der Begriff variiert: 2,6 gebraucht ἀκρογωνιαῖος (nach Jes 28,16); 2,7 gebraucht κεφαλὴ γωνίας (nach Ps 118,22). In beiden Fällen ist der Eck- oder Fluchtliniestein gemeint, nicht der Schlussstein; vgl. Joachim Jeremias, Art. γωνία, ἀκρογωνιαῖος, κεφαλὴ γωνίας, in: ThWNT 1, 1933, 792-793; Karl Hermann Schelkle, Art. Akrogoniaios, in: RAC 3, 1950, 233-234.

[14] Christoph Gregor Müller, »Von Gesinnungshüften (1Petr 1,13) und geistlichen Opfern (1Petr 2,5). Zur paränetischen Valenz metaphorischer Rede im Ersten Petrusbrief«, in: *Metapher – Narratio – Mimesis – Doxologie. Begründungsformen frühchristlicher Ethik*, hg. von U. Volp, F. W. Horn und R. Zimmermann, WUNT 356, Tübingen 2016, 71-88.

Dem will ich im Folgenden nachgehen. Dabei werde ich mich vor allem auf den 1Petr und seine spezifische, nach wie vor hoch aktuelle Ekklesiologie konzentrieren.

1. Oikos-Ekklesiologie im 1Petr

Das Neue Testament kennt noch keine systematisch durchdachte Ekklesiologie – ganz einfach deshalb, weil es eine »Kirche« zu seiner Zeit noch nicht gibt.[15] »Kirche« entsteht erst allmählich aus dem losen Verband unterschiedlich geprägter Gemeinden, die in einem längeren Prozess regional übergreifende Strukturen auszubilden beginnen. Ihre vielfältigen, dezentralen Anfänge kommen in einer Reihe von Bildern zum Ausdruck, die beschreiben, was man zunächst unter »Gemeinde« (ἐκκλησία)[16] versteht. Solche Bilder lassen sich am besten im Sinne von »Leitbildern« interpretieren, wie sie heute vor allem im Bereich der Organisationsforschung eine Rolle spielen.[17] Auch im kirchlichen Raum pflegt man sich ihrer gelegentlich zu bedienen.[18] Sie bringen ein bestimmtes Selbstverständnis und eine bestimmte Zielorientierung zum Ausdruck – und setzen damit ganz bewusst Normen.[19] Die Palette ist bunt und vielfältig. Sie enthält Bilder wie: Leib Christi, Volk Gottes, Ackerfeld, Haus oder Haus Gottes, Tempel, Gemeinschaft der Freunde, Fremdlinge in der Diaspora, wanderndes Gottesvolk, Stadt Gottes auf Erden – und einiges mehr.[20] Jedes Leitbild entwirft ein eigenständiges Konzept. Alle zusammen ergeben sie ein facettenreiches Ganzes.

1.1 Oikos und Organismus

Diese breite Palette an Leitbildern ordnet sich zwei grundlegenden Modellen zu, die in der Geschichte der frühen Christenheit einander folgen, langfristig aber eine komplementäre Beziehung eingehen. Das erste ist das »Organismus-

---

[15] Deshalb ist »Kirche« auch in der frühen Bekenntnisbildung noch kein Thema. Erst mit dem Apostolikum (5. Jh.) findet die Kirche dann im dritten Artikel ihren festen und fortan dauerhaften Platz.

[16] Der Begriff ἐκκλησία steht bei Paulus stets für die konkrete Gemeindeversammlung vor Ort; erst von Kol/Eph an weitet sich der Gebrauch auf eine überregionale Größe aus, die nun auch mit »Kirche« zu übersetzen ist.

[17] Stefan Kühl, *Leitbilder erarbeiten. Eine kurze organisationstheoretisch informierte Handreichung*, Wiesbaden 2017.

[18] So etwa im Leitbildprozess der Pommerschen Evangelischen Kirche 2002-2005 (»Leben in Gottes Nähe«).

[19] D.h. – sie spiegeln nicht nur wider, was man in der vorfindlichen Praxis wahrnehmen kann, sondern sind bestrebt zu skizzieren, wie Gemeinde oder Kirche sein soll.

[20] Eine gediegene Einführung bietet Jürgen Roloff, *Die Kirche im Neuen Testament*, NTD.E 10, Göttingen 1993.

Modell«, das Paulus in 1Kor 12,12-27 unter der Chiffre des »Leibes Christi« entwickelt. Das zweite ist das »Oikos-Modell«, das vor allem in den Pastoralbriefen unter der Chiffre »Haus Gottes« etabliert wird.

Beide Modelle haben bereits eine längere Vorgeschichte außerhalb der jüd.-christl. Tradition vorzuweisen. Beide Modelle stehen jedoch auch in einer unübersehbaren Spannung zueinander. Die Jesusbewegung setzt sich kritisch mit der Struktur des Oikos auseinander und stellt ihr die »familia dei«[21] gegenüber. Paulus nimmt die Rede vom Oikos nur sehr behutsam auf[22] und ordnet sie dem Organismus-Modell deutlich nach. Das Leitbild von der Kirche als einem »Haus Gottes« gewinnt erst in den Pastoralbriefen[23] sowie in Kol/Eph eine dominierende Funktion.

Der 1Petr steht an jenem Punkt der Entwicklung, an dem das Organismus-Modell schon vom Oikos-Modell abgelöst ist. Kol/Eph versuchen in dieser Hinsicht noch einen Kompromiss,[24] haben den Schritt hin zu einer Oikos-Ekklesiologie aber schon vollzogen.[25] Der 1Petr lässt das Organismus-Modell inzwischen vollständig vermissen; nun ist es der Oikos, der ausnahmslos die ekklesiologische Metaphorik beherrscht.[26] Fortan tritt das Oikos-Modell seinen Siegeszug an – bis weit in das 20. Jh. hinein – und erweist sich dabei als der maßgebliche Stabilitätsfaktor kirchlicher Kontinuität über alle Umbrüche hinweg. Das Organismus-Modell bleibt – bei Paulus an prominenter Stelle platziert (im Gottesdienstabschnitt 1Kor 11-14) – als Korrektiv zwar erhalten, verliert aber in einer zunehmend globaler werdenden Kirche viel von seiner alten Ausstrahlungskraft.

Leistung und Grenzen des Oikos-Modells sind deshalb noch einmal kurz in Erinnerung zu rufen. Das Haus (οἶκος) beschreibt in den antiken Gesellschaften (außer den vier Wänden mit Dach) vor allem die grundlegende soziale Einheit bzw. den primären Sozialverband.[27] Zum Oikos gehören mehrere Generationen einer Familie, Skla-

---

[21] Taeseong Roh, *Die familia dei in den synoptischen Evangelien. Eine redaktions- und sozialgeschichtliche Untersuchung zu einem urchristlichen Bildfeld*, NTOA 37, Fribourg/Göttingen 2001.
[22] Das betrifft vor allem die Wortgruppe οἰκοδομή (Hausbau) / οἰκοδομέω (bauen), die Paulus durchaus im Sinne des heutigen Begriffs »Gemeindeaufbau« verwendet; vgl. z. B. 1Thess 5,11; 1Kor 3,9; 10,23; 14,3.4.5.12.17.26; 2Kor 10,8; 12,19; 13,10; Röm 15,20.
[23] Die Past bieten den kompaktesten Entwurf; vgl. Roloff, *Kirche*, 250-267 (»Gottes geordnetes Hauswesen«).
[24] Kol/Eph spielen wiederholt auf den »Leib Christi« an (s. unten Anm. 64), modifizieren jedoch das Bild schon deutlich im Sinne einer hierarchischen, patriarchalen Struktur.
[25] Das geschieht maßgeblich in der sogen. »Haustafel-Paränese« Kol 3,18-4,1 / Eph 5,21-6,9.
[26] Das betrifft vor allem 1Petr 2,4-10; Ansätze für das Haustafel-Schema finden sich auch in 1Petr 2,18-3,7.
[27] Karin Lehmeier, *Oikos und Oikonomia. Antike Konzepte der Haushaltsführung und der Bau der Gemeinde bei Paulus*, Leipzig 2007; dies., Art. Haus/Haushalt (NT), in: www.wibilex.de 2013.

ven und Schutzbefohlene. Er ist hierarchisch und patriarchal konstituiert; an seiner Spitze steht der »Oikodespotes«, dem Ehefrau, Kinder, Sklaven und Schutzbefohlene untergeordnet sind. In ökonomischer Hinsicht finden im Oikos Produktion und Konsumption gleichermaßen statt; grundsätzlich besteht das Ideal wirtschaftlicher Autarkie. In religiöser Hinsicht erweist sich der Oikos als weitgehend homogen, wofür der Oikodespotes verantwortlich zeichnet.[28] In pädagogischer Hinsicht ist der Oikos Ort von Erziehung und Bildung. Über das Leben im Oikos, aus dem sich die Polis und das Staatswesen aufbauen, handelt und reflektiert ausführlich die Literatur der Oikonomik.

Für den 1Petr bildet dieses Oikos-Modell die ekklesiologische Basis. Es bedient sich dazu der Metapher jenes »Hauses aus lebendigen Steinen«,[29] wobei in der »Lebendigkeit« der Steine vielleicht noch ein Nachklang des Organismus-Modells zu vernehmen sein könnte. Bestimmend sind für den 1Petr dann aber vor allem zwei andere, charakteristische Leitbilder: »die Fremdlinge in der Diaspora«, und »das auserwählte, königliche, priesterliche, heilige Volk«. Die »Fremdlinge«, die mit dem Terminus πάροικοι (wörtl. die »neben dem Haus«) beschrieben werden, stehen außerhalb der gesellschaftlichen Oikos-Struktur; sie sind gleichsam »unbehaust«, nicht integriert und gehören nicht dazu. Diese Fremdlinge bilden deshalb auch ihren eigenen, besonderen Oikos, der dank einer massive Kultmetaphorik als eine Art Tempel zu identifizieren ist. Der Oikos / Tempel der Gemeinde als Ort der Präsenz Gottes steht dem Oikos einer geschlossenen, nichtchristlichen Gesellschaft gegenüber. Beide haben vergleichbare Strukturen, aber unterschiedliche Zuordnungen.

Was die Metaphorik von den »lebendigen Steine« als Spannung aufbietet, das zeigt sich auch in dieser Leitbild-Kombination: das »Haus aus lebendigen Steinen« ist eine höchst spannungsvolle Größe. Es ist überhaupt ein bemerkenswerter »Bau«. Sein auffälligstes Merkmal wird gleich zu Beginn in 2,4-5 auf programmatische Weise vorgestellt. Die vielen »lebendigen Steine« sind dem »einen lebendigen Stein« (Christus) zugeordnet bzw. bilden mit ihm zusammen ein strukturiertes Ganzes. Sie haben ein gemeinsames Format – oder sollte man (in Erinnerung an die Taufe in Röm 6,3-8) besser sagen: sie sind ihm »zugehörig«, »gleichgestaltet«, »verbunden«? Auf jeden Fall teilen die vielen »lebendigen Steine« mit dem »einen lebendigen Stein« ein gemeinsames Geschick, das in Ps 118,22 vorgeprägt ist: ein zuvor Verachteter gelangt zu einer unverhofften Ehrenstellung – die Verachteten erweisen sich als die Erwählten. Was in individueller Perspektive gilt, behält auch in kollektiver Perspektive seine Gültigkeit: der

---

[28] Als Beleg wird gerne die sogen. »Oikos-Formel« (1Kor 1,16; Act 10,2/11,14; 16,15.33; 18,8) in Anspruch genommen; die Grußliste in Röm 16 zeigt indessen, dass es auch religiös inhomogene Hausgemeinschaften gab (16,10.11).

[29] Christoph Gregor Müller, »»Lebendige Steine«. Ekklesiologische Formationen im Ersten Petrusbrief«, in: ders., *»Den Fußspuren Christi folgen« (1Petr 2,21). Untersuchungen zum ersten Petrusbrief und seinem Umfeld*, SBA 71, Stuttgart 2020, 151-169.

Eine steht für die vielen und umgekehrt. Christus und alle, die zu ihm gehören, bilden den Bau der Kirche – als einer stabilen, zugleich aber durch eine dramatische Geschichte hindurch höchst »lebendigen« Größe.

1.2 »Fremdlinge in der Diaspora«

Die Gemeinschaft derer, die in diesem besonderen Oikos als »lebendige Steine« zu dem einen »lebendigen Stein« gehören, wird zuerst und grundlegend durch ihre Beziehung zur Gesellschaft charakterisiert. Hier ist der Pulsschlag des 1Petr am stärksten zu vernehmen.

Schon die Adresse des Briefes (1,1) richtet sich »an die auserwählten Fremdlinge, die zerstreut sind« bzw. an solche, die »wie Nichtbürger und Fremdlinge« (2,11) betrachtet werden. Diaspora (Zerstreuung) meint hier nicht die Konstellation von Zentrum und Peripherie wie im Judentum,[30] sondern die Ausgrenzung, die Marginalisierung, die Stigmatisierung oder das Mobbing der Gemeinde durch eine andersgläubige Umwelt.[31] In diesem Zusammenhang gebraucht der Autor den Begriff des »Leidens« (3,14 u. ö.), der aber noch nichts mit den späteren, organisierten Verfolgungen zu tun hat.[32] So wie die vielen Steine dem einen Stein zugeordnet sind, ist auch das Leiden der Gemeinde dem Leiden Christi zugeordnet (2,19-25; 3,13-18; 4,12-19). Anfeindungen und Repressalien spielen sich auf der unteren Ebene ab – in der Polis, im Dorf, in der Nachbarschaft – und treffen besonders die Anfälligsten: die Sklaven nichtchristlicher Herren (2,18-25) oder Frauen nichtchristlicher Ehemänner (3,1-7). In der Gesellschaft entsteht eine Atmosphäre der Denunziation, der Rechtsunsicherheit und der permanenten Konfrontation. Sicher trifft auf diese Situation schon zu, was Tertullian wenig später als Vorwurf gegen Christen referiert: »Euch darf es gar nicht geben.«[33] Auffällig ist, dass die Anfeindungen bereits um des Namens Christi willen erfolgen (4,14); die Glieder der Gemeinde werden als »Christianer« ausgegrenzt.[34]

Um diese Selbstwahrnehmung kleiner Gruppen von Nichtintegrierten, von Fremden, von Anderen dreht sich das Leitbild von den »Fremdlingen in der Diaspora«.[35] Ihren Status gilt es, nüchtern und illusionslos zu analysieren, anzu-

---

[30] Jörn Kiefer, *Exil und Diaspora. Begrifflichkeit und Deutungen im antiken Judentum und in der Hebräischen Bibel*, ABG 19, Leipzig 2005.

[31] Reinhard Feldmeier, *Die Christen als Fremde. Die Metapher der Fremde in der antiken Welt, im Urchristentum und im 1. Petrusbrief*, WUNT 64, Tübingen 1992.

[32] Peter Guyot / Richard Klein (Hg.), *Das frühe Christentum bis zum Ende der Verfolgungen. Eine Dokumentation*, Darmstadt 1997.

[33] Tertullian, Apol 4,4: »Non licet esse vos.«

[34] David G. Horrell, »The Label Χριστιανός (1 Pet. 4.16). Suffering, Conflict, and the Making of Christian Identity«, in: ders., *Becoming Christian. Essays on 1 Peter and the Making of Christian Identity*, Library of New Testament Studies 394, London 2013, 164-210.

[35] Diese Situation, die für den 1Petr charakteristisch ist, findet im Neuen Test noch eine Analogie im Jak; beide Schreiben interpretiert als »Diaspora-Briefe« Thorsten Klein, *Be-*

nehmen und zu akzeptieren. Vor allem aber gilt es, die Anfeindung und Ausgrenzung durch alltägliches Verhalten Lügen zu strafen (2,12). Das ist ein brisanter Ansatz. Die Gemeinde zieht sich gerade nicht in die berühmte »Nische« zurück, sondern nimmt auf geräuschlose, wenngleich höchst selbstbewusste Weise am gesellschaftlichen Leben teil. Sie bringt ihre eigenen Maßstäbe dabei weniger durch Worte als durch schlichtes Alltagsverhalten zur Geltung.

Ich kann mit diesem Leitbild von Kirche im 1Petr sehr viel anfangen. In den 1970er und 1980er Jahren spielte die Formel einer »Kirche in der Diaspora« in der DDR eine wichtige Rolle und wurde zur Orientierung für die Ausgegrenzten, die sich dennoch einzubringen versuchten – bis in den schulischen Alltag hinein. Programmatisch hatte Werner Krusche dieses Leitbild entworfen, in seinem Vortrag vor der Synode der Evangelischen Kirche der Kirchenprovinz Sachsen in Halle am 17.11.1973: »Die Gemeinde Jesu Christi auf dem Weg in die Diaspora«.[36] Der Bund der Evangelischen Kirchen in der DDR machte sich die Formel zu eigen;[37] sie war in aller Munde und durchdrang Theologie und kirchliches Handeln auf ganz verschiedenen Ebenen. Bis heute hat sie nichts von ihrer Aktualität verloren. Keineswegs zufällig trägt ja auch die Festschrift für Michael Herbst von 2021 genau diesen Titel: »Kirche in der Diaspora«.[38]

Seinerzeit diente die Formel einer wichtigen Standortbestimmung. Verfolgungen gab es keine, sehr wohl aber Repressalien und Denunziationen, Ausgrenzungen und Marginalisierungen. Den von Tertullian referierten Vorwurf findet man ähnlich auch in Krusches Analyse, wenn er den »Totalanspruch« der herrschenden Ideologie und »die Unmöglichkeit einer ideologischen Koexistenz« beschreibt: Zu dieser Kirche sollte nach marxistischer Vorgabe »ein bewusster Staatsbürger eigentlich nicht gehören«. Die Möglichkeiten, sich wie die Christen des 1Petr in die Gesellschaft einzubringen, nehmen sich auch bei Krusche bescheiden aus: Redlichkeit in der Berufsarbeit, Pflege eines menschlichen Klimas, Verweigerung gegenüber Lüge und Karrierestreben – kurz: »die kleine Münze gesellschaftlicher Mitverantwortung«, der tapfere Widerstand gegen die Haltung »Es hat doch alles keinen Zweck.«[39]

Heute hat sich die Situation grundlegend gewandelt. Kirche kann sich wieder entfalten, ihre Mitarbeit in der Gesellschaft ist willkommen und wird geschätzt. Aber marginal und häufig genug auch bedeutungslos ist sie immer noch.

---

wahrung in der Anfechtung. Der Jakobusbrief und der Erste Petrusbrief als christliche Diaspora-Briefe, Tübingen/Basel 2011.

[36] In: epd-Dokumentation 2/74; dass. in: Werner Krusche, *Verheißung und Verantwortung. Orientierungen auf dem Weg der Kirche*, Berlin 1990, 94-113.

[37] Eberhard Winkler, »Die Suche nach ekklesiologischen Leitbegriffen im Bund der Evangelischen Kirchen in der DDR«, in: *Kirche in der Diaspora* (s. folgende Anm.), 129-144.

[38] Thomas Schlegel und Martin Reppenhagen (Hg.), *Kirche in der Diaspora. Bilder für die Zukunft der Kirche. FS zu Ehren von Michael Herbst*, Leipzig 2021.

[39] Krusche, *Gemeinde*, 112.

1.3 »das auserwählte, königliche, priesterliche, heilige Volk«

Dieses zweite, für den 1Petr so charakteristische Leitbild, erscheint wie ein Kontrapunkt zu den »Fremdlingen in der Diaspora«. Im Blick auf die Gesellschaft ist diese Gemeinschaft fremd, befremdlich, und gerade deshalb auch immer wieder bedrohlich. Im Blick auf Gott, zu dem sie gehört, erfährt sie jedoch die denkbar höchste Auszeichnung.

Gerne werden die Verse 1Petr 2,5.9 als Kardinalbeleg für das Konzept von einem »allgemeinen Priestertum der Glaubenden / Getauften« verstanden.[40] Denn so sind die Adressaten des Briefes hier bezeichnet: als »heilige Priesterschaft (ἱεράτευμα ἅγιον)« oder »königliche Priesterschaft (βασίλειον ἱεράτευμα)«.[41] Der Gedanke eines »allgemeinen Priestertums«, der in den Kämpfen der Reformationszeit Gestalt gewann, zielt vor allem auf eine Art Demokratisierung priesterlicher Funktionen ab; er versucht, die Kluft zwischen Klerus und Laien zuzuschütten; alle sind gleichermaßen vor Gott gewürdigt, die grundlegenden Dienste auszuführen.

Die jüngere Diskussion äußert sich zu diesem Thema jedoch eher zurückhaltend. Kommentare streifen das Thema nur noch als ein Phänomen der »Rezeptiongeschichte«.[42] Systematische und Praktisch-Theologische Äußerungen lösen sich mit ihren Argumenten weitgehend von 1Petr 2 ab. In der Tat weist die reformatorische Interpretation von 1Petr 2,5.9 einen erheblichen Überschuss gegenüber dem Text auf.[43] Sie verdankt sich wesentlich einem polemischen Impuls und der Auseinandersetzung mit dem röm. Amtsverständnis; später setzt sie sich fort in dem Anliegen einer Ermutigung und Ermächtigung der Gemeinde. Eine real-kultisch oder sakramental-rechtlich konzipierte Qualität der einzelnen Gemeindeglieder lässt sich aus 1Petr 2 jedoch nicht ableiten.[44] Die Metapher »Priesterschaft« steht für ein Kollektiv, nicht für ein Amt. Es geht um den exklusiven Status dieser Priesterschaft, nicht um ihre konkrete, individuell auszuführende Funktion. Über das reformatorische Konzept, das nicht nur eine lange

---

[40] Vgl. den Überblick bei Dieter Sänger, Art. Priester/Priestertum I/4. Neues Testament, in: *TRE* 27, 1997, 396-401; Harald Goertz, Wilfried Härle, Henning Schroer, Art. Priester/Priestertum II. Allgemeines Priestertum, in: *TRE* 27, 1997, 402-413.

[41] Grundlegend John H. Elliott, *The Elect and the Holy. An Exegetical Examination of 1 Peter 2:4-10 an the Phrase* βασίλειον ἱεράτευμα, NT.S 12, Leiden 1966.

[42] Brox 1986 (EKK) widmet dem Thema noch sehr viel Raum und fügt einen längeren Exkurs zur Auslegungsgeschichte ein; Feldmeier 2005 (ThHK) erwähnt die Wirkungsgeschichte beiläufig in einem einzigen Satz; Vahrenhorst 2016 (TKNT) betont wie Brox den atl. Wurzelboden, doch die Vorstellung eines allgemeinen Priestertums wird nur in einer Fußnote angedeutet; Wagner/Vouga 2020 (HNT) gehen mit Stillschweigen darüber hinweg.

[43] So spielen etwa auch das Hohepriesteramt Jesu Christi, die Taufe, der Opfergedanke und anderes mehr für die Ausformulierung dieses Konzepts eine Rolle.

[44] Vgl. umfassend Volker Gäckle, *Allgemeines Priestertum. Zur Metaphorisierung des Priestertitels im Frühjudentum und Neuen Testament*, WUNT 331, Tübingen 2014, 593-596.

Geschichte, sondern auch ein großes Potential hat, ist damit noch nichts gesagt. Die Frage ist, ob 1Petr 2,5.9 dieses Konzept schon trägt – oder nicht nur als Stichwortgeber eines neuen, eigenständigen Diskurses fungiert.

2. Gemeinde im Haus Gottes

Das Leitbild der »heiligen Priesterschaft« hat primär den Status der Gemeinde im Blick. Diejenigen, die zu Christus gehören, sind gegenüber einer feindseligen Gesellschaft privilegiert,[45] so wie es Israel gegenüber der Völkerwelt ist. Sie konstituieren sich nicht selbst wie ein Verein, sondern lassen sich von Gott her »aufbauen« und auch erhalten. Sie sind nicht nur Gottes Werk, sondern auch Ort von Gottes Gegenwart in der Welt. Sie nehmen die Aufgabe wahr, diese Gegenwart zu bezeugen, worin auch der Sinn ihrer Bezeichnung als »königliche und heilige Priesterschaft« liegt.[46]

Dieses Zeugnis zielt zunächst auf eine Gestaltung des internen, »innerkirchlichen« Lebens. Denn das »Haus aus lebendigen Steinen« mit seiner heiligen Priesterschaft gleicht einem Tempel.[47] Was im Tempel geschieht, ist zwar – bis zu einem gewissen Grade – von außen sichtbar, hängt aber davon nicht ab. So lebt auch die christliche Gemeinde gemäß ihrer Berufung: unbeirrt und unaufdringlich, weder im Verborgenen noch auf der großen Bühne. Das lässt sich in Kleinasien und überhaupt in der mediterranen Welt gut verstehen. Ein Tempel (ob in Jerusalem, Ephesus oder Baalbeck) ist ein heiliger Ort, der die Unterscheidung von heilig und profan, rein und unrein zur Voraussetzung hat. Als heiliger Bezirk verdankt er sich einer Abgrenzung zwischen drinnen und draußen. Tempelschranken bezeichnen die Demarkationslinie. Diejenigen aber, die im Tempel durch ihren gemeinsamen Kult verbunden sind, stellen eine aus ihrer Umwelt herausgehobene Größe dar. »Wenn etwas geheiligt ist, wird es Gott übereignet. Es wird aus seinem bisherigen Lebenszusammenhang herausgenommen und dem Heiligen zugeführt.«[48] »Heiligkeit« ist somit ein Proprium, das diese »lebendigen Steine« ausmacht – eine Heiligkeit, die sie nicht ihren besonderen Qualitä-

---

[45] So Reinhard Feldmeier, *Der erste Brief des Petrus*, ThHK 15/I, Leipzig 2005, 90.
[46] Gerhard Hotze, »Königliche Priesterschaft in Bedrängnis. Zur Ekklesiologie des Ersten Petrusbriefes«, in: *Hoffnung in Bedrängnis. Studien zum Ersten Petrusbrief*, hg. v. Thomas Söding, SBS 216, Stuttgart 2009, 105-129.
[47] Diesem Bild hat ebenfalls schon Paulus vorgebaut (1Kor 3,16-17; 6,19; 2Kor 6,16); zudem ist es tief im Selbstverständnis der Gemeinschaft von Qumran verankert; vgl. dazu Christfried Böttrich, »›Ihr seid der Tempel Gottes‹. Tempelmetaphorik und Gemeinde bei Paulus«, in: *Gemeinde ohne Tempel. Zur Substituierung und Transformation des Jerusalemer Tempels und seines Kults im Alten Testament, antiken Judentum und frühen Christentum*, hg. von B. Ego, A. Lange und P. Pilhofer, WUNT 118, Tübingen 1999, 411-425.
[48] Martin Vahrenhorst, *Kultische Sprache in den Paulusbriefen*, WUNT 230, Tübingen 2008, 328.

ten, sondern der Zugehörigkeit zu diesem Tempel und dem Handeln Gottes verdanken. Auch dieses Selbstverständnis hat Tradition, etwa wenn Paulus die Adressaten seiner Briefe als »Heilige« anspricht[49] und zu entsprechenden Unterscheidungen auffordert.[50] Solche Heiligkeit aber wertet sie auf: sie sind kostbar, auserwählt, königlich, zur Bewahrung bestimmt.

Auch die Aufgabe oder Funktion dieser Priesterschaft ist zunächst eine interne. Da es sich um ein »geistliches Haus (οἶκος πνευματικὸς)« handelt, geht es bei den Opfern um »geistliche Opfer (πνευματικὰ θυσία)«. Wieder schöpft der 1Petr mit vollen Händen aus pln. Kultmetaphorik, wie sie Martin Vahrenhorst aufgearbeitet hat: »›Heiligkeit bzw. Heiligung‹ ist auch ein soteriologischer bzw. ein Transferbegriff. In kultisch konnotierter Sprache beschreibt Paulus, wie Menschen auf die Seite Gottes kommen.«[51] Das geschieht, indem sie »in Christus« geheiligt werden (1Kor 1,2; 6,11). Besonder klar formuliert Paulus in Röm 15,16: die Völker sind auf ihrem Weg zu Gott eine Art Opfergabe, die in die Sphäre des Heiligen bzw. der Heiligkeit Gottes transferiert wird.

Das sieht auch der 1Petr nicht anders: Menschen bringen sich selbst als Opfergabe Gott dar und werden so zu seinem Eigentum. Sie vollziehen gleichsam einen priesterlichen Dienst an sich selbst und übereignen sich Gott – so werden sie zu einem »Volk zur Bewahrung (εἰς περιποίησιν)«. Darin klingt Röm 12,1 nach, wo Paulus seine Adressaten dazu auffordert, ihre »Leiber (σώματα)« darzubringen als »lebendiges, heiliges, Gott wohlgefälliges Opfer (θυσία)« – und genau das dann einen »vernünftigen Gottesdienst (λογικὴ λατρεία)« nennt.[52] Ihr Dienst ist also der – um eine berühmte Formel von Ernst Käsemann zu verwenden – eines »Gottesdienstes im Alltag der Welt«,[53] sofern der Ort dieses Tempels (also ihre Gemeinde) die Welt bzw. die Gesellschaft ist. Die »Fremdlinge in der Diaspora« sind nicht Gemeinde »neben oder gegen, sondern in« der Gesellschaft.[54]

Die Außenwirkung des »Hauses aus lebendigen Steinen« erscheint damit zwar weniger offensiv, ist aber deshalb nicht weniger brisant. Man nimmt diese Gemeinschaft, die sich nicht verbirgt, sehr wohl wahr. Ihre schlichte Existenz polarisiert und provoziert – und zwar aufgrund jenes Ecksteins (Christus), der damit vom Eckstein zum Prüfstein wird, an dem sich die Geister scheiden. Die

---

[49] 1Kor 1,2; 6,1.2; 14,33; 16,1.15; 2Kor 1,1; 8,4; 9,1.12; Phil 1,1; 4,21.22; Phlm 5.6; Röm 1,7; 8,27; 12,13; 15,25.26.31; 16,2.15.
[50] So z. B. 2Kor 6,14-16 im Kontext von Tempelmetaphorik.
[51] Vahrenhorst, *Kultische Sprache*, 328.
[52] Vahrenhorst, *Kultische Sprache*, 330, übersetzt: »botschaftsgemäßer Gottesdienst«.
[53] Ernst Käsemann, »Gottesdienst im Alltag der Welt«, in: *Judentum, Urchristentum, Kirche. FS Joachim Jeremias*, hg. von W. Eltester, BZNW 26, 1960, 165-171; ders., *An die Römer*, HNT 8a, Tübingen ³1974, überschreibt Röm 12,1-2 mit »Gottesdienst inmitten der Welt«.
[54] Diese Formulierung aus einem anderen Leitbild aus DDR-Zeiten drängt sich unwillkürlich auf; vgl. Christoph Kähler, Kirche im Sozialismus, Version 04.01.2021, 09:00 Uhr, in: Staatslexikon[8] online, URL: https://www.staatslexikononline.de/Lexikon/Kirche_im_Sozialismus (abgerufen: 06.05.2022).

Christen und Christinnen selbst sind in Wahrheit die Prüfsteine, denen gegenüber sich die Gesellschaft verhalten muss.

Schlüsselfunktion kommt in dieser Hinsicht 2,9 zu, wo der Leitbildformel noch eine Zielbestimmung angefügt ist: »damit ihr die Guttaten dessen verkündigt, der euch berufen hat«. Lässt sich aus diesem Satz bereits ein »Sendungsauftrag« heraushören? Auffällig ist, wie flach der Autor gerade hier formuliert. Er spricht nicht etwa vom »Evangelium«, vom »Wort«, vom »Kerygma« oder von der »Königsherrschaft Gottes«, sondern von den »ἀρεταί« Gottes. Üblicherweise bezeichnet dieser Begriff in der Ethik die »Tugenden«, was freilich auf Gott nicht recht passen will. Der Gedanke ist schlichter: Gott tut den Menschen Gutes. Und genau darum geht es hier: nicht um machtvolle Offenbarungen auf einem Berg mit Feuer und Rauch, sondern um die Präsenz Gottes in alltäglichen Lebensvollzügen. Solche »Guttaten Gottes« sind nicht Gegenstand von Lehre; vielmehr spiegeln sie sich auf nonverbale Weise wider – durch ebensolche »Guttaten«, mit denen die Christen und Christinnen an ihrem jeweiligen Ort eine »werbende Lebensführung« praktizieren.[55] Das Verb ἐξαγγέλλω deutet jedoch schon an, dass es nicht dabei bleibt. Wahrnehmbares Verhalten fordert zu Rückfragen heraus. Das bedeutet, auch allen denen Rede und Antwort zu stehen, die »Rechenschaft fordern über die Hoffnung, die in euch ist« (3,15).

3. Glaube als Stabilitätsfaktor

Die Fremdlinge im gesellschaftlichen Abseits, die sich als heilige Priesterschaft mit einem großen Auftrag verstehen – die haben nach dem 1Petr ihr Gravitationszentrum im Glauben. Das Verb πιστεύω kommt in 2,4-10 zwar nur 3x vor (2,6.7), beschreibt aber einen zentralen Sachverhalt: Am Glauben entscheiden sich Zugehörigkeit oder Nichtzugehörigkeit zu jenem »Haus aus lebendigen Steinen«.

1Petr 2 beschreibt diesen Sachverhalt mit dem Muster von »Ehre und Schande«[56] und nimmt damit ein Sprachspiel auf, das in der antiken Gesellschaft für Reputation und sozialen Status steht. In der biblischen Überlieferung wird der Glaube grundlegend als Akt des Vertrauens verstanden.[57] Wichtigster Kronzeuge ist Abraham, dessen Vertrauen auf Gottes Zusagen gegen den Augen-

---

[55] Vgl. Peter Lippert, *Leben als Zeugnis. Die werbende Kraft christlicher Lebensführung nach dem Kirchenverständnis neutestamentliche Briefe*, SBM 4, Stuttgart 1968; Travis B. Williams, *Good Works in 1 Peter. Negotiating Social Conflict and Christian Identity in the Greco-Roman World*, WUNT 337, Tübingen 2014.

[56] Bruce Malina, *Die Welt des Neuen Testaments. Kulturanthropologische Einsichten*, Stuttgart/Berlin/Köln 1993, 40-66 (Ehre und Scham); Nicole Chibici-Revneanu, Art. Ehre/Scham/Schande (NT), in: www.wibilex.de 2010.

[57] Die Debatte um eine sachliche Unterscheidung von Emuna und Pistis geht an diesem Sachverhalt vorbei; beide Testamente sind sich in der Grundbedeutung »Vertrauen« einig.

schein zu einer religiösen Ur-Erfahrung wird. Dieses Vertrauen erweist sich auch in der frühen Christenheit als einzig angemessene Antwort auf die Zuwendung Gottes in Jesus Christus, so dass Glaube fortan eine zentrale Stellung erlangt.[58]

Ist Vertrauen (»πίστις / Glauben«) in dem »Haus aus lebendigen Steinen« ein Stabilitätsfaktor – oder eher ein Risikofaktor? Die 11 Belege der Wortfamilie in 1Petr ergeben zunächst ein buntes Bild: die Adressaten werden durch ihr Vertrauen bewahrt (1,5); ihr Vertrauen zielt auf die Errettung ihres Lebens (1,9) und ist auf Gott ausgerichtet (1,21); auch dem Diabolos kann man »im Glauben« widerstehen (5,9); Vertrauen bedarf keiner Beweise (1,8). Besonderes Interesse verdient die Aussage in 1,7: Vertrauen unterliegt einer Gütekontrolle, bei der es sich – hoffentlich – als »echt (δοκίμιον)« und »kostbarer als geläutertes (δοκιμαζόμενον) Gold« erweist. Das heißt: Glaube ist immer herausgefordert und gefährdet; Glaube bedarf immer der Stärkung, Erprobung und Erneuerung.

In 2,6.7 (dem vorliegenden Abschnitt) kann man schließlich lernen: Glaube als Akt des Vertrauens auf den »lebendigen Stein« Christus hat vor allem integrativen Charakter und erweist sich als eine im buchstäblichen Sinne »tragfähige« Größe.[59] Beide Vertrauens-Aussagen in 2,6.7 entstammen dem Schriftzitat aus Jes 28,6 und der anschließenden Überleitung zu dem Zitat aus Ps 118,22. In 2,6 wird »vertrauen« zunächst als grundlegende Lebensäußerung christlicher Existenz verstanden. Solches Vertrauen richtet sich auf den »auserwählten kostbaren Eckstein«, der bereits als Christus identifiziert ist; wer auf ihn vertraut, wird in den Bau integriert und gewinnt dort Orientierung, Zugehörigkeit, Rückhalt und Beheimatung. In 2,7 erscheinen »vertrauen« oder »nicht vertrauen« als alternative Möglichkeit bzw. als Ausdruck zweier gegensätzlicher Optionen. Die erste – »Ehre (τιμή)« – bedeutet Reputation bei Gott. Die zweite – »Anstoß / Ärgernis« – steht für einen Konflikt mit unabsehbaren Folgen. Plötzlich kehren sich die Dinge um: die von der Gesellschaft Ausgegrenzten sind integriert und fundiert; die Kontrahenten hingegen verlieren ihre Basis.

Glaube als »integrativer und belastbarer Glaube« trägt dazu bei, die Diasporasituation zu bewältigen – also Ausgrenzung, Marginalsierung oder Mobbing nicht nur auszuhalten, sondern positiv darauf zu reagieren. Das ist der Grund,

---

[58] Hans Weder, »Die Entdeckung des Glaubens im Neuen Testament«, in: ders., *Einblicke ins Evangelium. Exegetische Beiträge zur neutestamentlichen Hermeneutik*, Göttingen 1992, 137-150.

[59] Vgl. dazu Bernhard Mutschler, »Die Pastoralbriefe als ›kanonische Vollender des Glaubens‹. Integrierender und belastbarer Glaube als Grundbegriff des Christseins und als charakteristischer und zentraler Grundbegriff des Christentums«, in: *Glaube. Das Verständnis des Glaubens im frühen Christentum und in seiner jüdischen und hellenistisch-römischen Umwelt*, hg. von J. Frey, B. Schliesser und N. Ueberschaer, WUNT 373, Tübingen 2017, 561-607. Die Past sind etwa zeitgleich mit dem 1Petr zu datieren und bieten sich in diesem Falle als Parallele an.

sich trotz der prekären Situation selbstbewusst als Gemeinschaft »im Licht« zu sehen und als »Volk Gottes«, umfangen von der Barmherzigkeit Gottes.

4. Notae ecclesiae nach 1Petr 2

Das Bild von jenem »Haus aus lebendigen Steinen« verlockt dazu, den vier klassischen »notae ecclesiae« (1. Einigkeit, 2. Heiligkeit, 3. Universalität, 4. Apostolizität) noch drei weitere Kennzeichen hinzuzufügen: Vitalität, Stabilität und Resilienz.

4.1 Vitalität

»Vitalität« ist kein Begriff, den man in einer Konkordanz zum Neuen Testament finden könnte. Er begegnet uns als ein Modewort, das vor allem im Bereich von Gesundheitsforschung, Ernährungswissenschaften oder Unternehmensberatungen floriert.[60] »Vitalis« heißen Fitness-Studios, Senioren-Zentren oder Reha-Kliniken. »Vitalis« heißt ein Müesli, so heißen Vitaminsäfte oder Diätprogramme. Die Biologie gebraucht den Begriff der Vitalität, um die unverwüstliche Lebenskraft von Organismen zu beschreiben. In der Psychologie steht Vitalität für eine grundsätzliche Bejahung des Lebens – und damit vor allem für Lebenslust und Lebensfreude. Das ist etwas anderes, als der Begriff des »Lebens« (ζωή) in der biblischen Überlieferung meint.[61] »Leben« als grundlegende Gabe des Schöpfers betrifft die menschliche Existenz, die Zeit und Ewigkeit umfasst; maßgeblich ist dafür das Spannungsverhältnis von Leben und Tod. »Vitalität« hingegen fungiert als Ausdruck gesteigerter oder intensivierter Lebendigkeit; maßgeblich wäre hier das Spannungsverhältnis von »dahinvegetieren« und »aus dem Vollen schöpfen«.

In diesem Horizont ist Vitalität in den letzten Jahren auch zu einem Lieblingsbegriff der Praktischen Theologie geworden. Martin Abraham spricht von den »Vitalia« der Kirche als ihren Lebensäußerungen – also von dem, was man von außen zuerst wahrnimmt.[62] »Vitale Gemeinde« wird eine Vision überschrieben, die aus England stammt und einem Handbuch zur Gemeindeentwicklung

---

[60] Schon eine flüchtige Recherche fördert zahlreiche Titel zutage, die mit dem Begriff »Vitalität« operieren.

[61] Vgl. Nadine Ueberschaer, *Theologie des Lebens bei Paulus und Johannes. Ein theologisch-konzeptioneller Vergleich des Zusammenhangs von Glaube und Leben auf dem Hintergrund ihrer Glaubenssummarien*, WUNT 389, Tübingen 2017.

[62] Martin Abraham, *Evangelium und Kirchengestalt. Reformatorisches Kirchenverständnis heute*, TBT 140, Berlin 2007, 81-83, spez. 83: »Lebensäußerungen« meint in dieser Perspektive Gemeinschaft, Ethos oder Ordnung, die in der Außenwahrnehmung sehr viel größeres Gewicht haben als Wort und Sakrament; Vitalia sind nach Abraham »die ›Extremitäten‹ der Kirche.«

von Robert Warren den Titel gibt.[63] Der ursprüngliche Titel dieses Buches lautete »Healthy Church«; Gesundheit und Vitalität können demnach auch als Synonyme fungieren. Vital oder gesund ist ein Organismus jedenfalls dann, wenn seine Lebensvollzüge weitgehend unbeeinträchtigt zur Entfaltung kommen.[64] Vital oder gesund wäre eine Gemeinde, die ihre Möglichkeiten produktiv zu machen versteht, die in Bewegung ist und sich entwickelt.

Wenn »Vitalität« in der biblischen Überlieferung terminologisch auch nicht zu fassen ist, so lässt sich das Phänomen als solches sehr wohl beobachten. Der ekklesiologische Ankerpunkt von Vitalität liegt in dem biblischen Organismus-Modell.[65] Klassisch stellt das Bild von der »Gemeinde als Leib Christi« (1Kor 12,12-27) genau das vor Augen: einen menschlichen Körper, in dem alle Glieder miteinander verbunden sind und ihre Spezifika zur Geltung bringen können. Gesund oder vital ist dieser Organismus nur, wenn die Austauschprozesse funktionieren; leidet ein Glied, dann leiden sie alle.[66]

Das ekklesiologische Potential von Vitalität liegt in der Vielfalt von Leitbildern. Es gibt nicht nur einen einzigen Leisten, über den alles geschlagen werden müsste. Der bunte Strauß von Leitbildern, den die ntl. Schriften in ihren ganz unterschiedlichen Situationen zusammenbinden, ist keine Hypothek, die es loszuwerden gilt – sondern ein Potential, mit dem sich etwas anstellen lässt. Gerade die Vielfalt von Leitbildern bietet die Möglichkeit, punktgenau und flexibel auf Veränderungen zu reagieren.

Das Organismus-Modell steht demnach für die Vitalität der Kirche. Kirche ist von ihrem Selbstverständnis her eine Größe, die lebt – sich entwickelt, sich verändert, sich bewegt – und die sich vielfältig darstellt.

4.2 Stabilität

Auch »Stabilität« ist kein Begriff, bei dem man in der Konkordanz fündig würde. Stabile, dauerhafte oder nachhaltige Verhältnisse werden in der Wirtschaft, in der Ökologie oder auch in Beziehungsfragen hoch geschätzt. Schon das Organismus-Modell kann (wenn man mit dem Bild spielt) stabilisierender Momente nicht entbehren: auch ein vitaler Organismus profitiert von einem konstanten Blutdruck, festen Knochen, einem verlässlichen Stoffwechsel.

---

[63] Robert Warren, *Vitale Gemeinde. Ein Handbuch für die Gemeindeentwicklung*, BEG Praxis, Neukirchen-Vluyn ²2013.
[64] Dass »Vitalität« ein Äquivalent für den bibl. Begriff der »Erlösung« sein solle (Warren, 29), leuchtet mir allerdings nicht ein; einen Anhaltspunkt vermag ich dafür weder biblisch noch außerbiblisch zu entdecken.
[65] Grundlegend in 1Kor 12,12-27 / Röm 12,4-5; Kol 1,18.24; 2,19; 3,15 und Eph 1,22-23; 2,16; 4,4.12; 4,15-16; 5,23.30. Kol/Eph modifizieren das Bild, in dem sie vor allem Christus als Haupt des Leibes beschreiben.
[66] Vgl. Roloff, *Kirche*, 100-110.

Der ekklesiologische Ankerpunkt für Stabilität liegt im Oikos-Modell. Um der Stabilität und Festigkeit willen müssen spontane, überraschende Veränderungen möglichst ausgeschlossen werden.[67] Ziel sind in erster Linie dauerhafte Strukturen. Im Oikos-Modell geht es ganz konservativ um die Bewahrung dessen, was ist – um Beharren, um Wiedererkennbarkeit und Kompatibilität. Im Zentrum steht das institutionelle Moment. Der Preis ist hoch,[68] doch der Gewinn ist es nicht weniger. Und genau darin liegt das Erfolgsgeheimnis dieses Modells. Mit ihrer Oikos-Struktur macht sich die Kirche der gesellschaftlichen Ordnung vergleichbar, sie spricht die gleiche Sprache und wird anschlussfähig. Aus »Gästen und Fremdlingen« werden nicht nur »Mitbürger und Hausgenossen Gottes« (Eph 2,19), sondern eben auch »Mitbürger und Hausgenossen« der sie umgebenden Gesellschaft. Die Kirche bietet nach diesem Modell nicht mehr nur ein Kontrastprogramm (wie die Gottesherrschaft). Als Oikos ist sie auch gesellschaftsfähig.

Das ekklesiologische Potential dieses Modells liegt in seinen kalkulierbaren Gestaltungsspielräumen. Der Oikos ist ein geordnetes Ganzes, das nicht ständig neu erfunden werden muss. Er kennt feste Regeln, bietet Schutz und auch (im besten Sinne) Routinen.

Das Oikos-Modell steht demnach für die Stabilität der Kirche. Kirche ist von ihrem Selbstverständnis her eine Größe, die nicht flüchtig, sondern dauerhaft und nachhaltig in Erscheinung tritt, die sich etabliert und verstetigt. Institutionelle Strukturen gehören zu ihrem Wesen hinzu

4.3 Resilienz

Die beiden Modelle – das Organismus- und das Oikos-Modell – beschreiben und reflektieren genau jenes Spannungsverhältnis, das zwischen Vitalität und Stabilität besteht. Beide ergänzen einander – aber sie bedrohen einander auch. Deshalb scheint es mir sinnvoll zu sein, mit dem Begriff der »Resilienz« noch eine weitere Dimension ins Spiel zu bringen.[69] Auch »Resilienz« ist kein Begriff der biblischen Überlieferung. Das Phänomen als solches lässt sich jedoch in einer Reihe von biblischen Texten sehr wohl identifizieren – wie eine Rostocker Ta-

---

[67] Damit tritt auch das charismatische Moment zurück, das im Organismus-Modell noch eine entscheidende Rolle spielt.

[68] Unter anderem besteht der Preis darin, dass Frauen aus Verkündigungs- und Leitungsaufgaben zurückgenommen werden und Sklaven sich erneut in ihre Rolle zu schicken haben.

[69] Dass der Begriff auch in anderen Zusammenhängen aufgenommen wird, in denen es um Vitalität geht, zeigt Erich R. Unkrig, *Mandate der Führung 4.0. Agilität - Resilienz - Vitalität*, Wiesbaden 2020.

gung von 2020 über »Resilienznarrative im Alten Testament« eindrücklich belegt.[70]

Weil hier der Raum fehlt, die inzwischen umfangreich geführte Debatte aufzurollen, müssen wenige Stichpunkte genügen. Einen starken Impuls hat die Resilienzforschung von der »Salutogenese« empfangen, die in den 1970er Jahren von Aaron Antonovsky entwickelt wurde.[71] Antonovsky kehrt die Perspektive um – weg von der Krankheit hin zur Gesundheit, weg von der Pathogenese hin zu Salutogenese. Bei diesem Ansatz steht nicht mehr die Beseitigung von Defiziten, sondern die Stärkung von Ressourcen im Mittelpunkt. Eine entscheidende Rolle spielt die Herstellung von Kohärenz. Damit ist das Vermögen gemeint: a) Zusammenhänge zu begreifen, b) Gestaltungsmöglichkeiten wahrzunehmen, c) den Dingen und damit dem eigenen Leben Sinn zuzuschreiben.

Was seither in der Resilienzforschung bedacht und entdeckt worden ist,[72] stellt sich als die Beschreibung eines ganzen Bündels von Faktoren, Eigenschaften und Kompetenzen dar, die es Menschen ermöglichen, Bedrohungen zu widerstehen, Traumata oder Stress zu bewältigen, und gegebenenfalls daran zu wachsen.

Drei Diskursstränge treten dabei im Besonderen in den Blick. Zum Ersten geht es um Ressourcen und ihre Nutzung. Meist ist das, was zur Lösung beiträgt, schon vorhanden und muss nur aktiviert oder fruchtbar gemacht werden. Immer gibt es Ansätze, die sich stark machen lassen – und wenn es mitunter auch nur eine intakte Beziehung, eine Gewissheit, ein fester Glaube, ein Aufgabe ist. Zum Zweiten geht es um Identität. Angesichts von Widrigkeiten oder Herausforderungen sind ein Wissen um den eigenen Wert, die Fähigkeit zur Selbstreflexion oder ein klares Zugehörigkeitsgefühl wichtig. Clemens Sedmak beschreibt Resilienz in dieser Hinsicht als »robuste Identität«[73] – eine feste, wenngleich selbstkritische Überzeugung, Autonomie, Rückbindung, Verankerung, Orientierung. Zum Dritten geht es um individuelle wie um kollektive Erfahrungen gleichermaßen, die geteilt und weitergegeben werden. Ich habe bei meinen Lektüren gelernt: Die meisten Einführungen in das Thema Resilienz erzählen Geschichten.[74] Biographisches spielt eine zentrale Rolle. Aber das betrifft eben auch die Erfahrungen von Gruppen (wie Gemeinden und Kirchen). Ressourcen, die stark

---

[70] Vgl. inzwischen: Judith Gärtner und Barbara Schmitz (Hg.): *Resilienznarrative im Alten Testament*, FAT 156, Tübingen 2022.

[71] Aaron Antonovsky, *Salutogenese. Zur Entmystifizierung der Gesundheit*, Tübingen 1997.

[72] Vgl. zur Einführung Klaus Fröhlich-Gildhoff und Maike Rönnau-Böse, *Resilienz*, utb 3290, München ⁴2015.

[73] Clemens Sedmak, *Innerlichkeit und Kraft. Eine Studie über epistemische Resilienz*, Forschungen zur Europäischen Geistesgeschichte 14, Freiburg/Basel/Wien 2013, 91-104.

[74] Besonders stimulierend sind in dieser Hinsicht Rosette Poletti und Barbara Dobbs, *Resilienz. Die Kunst, wieder aufzustehen*, München 2014. Anhand einer Musiker-Biographie wird das Thema entfaltet bei Andreas Kruse, *Resilienz bis ins hohe Alter – was wir von Johann Sebastian Bach lernen können*, Wiesbaden 2015.

machen, gründen in konkreten Lebenserfahrungen, in persönlichen Beziehungen, in prägenden Situationen. »Verbundenheit« ist ein entscheidendes Kriterium dort, wo es um Resilienznarrative von Gruppen geht. Wie ein roter Faden zieht sich durch diese Diskurse das Medium der Kommunikation. Was stark macht, kann im Verborgenen schlummern und reifen – aber es muss irgendwann zur Sprache kommen. Es wächst, wenn es mitgeteilt, hinterfragt, geprüft oder vertieft wird.

Damit kehre ich zu dem »Haus aus lebendigen Steinen« zurück.[75] Dem 1Petr liegt eines der eindrücklichsten »Resilienznarrative« der ntl. Überlieferung zugrunde. Die Adressatengemeinden sind einer Reihe von Stressfaktoren ausgesetzt, die sie an den Rand ihrer Existenz bringen – und die auch ihr Ende bedeuten könnten. Aber sie verstehen es, ihre Ressourcen wahrzunehmen und zu mobilisieren; sie verstehen es, die vermeintliche Schwäche als eine Stärke zu begreifen. In dem fiktiven Autor des Briefes, Simon Stein, ist die exemplarische Erinnerung an die individuelle Ebene dieser Erfahrung aufbewahrt; in der Gemeinschaft der »Fremdlinge in der Diaspora« kommt die kollektive Ebene zur Anschauung. Beide Ebenen will ich kurz skizzieren.

Die literarische Biographie des Simon Stein weist zahlreiche Resilienzfaktoren auf.[76] Seine Begegnung mit Jesus führt zu einer Art »Lebensfilm« (Lk 5,8);[77] Simon bricht alle seine bisherigen Beziehungen ab und erfindet sich gleichsam neu. Das wird zum Beginn einer Lebensaufgabe, in die er auch seine bisherige Berufserfahrung auf neue Weise einbringen kann.[78] Von seinem Lehrer wird der Schüler Simon mit höchster Auszeichnung (»nicht Fleisch und Blut haben dir das offenbart, sondern mein Vater in den Himmeln« Mt 16,17), aber auch mit schärfster Abweisung (»weg mit dir, hinter mich Satan, du bist ein Anstoß« Mt 16,23) konfrontiert; als Nachfolger Jesu macht er Erfahrungen, die sich in scharfen Kontrasten darstellen. Die Schlüsselszene seines Lebens liegt in der Passionsgeschichte. Während des letzten Mahles sagt Jesus Simon Scheitern, Umkehr und Neubeginn voraus (Lk 22,31-32): »Simon, Simon, siehe, der Satan hat sich auserbeten, euch zu sieben wie den Weizen. Ich aber habe für dich gebetet, dass dein Glaube nicht aufhöre. Und wenn du dich einst bekehrt hast: Stärke deine Brüder!« Von den Ängsten, Deformationen und Stressfaktoren des Karfreitags überwältigt, droht Simon Stein zu zerbrechen.[79] Aber sein Absturz hat keine

---

[75] Auch unabhängig von 1Petr 2 ist das Bild des Hauses schon zur Beschreibung von »Resilienz« herangezogen worden; vgl. dazu das Schaubild bei Poletti / Dobbs, *Resilienz*, 41.

[76] Christfried Böttrich, *Petrus. Fischer, Fels und Funktionär*, BG 2, Leipzig ³2021.

[77] Im Kontext der Berufungsgeschichte Lk 5,1-11 kommt Simon, der mit dem Lehrer aus Nazareth bereits eine Vorgeschichte hat, zu der Erkenntnis: »Ich bin ein sündiger (= gottferner) Mensch!«

[78] Er wandelt sich vom »Fischer« zum »Menschenfischer«: Mk 1,17 / Mt 4,19; Lk 5,10.

[79] Das kommt vor allem in seiner Verleugnung und den anschließenden Tränen (Lk 22,62) zum Ausdruck.

bleibende Wirkung. Zwar verliert Simon Stein seinen »Glauben« (bzw. sein Vertrauen) oder wird darin zumindest schwer erschüttert, doch er erlangt ihn durch die Fürbitte Jesu zurück. Das macht ihn stärker, als er vorher war, so dass er nun auch den versprengten und nicht weniger deformierten Schülerkreis sammeln kann. Solche Resilienz verdankt Simon Stein nicht etwa der robusten Natur der galiläischen Fischer, sondern allein der Fürbitte Jesu. Seine wichtigsten Ressourcen sind die Beziehung zu Jesus und die feste Einbindung in die Gemeinschaft der Schüler und Schülerinnen. Ostern wird für Simon Stein dann zu der entscheidenden Kohärenzerfahrung: er lernt, Tod und Auferstehung Jesu in einen großen Zusammenhang einzuordnen; er lernt, dem Sterben Jesu und damit seiner eigenen, bleibenden Christuszugehörigkeit einen Sinn abzugewinnen; er entdeckt darin für sich selbst neue Handlungsmöglichkeiten. Für seine nachösterlichen Aufgaben wird auch die Familie zu einer erneut genutzten Ressource.[80] Den Konflikt mit Paulus in Antiochia (Gal 2,11-14) besteht er, weil er zu einer kritischen Selbstwahrnehmung und Selbstregulierung in der Lage ist, was sich aus dem Fortgang der Ereignisse schließen lässt. Simon Stein erweist sich als beziehungsfähig; er »stärkt die Brüder« (Lk 22,32), was dann andere zu gleicher seelsorgerlicher Tätigkeit ermutigt.[81]

Die Situation der Gemeinde im 1Petr liest sich geradezu als Musterbeispiel eines Resilienz-Narrativs: die ausgegrenzten Fremdlinge zerbrechen nicht an ihrer Situation, sondern werden zum Segen für die Gesellschaft; sie »gedeihen trotz widriger Umstände«.[82] Alle Belastungen und Bedrängnisse, denen diese Gemeinden ausgesetzt sind, kommen im 1Petr unter dem Stichwort »Leiden« (παθήματα) zur Sprache; sie äußern sich in einer weitgehenden gesellschaftlichen Isolation; die Gesellschaft ist nach 1Petr 4,4 von ihren christlichen Nachbarn »befremdet« (ξενίζω). Die Gemeinden des 1Petr verfügen indessen über eine Reihe von Resilienzfaktoren, die sie erfolgreich zu nutzen verstehen. Ihre Identität gründet nicht in gesellschaftlicher Akzeptanz, sondern in Christus. Sie verstehen sich als »lebendige Steine«, die mit dem »lebendigen Stein« Christus ein großes, sinnstiftendes Ganzes bilden. Sie, die als πάροικοι (Außerhäusige / Unbehauste / Hauslose) gelten, wissen sich einem οἶκος zugehörig, der im Bilde des Tempels Ort der Gegenwart Gottes in der Welt ist. Sie sind Teil eines vorgegebe-

---

[80] Simon bekundet, alles einschließlich der Familie verlassen zu haben (Lk 18,28); Paulus attestiert ihm, inzwischen mit seiner Ehefrau unterwegs zu sein (1Kor 9,5).
[81] So z. B. nach Act Paulus und Barnabas in Kleinasien (14,21-22); Judas und Silas in Antiochia (15,32); Paulus in Syrien und Kilikien (15,41); Paulus, Silas und Timotheus in Kleinasien (16,4-5); Paulus in Galatien und Phrygien (18,23). Simon verhilft den »Brüdern und Schwestern« zu mehr Resilienz, denn an weiteren Turbulenzen wird es auch nach Ostern nicht fehlen.
[82] So haben Rosemarie Welter-Enderlin und Bruno Hildenbrand (Hg.), *Resilienz – Gedeihen trotz widriger Umstände*, Heidelberg ⁵2016, Resilienz beschrieben. Das biblische Pendant dazu wäre Röm 8,28: »Wir wissen aber: Denjenigen, die Gott lieben, wirkt alles zum Guten mit (συνεργέω).«; diesen Hinweis sowie verschiedene Gespräche zum Thema verdanke ich meinem Kollegen Uwe Hein.

nen Zusammenhanges und leben aus engen, wechselseitigen Verbindungen. Sie widmen sich einer Aufgabe, die sie auszeichnet: nämlich mit ihrem Leben in geradezu priesterlicher Weise Zeugen der Zuwendung Gottes zu allen Menschen zu sein. Sie kennen die Fremdwahrnehmung der Gesellschaft und halten ihr die eigene, christologisch begründete Selbstwahrnehmung entgegen. Als »lebendige Steine« entwickeln sie eine eigene, vielleicht auch eigenwillige, in jedem Falle aber klar reflektierte Identität. Eine ihrer wichtigsten Ressourcen aber ist ihre Spiritualität,[83] die aus dem Bild einer »heiligen, königlichen Priesterschaft« erwächst, deren Gottesdienst das gesamte Leben durchdringt und frei bleibt von allen Fragen nach Erfolg oder Effizienz.

Dieses Bündel an Resilienzfaktoren begründet das, was man mit Fug und Recht eine »robuste Identität« nennen könnte. Die Stabilität der Gemeinden ist fest, aber nicht starr; sie hat Bestand unabhängig von äußerer Bestätigung und lebt aus dem inneren, tiefen Wissen der »Erwählung« – oder etwas niederschwelliger formuliert: einer »bedingungslosen Annahme«. Die Erinnerung an Simon Stein und die aktuellen Erfahrungen der Gemeinden verschmelzen somit zu einem großen »Resilienznarrativ«, das dazu einlädt, sich der eigenen Ressourcen bewusst zu werden.

Das »Haus aus lebendigen Steinen« entwirft keine Utopie, wie Kirche sein könnte; es liefert auch keine Destruktion ihrer zahlreichen Defizite. 1Petr 2 beschreibt, welche Ressourcen und Faktoren vorhanden sind, um selbst unter widrigen Umständen gedeihen und Kirche Jesu Christi sein zu können. In dem Gedankenspiel, die klassischen vier »notae ecclesiae« zu ergänzen, käme im Lichte des 1Petr dem Kennzeichen der »Resilienz« sicher die größte Bedeutung zu.

5. Schluss

Damit bin ich am vorläufigen Ende meiner Überlegungen angekommen und kehre noch einmal zu dem Doppelaspekt des Oikos zurück. Der Oikos ist zwar in erster Linie ein Sozialverband, aber er ist eben auch die Behausung, der Schutzraum mit Wänden und Dach. Ein »Haus aus Steinen« als ein solcher Schutzraum sind auch unsere Kirchengebäude wie etwa der Dom St. Nikolai zu Greifswald: Steine ohne Ende – ganz wundervolle Steine – Backsteine! Und doch: mit Leben müssen sie erst noch erfüllt werden. Unsere Kirchen erhalten wir nicht, wenn wir sie zu Museen machen, also zu Räumen aus »toten Steinen«. Wir erhalten sie nur, wenn sie bewohnt werden.

Hier bin ich ganz zuversichtlich, denn unsere Kirche, die in der Diaspora lebt und mit vielen Widrigkeiten zu kämpfen hat, verfügt über ein ganzes Bündel

---

[83] Auch Spiritualität ist ein wichtiger Resilienzfaktor; vgl. Elias E. Stangl, *Resilienz durch Glauben? Die Entwicklung psychischer Widerstandskraft bei Erwachsenen*, Ostfildern 2016.

von Resilienzfaktoren, die denen des 1Petr durchaus gleichen. In 1Petr 5,10 endet der Hauptteil des Briefes zudem mit einer Zusage: »Der Gott aller Gnade aber, der euch berufen hat zu seiner ewigen Herrlichkeit in Christus Jesus, der wird euch, die ihr eine kleine Zeit leidet, in Ordnung bringen (καταρτίσει), stärken (στηρίξει), kräftigen (σθενώσει), gründen (θεμελιώσει).« Gott selbst aktiviert die Ressourcen der Gemeinden. Das bleibt auch über die Zeiten hinweg ein hoffnungsvoller Ansatzpunkt.

Tom Greggs

Vitality as a Nota Ecclesiae?

1. Introduction

In an age in which the church's vitality is something which it is easy to question (at least in the West) with declining numbers attending churches, fewer baptisms, and diminished influence in the public square, it would be easy to question whether vitality could be a *nota ecclesiae*. The desperation in the church, at least as I experience it in the UK, is such that it is palpable, and the response to this situation is one of clutching after whatever means there might be to see decline reversed. Michael Jinkins in a passage I often like to quote refers to the effects of this situation as one which has led to »the hyperactivity of panic« within the church. He goes on to say: »This manifests itself in clutching for any and every programmatic solution and structural reorganization in the desperate hope that survival is just another project or organizational chart away.«[1] Anyone who has attended a church growth or church leadership seminar will well know that the idea that the church is – in its constitution and essence – vital is not one which is held with any confidence in many, perhaps most, parts of the church at least in the West. This is so much the case that one can even hear of people talking of the death and resurrection of the church,[2] as if the church could repeat the particularities of the cruciform and resurrected life of Jesus Christ.

What is more, classical accounts of the *notae ecclesiae* also do not list vitality as one of the essential marks of the church. However, when one considers the origins of the church in relation to the economy of the divine life, surely life and vitality must be key to the church and its identification. The church must have vitality as one of its marks for no other reason than it is the living creature of the eternal God. The life of the church derives from the eternal constancy of the Holy

---

[1] Michael Jinkins, *The Church Faces Death. Ecclesiology in a Postmodern Context* (Oxford: OUP, 1999), 9.
[2] For example: Jeremy Myers, *The Death and Resurrection of the Church: A Call for the Church to Die So It Can Rise Again* (Dallas: Redeeming Press, 2013). But this language is pervasive throughout the contemporary church and theology.

Spirit who gives life to the church, and from the resurrection encounter of Jesus Christ with the apostles. The church has vitality because God lives, because Christ is alive and will come again, and because the Spirit is the Giver of Life.

In developing this thesis, this paper will begin by outlining the classical marks of the church as developed by the Protestant churches, noting that vitality is not included in these. It will then move to consider these marks of the church, however, as based upon the activity of the Spirit who makes present in the here and now the resurrected Jesus Christ. The paper will argue that this economy of the Spirit and the Son in the church derives from the promise of God, ›I shall be your God and you shall be my people‹ which is unbreakable because of God's eternal constancy. Vitality (deriving from the constancy of God) is, therefore, a mark fo the church's existence.

2. The Marks of the Church

The marks of the church are understood variously within the differing traditions and polities of the church. At their broadest level, all churches which subscribe to the first four ecumenical councils would note a minimum of four marks (one, holy, catholic and apostolic), although the content of even these are understood differently across different denominations and traditions. In the strictest sense, dogmatically speaking, therefore, vitality is not a mark of the church.

The description of ›one‹ within the creed indexes the unity of the church and is a way of describing the biblical commitment that there can only be one true church since there is only one body of Christ, one Spirit, one Lord, one baptism. In practice, identifying the meaning of this oneness differs across traditions (an issue the ecumenical movement has insufficiently attended to): for example, in relation to visible unity around the eucharist (and, thereby, dependent on relation to a bishop standing in historic succession, and potentially in relation to Rome); or else, in relation to the hiddenness of the whole church as a community of believers since the church is to be *believed* in and this is a matter of faith since its members and extent are known only to God.

The holiness of the church indexes that it is a creation of God who alone is holy, and that the church is sanctified by the power of the Spirit and the holy body of Christ. For Roman Catholics and the Orthodox, this holiness is related to the empirical institution itself. The institution is made holy and granted authority as an institution created by God to be used by God: the church is a fitting place for the work and activities of God. For most Protestant churches, the holiness of the church rests alongside a knowledge of its creaturely form as an institution which exists before the Parousia and the completion and redemption of all things. As such, within creation, the church is both holy and (in not being fully realized and complete) fallen in parallel to the sense in which the believer is *simul iustus et peccator*.

To speak of the church being catholic is to speak of the church's universality. This is related to the church's oneness, global reach, and the idea of the whole company of all Christians despite local differences. For the Roman Catholic Church, catholicity revolves around being in full communion with the bishop of Rome. For the Orthodox, it involves commitment to a mono-episcopal polity within an autocephalous church (as it also does for the Anglican Church). For other churches, such as Magisterial Protestant churches, catholicity speaks of the shared faith and practices which mark those who hold to apostolic faith and doctrine expressed in continuity with the ecumenical creeds and councils, particularly the first seven of these, regardless of the variations of modes of practice and forms of polity.

The catholicity of the church relates to the apostolicity of the church. Apostolicity describes the church's continuity with the teachings of Christ known and passed on by the disciples and earliest believers who were witnesses to the resurrection—the apostles—who first spread the Gospel. In episcopally-structured churches with historic succession for their bishops from the apostles, apostolicity is expressed principally through personal means related to the office of the bishop. Non-episcopal churches focus more on the actual deposit of the apostolic faith itself: the church is founded upon the apostles (Eph 2:20), but there are no personal successors of them; and, instead, apostolicity is orientated towards the teaching of the apostles contained in Scripture (though this may well be guarded and upheld through the teaching offices of the church, however these are ordered), and often interpreted through the first seven councils of the church.

Alongside these marks of the church in the creed, there is also a credal commitment to one baptism. This credal mark has tended (with the exception of those who engage in the practice of believers' baptism) to be interpreted to mean that believers should only be baptized once, and that baptism performed in the threefold name of the trinity should not be repeated. As such, where there has been doubt about the baptismal status of a person, or even where someone moves to, for example, the Roman Catholic Church from a Protestant church, a practice of provisional baptism has been performed, usually with some kind of formula involving the words »if this person be not baptized...«. The one baptism accords with Pauline teaching about the *one* baptism and the one body of Christ and is in a sense the ritualistic enactment of the church's self-confessed credal belief that the church is ›one, holy, catholic and apostolic‹.

It is possible to see, therefore, that dogmatically, vitality was not contained within the *notae ecclesiae*. As the church became more and more institutionalized following Constantine, these marks increasingly came to be expressed in terms of structure and polity. However, as the church became more focused on its polity, structure and sacramental practices, so too there were always movements for reform. These movements in one sense sought to move the church from focus on its institutional form to move beyond the structural to the vital: they were movements of renewal as much as reform, and as such operated in a presumption of vitality as a key mark of the church. The early monastic movements can be seen as such an expression, as can the Franciscan movement. But the most significant, institutional expression of the reform of the church came with the preaching and teaching of Martin Luther and the European Reformation which followed from him. Here, the extent to which the marks of the church were identified within the institutional church – the extent to which the church was understood as *alive* – was key to the way in which all reform movements took place. Challenging what was seen to be the lack of vitality in the life of the church, reform movements (perhaps most significantly so) in the life of the church sought vitality as a mark of the true church – a living church actively following the Living God.

The Reformers did not have a singular, monolithic set of beliefs about the church. But that in itself is significant: for the Reformers the focus of salvation lay in the faith that believers had, not the unity of ecclesial practice. One might say the vitality of faith and, therefore, of the church as the locus of that faith was at the core of their ecclesiastical reforms. Of course, this faith had to come from somewhere and the church was, therefore, the locus of the proclamation of the grace of God in Jesus Christ through both word and sacrament (or *verbum visibile*). The church proclaimed Scripture and led people to faith. But it was fidelity to Scripture through the Reformer's belief in *sola Scriptura* which secured the truthfulness and effectiveness of the church and which was, therefore, the grounds of its life—not the church's singular polity as a basis for identifying the *notae ecclesiae* or (crucially) relationship to Rome and the Pope. Indeed, one might see a significant aspect of the cause of the Reformation as resting in a greater sense of complexity about the relationship between the invisible or hidden church (known only to God) and the visible or empirical church which could be seen. There was no *direct* sense of the actions of the visible church directly corresponding to the actions of the invisible church, such that what the officers of the church said or did had a causative relation on the church's hidden and invisible life: hence, indulgences could not be purchased; there could be no *ex opere operato* effecting of the sacraments' salvific grace; etc. The church's life and vitality were known only ultimately to God. The Reformers claimed that the visible church might well simply be a ›semblance‹ of a church and not be a true church at all. For them, the church itself (and its officers) could not determine those who were within the bounds of God's elect and who would receive God's salvation. Vitality, true faith and dependence only on the Word were for them the key, and these could not be secured institutionally without question. Protestants, therefore, came to understand the visible church(es) as subsisting within the ultimately hidden unity, holiness, catholicity and apostolicity of the church with adherence to Scripture as the judging principle. This was, we might say, *the condition of the vitality of the church*. Scripture was the rule by which the church could be judged to be true, and it was the gift of the grace of God in Jesus Christ known in faith which was the centre of the Reformers' message – not the church itself. Rather than the church being the locus of the apostolic rule and deposit of faith which was demonstrated in the church being the body which decided on the canon, the church was always subject to the living Word of God — a *creatura verbi*. In other words, the church was made *alive* by the Word of God.

While Martin Luther was concerned to break with Rome, and while he was concerned to prioritize the hidden over the visible church, he was nevertheless careful to be clear that he believed the churches he was setting up were true churches, and as such discussed the *notae ecclesiae*. While grace, faith and Scripture (now translated into the vernacular) were at the heart of his Reform movement, he was also very concerned to identify the marks of the church. As a result, there was intense engagement with the marks of the church and, indeed, his list of the *notae ecclesiae* varied at different points. However, principal among these was always that the church was always to be a place where the Word of God would be heard. Indeed, in his most extensive discussion of the *notae* in »On the Councils and the Church«, Luther lists Scripture as the first mark of the church and the location of the effective means of grace. Luther goes on to list: second, the sacrament of baptism as the locus of regeneration; third, the sacrament of the altar; fourth, the office of the keys, albeit this was now exercised publicly within the whole church rather than focused on the office of the Pope (yet it could still contain confession as a means of grace); fifth, the ordination (or consecration) of ministers and the polity of the church (albeit the succession of this was not what secured the church — only that there needed to be ›public‹ priests to proclaim the Gospel); sixth, a liturgy of praise and thanksgiving; and, seventh, joining in carrying the cross as followers of Christ.[3] He also reduced the number of sacraments to two or three, mitigating over whether confession was a sacrament. These mitigations were in part because the vitality of the church was not so directly related to the marks and sacraments as to allow a causative relation between the marks or sacraments and the vitality of the church: the church's vitality belonged only to God.

The following generation of Reformers tended to focus the marks of the church down to two (or three). Even within Luther's life, there was already significant dispute among the Reformers about the nature of the sacrament as the Marburg Colloquy between Luther and Zwingli attests. While Melanchthon codified the Lutheran position more, the Lutheran church was still focused on the preached word and sacraments. The Augsburg Confession states, indeed: »The Church is the congregation of saints, in which the Gospel is rightly taught and the Sacraments are rightly administered«.[4] The Reformed (in the narrower sense) also assented to this. Calvin wrote: »Wherever we see the Word of God purely preached and heard, and the sacraments administered according to Christ's institution, there, it is not to be doubted, a church of God exists [c.f. Eph 2.20]«. In practice, however, the very formulation of this idea involving notions of ›purity‹ and ›rightness‹ led to a (somewhat disputed) third mark — discipline. How to

---

[3] Luther's Works, vol. 41, 148-66.
[4] Calvin, *Institutes* 4.1.9 (translation: MacNeill: 1023).

judge whether something is right already includes within itself a degree of discipline. Where this discipline had previously been focused on senior (indeed, papal) clerical authority, the dis-association of the apostolicity of the church from the apostolic succession and the personal possession of authority moved this focus onto the whole people of God – even representative bodies (such as Church Courts or General Assemblies). Calvin discusses discipline (though whether it is a ›nota‹ is contested) in *The Institutes* 4.12. He relates this to the doctrine of the keys which are no longer held by the Pope but the church. Calvin differentiates between discipline for the whole people and for those who fulfil public office. In this discussion, for the sake of preserving the purity of the Gospel, he deals with excommunication, but always with the aim of this being restorative. However, he also deals with ›discipline‹ more broadly in relation to the disciplines of the church, including, for example, discussions of fasting. Anabaptists and other radical reformers took this matter of discipline even more seriously, creating increasingly ›separatist‹ churches which sought to be perfectly pure, excommunicating (and potentially readmitting) with an extraordinary fervour. Indeed, in his *The Church in the Theology of the Reformers*, Avis sees a complete focus on discipline (as it relates to exclusivity) as a key feature of the Radical Reformation (along with voluntarism, exclusivism and primitivism); he refers to it as the ›sine qua non‹ of radical reform.[5]

Attempts, therefore, to codify the marks of the church have rested on some form of establishment of either polity, institution, discipline or activity of the church. The idea of vitality as one of the marks does not seem, therefore, to have a tradition within the life of the church formally. It seems to arise at points during the history of the church when there are moments of reform (and we could even see this happening with Azusa St in the last century), but they are often then codified in specific *notae* in subsequent generations. However, it must be noted that these very marks are themselves premised upon a more foundational dogmatic res: the third article of the creed concerning the economy of the Spirit. When we consider that the context of any speech about the life of the church dogmatically falls under the third article of the creed, and when we consider the church as a *creature* of the Spirit and the Word, it is perhaps possible to presume vitality as the precondition for all subsequent marks: not listed formally in the *notae*, it is that on which all *notae* rest.

3. The Spirit as Giver of Life: The Life of the Spirit as the Condition for the Vitality of the Church

Although the church shares the same forms and conditions of its empirical existence as other societies and organizations in the world which can be identified by

---

[5] Paul Avis, *The Church in the Theology of the Reformers* (Atlanta: John Knox, 1981), 55–61.

structure, polity and practices (i.e.: it is observable and spatio-temporal), the church is distinct (with Israel) by virtue of its being a community *created by God*. It is important to note that the ›in‹ that precedes the description of the marks of the church in the creed does not itself make this a separate clause within the creed – as is the case in relation to the three persons of the trinity. Rather, the clauses on the church follow the confession of belief in the Holy Spirit. As Yves Congar puts it:

> In the West ... the preposition *eis* or *in* has usually been omitted before ecclesiam and this fact has often been accorded a religious or theological significance ... When the great Scholastic theologians, then, came to consider the formula ›Credo in Spiritum Sanctum ... et in unam ... *Ecclesiam*‹ in the Niceno-Constantinopolitan Creed, they provided the following commentary: I believe in the Holy Spirit, not only in himself, but as the one who makes the Church one, holy, catholic and apostolic.[6]

T. F. Torrance makes this point clear as well: ›The clauses on the Church do not constitute an independent set of beliefs, but follow from belief in the Holy Spirit, for *holy* Church is the fruit of the *Holy Spirit*, the result of his sanctifying activity in mankind, such as is, as it were, the empirical correlate of the *Parousia* of the Spirit in our midst‹ (1988: 252). The church becomes vital from an act of the Spirit who is the Holy one and ›the *Giver of Life*‹. Vitality, through the life and activity of the Spirit, we might say, is the proximate dogmatic res within which and under which the marks are meaningful. The *notae* themselves are no different from any other organization's marks and attributes sociologically; but in faith they are understood to exist as an expression of the life breathed into the church by the Spirit who creates *ex nihilo*. For those of us who are Protestant, the marks of the church subsist within the hidden church which is the church by virtue of the Spirit's life-giving activity. We might note, in passing, that this is a fundamental issue for the Reformation, and continues to be a dividing point between Magisterial Protestant and Roman Catholic churches: for Catholics, the vitality of the church (the invisible church) subsists within the marks of the church (the visible church);[7] for Protestants, the marks of the church (its visible life) subsists within the vitality of the church (its hiddenness known only in faith). It is any and every epiclesis that gives life to church, that makes the church vital.

This, of course, reflects the narrative of Scripture. While Paul's letters offer a glimpse into early Christian communities and provide theological and practical

---

[6] Yves Congar, *I Believe in the Holy Spirit*. Vol. 2 (New York: Crossroad, 1983), 5.

[7] Within Roman Catholic dogma, the »one, holy, catholic, and apostolic« church »constituted and organized as a society in this present world, subsists in (subsistit in) the Catholic Church, governed by the Successor of Peter and by the Bishops in communion with him, although (licet) many elements of sanctification and truth can be found outside her structure; such elements, as gifts properly belonging to the Church of Christ, impel towards Catholic unity.« (Lumen Gentium 8; translation: Flannery, Vatican Council II).

reflection upon them, it is Luke's account in the Acts of the Apostles which provides the description of the early church – both of the Jerusalem church and the Pauline mission. Acts begins with an account of the form that the earliest church takes: gathering together (1:13); devoted to prayer (1:14); offering a sermon (1:15); listening to Scripture (1:20); and ordering themselves in the election of officers (1:23–6). However, it is with the coming of the Spirit in Acts 2 that the church considers its birth to take place. At Pentecost, the gift of the Spirit enables the church to move from being internally focused (gathered in the upper room) to fulfilling Jesus' commission that they be ›witnesses‹ (Acts 1:8) by becoming outwards focused upon mission and evangelism, culminating in the first converts (Acts 2:37–42). The Spirit provides the gifts needed for the church to fulfil its mission. This mission is first focused on the Jewish communities and then (through Paul) on the Gentile communities (Acts 13–19). The coming of the Spirit also seems to bind the community tightly together – even (albeit for a short period) to the place of holding all things in common (2:43–7). Receiving and being baptized in the Spirit is not only something which takes place in Acts 2, but which accompanies conversion and community life throughout Acts (e.g. 10:44–8).

One might point to Pentecostal and charismatic movements in order to find an institutional embodiment of this point. These churches call upon the Spirit to constitute them in a deeply actualistic way, though one which trusts that God will be present and come among the gathered to constitute them as the church. However, this is a set of ecclesiological logics which (in different institutional forms) is deeply present in Magisterial Protestantism's rejection of any polity which is based on an approach of *ex opere operato*. Gunton describes how this vitality is based upon the ever present life and activity of the Spirit:

> There is no timeless Church: only a Church then and now and to be, as the Spirit ever and again incorporates people into Christ and in the same action brings them into and maintains them in community with each other.... There is no invisible Church – at least in the sense that it has usually been understood – not because the Church is perfect, but because to be in communion with those who are ordered to Jesus by the Spirit is to be Church.[8]

Karl Barth also makes a similar point powerfully when – even in the context of his assertion that the church »does not exist as the *invisible* and thus amorphous sum of all the ›faithful‹ then alive« – he states,

> The Church surely does not exist in the individuals who have gathered together of their own choice (according to a poor conception of ›democracy‹) or in the majority of such individuals. It is not this because the call of Jesus Christ to all men to believe is

---

[8] Colin Gunton, »The Church on Earth: The Roots of Community,« in *On Being the Church*, ed. by Daniel W. Hardy and Colin Gunton (Edinburgh: T&T Clark, 1989), 79–80.

what establishes believers among them as the Church, and not vice versa. And the Church does not exist as an ordained representation of Jesus Christ to the congregation, or of the congregation to Jesus Christ, in so-called ›orders‹ regardless of whether one means the order of pastor or the order of presbyter. The Church exists even less in any sort of authority over the congregation in the office of a bishop of a hierarchy, and it also does not exist in the representatives of these representatives of the congregations sitting together in synod or in a hierarchy of such synods or in their executive committees, not to speak of some ›consistory,‹ ›High Consistory‹ or the like, set up over the congregations by some outside agency, in keeping with certain (bad) political practices – and that also applies to instances when these are called a ›council of brethren.‹ It is not any of these because all such interpositions of human sovereignty and authority can only hinder and not further the free operation of God's Word and Spirit.[9]

The point is the church's vitality does not rest in any of its visible polity (nor indeed any visible form of success), but in the invisible act of Word and Spirit in the spatiotemporal and visible reality of the world. It is the agency of the Spirit who is the Giver of Life who brings us into active participation in the Body of the living and resurrected Jesus Christ.

4. The Living and Resurrected Jesus Christ who is the Head of His Body The Church

The Holy Spirit enables us to be actively incorporated into the living Jesus and to encounter Him in His living Word. It is because Jesus is alive that the church has vitality. As in John 20, He breathes the Spirit onto the disciples, and gives them new life. P.T. Forsyth reminds us that the church's life, enlivened by the Spirit is grounded on the living resurrection of Jesus, an eternal and final act of God which makes all things new: »The faith of the Church, being an act of life's self-committal and worship, is more than the posthumous impression left by Jesus. Had it not been more, like all impressions it would have worn off. As an act it answered an act – an eternal act, which gives it its own depth and permanency. It was a new life, a new creation.«[10] The aliveness of Jesus is the grounds to be able to be living and vital parts of his body.

Indeed, regarding the living Jesus Christ, St Paul's own framework of thought is both one which is fundamentally unique and deeply corporatist at

---

[9] Karl Barth, *God Here and Now* (London: Routledge, 2003), 76–77. Crucially, the reader should note this account is not one of congregationalism (which is sometimes attributed to Barth), which suffers equally to episcopal accounts in the quotation.

[10] P. T. Forsyth, *The Person and Place of Jesus Christ* (London: Independent Press, 1955), 151-2.

once. It is the unique life and livingness of Jesus Christ which is the grounds for the corporate life of the church. As Robinson states, »the whole life of Christ is given to the Church to be possessed in solidum: the Spirit, the New Life, the Priesthood, everything, belongs to each as it belongs to all. In Pauline language this is expressed by saying that Christ's life is now lived and given ›Bodywise‹ (sōmatikos), not individually but corporately.«[11] Members of the church (melē) are not individuals who join together in the manner people might in a social club, but are instead ›limbs of Christ‹ – members of the corporeality of Christ's body. Paul's focus is on Christ and on the people, and it is this which shapes his anthropology. To be a Christian is to be in Christ (en Christō) – to participate in Christ (koinōnia) (cf. 1 Cor 1:9, 10:16; 2 Cor 6:14; 8:4; 9:13; 13:13). This participation in the living Lord Jesus shows itself visibly in the believers' participation as a koinōnos in the church's ministry and in Christ. For the church, vitality is key precisely because the church participates in the life and livingness of Jesus Christ.

Ephesians (whether it is Pauline or pseudo-Pauline) offers a developed sense of the Living lordship of Christ, and the church and its life and order. Christ is the ›head over all things for the church, which is his body, the fullness of him who fills all in all‹ (1:22b–23) and is the head of the church (Eph 5:23). The church exists as it is loved by Christ as a husband should love his wife (5:25), and sustained and fed by Christ (5:29). Indeed, the relation of Christ to His church is analogous to the unity of a man and woman in marriage becoming one flesh (5:32). Ephesians crowns Paul's concern with unity in the life of the church and grounds this in the unity of God's Self: ›There is one body and one Spirit, just as you were called to the one hope of your calling, one Lord, one faith, one baptism, one God and Father of all, who is above all and through all and in all‹ (Eph 4:4–6). While in Ephesians, the charismatic list of officers of ministry are listed (apostles, prophets, evangelists, teachers, pastors), the purpose of these specific ordered ministries is given: ›to equip the saints for the work of ministry, for building up the body of Christ, until all of us come to the unity of the faith and of the knowledge of the Son of God, to maturity, to the measure of the full stature of Christ‹ (4:12–13). The church's ministries are ordered, therefore, internally for its own upbuilding, to its own vitality, rather than being the condition of the church's being.

5. The Ever-living Promise of the Eternal God as the Foundation of The Church's Constant Vitality

This economy of the Spirit and the Son as the proximate dogmatic res by which we might speak of the vitality of the church has its foundation in God's everlast-

---

[11] J. A. T. Robinson, *The Body: A Study in Pauline Theology* (London: SCM, 1960), 14.

ing promise which recurs in parallel forms throughout Scripture: ›You will be my people and I will be your God‹ (cf. Ex 6:7 and parallels). The vitality of the church finds its origins, therefore, far behind the first uses of the terms ekklesia in the first century of the Christian era. God's promise that God will have a people is one which has endured in God's unbreakable covenant not only since the origins of the church but since the beginnings of the history of Israel, terminating in an unbroken chain which has led to two peoples of God – the church and the synagogue. This heritage provides a glimpse of the unbroken vitality of God's people through all the shifts and movements of history: the embodiment of the unbreakable and everlasting covenant of the eternal God.

It is worth noting, indeed, that the whole horizon of the Old Testament / Hebrew Bible is the *people* of Israel and the God who says, »I AM«. The narrative arc is corporate (and, at times, such as with the creation and flood narratives, cosmic). Certainly, individuals are called and feature in the books, but usually they are present in relation to the broader narrative of the covenant of God with God's people. This communal context offers the very origins of the life, practices and ideas of the church in which the individual exists and lives in relation to the communal. This is clearly very different to the individualism of modern, western society since the Enlightenment.[12] It is to the *people* of Israel that the call comes for the individual to remind herself of Israel's beliefs: »Hear, O Israel! The Lord your God, the Lord is one« (Deut 6:4). As a covenant partner of Yahweh, it is impossible to separate the story of Israel in the Scriptural texts from the story of Yahweh: the community and God are bound together in God's faithful promises. The covenantal interaction of God and the people of Israel makes the theological framework not God in se but God in relation to God's people: »And I will walk among you, and will be your God, and you shall be my people« (Num 26:12). In Brueggemann's description of the Old Testament, »Israel will not be discerned in these texts without reference to Yahweh. But it is equally odd and noteworthy that Yahweh will not be discerned in these texts without reference to Israel«.[13] E. P. Sanders has helpfully referred to this relationship as one of ›covenantal nomism‹ because the law (i.e. the human response) subsists within the covenant (1977: 75). God has promised and ordained that God will have a people, and that promise has been unbroken in the community or communities which God has maintained in the life of the church because God is alive and faithful to God's own promises.[14] Moberly puts the matter thus: »Israel's Scriptures have given rise to two enduring religious faiths, Judaism and Christianity, synagogue and church. ...Within a Christian frame of reference, even for Gentiles, the story of

---

[12] H. Wheeler Robinson, *The Christian Doctrine of Man* (Edinburgh: T&T Clark, 1911), 27–30; Hans Walter Wolff, *Anthropology of the Old Testament* (London: SCM, 1974).

[13] Walter Brueggemann, *Theology of the Old Testament: Testimony, Dispute, Advocacy.* (Minneapolis: Fortress, 1997), 413.

[14] E. P. Sanders, *Paul and Palestinian Judaism: A Comparison of Patterns of Religion* (Philadelphia: Fortress, 1977), 75.

Israel becomes ›our story‹, as believers come to recognize that they are incorporated into an antecedent people of God through their response to Jesus Christ.«[15] This issue has itself riddled the history of the church in relation to questions of supersession, but it need not: the vitality of the church as grounded in the everlasting promise of God need not diminish in any way the vitality of the synagogue as also an expression of God's vital presence in the community.

If, as has been argued, the church is an ever-new creation of Holy Spirit and through the life of the resurrected Jesus Christ, and if this vitality cannot be guaranteed by any human activity *ex opere operato*, it might seem that it is difficult to account for the church's continuous life and vitality over time and through history. However, the promises of God and the relationality these secure form a basis to consider this continuity. Since the church is an event of the Holy Spirit in time based upon the living and resurrected Jesus, its constancy comes not in its own phenomena, agency or activity, but in the constancy and holiness of God. God who is constant and holy is the grounds for our faith in the ongoing life of the church. Because of the promise of Jesus to send His Spirit, and because of the holiness, constancy, and faithfulness of God the Holy Spirit, the existence of the church in time is dependent on and sustained by God who is constant and eternal. This is why we might consider vitality a mark of the church rather than something which happens sporadically.

Crucially, this is not to say, as many have in the Christian tradition, that God is timeless. Rather, it is to say that God's eternity is to time what God's omnipresence is to space: God's eternity is the basis of, condition of, presence to, and telos of time. Here, I must confess to being very indebted to Boethius who understands divine eternity as *interminabilis vitae tota simul et perfecta possessio* – the complete, simultaneous and perfect possession of unending (or boundless) life. God holds time perfectly and completely in God's boundless life. God is at every moment of God's aliveness present to every moment of time (each one in their creaturely integrity and freedom), without its changing or passing form. God is co-present to every moment of space time all at once, perfectly – just as God's eternity is the basis (the origins) of time and is the telos and completion of time. This means that in God's eternal life, creation and redemption are simultaneously and perfectly possessed. We might say, therefore, that it is not just that God redeems because God creates, but God creates because God redeems. There is as much retroactivity in God's divine eternity as proactivity.

This is a highly complex set of ideas that warrants many, many lectures and papers. But it is important in terms of accounting for the vitality of the church as a mark of its life in that the eternal and constant life of God grounds the faithfulness of God's promises. And this faithful aliveness of God to Godself and to God's people is the basis of any discussion of the vitality of the church. The church will always be vital because God is eternally before us – eternally ahead of us. This is

---

[15] R.W.L. Moberly, »The Ecclesiology of Israel's Scriptures«, in *The Oxford Handbook of Ecclesiology*, ed. by Paul Avis (Oxford: Oxford University, 2018), 34.

not a change in God; it is not divine possibility or mutability. Rather, it is an account of the eternity of God which precedes, accompanies and completes time *all at once*. This is the aliveness of God – the constancy of the God who unveils God's constant self evermore in the contingencies of every moment of space-time in the life of the church. As I say in my other works, because of God's eternal life and promises, God is never now without God's creature, God's covenant partner.

This idea of the divine life is found in the account of Moses' encounter with the angel of the Lord in the burning bush. In this encounter, God makes Godself known to Moses though an account of the history of God's encounter with people: I am the God of your father, the God of Abraham, the God of Isaac and the God of Jacob – and we would want to remember Sarah, Rebekah and Rachel. But then God goes on to speak in a way which is futurist and causative – in relation to bringing people out of Egypt, in relation to relationship and encounter, and in relation to the future. *If you want to know who I am: look at what is about to happen.* And to cap it off, God says to Moses, when Moses asks God's name, *Ehyeh Asher Ehyeh* – I am that I am. Except, the name does not really mean that; we feel the effect of the translation of the Greek *ego eimi ho on* into Latin *ego sum qui sum*. The Hebrew is more dynamic than this: *Ehyeh Asher Ehyeh* means I will be that I will be or I will cause to be what I will cause to be as much as I am that I am. Indeed, it could mean any combination of any of these: I am what I will be; I will be what I will cause to be; I will cause to be what I am; I am what I will cause to be; and so on.

God is the God of our past but is also the God of our present and the God of our future all at once. God is the God whose supreme livingness is the grounds for the vitality of the church. After all, when God reveals God's name, including this futurist aspect of God's name, God says this will be God's name for ever and ever: I will be who I will be; I will be who I am; I am who I will be – for ever and ever. As in the narrative that follows, God is the God who is not just the God of our past, but the God who is eternally before us in our present – eternally our future, our direction, our life. As Karl Barth states, regarding the work of the Holy Spirit in the time between Christ's ascension and the eschaton:

> More precisely, we are speaking of the history in which God continually sets this people on the way and in movement, continually indicating both the goal and the direction towards it. More precisely still, we are speaking of the history of the activity of Jesus, of the Lord who has come already, and will come again, but who is alive today…. As He acts to and with His people, this people fills with His activity the time given to itself and the world. As a witness of that which has taken place in Him for all men, it looks and moves forward to the direct and universal and definitive revelation of this event.[16]

---

[16] Karl Barth, *Church Dogmatics*, IV/2, 623.

All that we are as the church is witnesses to the life of God known to us in the resurrection of Jesus by the Spirit of God. It is the Spirit's vitality and the resurrection of Jesus which are the grounds for the vitality and life of the church. These are themselves grounded in the eternal aliveness of God who is the God who will be who He will be. In God's constant aliveness which is the grounds of God's faithfulness to God's promises. For this reason, the vitality of the church, even if not a formal *nota ecclesiae*, is the very condition for all other marks of the life of the church. While the church does not come into existence *a nullo*, the church does come into existence time and time again *ex nihilo* through God's life and economy; and since this life and economy is constant and will never fail, the church shall – this side of the eschaton – never cease to be.

6. Conclusion

While there might be much in Western Europe to suggest that there is little that is vital about the church, and while our temptation in marking the church will always be to the forms, practices and polities of its being, the vitality of the church exists because God is ever-living, perfectly alive. Sadly, in the context in which we live, much speech by the church about the church has proceeded without a fulsome account of God's eternal life, the resurrection of Christ and the Spirit's work. We do well to pay attention to the characteristically forceful words of Christoph Friedrich Blumhardt and with these I shall conclude. Blumhardt lambasts the church's negligence of the dynamic aliveness of the divine life. While he accepts that there has been much talk of the church and its teachings, of denominations and their forms, he gives a clarion call for us to move from speech about our religious self-fulfillment and perpetuation (as »the ones that look out for their own salvation«).[17] In speaking of the church's vitality, we are called, instead, to speak of the livingness of God:

> God is dead, murdered. Nietzsche experienced more truth in his wrought-up nerves than all the boring Christians, who don't have a serious thought left for God! God is of no real importance, even for people with religion because religion has become more important than God. Though people get into tremendous arguments about religious questions, all the time God is dead. And it is perfectly all right with them if he is dead, because then they can do what they like.... But that is just it: God in Christ is not dead: he still is the Alpha and the Omega.[18]

---

[17] Christoph Friedrich Blumhardt, *Action in Waiting* (New York: Plough, 2012), 31.
[18] Blumhardt, *Action in Waiting*, 31.

Miriam Zimmer, Veronika Eufinger, Matthias Sellmann

Religiöse Vitalität erklären und messen

Ein vierdimensionales Wirkungsmodell erfolgreicher kirchlicher Arbeit

1. Einleitung: Vitalität als Wirkungsdimension von kirchlichem Handeln und Seelsorge

In Zeiten zurückgehender kirchlicher Repräsentanz in der Gesellschaft und weichender Selbstverständlichkeit im Leben der Menschen sowie im öffentlichen Raum stellt sich zunehmend die Frage nach der Sendung der Kirche oder, säkularer ausgedrückt, nach ihrer Rolle und ihrem Auftrag. Kirche wird von außen kritisch aber auch erwartungsvoll angefragt. Will sie in die heutige Gesellschaft hineinwirken, muss sie sich und ihre Sendung erklären, rechtfertigen, plausibilisieren und vor allem in ihrem Handeln überzeugen. Nur wenn dieser Übertrag gelingt, wenn die Übersetzung des intern noch als selbstverständlich angesehenen Auftrags von einer zunehmend religiös unbedarften, indifferenten, säkular und divers geprägten Gesellschaft[1] verstanden wird, hier und dort Diskurs auslöst und zuweilen Anerkennung findet, kann von einer Vitalität christlicher Gemeinschaften gesprochen werden.

Die Veränderung von einer auf Ritual, Tradition und Selbstverständlichkeit basierenden routinierten kirchlichen Praxis, die angesichts der beschriebenen gesellschaftlichen Veränderungen zu Indifferenz und Abbrüchen führt, hin zu erklärendem, anliegen- und wirkungsorientiertem Handeln, das vitale religiöse Gemeinschaften hervorbringt, ist komplex.

Dieser Artikel stellt einen Zusammenhang zwischen der gesamtgesellschaftlichen Entkirchlichungsdiagnose, der Vitalität religiöser Gemeinschaften und kirchlichem Handeln her. Damit kann er aktuelle Prozesse differenziert erklären und zugleich Veränderungen vorschlagen. Aus dem Anliegen der Wirkungsmessung kirchlicher Praxis entwirft er darüber hinaus empirische Verfahren.

---

[1] Vgl. Miriam Zimmer, *Säkularisierung und die Veränderungsdynamiken religiöser Organisation. Eine vergleichende Studie der römisch-katholischen (Erz-) Diözesen Freiburg, München und Freising sowie Trier*, 1. Aufl. (Baden-Baden: Ergon, 2022), S. 29-42; Gert Pickel, »Religiosität in Deutschland und Europa – Religiöse Pluralisierung und Säkularisierung auf soziokulturell variierenden Pfaden«, in: *Z Religion Ges Polit* 1 (2017), S. 37–74.

Im Folgenden wird eine Gesamtschau auf die Wirkungsdimension kirchlicher Praxis vorgestellt. Die Vitalität religiöser Gemeinschaften wird dafür als Zielgröße kirchlichen Handelns postuliert, als Konzept definiert sowie modelliert und für empirische Messung operationalisiert. Alle drei Aspekte wurden bzw. werden teils an anderer Stelle ausführlicher vorgestellt. In diesem Text wird ihr integraler Zusammenhang vorgestellt und verdeutlicht.

1. Welche Ausgangsannahme wir über den Zusammenhang von kirchlichem Handeln und Vitalität vertreten – Eine Theory of Change.[2]
2. Was wir unter Vitalität verstehen – Das Wirkungsmodell der Vitalität religiöser Gemeinschaften.[3]
3. Wie wir Wirkungen konkreter Projekte evaluieren – Unsere Methode.[4]

2. Vom Kreislauf der Trägheit auf den Pfad kirchlicher Vitalität – eine Theory of Change

In komplexen Systemen sind Wandel und Veränderungen schwer zu beobachten und erst recht zu erklären. Um Entwicklungen und Einflussfaktoren in solchen Zusammenhängen untersuchen zu können, werden basierend auf bereits bestehendem Vorwissen und Erfahrungen *Theories of Change* (Theorien des Wandels)[5] entwickelt. Diese antizipieren kausale Zusammenhänge und benennen einzelne Faktoren von Veränderungsprozessen. Dabei wird nicht angestrebt das gesamte System in seiner Komplexität abzubilden, sondern relevante Größen zu identifizieren, deren Zusammenhänge dann empirisch gemessen werden können. Damit weist die Theory of Change für die Empirie die relevanten Messpunkte aus, die aussagekräftige Diagnosen über stattfindenden Wandel sowie dessen Mechanismen aufzeigen. Die folgende Theory of Change beschreibt insofern, wie unter den aktuellen Bedingungen eine Vitalisierung religiöser Gemeinschaften stattfinden kann. Die Grafik auf S. 68 verdeutlicht die angenommenen Zusammenhänge und identifiziert relevante Messpunkte für die Evaluation der Wirkungszusammenhänge.

---

[2] Ausführlich in: Miriam Zimmer, »Kirchenentwicklung gestalten mit Evaluation. Eine Theorie des Wandels«, in: *Lebendige Seelsorge* 3 (2022), S. 165–171.
[3] Ausführlich in: Zimmer und Sellmann, *The Vitality of Religious Communities – A Contribution Model based on the Sociological and Theological Discourse*, forthcoming.
[4] Vgl. u.a. Veronika Eufinger, »Das Kompetenzzentrum Pastorale Evaluation und sein Konzept kirchlicher Vitalität«, in: *Lebendige Seelsorge* 3 (2022), S. 204–207.
[5] Vgl. Timothy McLellan, »Impact, Theory of Change, and the Horizons of Scientific Practice«, in: *Social Studies of Sciences* 51 (2020), S. 100–120.

2.1 Institutionelles Erbe und Kreislauf der Trägheit

Was gerade vielerorts in Kirchen erlebt wird, ist ein bekannter Kreislauf organisationaler Trägheit, der in der Soziologie auch Systemreproduktion[6] genannt wird. In Kirche und Gemeinden erleben wir vielerorts geringe Vitalität. Konkret und zunächst intuitiv wird darunter verstanden, dass wenige Menschen an Gottesdiensten und anderen Aktivitäten teilnehmen, kaum spirituelle Inspiration oder Auseinandersetzung mit dem eigenen Glauben stattfindet, und schrumpfende Gemeinden um sich selbst kreisen. Nur wenige Menschen außerhalb der Gruppe der aktiven Mitglieder werden mit kirchlichen Angeboten erreicht. Die erlebte wenig vitalisierende Praxis wird von den ehrenamtlichen und hauptberuflichen Mitarbeiterinnen und Mitarbeitern als »normal« wahrgenommen, nicht hinterfragt und somit weiter tradiert. Gemeinden und kirchliche Praxis sind geprägt von solchen Routinen, die meist unbewusst fortgeführt werden. Gemeinschaftsförmige Angebote, aber auch Gremien und Organisationsstrukturen bestehen seit Jahrzehnten fort, – weil es schon immer so war – auch wenn sie nur geringe Wirkung zeitigen. Sie wiegen die Beteiligten in Sicherheit und bergen kein Risiko für kritische Aufmerksamkeit. Kapazitäten oder Anlässe für Neues oder zum Überdenken dieser Praxis sind wenige vorhanden. Intention, Mut und Kraft, über die eigenen organisationalen Grenzen hinaus Resonanzen zu erzeugen, fehlen. Diese Routinen entfalten allerdings in der aktuellen Situation, in der die Hälfte der Bevölkerung nicht mehr Mitglied einer christlichen Kirche ist und viele religiös indifferent sind, wenig Wirkung. Im Gegenteil: Die Gruppe aktiver Kirchenmitglieder wird stetig kleiner; wer bleibt, sind die, die das Bisherige unterstützen und weiterführen. In den Pfarreien und Gemeinden steigt der Druck, mit weniger Engagierten bisherige Angebote aufrechtzuerhalten. Wenn das nicht mehr funktioniert, wird sich immer stärker auf »das Wesentliche« beschränkt: Firm- und Erstkommunionkatechesen, Sonntagsgottesdienste, Sakramente ohne Sonderwünsche. Die wahrgenommene Vitalität geht weiter zurück. In diesem Kreislauf organisationaler Trägheit, der nicht leicht zu durchbrechen ist, befinden sich viele Kirchengemeinden.

Allerdings rücken immer wieder und mit zunehmender Dramatik Wirkungslosigkeit und geringe Vitalität ins Bewusstsein. Das geschieht dann, wenn sie mit Emotionen wie Hoffnung und Enttäuschung oder Ärger verbunden sind; wenn Engagierte sich von Gottesdiensten mehr erwartet haben als Predigt und Liturgie leisteten, wenn Familien nach Kasualien den Kontakt zur Kirche abbrechen oder wenn das Seelsorgegespräch enttäuschte. Dann wird aus dem Erleben geringer kirchlicher Vitalität Frust, der bei vielen Menschen zum Abbruch von Engagement oder zum Kirchenaustritt führt. Dieser Frust als bewusst erlebte Emotion führt zu aktiven Distanzierungsentscheidungen.[7]

---

[6] Vgl. Niklas Luhmann, *Organisation und Entscheidung*, Wiesbaden 2011, S.44ff.
[7] Vgl. Markus Etscheid-Stams, Regina Laudage-Kleeberg und Thomas Rünker (Hg.), *Kirchenaustritt – oder nicht? Wie Kirche sich verändern muss*, Freiburg i. Br. 2018.

Wenige derjenigen, die solche Frustmomente erleben, sind allerdings so motiviert, dass sie einen Versuch unternehmen, Routinen zu verändern oder neue Ideen zu entwickeln, die eine Wirkung auf die kirchliche Praxis haben und dadurch religiöse Vitalität entfalten. Zudem treffen solche Initiativen innerhalb der eigenen kirchlichen Organisation, in Gremien, Kirchenverwaltungen und -leitungen, häufig auf Unverständnis, Gleichgültigkeit, Widerstände und organisatorische Hürden, die eine wirkungsorientierte kirchliche Praxis ausbremsen. Natürlich erweisen sich einige solcher aus Frust geborenen Ideen auch einfach nicht als erfolgreich. So oder so führen schließlich auch diese Initiativen nicht zu einer Steigerung kirchlicher Vitalität, sondern zu weiterer Enttäuschung und Demotivation bei den Beteiligten.

Es ist davon auszugehen, dass diese drei Mechanismen– die unbewusste Tradierung und Ausbildung von religiöser Indifferenz, die bewusste Distanzierung nach Frustrationen, sowie die Demotivation nach dem Versuch, etwas zu verändern – eine sich gegenseitig verstärkende Kraft erzeugen, die einer vitalen und wirksamen Kirche entgegenwirkt.

2.2 Der Pfad zur Vitalität

Manchmal treffen wirkungsorientierte Versuche in der kirchlichen Praxis allerdings auf fruchtbaren Boden und wirken vitalisierend in religiöse Gemeinschaften und ihren Sozialraum hinein. Diese Initiativen können einen neuen Kreislauf in Gang setzen: Den *Kreislauf kirchlicher Vitalität*. Die Beteiligten entdecken, bei einem bewussten Versuch, Praxis zu verändern, was möglich ist. Sie erschließen neue Methoden, Liturgien und Inhalte, lassen sich inspirieren, suchen sich Kooperationspartner und holen sich Feedback ein. Auf der Suche nach dem Neuen, dem Anderen, dem Gebrauchten, dem Wirksamen reflektieren die Beteiligten ihr Anliegen bewusst und lernen den Weg kennen, diesem näherzukommen.

Nicht das Neue, sondern das bewusste und reflektierte, und durch Wissen und Partner unterstützte Handeln steigert die Wahrscheinlichkeit, dass diese Form kirchlichen Handelns auch Wirkung zeigt; dass also Ziele erreicht, Menschen motiviert, inspiriert, getröstet, versammelt, neu angesprochen, erfreut und angeregt werden. Alle Beteiligten, sowohl die Initiatorinnen und Initiatoren als auch die Neuangesprochenen, erleben eine vitale kirchliche Gemeinschaft. Von dem sich einstellenden Erfolg sind sie positiv motiviert, aus ihrem geöffneten Horizont lernen sie weiter, was gebraucht wird, wie Kirche wirken kann, und versuchen vielleicht bald wieder etwas Neues.

Hier wird erkennbar, dass Veränderungen mit *Emotion*, Frust und Lust, mit *Bewusstsein*, Reflexion und Lernen sowie mit *Strategie*, Anliegen und Zielen zu tun haben. Nicht immer sind neue Initiativen sofort im Sinne ihrer selbst gesetzten Ziele wirksam oder steigern deutlich die Vitalität einer Gemeinschaft. Wie dargestellt wurde, ist es viel wahrscheinlicher, dass der Kreislauf organisationaler Reproduktion aufrechterhalten wird, als dass Schritte in die Innovation und Wirksamkeitsorientierung gewagt werden. Und selbst wenn sie gewagt werden, stellt sich nicht automatisch Erfolg ein. Allerdings bewirken sie Lernprozesse bei den Beteiligten über die eigene Organisation, den eigenen Glauben und die eigenen Anliegen sowie den Tätigkeitskontext mit seinen Besonderheiten und Bedarfen, die für wirksame kirchliche Praxis unermesslich sind.

Aus der Organisationsperspektive gilt es gerade diese Initiativen und ihr Lernen so zu unterstützen, dass die dargestellte geringe Wahrscheinlichkeit wirksamer kirchlicher Praxis und vitaler kirchlicher Gemeinschaften gesteigert und der Einfluss der Mechanismen der Trägheit verringert wird. Zudem sollte auf übergeordneter Ebene gelernt werden, wie Wirkungsorientierung organisational gesteuert werden kann, damit aus individuellen Initiativen organisationales Lernen und schließlich strategische Kirchenentwicklung wird. Kirchliche Organisation kann die Entwicklung neuer Initiativen systematisch fördern, Unterstützung bereitstellen und Hürden aus dem Weg räumen. Soll Wirkungsorientierung im kirchlichen Handeln ein Arbeitsprinzip werden, dann müssen auch kirchliche Leitung und Verwaltung diese als systematische Steuerungsprämisse in ihre Prozesse aufnehmen.

2.3 Evaluation als systematisches Steuerungsinstrument kirchlicher Wirksamkeit

Die Evaluation von kirchlicher Praxis mit ihren Projekten und Initiativen schafft den Übertrag von individuellem Lernen und dem zufällig erscheinenden Erfolg einzelner Projekte zu strategisch gesteuerter Kirchenentwicklung. Pastorale Evaluation, verstanden als Wirkungsmessung kirchlicher Arbeit, entwickelt Indikatoren für die Vitalität kirchlicher Gemeinschaften, postuliert Kriterien der Wirksamkeit kirchlicher Praxis, entwirft Messverfahren, misst den Einfluss verschiedener Faktoren und kann damit übergeordnete Kriterien identifizieren, die kirchliche Vitalität steigern. Dabei bleibt die Evaluation nicht schematisch, sondern validiert und differenziert ihre Erkenntnisse stetig weiter. Pastorale Evaluation möchte radikal nützlich sein und der kirchlichen Entwicklung hin zu einer an Menschenwürde und Religionsfreiheit ausgerichteten Organisation dienen[8], die aus der Trägheit heraus in eine neue Wirksamkeit aufbricht. Sie ist die Praxis, die Bewusstsein schafft, hilft, die richtigen Entscheidungen zu treffen, und den Prozess der Erneuerung systematisch unterstützt.

---

[8] Vgl. Matthias Sellmann, »Zukunftsfähige Pfarrei in moderner Katholizität. Der Ansatz des zap-Bochum als Konkretion angewandter Pastoralforschung« [zap:workingpaper 9], Bochum 2018; pdf-upload unter: https://zap-bochum.de/wp-content/uploads/2020/04/ZAP_Workingpaper_9_Sellmann.pdf, 6-8.

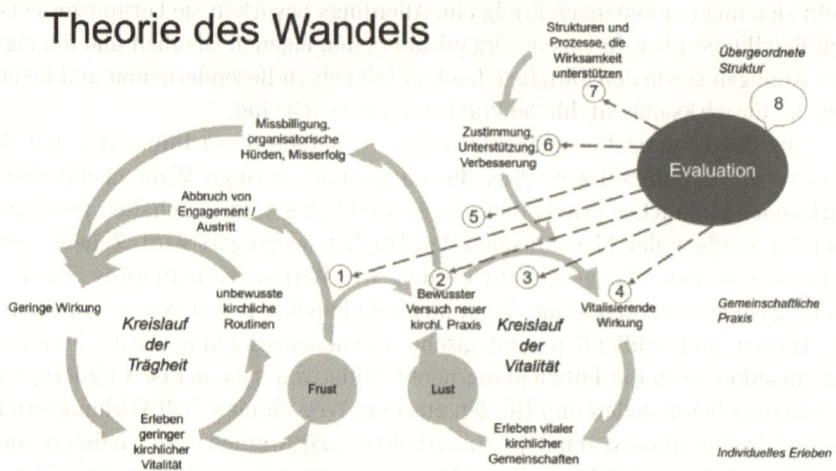

Abbildung 1: Theorie des Wandels zu Vitalisierung kirchlicher Gemeinschaften

In Folge sind mehrere Stellen benannt, wie Evaluation einer systematisch wirkungsorientierten Kirchenentwicklung dient. Die Aufzählung erhebt keinen Anspruch auf Vollständigkeit, zeigt allerdings auf, wie Evaluation lernend und steuernd an verschiedenen Stellen kirchlicher Organisationen eingesetzt und damit integral wirken kann.

2.4 Evaluation

1. *Evaluation schafft Bewusstsein für Wirkungsorientierung.* Schon allein die punktuelle Existenz von evaluativen Elementen schafft ein Bewusstsein für und die Reflexion über den kirchlichen Auftrag, seine spezifische Ausprägung in Gemeinschaft und seinen Kontext als Anliegen und Intention und die Wirkung des eigenen Handelns. Wirkungsorientierung wird somit als ein relevantes Prinzip kirchlichen Handelns markiert.
2. *Evaluation erkennt vielversprechende Projekte und Initiativen.* Das durch Evaluationen gewonnene Wissen über Wirkungsfaktoren kirchlicher Vitalität kann genutzt werden, um vielversprechende Projekte auszuwählen und zu fördern.
3. *Evaluation misst, ob und wie kirchliches Handeln wirkt.* Die Messung von Wirksamkeit, also dem Erreichen selbst benannter Ziele sowie der Steigerung von Vitalität, schafft eine objektive Basis zur Bewertung kirchlichen Handelns und seiner Ausrichtung. Subjektive Eindrücke können so gegengelesen, Erfolge gemeinsam bewertet und auch über die Kriterien und Zielgrößen von Wirksamkeit transparent verhandelt werden.
4. *Evaluation macht erfolgreiche kirchliche Praxis sichtbar.* Sie kann auch deutlich aufzeigen, welche kirchliche Praxis wirkt, und dieses Wissen der Orga-

nisation zugänglich machen. Kirchliche Organisationen können solche Erfolge gezielt nutzen, kommunizieren, stärken und weiter ausbauen.
5. *Evaluation identifiziert wirkungs-, und vitalitätsrelevante Bedingungen kirchlicher Praxis.* Auf übergeordneter Ebene zeigt Evaluation erfolgsrelevante Faktoren kirchlichen Handelns auf. Dieses Wissen können Engagierte gezielt nutzen, um ihr Handeln anzupassen und auszurichten. Kirchliche Organisationen können ihre Aus- und Fortbildung darauf ausrichten und so systemisches Lernen generieren.
6. *Evaluation schlägt gezielte Unterstützung für innovative Projekte vor.* Initiativen, Personen oder Pfarreien können mit Hilfe des Wissens über die Wirkungszusammenhänge kirchlicher Vitalität gezielte Unterstützungsangebote vorgeschlagen werden, die deren Wirkungswahrscheinlichkeit deutlich steigert.
7. *Evaluation entwickelt Vorschläge, wie Unterstützungsstrukturen zur Vitalisierung kirchlicher Praxis aufgebaut werden können.* Auf Grundlage von Erkenntnissen zur kirchlichen Arbeit und Mechanismen organisationaler Führung schlägt Evaluation Steuerungsinstrumente vor, mit denen kirchliche Organisationen wirkungsorientierte Arbeit anregen und fördern können.
8. *Evaluation informiert Stakeholder über Instrumente und Methoden zur Steigerung kirchlicher Vitalität.* Sie legt ihre Methoden und Erkenntnisse offen und informiert somit alle Interessierten in und außerhalb kirchlicher Organisationen zu relevanten Wirkungszusammenhängen.

3. Die Vitalität religiöser Gemeinschaften und ihre Einflussfaktoren – ein Wirkungsmodell

Eine Theory of Change bildet die Grundlage jeglicher Evaluation in komplexen Systemen. Mit ihrer Hilfe ist es möglich, Zusammenhänge anzunehmen und veränderungsrelevante Messpunkte präzise zu bestimmen. In der vorliegenden Theory of Change wird ein zentraler, veränderungsrelevanter Zusammenhang zwischen dem bewussten Ausprobieren neuer Ideen und einer vitalisierenden Wirkung postuliert. Kann dieser Zusammenhang hergestellt werden, dann gelingt in der Theory of Change der Übersprung aus dem Trägheitskreislauf in die Vitalität.

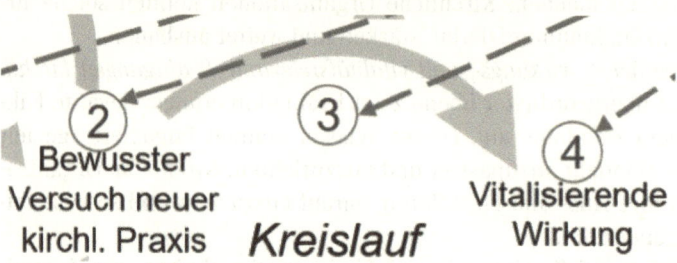

Abbildung 2: Zentraler Zusammenhang kirchlicher Vitalität

Zum Zwecke der konkreten und empirischen Evaluation dieses Zusammenhanges ist nun das Konzept der Vitalität näher zu bestimmen. Darüber hinaus liefert die Forschung bereits Ergebnisse über Bedingungsfaktoren, die als Wirkungsannahmen in ein Wirkungsmodell der Vitalität (religiöser) Gemeinschaften einfließen.

3.1 Zum Begriff der Vitalität religiöser Gemeinschaften

Auf der Grundlage des breiten und vielfältigen Diskurses über religiöse Vitalität entwickelte das Kompetenzzentrum für pastorale Evaluation an der Universität Bochum einen integrierten Ansatz zur Erforschung der Vitalität von religiösen Gemeinschaften, der drei Anforderungen miteinander verbindet. Er verbindet einerseits eine theologische Reflexion mit dem religionssoziologischen Diskurs und ist damit interdisziplinär in den beiden wissenschaftlichen Hintergründen Theologie und Soziologie verwurzelt. Weiterhin wird der Ansatz nach einem kausalen Wirkungsmodell konzipiert, das theoretische Annahmen spezifiziert, indem Vitalitätsdimensionen und Wirkungsfaktoren voneinander differenziert werden. Darüber hinaus macht es empirische Operationalisierungen möglich sowie transparent und setzt sich daher einer ständigen empirischen Validierung aus.

Das Konzept der Vitalität religiöser Gemeinschaften ist ein mesosoziologisches Konzept, das heterogene Formen menschlicher Kollektive abdecken soll. Zum Zwecke des Studiums christlicher Sozialformen ist es sowohl auf Pfarreien als auch für Projekte, Orts- und Personalgemeinden, Initiativen, kleine Gebetsgruppen sowie Organisationen, Orden oder Multimedia-Präsenzen anwendbar. Eine Gemeinschaft wird daher in einem weiten Sinne als kollektive Akteurin verstanden und ist nicht auf die soziologische Engführung der Gruppe[9] beschränkt.

---

[9] Vgl. Zimmer, *Säkularisierung und die Veränderungsdynamiken religiöser Organisation*, S. 76 ff.

Die Vitalität einer Religionsgemeinschaft beschreibt die Lebensfähigkeit, Fortpflanzungsfähigkeit und Wirksamkeit eines solchen Kollektivs. Der Begriff der Vitalität stammt zunächst aus den Lebenswissenschaften wie der Ökologie, Biologie und Medizin. In diesem Zusammenhang wird Vitalität als die sehr konkrete Fähigkeit eines Individuums oder einer Population verstanden in einer bestimmten Umgebung zu leben und zu bestehen. In diesem Sinne kann die Vitalität eines Individuums oder einer Population mit anderen Gruppen oder Arten verglichen werden.[10] Später wurde das Konzept auf weitere Kontexte übertragen und angewendet, darunter die Psychologie,[11] die Untersuchung ethnolinguistischer Gruppen[12] und zuletzt auch organisationswissenschaftliche Studien.[13] Die mesosoziologischen Konzepte der Vitalität, die sich aus der Organisationsforschung ableiten, teilen die ursprüngliche Perspektive aus den Lebenswissenschaften. Organisationen werden als eigenständige Entitäten gesehen, die Organismen ähnlich sind.[14] Weiterhin teilen die Beiträge aus der Organisationsforschung die Einsicht, dass Vitalität im Überleben und Wachstum verwurzelt ist, aber es wird auch deutlich, dass andere, qualitative Dimensionen wie Leistung, Innovation und Kreativität entscheidende Vitalitätsindikatoren sind, insbesondere in einem sich verändernden oder unsicheren Umfeld. Diese Ergebnisse können zum Zwecke der Beschreibung der Vitalität religiöser Gemeinschaften auf verschiedene mesosoziologische Entitäten ausgedehnt werden, indem ihre Besonderheiten in der jeweiligen Interpretation berücksichtigt werden.

---

[10] Siehe https://www.spektrum.de/lexikon/biologie/vitalitaet/69732; zuletzt eingesehen am 18.07.2022.

[11] Richard M. Ryan und Edward L. Deci, »From Ego Depletion to Vitality: Theory and Findings Concerning the Facilitation of Energy Available to the Self«, in: *Social and Personality Psychology Compass* 2 (2008), S. 702–717; Glen A. Nix, Richard M. Ryan, John B. Manly, Edward L. Deci, »Revitalization through Self-Regulation: The Effects of Autonomous and Controlled Motivation on Happiness and Vitality«, in: *Journal of Experimental Social Psychology* 35 (3/1999), S. 266–284.

[12] Vgl. Benjamin King Smith, Martin Ehala, Howard Giles, »Vitality Theory«, in: Oxford Research Encyclopedia of Communication (2017); Howard Giles und Richard Y. Bourhis, »The Genesis of Vitality Theory: Historical Patterns and Discoursal Dimensions«, in: *International Journal of the Sociology of Language* 108 (1994), S. 167–206; Kutlay Yagmur und Martin Ehala, »Tradition and Innovation in the Ethnolinguistic Vitality Theory«, in: *Journal of Multilingual and Multicultural Development* 32 (2/2011), S. 101–110.

[13] Vgl. Sumat Kumar Bishwas, »Conceptualization of Organization Vitality based on Strategic Knowledge Management«, in: *Global Journal of e-Business & Knowledge Management* 7 (1/2011), S. 45–52; Sumant Kumar Bishwas, »Achieving Organization Vitality through Innovation and Flexibility: An Empirical Study«, in: *Glob J Flex Syst Manag* 16 (2/2015), S. 145–156; Richard Vicenzi und Gary Adkins, »A Tool for Assessing Organizational Vitality in an Era of Complexity«, in: *Technological Forecasting and Social Change* 64 (2000), S. 101–113.

[14] Vgl. z.B. Arie de Geus, *The Living Company* (Boston: Harvard Business School Press, 1997), S. 11.

3.2 Die vier Dimensionen religiöser Vitalität

Das Vitalitätskonzept aus den Lebenswissenschaften und der Organisationsforschung wird im Folgenden zu einem mesosoziologischen Vitalitätsbegriff kollektiver Akteure wie Gruppen, Gemeinschaften, Bewegungen oder Organisationen weiterentwickelt. Um das Konzept der Vitalität religiöser Gemeinschaften präziser zu erfassen, werden aus den zuvor ungeordneten und aus verschiedenen Studien zusammengestellten Vitalitätsaspekten vier in sich kohärente und voneinander abgrenzbare Vitalitätsdimensionen abgeleitet. Die Vitalität religiöser Gemeinschaften setzt sich dann zusammen aus ihrer (1) internen Handlungsfähigkeit, (2) gemeinsamen Identität, (3) situativen Performanz und (4) ihrem performativen Einfluss.

Die *interne Handlungsfähigkeit (Funktionalität)* beschreibt, wie eine Gruppe oder Organisation in der Lage ist, ihre inhärenten Aufgaben zu lösen und wie interne Mechanismen und Prozesse zusammenarbeiten. Die Lebenswissenschaften beschreiben im Sinne dieser Dimension die Fähigkeit eines Organismus oder einer Spezies, Ressourcen umzuwandeln und für ihr Überleben zu nutzen. Für Kollektive bedeutet interne, operative Funktionalität, dass eine Gruppe oder Organisation fähig ist, Entscheidungen zu treffen, ihre Aufgaben zu lösen, sich selbst zu organisieren und gemeinsame Ziele zu erreichen. Eine solche operative Funktionalität kann auf ein bestimmtes finales Ziel fokussiert und daher anstrengend sein, sogar die Zerstörung des Organismus oder Kollektivs provozieren, oder sie kann durch eine nachhaltige Nutzung von Ressourcen und Mechanismen zur Wiederherstellung von Handlungskapazitäten für eine dauerhafte Aufrechterhaltung organisiert werden. Die Funktionalität kann durch Routinen und deren stetige Übertragung der Reproduktion oder durch die Installation von Organisationswerkzeugen und Managementpraktiken, insbesondere in Zeiten des Wandels und instabiler Umgebungen, hergestellt werden.[15]

Die zweite Dimension, die sich direkt auf die Nachhaltigkeit einer (religiösen) Gruppe auswirkt, ist die *gemeinsame Identität* einer Gemeinschaft. Über die bloße Funktionalität hinaus beschreibt diese Dimension Werte sowie gemeinsame Überzeugungen eines Kollektivs und beeinflusst, wie Mitglieder miteinander kommunizieren, wie sie sich auf die Gemeinschaft beziehen, wie sie persönlich involviert sind, wie stark sie miteinander verbunden sind und wie sie sich mit gemeinsamen Erzählungen verbinden. Darüber hinaus prägen die gemeinsamen Werte und Überzeugungen die persönlichen Identitäten ihrer Mitglieder durch die Integration gemeinsamer Identitätsmuster in persönliche Identitätskonstrukte. Diese gemeinsame Identität formt auch die Atmosphäre in einer Gemeinschaft, welche als emotional ausgelebter Aspekt von Identität unmittelbar von Besuchern oder Fremden wahrgenommen werden kann und die als unsicht-

---

[15] Vgl. z.B. Hilke Rebenstorf, Petra-Angela Ahrens und Gerahrd Wegner, *Potenziale vor Ort. Erstes Kirchengemeindebarometer*, 2. Aufl. (Leipzig: Evangelische Verlagsanstalt, 2015), S. 174.

bares Bindemittel die Verknüpfung der einzelnen Personen zu einem bestimmten Kollektiv aufbaut. Es gibt auch eine tiefere Bedeutungsebene hinter den phänomenologisch beobachtbaren Aspekten, die sich auf die zentralen Identitätsmerkmale (Core Identity Attributes) eines Kollektivs bezieht. Nach Stuart Albert und David A. Whettens Theorie der Organisationsidentität[16] sind diese Kernidentitätsattribute *zentral* für das Kollektiv, *überdauern* über lange Zeit und *unterscheiden sich* von Identitätsmerkmalen anderer Kollektive.[17] Die Identität einer Gruppe kann gut in den umgebenden sozialen Kontext passen, aber sie kann sich auch nur mit der Kultur eines bestimmten Teils der Umgebung verbinden oder streng im Kontrast zu Identitätsmerkmalen der Umgebung stehen.

Daher beschreibt die dritte Dimension der Vitalität einer religiösen Gemeinschaft, *die situative Performanz*, die tatsächlichen Errungenschaften von Handlungen und Prozessen in einem konkreten Kontext. In den Lebenswissenschaften sichert die Anpassung eines Organismus oder einer Population an seine Umwelt sein Überleben. Im gleichen Sinne hängt die Vitalität einer (religiösen) Gemeinschaft von ihrer Anpassung und Wechselbeziehung mit ihrer (sozialen) Umgebung ab. In diesem Sinne fasst diese Dimension, welche Beziehung ein Kollektiv zu verschiedenen Akteuren in seinem Umfeld herstellt. Unter situativer Performanz soll somit die Fähigkeit verstanden werden, sich an die Umwelt anzupassen, sie zu nutzen, in ihr zu überleben, zu gedeihen und mit anderen konkurrieren zu können. Diese Dimension nimmt den Modus (freundlich, kompetitiv, reziprok, anpassungsfähig, abhängig...) und die Intensität der Beziehungen in den Blick. Außerdem beschreibt sie die Art, Menge und Eigenschaften der Umweltakteure, mit denen sich das Kollektiv verbindet. Das bedeutet nicht, dass sich eine Gruppe vollständig an ihr Umfeld anpassen muss, um erfolgreich zu sein; manchmal ist das Gegenteil der Fall. Die Dimension der situativen Performanz beschreibt, wie ein Kollektiv in seiner Umgebung verbunden ist und wahrgenommen wird, als ein Bestandteil seiner Reproduktionsfähigkeit und damit seiner Vitalität. In der Organisationstheorie betonen die Open-System-Theorien den Aspekt, dass der Erfolg und das Überleben einer Organisation entscheidend von ihren Beziehungen zur Umwelt abhängt.[18] Die Theorien postulieren jedoch ganz unterschiedliche Annahmen darüber, welche Art von Zusammenhängen die organisatorische Leistung unterstützen oder schwächen.[19]

---

[16] Vgl. Stuart Albert und David A. Whetten, »Organizational Identity«, in: *Research in Organizational Behavior* 7 (1985), S. 263–295; David A. Whetten, »Albert and Whetten Revisited. Strengthening the Concept of Organizational Identity«, in: *Journal of Management Inquiry* 15 (3/2006), S. 219–234.
[17] Vgl. Albert und Whetten, »Organizational Identity«, S. 265.
[18] Vgl. W. Richard Scott und Gerald F. Davis, *Organizations and Organizing. Rational, Natural and Open Systems Perspectives*, International student edition (New York: Routledge, 2016).
[19] Vgl. Zimmer, *Säkularisierung und die Veränderungsdynamiken religiöser Organisation*, S. 92-110.

Die letzte Vitalitätsdimension beschreibt den *transformativen Einfluss* einer (religiösen) Gemeinschaft als Ergebnis ihres Handelns in ihrem Umfeld. Obwohl alle Arten ihre Ökosysteme beeinflussen, wenngleich in unterschiedlichem Maße, besteht die einzigartige mentale Kapazität des Menschen darin, auf seine Umwelt einzuwirken und diese über das direkte eigene Umfeld hinaus verändern zu wollen. Wie stark und in welcher Weise ein (religiöses) Kollektiv seine Umgebung beeinflusst, ist sehr unterschiedlich. Der transformative Einfluss beschreibt, inwiefern eine Gemeinschaft den Status quo ihres Ökosystems nicht nur aufrechterhält, sondern auch dazu beiträgt, ihn zu verändern. Die meisten religiösen Gruppen beabsichtigen, die Welt zu verbessern. Umweltveränderung kann bewusst angestrebt werden oder unbewusst geschehen. So kann ausgehend von religiösen Gruppen transformative Wirkung in verschiedener Hinsicht stattfinden: In den Mitgliedern selbst (tägliche Gewohnheiten, Lebensstil, Selbstkonzepte,...), außerhalb des Gruppengeschehens, in der direkten Umgebung (Familien, Nachbarschaften, Freundschaften) und auch in der weiteren Umgebung der Gruppe (Bezirk, Stadt, Gemeinde usw.). Die Dimension des transformativen Einflusses reflektiert die Qualität (Modus) und das Ausmaß ihrer Auswirkungen auf die Welt.

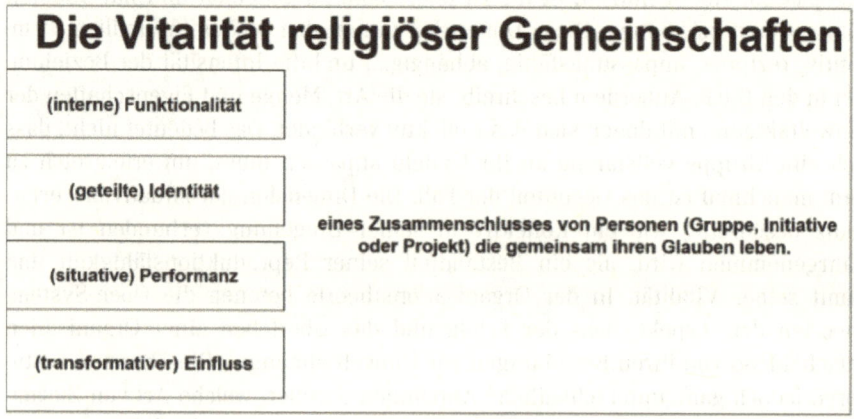

Abbildung 3: Zielgröße: Die Vitalität religiöser Gemeinschaften

Alle vier Vitalitätsdimensionen bilden zusammen das Bild vom Zustand einer (religiösen) Gemeinschaft ab. Sie können mit empirischen Methoden (qualitativ und quantitativ) operationalisiert und gemessen werden. Vitalitätsprofile können den Zustand einer Gemeinschaft abbilden und sie mit anderen ins Verhältnis setzen. Die je spezifischen Dimensions- und Vitalitätsprofile sind nicht nur unidirektional (hoch oder niedrig), sondern bieten ein breites Spektrum an Differenzierungen an. Das finale Vitalitätsbild einer Gemeinschaft ist daher eine sehr individuelle Zusammenstellung der Funktionalität, Identität, Performanz und des Einflusses eines Kollektivs und zeigt die Wechselbeziehung und gegenseitige Beeinflussung der vier Dimensionen. Mit Hilfe des vorliegenden Vitalitätskonzeptes können sehr unterschiedliche (religiöse) Gemeinschaften untersucht und bewertet werden. Eine Definition und differenzierte, wissenschaftlich fundierte Beschreibung des Begriffes ist somit geleistet. Zur Prospektion und Evaluation von Wirkungszusammenhängen werden im Weiteren auf theologischer und organisationssoziologischer Grundlage Einflussfaktoren formuliert und ein Wirkungsmodell aufgestellt.

3.3 Vier Einflussfaktoren für Vitalität

An dieser Stelle ist eine theologische Reflexion einzuführen. Denn auch die theologische Selbstbeschreibung der christlichen Kirche greift auf ein Vier-Felder-Schema zurück. Und obwohl dies in deduktiver und normativer Absicht geschieht, ist es doch verblüffend, wie fruchtbar diese Vier-Felder-Logik die Dimensionen bedient, die im vorherigen Kapitel aus empirischer und phänomenologischer Analyse heraus als Vitalitätsdimensionen religiöser Gemeinschaften beschrieben wurden.

Mittels eines abduktiven Verfahrens,[20] also der Verknüpfung forschungspraktischer Induktion (Empirie) und theologischer Deduktion (Ekklesiologie) wurden vier Handlungseigenschaften kirchlicher Praxis identifiziert, von denen anzunehmen ist, dass sie Vitalität wesentlich beeinflussen. Gerade für religiöse Organisationen werden beide Zugänge benötigt, verstehen sie sich doch als Überzeugungsgemeinschaften, die, folgt man dem bekannten Ansatz Karl Gabriels, nicht nur Einfluss- und Mitgliederlogiken zu beachten haben, sondern auch einer Ursprungslogik folgen.[21] Dieser sind sie verpflichtet; der religiöse Ursprung wird mindestens christlichen Gemeinschaften zu einer Sendung – und dies ist unmittelbar organisationsrelevant. Ohne einen expliziten Bezug auf ihren normativen Ursprung wird man keine Vitalität religiöser Gemeinschaften umfassend beschreiben können.

Das Vier-Felder-Schema der sogenannten »notae ecclesiae« stammt aus dem 4. Jahrhundert und steht für: Kennzeichen der Kirche. Die Suche nach diesen Kennzeichen entsteht aus der Fragestellung, wie man in allem kulturellen und gesellschaftlichen Wandel unveränderlich die Kirche Jesu Christi bleibt. Auf dem Konzil von Konstantinopel (381) einigt man sich darüber, woran die sich formierende Kirche ihre Konstanz, Identität und Kontinuität erkennen will.[22] Im sogenannten und bis heute gebeteten »Großen Nicaeno-Konstantinopolitanischen

---

[20] Zum abduktiven Erkenntnisprozess vgl. jetzt Björn Szymanowski, *Die Pfarrei als Dienstleistungsorganisation* (Würzburg 2022), Kap. 1.2. (im Erscheinen).
[21] Vgl. ausführlich Karl Gabriel, »Modernisierung als Organisierung von Religion«, in: Karl Gabriel, Michael Krüggeler, Winfried Gebhardt (Hg.), *Institution. Organisation. Bewegung. Sozialformen der Religion im Wandel* (Opladen 1999), S. 19-37.
[22] Beachte: Es ging kirchengeschichtlich also genau um das hier zu verhandelnde Problem der Meso-Ebene, der Organisationswerdung in der Spätantike.

Glaubensbekenntnis« aus dem Jahr 381 heißt es: »Wir glauben die eine, heilige, katholische und apostolische Kirche.«[23]

Diese ekklesiologische Grundlage erlaubt ein Denken von und über Kirche, das noch vor die konfessionelle Spaltung in evangelisch, katholisch und orthodox zurückgreift. Es liefert eine normative Beschreibung von Kirche, die große Chancen hat, von allen christlichen Konfessionen und Denominationen anerkannt zu werden.

Die vier notae: Einheit, Heiligkeit, Katholizität und Apostolizität haben eine wechselvolle Geschichte hinter sich, vor allem seit der Reformation. Die alte Kirche verstand diese vier Attribute weniger als exkludierende Kennzeichen (*notae*) denn als Wesensmerkmale (*proprietates*). Sie hatten also ursprünglich eine Differenz-, keine exklusive Identitätsfunktion. Mit ihnen war ein normativer Horizont möglich. In den Kontroversen des 16. Jahrhunderts und der Kirchenspaltung gerieten die notae aber in den Sog der Apologetik; nun wurden sie verwendet, um die Identifikation der römisch-katholischen Kirche mit den jetzt exklusiv verstandenen Kirchen-Kennzeichen und spiegelverkehrt die Häretik der anderen Kirchen zu behaupten.[24] Mit ihnen wurde im Rahmen einer kausallogisch angelegten *demonstratio catholica* eine Art Checkliste rechtmäßiger Kirchlichkeit entworfen, der die Frage nach der idealen und wahren Kirche stellte und sich in einer Art ontologischem Institutionalismus ganz von der konkreten Empirie entfernte.

Die neuere Ekklesiologie vor allem unter dem Eindruck der Ökumenischen Bewegung und der Nouvelle Theologie – hier ist vor allem Yves Congar zu nennen[25] – aber auch die Theologie der Befreiung und die neuere Fundamentaltheologie – haben die so entstandene Diskreditierung der notae aufgedeckt. Diese Entwicklung ist für die pastoraltheologische Frage nach einer innovativen Kirche epochal. Sehr einflussreich für die neueste Diskussion ist dabei der Beitrag von Hermann-Josef Pottmeyer und Karl Rahner.[26] Und es lässt sich deutlich zeigen: Beiden gelingt eine Dynamisierung der Frage nach den Kennzeichen des Kirchlichen.

Pottmeyer dynamisiert über eine Verschiebung des normativen Rahmens die Frage nach wahrer Kirchlichkeit. Er arbeitet zunächst heraus, dass in der Tat die

---

[23] Peter Hünermann und Heinrich Denzinger (Hg.), *Kompendium der Glaubensbekenntnisse und kirchlichen Lehrentscheidungen* (Freiburg/Basel/Wien 2004), DS 150.

[24] Beachte aber Heinrich Döring, Art. Notae ecclesia, in: Walter Kasper, u.a. (Hg.): *Lexikon für Theologie und Kirche*, Bd. 7, Freiburg u.a. 2007, S. 918f. mit Beispielen einer Art Häretik-Checks der frühen Kirche.

[25] Yves Congar, »Die Wesenseigenschaften der Kirche«, in: *Mysterium salutis. Grundriss heilsgeschichtlicher Dogmatik*, Bd. IV/1., hrsg. v. Johannes Feiner und Magnus Löhrer, Einsiedeln 1972, S. 357-599.

[26] Vgl. zum Folgenden Hermann-Josef Pottmeyer, »Die Frage nach der wahren Kirche«, in: *Handbuch der Fundamentaltheologie*, Bd. III, hrsg. v. Hermann-Josef Pottmeyer u.a., Freiburg u.a. 1986, S. 212-241.

sichtbare Gestalt einer institutionalisierten Kirche für ihre eigene Wahrheit nicht dispensiert werden kann. Die bekannte Nummer 8 aus »Lumen Gentium« bezieht dann auch direkt die vier notae auf jene sichtbare Gestalt der Kirche Christi, wie sie in der katholischen Kirche subsistiere. Wahre Kirchlichkeit bemisst sich also durchaus an Sichtbarkeit und glaubwürdiger Praxis; ihr normativer Horizont aber ist nicht die faktische Gestalt der nachtridentinischen römisch-katholischen Kirche, sondern die Reich-Gottes-Botschaft Christi. So wandelt sich die statisch gewordene Frage »Wer und wo ist die wahre Kirche?« in die zukunftsgerichtete Formulierung: »Wie ist und wird Kirche wahr?« (212f). Zitat Pottmeyer: »Wahre Kirche zu sein ist auch für die katholische Kirche Gabe und Aufgabe.« (219) Die vier notae interpretiert er im Gefolge dieses Programms dahingehend, wie Einigkeit, Apostolizität, Katholizität und Heiligkeit Zeichen des anbrechenden Reiches Gottes sein können.

Eine zweite Dynamisierung der notae gelingt Karl Rahner über eine existenztheologische Prüfung. Auch diese Fundierung ist für die pastoraltheologische Arbeit von unerlässlichem Wert. Rahner nimmt eine alte Festlegung des 16. Jahrhunderts zu den notae auf. Diese heißt: Das, was man über die Wahrheit der Kirche behauptet, muss auch dem einfachen Menschen zugänglich sein (Pottmeyer:223). Rahner geht dem folgend vom »eigenen, konkreten, gelebten Christentum« (Rahner:336) aus. Und von dieser Praxis aus wird man zunächst unterstellen dürfen, dass jeder Christ seine eigene Kirche als die wahre anerkennt. Drei Nachfragen aber werden gerade wegen dieser existenziellen Ausgangslage sofort einsichtig – und sie bilden die Kriteriologie einer Kirche, die ihrer Ursprungslogik treu bleibt. Frage 1 will wissen, ob die eigene Kirche in dichter, greifbarer Kontinuität mit dem Urchristentum steht. Frage 2 will wissen, ob das, was man selbst als Gnade erfährt, kein Zufall ist, sondern in der Substanz der eigenen Kirche verbürgt wird. Frage 3 will wissen, ob diese Kirche auch unabhängig von meiner eigenen Subjektivität Bestand hat und mir somit nicht als von mir gemacht oder von mir abhängig begegnet. Unschwer lassen sich die vier notae als mögliche Antworten auf diese Fragen beziehen.[27]

Ein erstes Ergebnis liegt also vor: Die Orientierung an den notae ecclesiae kann als Matrix für Kirchenentwicklung fungieren. Denn die auf das Reich Gottes hin erfolgten Dynamisierungen lassen jeden Verdacht auf Exklusivismus, konfessionellen Triumphalismus und statische Apologetik als unbegründet erscheinen. Vielmehr stehen mit den vier notae normative Marker zur Verfügung, die nicht nur auch im ökumenischen Dialog neue Konsenshorizonte erschließen, sondern die auch in weltanschaulich pluralen Gesellschaften inklusive ihrer säkularen Option (Charles Taylor) produktiv auf die Frage antworten: Wozu will Kirche da sein? Die Vierermatrix kann erstens festhalten, was jede pastorale Innovation im Kern festzuhalten hätte.

---

[27] Frage 1 zu ›Apostolizität‹; Frage 2 zu ›Heiligkeit‹; Frage 3 zu ›Einheit‹.

Die notae sind aber sogar zweitens nicht nur irgendwie wieder theologisch satisfaktionsfähig, sondern bieten sogar die Möglichkeit an, ein hermeneutisch stabiler Rahmen von neuer innovativer Kirchwerdung zu werden. Dies ist unverkennbar Konsens der neueren Ekklesiologie, und zwar explizit im Gefolge von Congar, Pottmeyer oder Rahner. So spricht etwa Döring von einem »hermeneutischen Viereck« aus Relationsbegriffen, die alle darin einzumünden haben, wie die Kirche das Reich Gottes zeichenhaft darstellen könne. So gesehen, sind sie »heuristische Prinzipien« und »Gestaltmerkmale« der immer erst werdenden Kirche.[28] Mit der performativen Ekklesiologie von Gregor Hoff werden die notae zu Werdeanzeigen ausstehender Vollständigkeit (plenitudo): Das Ideal der Einheit sensibilisiert für den faktischen Mangel an Eintracht und universaler Ökumene; das Ideal der Heiligkeit sensibilisiert für faktische individuelle und kollektive Strukturen der Sünde; das Ideal der Katholizität sensibilisiert für faktisch fragmentarische Kleinteiligkeit; das Ideal der Apostolizität sensibilisiert für faktische Vergessenheit des Ursprungs.[29] Die »Theologie der Befreiung« interpretiert die notae im Sinne einer gerechten Volkwerdung der Christinnen und Christen im Dienst an gerechter Gemeinwohlentwicklung.[30] Und Medard Kehl hat die notae trinitätstheologisch und damit communio-ekklesiologisch gedeutet.[31] Auch dies geschieht bei ihm in ekklesiogenetischer Absicht: Die »Einheit« kommt pneumatologisch als Spannung von Charisma und Institution in den Blick. Die »Heiligkeit« wird christologisch als Stil solidarischer Stellvertretung für Andere gedeutet. Die »Katholizität« wird schöpfungstheologisch als Anspruch interpretiert, dass jede lokale Präsenzform von Kirche immer vorläufig auf ihre universale Erstreckung sein muss und in aller Präsenzform Ferment und Sakrament der ganzen Menschheit wirken soll;[32] Und viertens ist »Apostolizität« bei Kehl Anlass, nach einer neuen Ämterstruktur der Kirche zu fahnden.

Der ganze Reichtum neuerer Ausdeutungen der notae kann hier nur angedeutet werden. Es sollte aber plausibel geworden sein, dass unsere Hypothese nicht nur nicht negiert, sondern sogar ekklesiologisch bestätigt wird. In starker Formulierung kann man sagen: Die vier »notae« sind eben nicht nur vergangenheitsvergewissernde Kennzeichen, sondern sie sind zukunftserschließende Kraftquellen. Geistlich-aszetisch würde man sagen: Der Wille Gottes ist begleitet von der Kraft ihn zu tun. Gnadentheologisch ausgedrückt: Die Wahrheit der Kirche ist immer auch ihre Verheißung. Und diese Verheißung konkretisiert sich

---

[28] Döring 2006, S. 920f.
[29] Gregor Maria Hoff, *Ekklesiologie*, Paderborn u.a. 2011.
[30] Jürgen Werbick, *Kirche. Ein ekklesiologischer Entwurf für Studium und Praxis* (Freiburg, Basel, Wien: Herder, 1994), S. 144-147.
[31] Vgl. Medard Kehl, *Die Kirche. Eine katholische Ekklesiologie*, Würzburg 1994, S. 125-131; 387-457.
[32] Mit Certeau gesprochen: Katholisch ist man, wenn man nicht ohne die sein will, die bisher nicht dazugehören.

in ihren Wachstumsrichtungen. Die Wahrheit der Kirche erweist sich in ihrer Be-Währung.

Für unser angezieltes Vitalitäts-Modell religiöser Gemeinschaften braucht es nun nur noch einen Zwischenschritt, der die normativ-deduktive Dimension der Theologie in die einer empirischen Nutzbarkeit – etwa der Möglichkeit von Messung – rückübersetzt. Unser Modell soll ja konkrete Projektplanungen und präzise Kirchenentwicklungen orientieren. Für diesen Schritt braucht es vier Übertragungen der notae in Begriffe, die im skizzierten theologische Traditionsstrom verbleiben, die aber konkretere Handlungsdispositionen und präzise Andockpunkte für Evaluation auslösen.

Hier kommt nun die eingangs kurz berichtete – und im Übrigen für abduktive Erkenntnis typische – Verblüffung ins Spiel. Denn es zeigt sich, dass die vier notae recht genau mit den weiter oben bereits beschriebenen Dimensionen synchronisiert werden können. Folgende Matrix scheint uns soziologisch wie ekklesiologisch stimmig:

- Dynamisiert man das Kirchenkennzeichen »Einheit« in die Richtung von organisationaler Handlungsfähigkeit, kann es als Dimension der internen, operativen Funktionalität gefasst werden. Wir sprechen in unserem Modell von »Professionalität«. Wer im Team in der Kraft seiner Leute arbeitet, nutzt die Vitalitätskraft der »Professionalität«.
- Dynamisiert man das Kirchenkennzeichen »Heiligkeit« in die Richtung von organisationaler Kultur, kann es als die Dimension einer geteilten, gemeinsamen Identität gefasst werden. Wir sprechen in unserem Modell von »Spiritualität«. Wer aus der Tiefe in der Kraft der geistlichen Quellen arbeitet, nutzt die Vitalitätskraft der »Spiritualität«.
- Dynamisiert man das Kirchenkennzeichen »Katholizität« in die Richtung von organisationalem Umweltbezug, kann es als Dimension der Performanz gefasst werden. Wir sprechen in unserem Modell von »Kontextualität«. Wer für die Weite aus der Kraft seiner Umwelt heraus arbeitet, nutzt die Vitalitätskraft der »Kontextualität«.
- Dynamisiert man das Kirchenkennzeichen »Apostolizität« in die Richtung von organisationaler Mission, kann es als Dimension des transformativen Einflusses gefasst werden. Wir sprechen in unserem Modell von »Intentionalität«. Wer in der Sendung aus der Kraft seiner Geschichte heraus arbeitet, nutzt die Vitalitätskraft der »Intentionalität«.

Vitale, innovative religiöse Gemeinschaften und Organisationen sind also geprägt von Faktoren und Stilelementen der Professionalität, der Spiritualität, der Kontextualität und der Intentionalität. Der Vorteil dieser interdisziplinär gewonnenen vier Begriffe: Sie können sehr viel leichter mit Indikatoren versehen werden als die ursprünglichen notae.[33] Man kann sie daher leichter konkretisieren, präzisieren und evaluieren.

Einheit, neu verstanden als »Professionalität«: Das Kennzeichen der Einheit betont ein neues und innovatives Verständnis von Einheit als die Kraft, vereint und koordiniert zu handeln, in dem »einen Geist«, wie Paulus es nennt. Einheit ist Handlungsfähigkeit und koordiniertes Auftreten nach außen. Wir übersetzen dies mit »Professionalität« und meinen damit die wahre Kraft der internen Organisationseinheit. Diese ist gleichermaßen geprägt von geplantem und koordiniertem Handeln sowie von interner Hierarchie. Nur so wird die Einheit einer Gemeinschaft oder eines Teams zur Ressource für andere.

Das theoretische Konstrukt der Professionalität enthält organisatorische Faktoren wie die interne Struktur des Kollektivs, Management- und Führungsstil, Art der Entscheidungsfindung, Arbeitsteilung und Rollen, Partizipation, Diversität, Verwendung von Moderationsinstrumenten, Medien und den Einbezug von anderer Expertise sowie klare Zielkommunikation und deren strategische Verfolgung durch eine religiöse Gruppe. Die Anwesenheit und Form dieser Faktoren kann in konkreten Projekten, Aktivitäten und Veranstaltungen eines religiösen Kollektivs beobachtet und gemessen werden. Mit dieser Spezifizierung dieser einzelnen Faktoren und des gesamten Konstrukts der Professionalität kann der Einfluss auf die Vitalität empirisch untersucht werden.

Heiligkeit, neu verstanden als »Spiritualität«: Das kirchliche Verständnis von Heiligkeit ist seit jeher von der Spannung zwischen Streben und der entscheidend divergierenden Wirklichkeit geprägt. Insofern führt das Verständnis der Heiligkeit die als Kirche Versammelten zu einem Selbstverständnis als Gemeinschaft der Reue und Vergebung. Eine gute Seelsorge basiert auf den Ressourcen des geistlichen Lebens. Ihr Markenzeichen ist eine bewusste, gemeinsame und immer verfeinerte Suche nach Heiligkeit als spirituelle Grundlage ihres Verhaltens.

Während das Konzept der Professionalität zu universellen Kriterien führt, die die Struktur und die Prozesse menschlicher Kollektive beschreiben, scheint das Konzept der Spiritualität für soziale Formen des Christentums sehr spezifisch zu sein. Aber wenn man das Konzept einen Schritt weiter übersetzt, so zeigt die Organisationsforschung auf, dass jede Gruppe, Bewegung, Organisation

---

[33] Natürlich ist festzuhalten, dass die notae in theologischer Hinsicht einen semantischen Überschuss ausprägen. Mit »Einheit« ist ekklesiologisch mehr intendiert als »Handlungsfähigkeit«, und ähnlich so für die drei anderen Kennzeichen. Für unser Modell ist das aber keine Blockade. Denn es reicht, wenn die vier operativen Dimensionen dem Bedeutungsradius der Theologie nicht widersprechen und ihm in der Aussage- und Wirkungsabsicht sogar entsprechen. Dies ist der Fall – jedenfalls dann, wenn man erstens der neueren Ekklesiologie folgt, die die notae dynamisiert und explizit auch auf die sichtbare Kirchengestalt bezieht (wie dargestellt); und wenn man zweitens innovative vitale Kirchwerdung als wünschenswertes ekklesiologisches Ziel anerkennt. Es wäre theologisch aber aporetisch, dies nicht zu tun.

oder jedes Netzwerk einen gemeinsamen Geist oder eine gemeinsame Kultur ausprägen. Diese kulturellen Elemente sind mit diesem zweiten Einflussfaktor, der Spiritualität, gemeint und können gleichermaßen in säkularen oder anderen religiösen Kollektiven beobachtet werden. Der Diskurs über Organisationskultur[34] bildet den theoretischen Rahmen für diese Kategorie. Er impliziert die Werte, Traditionen, Überzeugungen, Rituale und Mythen einer (religiösen) Gemeinschaft. Sie können eng an eine bestimmte Tradition gebunden sein oder ein Potpourri kultureller Artefakte unterschiedlicher Glaubenssysteme darstellen. Kollektive Kultur kann bewusst geschaffen oder unbewusst reproduziert werden; in beiden Fällen wird sie von ihren Mitgliedern wahrgenommen, insbesondere von Neuankömmlingen und Fremden, und kann von Forschern beobachtet und beschrieben werden.

Das Konzept der Spiritualität wird mit einer Reihe von Indikatoren gemessen, wie der Verwendung von Symbolen oder symbolischen Handlungen, der Erfindung und Nutzung von Narrativen oder Erzählungen, speziellen erfahrungserzeugenden (religiösen) Praktiken und Performances, dem Verweis auf ikonische Personen oder Situationen, oder der Entstehung von (religiösen) Regeln oder Tabus. In Bezug auf die Vitalitätsdimension (gemeinsamer) Identität ist zu fragen, welche Überzeugungen, Rituale, (erinnerten) Erfahrungen und welches Wissen in der Gemeinschaft kultiviert werden, und wie sie die (gemeinsame) Identität beeinflussen. Das Wirkungsmodell erwartet, dass diese Faktoren und das Konzept der Spiritualität/Kultur als Ganzes die Vitalität eines Kollektivs, insbesondere die Identitätsdimension, beeinflussen.

Katholizität, neu verstanden als »Kontextualität«: Das Verständnis von Katholizität hat die Kirche immer bewusst über den Horizont der institutionellen katholischen Kirche hinausgeführt. Das Zweite Vatikanische Konzil betonte, dass die Kirche soziale und kulturelle Barrieren überwinden müsse. Glaube und Kirche sind daher konstitutiv an die Inkulturation und an die Überwindung des Selbsterhaltungstriebs gebunden, um das Gemeinwohl aller zu ermöglichen. Gute Seelsorge wird nach dem sozialen Umfeld gestaltet. Ihr Markenzeichen ist die Katholizität als Kontextualität.

In der neueren Organisationstheorie kann die Performanz eines Unternehmens nicht ohne vielfältige Beziehungen und Einflüsse gedacht werden, die es mit seinem natürlichen, sozialen, geografischen und kulturellen Umfeld austauscht. Soziale Gruppen wählen ihr Bezugsumfeld bewusst oder es resultiert unbewusst durch die Vorlieben und Routinen der Mitglieder. In einer vielfältigen Gesellschaft können unterschiedliche Verbindungen angestrebt, Allianzen gebildet, Nähe und Distanz abgewogen und auch Bindungen gekappt werden. Um das Konzept der Kontextualität eines Kollektivs zu messen, wurden verschiedene Indikatoren identifiziert: relevantes soziales Umfeld und Diskurse, die Form der Identifikation mit, Beobachtung von, Sinnzuschreibung von, Integration von

---

[34] Vgl. Edgar H. Schein, *Organizational Culture and Leadership*, John Wiley & Sons 2010.

Umweltfaktoren in eigene Prozesse, sowie der Aufbau von Verbindungen zu bestimmten Umweltakteuren und -aspekten. Dieses Relationalisierungshandeln kann in konkreten Faktoren wie Verweisen auf bestimmte Diskurse und öffentliche Debatten, Kooperationen mit anderen Kollektiven, Verwendung bestimmter Lebensstile, Bezug auf spezifische Merkmale einer sozialen Gruppe oder eines Territoriums, Verwendung der Prominenz eines Ortes, einer Person, einer Musik usw. beobachtet werden.

Apostolizität, neu verstanden als »Intentionalität«: Für die katholische Kirche ist die Wiederverbindung mit den ersten Augenzeugen des Evangeliums identitätsstiftend. Sie wird sozusagen immer von ihren Vorfahren geschultert. Die Apostolizität ist ebenso ein Orientierungsmaßstab wie die kritische Gegenlektüre, wenn man sich in Treue zu den Ursprüngen der Zukunft öffnet. Das bedeutet auch, dass die aktuelle Sicht der Seelsorge immer Ausdruck des aktuellen neuen Gottesverständnisses sein muss. Das Konzept der Intentionalität bezieht sich dort auf die größere Mission der Kirche. Ausgehend von ihrem apostolischen Ursprung steht sie immer im Spannungsfeld von Innovation und Tradition. Intentionalität beleuchtet das Verständnis von Mission, das Narrativ, das Bild der Kirche sowie die kirchenpolitische Idee eines Projekts oder einer Gruppe. Intentionalität beschreibt die größere Vision, wie sich Kirche unter zeitgenössischen Umständen entwickeln sollte.

Für die römisch-katholische Kirche ist es wichtig, dass auf dem Zweiten Vatikanischen Konzil die jüngste offizielle und im Rahmen der Weltkirche prägnante Aktualisierung dieser Mission erfolgt ist. Diese Referenz ist formal, aber auch inhaltlich kohärent, schließlich bedeutet das Konzil die Generierung der Zukunft aus der Kraft der Vergangenheit. Intentionalität impliziert dort eine gemeinsame größere Vision sowie die Kreativität und den Mut, Neues auszuprobieren. Der theologische Begriff beinhaltet daher die Entwicklung dieses Kirchenbegriffs. Eine zentrale Frage, die sich aus dem Kriterium der Intentionalität dafür ergibt, ist: Wie erzählt eine religiöse Gruppe mit ihren Aktivitäten die Kirchengeschichte des Zweiten Vatikanums nach? Intentionalität meint damit die direktive, kirchlich-entwicklungsorientierte, sozial-veränderungsambitionierte Vision, in der die Gemeinschaft sich mit ihrem Handeln verortet.

Intentionalität ist nicht notwendig, aber wichtig für die Nachhaltigkeit, das Wachstum und die Fortpflanzung eines menschlichen Kollektivs. Sie schafft Energie und hilft, Kraft und Ressourcen auf das zu konzentrieren, was für die Gruppe, im Sinne eines Anliegens, wirklich wichtig ist. Die oben theologisch fundierte Definition lässt sich auch auf andere kollektive Akteure wie z.B. soziale Bewegungen übertragen. Sie beziehen sich auf eine gemeinsame ideologische Tradition, ein größeres Gut, wie sie auch, und das ist wichtig, eine konkrete wünschenswerte Vision für die Zukunft schaffen, die als das gemeinsame Ziel der Gruppe angesehen wird[35]. Des Weiteren entwickeln sie konkrete Ideen, wie man dorthin kommt. Indikatoren für die tatsächliche Art und das Ausmaß der Intentionalität einer (religiösen) Gemeinschaft können durch folgende Faktoren beschrieben werden: Zukunftsidee(n), innovative Praxis und neue Versuche, explizite Imperative/Botschaften, die Absicht Teilnehmerinnen und Teilnehmer zu beeinflussen, die Intention über die eigene Gruppe hinaus zu wirken, das Bestreben die Gesellschaft oder Teile von ihr zu verändern, sich auf altes Wissen beziehen und es für eine neue Art des Handelns interpretieren. Aus einer internen Perspektive bezeichnet Intentionalität die dynamische Ausrichtung von Prozessen und Aktivitäten ausgehend von einem geteilten Anliegen auf ein gemeinsames Ziel hin. Es erfasst die gemeinsame Vision eines Kollektivs sowie die Kraft, die investiert wird, um dorthin zu gelangen.

Ein Organismus sowie eine Gruppe oder Organisation verfügt nicht zwingend über einen solchen Antrieb, die Entität kann auch nur mit ihrer Selbsterhaltung und der Reproduktion des Status quo beschäftigt sein. Um bewusst größere Ideen zu verfolgen, unterscheiden sich die höhere Vision und die zu diesem Zweck investierte Energie zwischen den Gruppen erheblich. Es wird erwartet, dass ohne einen Drang nach einer größeren gesellschaftlichen Vision die dann als selbstgenügsam geltenden menschlichen Kollektive fortbestehen werden, bis sich ihre natürlichen Mitglieder wegbewegen oder sterben, wie es in natürlichen ethnischen Gemeinschaften der Fall ist. Solche Gemeinschaften ziehen ihre Plausibilität allein aus der Tradition. Ihr Bestehen gerät damit an ein natürliches Ende. Nur wenn sich Gemeinschaften im Sinne von Intentionalität für ein solches höheres Anliegen einsetzen, sind sie in der Lage, neue Mitglieder zu gewinnen, spezifische Ziele an konkrete und sich verändernde Kontexte anzupassen und ihr Umfeld zu beeinflussen, um so schließlich den Fortbestand der Gemeinschaft zu gewährleisten.

---

[35] Vgl. James C. Collins und Jerry I. Porras, *Built to last. Successful habits of visionary companies* (New York: Collins, 2009); Jim Collins und Jerry I. Porras, »Building your Company's vision«, in: *Harvard Business Review* (September-October 1996).

Abbildung 4: Wirkungsmodell der Vitalität (religiöser) Gemeinschaften

Die vier Vitalitätsdimensionen und die vier Einflussfaktoren bilden zusammen das Wirkungsmodell der Vitalität religiöser Gemeinschaften. Das Modell ist interdisziplinär wissenschaftlich fundiert und postuliert Wirkungshypothesen über die Zusammenhänge der einzelnen Faktoren und Dimensionen. Empirische Untersuchungen können auf dieser Grundlage angeleitet und operationalisiert werden. Sie dienen der Testung, Verifizierung und Differenzierung des Modells sowie der Validierung seiner einzelnen Konstrukte und Annahmen.

4. Operationalisierung und Messung

Als erster Schritt der Operationalisierung ist festzuhalten, dass das Wirkungsmodell kirchlicher Vitalität, wie es in Abbildung 4 visualisiert ist, zunächst die Handlungseigenschaften benennt, die Vitalität bedingen, und zweitens postuliert, dass ein Handeln, das sich durch diese Eigenschaften auszeichnet, Vitalität religiöser Gemeinschaften als Zielgröße hervorbringt. Die Anwendung des Modells auf empirische Fälle beinhaltet daher immer die Erfassung beide Schritte.

4.1 Erhebung und Messinstrumente

Für die Messung der vier Handlungseigenschaften und der zugehörigen vier Zielgrößen werden die Konzepte in konkret beobachtbare und messbare soziale Phänomene »übersetzt«. Die Erfassung der vier Dimensionen erfolgt auf quantitativer Seite mittels zweier Fragebögen: Der erste Fragebogen, der etwa im Anwendungsbereich der Projektarbeit zum Start der Laufzeit durch die Projektleitung ausgefüllt wird, misst die Handlungseigenschaften als Einflussfaktoren durch die Abfrage von jeweils elf Items. Der zweite Fragebogen, der zum Ende der Projektlaufzeit ausgegeben wird, misst die Zielgrößen, die Vitalitätsdimensionen, an Hand von jeweils zehn Items. Zur besseren Orientierung werden für die vier Dimensionen die Abkürzungen PRO für Professionalität, SPI für Spiritualität, KON für Kontextualität und INT für Intentionalität verwendet. Der erste Messzeitpunkt zur Erfassung der Handlungseigenschaften wird mit t_0 und der zweite Messzeitpunkt zur Erfassung der Zielgröße mit t_1 abgekürzt. Jedes Item verwendet die fünfstufige Likert-Skala von »stimme überhaupt nicht« bis »stimme voll und ganz zu«, um graduelle Einschätzungen zu ermöglichen.

PRO t_0: Das professionelle Handeln zeichnet sich dadurch aus, dass präzise definierte Ziele benannt und verfolgt, Führungsaufgaben verteilt und Entscheidungsprozesse partizipativ gestaltet werden. Grundsätze des Projektmanagements, etwa die eindeutige Zuteilung von Aufgaben, das Aufstellen und Einhalten von Zeitplänen und eine Feedbackkultur, gehören ebenfalls zu den Eigenschaften der Dimension Professionalität. Abgerundet wird diese durch die Reflektion der Diversität der beteiligten Akteurinnen und Akteure, um eine Beschränkung auf die kirchlichen Kernmilieus bereits auf der Angebotsseite zu verhindern. Eines der zugehörigen Fragebogen-Items lautet etwa folgendermaßen: *»Die einzelnen Aufgaben werden eindeutig Einzelpersonen zugeordnet.«*

PRO t_1: Der Erfolg professionellen Handelns, die (interne) Funktionalität, bewirkt nicht nur, dass die gesetzten Ziele erreicht werden, sondern auch, dass Menschen dauerhaft motiviert sind, sich zu engagieren und im Sinne der Vitalität religiöser Gemeinschaften tätig zu sein. In diesem Sinne lautet eines der zugehörigen Items folgendermaßen: *»Die Durchführung des Projekts hat Menschen motiviert, eigene pastorale Projekte zu starten.«*

SPI t_0: Das spirituelle Handeln beinhaltet die Schaffung von Möglichkeitsräumen für religiöse Praktiken, etwa die Durchführung von Ritualen, die Verwendung religiöser Symbole sowie die Verbindung zu spirituellen Quellen, die Erprobung adäquater Wege religiöser Kommunikation und das Einbetten des Handelns in ein religiöses Narrativ. Die theologische Fundierung wirkt idealerweise nicht nur auf die Akteure der Angebotsseite, sondern besitzt auch eine externale Ausrichtung, die etwa in der Verwendung religiöser Symbole Gestalt annimmt. Ebenso ist die Kommunikation der religiösen Inhalte nach innen wie nach außen relevant: *»In unserem Projektteam werden wir regelmäßig die religiöse Bedeutung unseres Projekts diskutieren.«*

SPI t_1: Der Erfolg spirituellen Handelns, die (gemeinsame) Identität, bewegt Menschen dazu, ihre Werte und Religiosität zu reflektieren und zu praktizieren: *»Menschen haben berichtet, dass sie In Folge des Projekts über ihre Religiosität bzw. ihren Glauben nachgedacht haben.«*

KON t_0: Das kontextuelle Handeln besteht in der systematischen Orientierung an der Umgebungskultur und Lebenswelt: Dies reicht von einer handlungsleitenden Sozialraumanalyse des konkreten Handlungsumfelds bis zum Bezug auf aktuelle gesellschaftliche Themen und Diskurse sowie die Verwendung einer zeitgemäßen und zielgruppengerechten Sprache. Die Reichweite zielt auch hier grundsätzlich über die kirchlichen Kernmilieus hinaus: »*Es ist sinnvoll, mit nichtkirchlichen Partnern (z.B. Schulen oder NGOs) im Rahmen dieses Projekts zusammenzuarbeiten.*«

KON t_1: Der Erfolg kontextuellen Handelns, die (situative) Performanz, generiert und erhält positive Aufmerksamkeit für die religiöse Gemeinschaft im relevanten Sozialraum – dabei kann es sich um eine Stadt, eine Nachbarschaft oder auch eine Online-Community handeln. Kirchenferne Menschen werden als Adressaten bedacht; auch Kooperationen und Netzwerkarbeit mit außerkirchlichen Organisationen sind Ausdruck gelingender Kontextualität: »*Über das Projekt gab es eine Berichterstattung in außerkirchlichen Medien.*«

INT t_0: Das intentionale Handeln umfasst die inhaltlichen Wirkungsintentionen und Grundsätze, die ebenfalls auf die Eigenschaften des internen und externen Handelns rekurrieren: Eine fehlerfreundliche Arbeitskultur, die Raum für innovatives und kreatives Denken und Handeln schafft steht neben der Verkörperung der Ideale des Zweiten Vatikanischen Konzils. Die Aktivität soll Ökumene, interreligiösem Dialog und der Wertschätzung der Laien Geltung verleihen: »*Unser Projekt bringt Konzepte von Kirche, Welt und Gemeinschaft zum Ausdruck, die den Ideen des Zweiten vatikanischen Konzils entsprechen.*«[36]

INT t_1: Der Erfolg intentionalen Handelns, der (transformative) Einfluss, verbindet Menschen mit tradierten und zugleich neu entdeckten theologischen Narrationen: »*Das Projekt konnte eine Idee vermitteln, wie Christsein in Zukunft aussehen könnte.*«

Zusätzlich zur Messung der vier Einflussfaktoren religiöser Vitalität als Handlungseigenschaft beinhaltet der t_0 Fragebogen zwei weitere Skalen: Der *Innovation Leader Index* (ILI) stellt eine deutsche Übersetzung einer Skala des *National Church Life Surveys*[37] (NCLS) dar, welche die Innovationskapazität kirchlicher Führungskräfte erfasst. Sie beinhaltet Fragen zu individuellem Unternehmergeist, dem Interesse an neuen Ideen und der Ermutigung anderer, innovativ und kreativ zu denken: »*Ich kann auf eine Erfolgsgeschichte zurückblicken, in der ich neue Dinge entwickelt habe.*« Die Aufnahme dieser Skala trägt der Rolle engagierter Einzelpersonen Rechnung, die gemäß der Theorie des Wandels durch den bewussten Versuch, neue Ideen umzusetzen, erst die Möglichkeit eröffnen, aus dem Kreislauf der Trägheit in den der Vitalisierung zu gelangen.

Außerdem erfasst der Fragebogen zu t_0 mit der Skala des *Church Innovation Climate* (CIC) die durch die Projektleitung wahrgenommenen organisationalen

---

[36] Der Bezug auf das Zweite Vatikanische Konzil ist dem Umstand geschuldet, dass die Fragebögen in einem katholischen Kontext entwickelt wurden und setzt einen bestimmten theologisch-normativen Rahmen. Dieser ist für die Messung nicht notwendig, definiert aber ein progressives, weltzugewandtes religiöses Weltbild, das als vitalitätsrelevant angenommen wird. Für andere religiöse Kontexte lassen sich vergleichbare theologische Bezüge definieren.
[37] Ruth Powell, Miriam Pepper, Nicole Hancock, Sam Sterland, Kathy Jacka, »Models of Church Vitality. A Literature Review«, *NCLS Research* (2019), Items 31 bis 38.

Eigenschaften der Kirche als hemmendes oder produktives Umfeld für innovatives Handeln. Hier besteht ein direkter Bezug zur Theorie des Wandels, da die Strukturen und Prozesse, die Wirksamkeit unterstützen können, mit dieser Skala in den Fragebogen integriert werden: *»Fühlen Sie sich durch Ihre Diözese ausreichend unterstützt, wenn Sie ein neues Projekt planen?«* ILI und CIC verwenden zur Beantwortung die gleiche Likert-Skala, die auch den Items des restlichen Fragebogens zugrunde liegt. Während also die Dimensionen religiöser Vitalität auf Ebene der gemeinschaftlichen Praxis gemessen werden, erweitert der ILI die Perspektive der quantitativen Messung in die Richtung des individuellen Erlebens und Lernens der Projektleitung und das CIC ermöglicht es, die Rolle der übergeordneten Strukturen miteinzubeziehen (vgl. Abb. 1).

Die interne Konsistenz der Skalen schwankt von Cronbachs Alpha Werten, also der Maßeinheit zur Überprüfung, ob alle zu einer Skala gehörenden Items tatsächlich das gleiche latente Konstrukt messen, um .80 im Fall des ILI bis .60 im Fall der INT-Skalen. Zudem findet zurzeit eine Überprüfung der t_0 Skalen mittels einer explorativen Faktoranalyse statt, die aufdeckt, ob die Items die postulierte Struktur der vier Vitalitätsdimensionen in einer Stichprobe gemäß der hier formulierten Theorie abbilden. Die interne Konsistenz bewegt sich also aktuell in einem Rahmen, mit dem in einem sozialwissenschaftlichen Kontext gearbeitet werden kann; die kritische Überprüfung und Weiterentwicklung des quantitativen Instruments stellt aber eine fortlaufende Aufgabe und einen langfristigen Lernprozess dar.

Zusätzlich zu der hier skizzierten quantitativen Messung wird die Anwendung des Wirkungsmodells mit qualitativen Instrumenten ergänzt: Im Fragebogen selbst werden in Form offener Fragen die Ziele der kirchlichen Arbeit, erwartete Wirkungsweisen, die anvisierte Zielgruppe und ähnliches abgefragt. Darüber hinaus kann die Evaluation in eine formative Richtung und eine begleitende Qualitätskontrolle erweitert werden, indem Interviews mit dem Leitungspersonal, teilnehmende Beobachtungen zentraler Veranstaltungsformate oder eine Feedbackabfrage unter den Teilnehmenden des kirchlichen Angebots durchgeführt werden. Auf diesem Wege können die individuelle Theory of Change der Projektverantwortlichen, die praktische, kommunikative und gestalterische Umsetzung, sowie die Eindrücke der Zielgruppe aufgenommen werden. Im Hintergrund steht auch hier das Raster der vier Dimensionen religiöser Vitalität und ihrer Einflussfaktoren, das als roter Faden und hermeneutischer Schlüssel im Zugang zum empirischen Material und seiner Auswertung fungiert. Für Interviews wurden auf dieser Basis Leitfäden und für die Beobachtungen ein Beobachtungsprotokollformular sowie Kodierungsmatrizen entwickelt.

4.2 Auswertung und Analyse

Die erhobenen Daten werden sowohl für die individuellen Projekte als auch projektvergleichend ausgewertet. Für jedes Konstrukt werden quantitative Skalenmittelwerte errechnet: Diese Werte geben für jede Untersuchungseinheit – also für ein Projekt, eine Gemeinde oder eine andere religiöse Gemeinschaft – einen durchschnittlichen Wert über alle zugehörigen Items für PRO t_0, PRO t_1 usw. an. Diese Skalenmittelwerte geben ein Vitalitätsprofil für jede untersuchte Gruppe wieder, aus dem die individuellen Stärken und Entwicklungspotentiale abgelesen werden können. Auf dieser Basis werden zugeschnittene Evaluationsberichte für die Projektleitungen, Pastoralteams und Verantwortlichen erstellt, welche die Grundlage für die Reflektion der eigenen Arbeit und zugehöriger Lernprozesse bilden können. Auf diese Weise profitieren kommende Projekte und Arbeitsphasen kirchlicher Akteure idealerweise unmittelbar von der Partizipation am Evaluationsprozess.

Auf Seite der kirchlichen Evaluationsforschung wird mit den Skalenwerten erstens untersucht, inwiefern die t_0 Skalen einen prädiktiven Wert für t_1 besitzen: Inwieweit ist es möglich, auf Grundlage der Handlungseigenschaften die Zielgröße vorherzusagen? Ist beispielsweise eine schwach ausgeprägte Spiritualität in der Planungsphase eines Projekts ein Indikator dafür, dass in der erzielten Wirkung die religiöse Reflektion und Praxis einen untergeordneten Stellenwert einnimmt? Oder führt eine kontextuell starke Strategie notwendig zu einer guten Performanz, welche die gewünschte Aufmerksamkeit mit sich bringt? Die empirische Untersuchung dieser Wirkungszusammenhänge kann Spannungen zwischen den Dimensionen aufzeigen und zusätzliche Einflussfaktoren sichtbar machen, die künftig in das Modell einbezogen werden können.

Zweitens werden die individuellen Skalenprofile mit Hilfe einer Clusteranalyse zu Vitalitätstypen zusammengefasst: Diese Typen gruppieren die einzelnen Untersuchungseinheiten, sodass etwa Projekte, die ein ähnliches Profil aufweisen, beispielsweise eine starke KON t_0 und zugleich eine schwach ausgeprägt SPI t_0, in eine Gruppe (Cluster) eingeordnet werden. Diese Cluster können wiederum mit der ILI und CIC in Zusammenhang gesetzt werden, sodass ein umfassendes Bild typischer Wege innerhalb der Theorie des Wandels zu Vitalisierung kirchlicher Gemeinschaften entsteht. Diese typischen Wege werden wiederum mit Hilfe zusätzlicher qualitativer Daten untersucht, um wiederkehrende Erfolgskonzepte und Hürden zu identifizieren, die mit standardisierbaren Hilfestellungen unterstützt werden können, um die Entstehung von Kreisläufen der Vitalität wahrscheinlicher zu machen.

5. Fazit und Ausblick

Kirchliche Praxis koppelt sich zunehmend und merklich von gesellschaftlichen Entwicklungen ab. In kirchlichen Organisationen wird dies intuitiv durch geringe und abnehmende Vitalität wahrgenommen. Produktiver Wandel kann infolge der Theory of Change durch neue Versuche innovativer religiöser Praxis erfolgen, die letztere sowohl an die kirchliche Sendung als auch an gesellschaftliche Entwicklungen wieder ankoppeln. Erfolg stellt sich dann in Form zunehmender

Vitalität ein. Vitalität – ihre Dimensionen und Einflussfaktoren – definiert und modelliert das Wirkungsmodell religiöser Vitalität und macht damit die zuvor getroffenen Annahmen über relevante Faktoren und Zusammenhänge operationalisierbar und messbar. Der breite Rückbezug auf bestehende wissenschaftliche Erkenntnisse aus Soziologie, Religionswissenschaft, Theologie und Organisationsforschung postuliert eine hohe Aussagekraft der Modelle, die durch eine umfassende Empirie – quantitativ und qualitativ, standardisiert und offen – zu validieren ist.

Schon jetzt wird das Wirkungsmodell in zwei unterschiedlichen Anwendungskontexten mit verschiedenen Untersuchungseinheiten und Formen kirchlicher Gemeinschaften erfolgreich verwendet. Auf Basis der skizzierten Methode konnten zum einen generelle Strategieempfehlungen für kirchliches Handeln entwickelt werden, die für jede der vier Dimensionen religiöser Vitalität eine Reihe von Werkzeugen aufzeigen, um beispielsweise zwischen den Spannungen kontextueller und spiritueller Handlungsweisen zu vermitteln. Zum anderen erhielt eine stetig wachsende Zahl religiöser Akteurinnen und Akteure bereits einen Evaluationsbericht zu einem verantworteten Projekt, der auf Basis der oben beschriebenen Datenerhebung und Auswertung erstellt wurde und Stärken sowie Entwicklungspotentiale aufzeigt. Die Rückmeldungen der Akteure fallen durchweg positiv aus: Die Wirksamkeit des eigenen Handelns wird untersucht, die geplanten und tatsächlichen Wirkungsweisen werden reflektiert und die Erfolge führen zu sichtbarer Anerkennung, sodass ein Lernen für künftige Projekte möglich ist.

Annette Haußmann

Spiritualität als Quelle einer vitalen Kirche?

Pastoraltheologische und kirchentheoretische Überlegungen

Der mir von der Arbeitsgruppe zur Vorbereitung der Tagung vorgeschlagene Arbeitstitel für diesen Beitrag lautete ursprünglich: »Sinn als Quelle für Vitalität? Glaube als Quelle für Sinn? Kirche als Quelle für Glaube?«. Was wie ein gordisch verknotetes Rätsel oder ein Dreisatz analytischer Philosophie anmutet, verweist auf pastoraltheologische und kirchentheoretische Grundthemen, die im Titel dieses Tagungsbandes bereits anklingen: »Wir können's ja nicht lassen« ist der Vitalität von Kirche vorangestellt. Oder verbirgt sich im genannten Dreisatz bereits ein Lösungsvorschlag für die Entwicklung, Erhaltung und Ausdehnung von kirchlicher Vitalität – braucht die Kirche gewissermaßen eine Vitalisierungskur, bei der Spiritualität eine entscheidende Rolle spielt?

Sicherlich: Der gordische Knoten lässt sich nicht komplett auflösen. Er verweist auf das komplexe Wechselspiel der Frage, was Henne ist und was Ei. Sinnvoller scheint da der Begriff der Quelle, der einen Ursprung erahnen lässt und deutlich zum Ausdruck bringt: Wo es sprudelt, da läuft der Laden, da fließt das Leben über, da weht der Geist von ganz allein. Wo aber die Quelle versiegt, vertrocknet die kirchliche Landschaft, ist eine öde Zukunft vorprogrammiert. Spiritualität kann als Lebenselixier verstanden werden, aber in welcher Weise wirkt sie belebend auf Kirche? Und wenn Spiritualität als Basis einer vitalen Kirche verstanden werden soll, die – so intendierte der ursprünglich vorgeschlagene Titel – sowohl dem Sinn vorausgeht als auch ihrerseits wieder Glauben wirkt, dann schließt sich die Frage an: Woher kommt dieses vitalisierende Elixier und wie lässt es sich erhalten?

In hermeneutischer Deutungskunst gut gebildet, kommt man einem Interpretationsproblem auf die Spur: Das im Titel verwendete »wir« ist höchst uneindeutig. Zunächst möchte ich in meinem Beitrag vom pastoralen »wir« ausgehen, denn Pfarrerinnen und Pfarrer sind es doch, die sich zunächst davon angesprochen fühlen, weil sie damit betraut und dazu berufen sind, eine vitale Kirche zu gestalten und zu erhalten. Oder etwa nicht? Diese pastoraltheologische Interpretation ist genauso verlockend, wie verkürzt, wie ich anhand kirchentheoretischer Implikationen zeigen werde. Zunächst aber frage ich danach, in welcher Weise Spiritualität bei Pfarrpersonen pastoraltheologisch diskutiert wird, was es in empirischer Perspektive als Bestandsaufnahme zur gelebten pastoralen Spiritualität zu sagen gibt und welche kirchentheoretischen Folgen das nach sich zieht. So ist Spiritualität im Pfarrberuf aktuell eine breit und heiß diskutierte Frage, wie in zahlreichen Überlegungen zu Pfarrbildprozessen ersichtlich wird.[1] Auch die prägnante Studie zu Burnout im Pfarramt unter der Leitung von Michael Herbst, auf die ich später zu sprechen komme, hat die Thematik aktualisiert.[2]

Die Motivation zum vitalisierenden Handeln als Beitrag für eine lebendige Kirche ist im Titel der Tagung ambivalent formuliert: »Wir können's ja nicht lassen« evoziert je nach Betonung einen anderen Blickwinkel auf diejenigen, die sich in dieser Kirche engagieren.

- Zunächst ist eine *Lust an Kirche und Glauben* hörbar, ein innerer Drang, sich einzubringen, Kirche zu gestalten, gesandt und berufen zu sein in diesen Dienst. Eine Freude, die der inneren Motivation entspringt und mit Sinnerleben verbunden ist.
- Eine *zwanghafte Tendenz* liegt dem inne, betont man, es nicht lassen zu *können*. Mit ängstlichem, vielleicht verbissenem Unterton, weil es doch weitergehen *muss* mit der Kirche, »weil wir gesandt sind, Kirche zu sein«, »weil wir berufen sind, Kirche zukunftsfähig zu machen«. Dem Zwang liegt das Bewusstsein einer großen Verantwortung zugrunde, die letztlich auch zur Last werden kann.
- Auch Fragen mögen wachgerufen werden: *Wann* muss »es« gelassen werden? *Sollte* man es lassen? Wie verhalten sich die gegenwärtigen Ressourcen von Kirche zu ihrem Zukunftspotenzial? Kann man die Zukunft auch ganz gelassen sehen?

Handlungsmotivation besteht meist aus einer Mischung aus unterschiedlichen Motiven, daher werde ich die Frage »Spiritualität als Quelle einer vitalen Kirche?« aus verschiedenen Perspektiven des Wollens, Könnens, Dürfens und Sollens bedenken.

---

[1] Aktuell dazu: Bernd Schröder (Hrsg.), *Pfarrer oder Pfarrerin werden und sein. Herausforderungen für Beruf und theologische Bildung in Studium, Vikariat und Fortbildung* (Leipzig: Veröffentlichungen der Wissenschaftlichen Gesellschaft für Theologie, 2020); Stephan Mikusch und Alexander Proksch (Hrsg.), *Identitäten im Pfarramt. Denkanstöße aus Theorie und Praxis*, Leipzig 2019.

[2] Vgl. Benjamin Stahl; Anja Hanser; Michael Herbst (Hrsg.), *Stadt, Land, Frust? Eine Greifswalder Studie zur arbeitsbezogenen Gesundheit im Stadt- und Landpfarramt* (Leipzig: KiA, 2019).

1. Anfangen wollen: Motivation und Berufung zu einem sinnvollen Beruf

Ein langer Weg durch das theologische Studium steht am Beginn einer pastoralen Berufslaufbahn. Begonnen bei den altsprachlichen Voraussetzungen, die den Zugang zu den biblischen und kirchengeschichtlichen Quellen ermöglichen, hin zu der von vielen als beschwerlich empfundenen Vorbereitung auf ein kirchliches Examen, bei dem einige wenige Prüfungstage über den Eintritt in den Beruf entscheiden.[3] Wer diese Hürde gemeistert hat, darf sich einem Vikariat widmen, das mit geringer Bezahlung und langer Dauer mit dem zweiten Examen abschließt und mit Prüfungsleistungen in Theorie und Praxis einiges abverlangt. Danach folgt mit der Ordination zwar eine feste Anstellung, die aber wiederum nur »zur Anstellung« erfolgt, was dem Beamtenrecht geschuldet ist, und verbunden mit zahlreichen Weiterbildungsverpflichtungen (Fortbildung in den ersten Amtsjahren) eine gewisse »Unfertigkeit« signalisiert. Vergleichbar mit diesem Bildungsweg sind eigentlich nur noch die Ausbildung zum Lehramt und die Bildungswege zu den klassischen Professionen von Medizin und Jura zu nennen, die mit nach wie vor hohem Prestige, gutem bis sehr gutem Verdienst und steilen Karrierewegen werben können. Demgegenüber ist das Pfarramt zwar nicht schlecht bezahlt, aber angesichts sinkender Kirchenmitgliedszahlen finanziell mit Zukunftsunsicherheiten verbunden, sicherlich nicht schlecht angesehen, aber in einer religiös kritisch bis indifferenten gesellschaftlichen Umgebung von absinkendem beruflichem Status bedroht. Ein Quereinstieg in andere Berufe wiederum ist möglich, doch nach langem Studium sicherlich mit Hürden verbunden, zumal währenddessen nur selten Kontakt zur freien Wirtschaft oder Praktika in anderen beruflichen Kontexten entstehen. Auch die beruflichen Aussichten im Pfarramt selbst sind herausfordernd und auch mit einigem Optimismus muss man wohl zugestehen: Schrumpfende Gemeinden, Zusammenlegungen von Parochien, sonntägliches Predigtpilgern von einer Gemeinde zur nächsten ist in vielen Landeskirchen schon Realität. Die steigenden Verwaltungsaufgaben und die Aussicht auf eine unsichere Zukunft sind auch mit Risiken für Familie und Alterssicherung verbunden. Selbst wem diese Beschreibung etwas übertrieben erscheint, sie wirft doch die Frage auf: Was treibt junge Menschen an, diese berufliche Laufbahn einzuschlagen? Was motiviert ihre Entscheidung, sich in den Dienst einer kleiner werdenden Kirche zu stellen und so viele Hürden anzunehmen?

Spiritualität spielt eine wesentliche Rolle in der Beantwortung dieser Frage, die auch mit den Motiven des theologisch-wissenschaftlichen Interesses und dem Wunsch, mit Menschen zu arbeiten und ihnen Gutes zu tun, verknüpft ist.

---

[3] An der Gestalt des Examens, das mit dem Studium »wenig zu tun hat« ist jüngst wieder heftige Kritik geübt worden: https://www.evangelisch.de/inhalte/185163/20-04-2021/theologiestudierende-fordern-studienreform (20.5.2022).

Viele Studierende fühlen sich *berufen* für diesen Weg, schon das deutet die *spirituelle* Basis der Berufswahl an. Nicht selten sind Studierende kirchlich sozialisiert und geben religiös-spirituelle Erfahrungen als Motive an:

> »Fast durchgehend werden in diesem Kontext besondere Momente religiösen Erlebens, sehr häufig ein Aufenthalt in der Communauté in Taizé benannt. Studierende und Schüler*innen, die ohne jeglichen kirchlichen oder religionspädagogischen Kontakt in Kindheit und Jugend zum Theologiestudium gelangen, begegnen mir nur in Einzelfällen.«[4]

Häufig sind es die Hochverbundenen, die den Glauben, Kirche und Spiritualität bereits in den Kontexten von Gemeinde und Jugendarbeit intensiv kennengelernt haben. Andererseits ist gerade ihre Zahl am Schwinden, glaubt man den Prognosen derjenigen, die vehement eine intensivere Thematisierung von Spiritualität im Studium fordern. Denn mitnichten sind es nur die Studierenden selbst, die zu einer Thematisierung von Spiritualität im Studium anregen. Vielmehr ist es zum Trend geworden, Spiritualität ins Studium zu integrieren,[5] kirchliche Studienbegleitung anzubieten[6] oder Seminare zu spirituellen Texten durchzuführen[7] – und zwar seitens der Kirchenleitung und der akademischen Theologie.

Sabine Hermisson hat in eindrücklicher Weise kirchliche Texte zur Ausbildung von Pfarrerinnen und Pfarrern analysiert und Erstaunliches zu Tage gefördert: Dass »spirituelle Kompetenz« gefordert wird, ist ein relativ neues Phänomen, das auch in der Wortschöpfung der Begriffe »Spiritualität« und »Kompetenz« zutage tritt und das eine funktionale Perspektive in den Vordergrund rückt. So wird die Notwendigkeit spiritueller Kompetenz aus der späteren Amtspraxis begründet, in der Spiritualität authentisch vermittelt werden soll. Dies gründet auch in einer Furcht um die Zukunft von Kirche, eine Verlustangst um die Vitalität protestantischer Glaubensgrundlagen und Frömmigkeitsformen. Eine Revitalisierung der Spiritualität wird dort gefordert, wo ihre Grundlagen und Tradierung bedroht erscheinen.[8]

---

[4] Jil Becker, »Die ›Generation Y‹ auf dem Weg ins Pfarramt«, in *Praktische Theologie* 56 (2021): 35.

[5] Vgl. Sabine Hermisson und Martin Rothgangel (Hrsg.), *Theologische Ausbildung und Spiritualität*, Göttingen 2016.

[6] Vgl. Gerhard Knodt, »Geistliche Existenz. Zur kirchlichen Studienbegleitung in der Evangelisch-Lutherischen Kirche in Bayern«, in *Theologische Ausbildung und Spiritualität*, hg. v. Sabine Hermisson und Martin Rothgangel, Göttingen 2016.

[7] Vgl. Corinna Dahlgrün, »Studium und Spiritualität. Überlegungen zu aktuellen Herausforderungen an die Ausbildung zum Pfarrberuf«, in *Pfarrer oder Pfarrerin werden und sein. Herausforderungen für Beruf und theologische Bildung in Studium, Vikariat und Fortbildung*, hg. v. Bernd Schröder, Leipzig 2020.

[8] Vgl. a.a.O., 491–502.

Maximilian Baden hat eine neue Studie zur Motivation von Erstsemestern Evangelischer Theologie durchgeführt: Die persönliche Religiosität als religiöses Interesse und Wichtigkeit im Leben wird gleich als erstes Motiv genannt, dann sind aber auch Kirchenbindung und Erfahrungen innerhalb der kirchlichen Gemeinschaft, darunter Begegnungen mit Pfarrpersonen, mindestens ebenso wichtig wie die religiöse Sozialisation im Elternhaus.[9] Die meisten Befragten streben danach, die Zukunft der Kirche aktiv zu gestalten, so eine 20jährige Studentin: »Ich habe schon als Kind davon geträumt und habe den Eindruck, dass mich Gott da haben möchte, auch um Lebendigkeit und Versöhnung in eine starre Kirche zu bringen.«[10] Der Wunsch, zur Lebendigkeit beizutragen ist eine mächtige Motivation und sie benötigt Idealvorstellungen und Visionen von Kirche, die jedoch plural und komplex sind. Sie changieren zwischen Tradition und Moderne, zwischen Akzeptanz und Abgrenzung zu anderen Religionen, zwischen Orientierung an Gesellschaft oder christlicher Grundlage.[11]

Meine Erfahrungen mit Studierenden zeigen weniger einen Abbruch an Spiritualität, sondern vielmehr ein intensives Interesse daran und zugleich plurale spirituell-religiöse Prägungen. Folgende Kommentare aus dem Seminar »Spiritualität im Pfarramt« im Jahr 2021 zeigen dies deutlich:

> »Ohne meine persönliche Spiritualität würde ich wohl nicht Theologie studieren. Nach meinem Abitur habe ich ein Jahr in einem Kloster mitgelebt und dort intensive spirituelle Erfahrungen gemacht. Im Studium, aber auch im normalen Alltagsleben fällt mir die Umsetzung eines intensiven spirituellen Lebens deutlich schwerer. Ich stelle mir vor, dass die Pflege der eigenen Spiritualität im Pfarramt noch schwieriger ist. Trotzdem scheint sie mir für den Beruf unerlässlich zu sein. Deshalb möchte ich mich näher mit dem Thema befassen.« (Studentin ev. Theologie auf Pfarramt)

> »Spiritualität im Pfarramt interessiert mich, weil ich Spiritualität als etwas sehr Persönliches wahrnehme und sehr oft auf Menschen treffe, die nur wenig mit Spiritualität anfangen können. Auch bei Pfarrer*innen habe ich erlebt, dass Spiritualität kaum vorhanden ist oder durch die Arbeit im Pfarramt untergeht. Jedoch empfinde ich es für mich als äußert wichtig, die persönliche Spiritualität auch im Alltag zu leben und sie nicht zu vernachlässige.« (Student, ev. Theologie auf Pfarramt)

> »In den letzten Jahren habe ich sehr viel ausprobiert. In meinem Auslandsjahr nach dem Abitur pendelte ich innerlich immer wieder zwischen den, ich sag mal evangelikalen, Eindrücken aus den Gemeinden, die wir besuchten und den Impulsen, die ich von Zuhause aus meiner Landeskirche bekam. In meiner Jugendzeit bis heute hatte ich auch Kontakte ins Charismatische. Vor zwei Jahren durf-

---

[9] Vgl. Maximilian Baden, *Warum studierst Du Theologie? Eine Untersuchung zur Motivation von Erstsemestern*, Leipzig 2021.
[10] A.a.O., 357.
[11] Vgl. a.a.O., 388.

te ich an Schweigetagen teilnehmen und konnte die ignatianische Spiritualität ausprobieren. Und bei allen Eindrücken und bei allem Ausprobieren merkte ich, dass das etwas mit meiner ganzen Person, mit meiner Einstellung zu anderen, meinem Alltag macht. Deshalb bin ich gespannt, welche neuen Eindrücke und Chancen zum Ausprobieren ich in diesem Seminar bekomme. Ich lebe gerade viel nach dem Motto, mich darauf einzulassen und das mitzunehmen, was mir am ehesten eignet und zu lernen, mir Fremdes zu respektieren.« (Studentin, ev. Theologie auf Pfarramt)Ist das nicht allein schon Hoffnung für eine vitale Kirche, wenn die künftigen Pfarrpersonen der jungen Generation mit einer solchen spirituellen Motivation ins Studium und in den Beruf einsteigen? Das bringt mich zu einer belebenden Zwischenhoffnung: Könnte eine zukunftsfähige und lebendige Kirche nicht von diesen jungen, motivierten und spirituell interessierten Menschen gebaut und weiterentwickelt werden? Ist die jetzt feststellbare kirchliche Krise nicht auch eine Situation, die junge Menschen offenbar zwar beschäftigt, aber nicht unbedingt so verschreckt, dass sie nicht mehr Theologie studieren und in den Pfarrberuf eintreten wollen? Vielleicht sind es sogar gerade die spirituell Interessierten und intrinsisch Motivierten, die es – trotz allen Abgesängen auf Kirche – zur Theologie zieht?

Eine mir aber wichtig scheinende Frage schließt sich an: Was brauchen diese jungen, motivierten Menschen, die ins Theologiestudium starten, mit großem Engagement studieren und sich auch mit ihrem Glauben beschäftigen, um sich für eine vitale Kirche einzusetzen? Was hält und bestärkt sie in ihrer Motivation und bringt sie dazu, anderen das Evangelium zu verkünden?

Ich meine, es müsste mehr sein, als die kategorische Unterstellung der religiösen Unterbestimmtheit und der spirituellen Unkenntnis: Weniger die zur Pflicht gemachten kirchlichen Studienbegleitungen, die eine ganz bestimmte Spiritualität zum Programm machen, und dafür mehr Vertrauen in das spirituelle Interesse und die Neugier von Studierenden, die ihre selbstbestimmten Erfahrungen innerhalb und außerhalb des Studiums machen. Es braucht mehr theologische Veranstaltungen, die ihre Inhalte an Interessen der Studierenden (mit)orientieren und lebensweltliche Bezüge aufzeigen, auch in spiritueller Hinsicht und Lust machen, darüber zu diskutieren. Vielleicht auch mehr Orte und Freiräume jenseits der Predigerseminare, an denen diese Erfahrungen theologisch und persönlich reflektiert werden können, ohne eine Verpflichtung dazu oder eine Vereinnahmung durch kirchliche Autoritäten zu fürchten. Interesse kann geweckt und gefördert werden, am besten durch Vielfalt und Verbindung von Erfahrung und Reflexion.

2. Nicht lassen wollen: Sinn und Spiritualität als Quelle für Vitalität

Nach Corinna Dahlgrün wird die Notwendigkeit eines Einbezugs von Spiritualität im Studium mit Burnoutprophylaxe begründet:
»Auch die geistliche Kompetenz ist also schon, wenn nicht im Elternhaus, so doch mindestens im Studium in ersten Ansätzen zu lernen, keinesfalls erst im Vikariat oder in den ersten Amtsjahren – wer sie hier nicht hat, steht in der Gefahr, geistig und geistlich auszubluten und in einem Burnout auch des Glaubens zu landen.«[12] Man erhofft sich also vom Aufbau spiritueller Kompetenz einen Schutz vor dem geistlichen Ausbrennen. Eine reale Bedrohung oder Überschätzung von Spiritualität? Vermutlich beides. Kann Glaube einerseits als Unterstützung und Hilfe im Leben und seinen Herausforderungen gelten, so funktionalisiert diese Vorstellung andererseits doch im hohen Maße die Spiritualität als Gesundheitsgarantin.

Wer Sinn erlebt, hat Freude am Beruf – und umgekehrt. Sinnerleben motiviert: Wer in seinem Tun und Lassen ein Wollen wahrnimmt und Sinn erlebt, verhält sich trotz Widerständen und Stress gesundheitsförderlicher und achtet mehr auf sich.[13] Gelebte Spiritualität dient der Gesundheit, das erweisen zahlreiche religionspsychologische Studien, besonders aus dem Umkreis der Theorie religiösen Copings. Es lässt sich zeigen, dass intrinsisch motivierte Glaubensüberzeugungen, eine hohe Zentralität der Religiosität sowie stabile religiöse Werthaltungen und Sinnerfahrungen positiv zur Gesundheit beitragen können.[14] Mit Spiritualität und Religiosität werden positive Emotionen, Glückserleben, Wohlbefinden, psychische und sogar auch physische Gesundheit verbunden – hier lassen sich robuste positive Zusammenhänge finden.[15] Beispielhaft für die positive Wirkung des Glaubens in Krisensituationen nenne ich einige Zitate aus der Befragung von Seelsorgenden während der Pandemie im zweiten Lockdown Ende 2020[16]:

---

[12] Dahlgrün, *Studium und Spiritualität*, 495.

[13] Vgl. Tatjana Schnell, *Psychologie des Lebenssinns*, Berlin/Heidelberg 2020.

[14] Vgl. Constantin Klein und Cornelia Albani, »Religiosität und psychische Gesundheit – empirische Befunde und Erklärungsansätze«, in *Gesundheit – Religion – Spiritualität: Konzepte, Befunde und Erklärungsansätze*, hg. v. Constantin Klein, Hendrik Berth, Friedrich Balck, Weinheim/München 2011.

[15] Zusammenfassende Metaanalysen bieten Harold G. Koenig, »Religion, Spirituality, and Health. The Research and Clinical Implications«, in *ISRN Psychiatry* 8 (2012); Christian Zwingmann und Bastian Hodapp »Religiosität/Spiritualität und psychische Gesundheit. Zentrale Ergebnisse einer Metaanalyse über Studien aus dem deutschsprachigen Raum«, in *Spiritual Care* 7 (2017).

[16] Vgl. Annette Haußmann und Birthe Fritz, »Challenges for Pastoral Care in Times of COVID-19«, in *HSCC* 10 (2022); Annette Haußmann und Birthe Fritz, »Was stärkt Seelsorge in Krisenzeiten?«, in *Pastoraltheologie* 110 (2021).

»Ich gehe durch den Tag und weiß: ER ist da und leitet mich. Dann schaue ich mir selbst über die Schulter und schaue Gott zu, wie er Begegnungen, Gespräche, Reaktionen, Worte »einfädelt« und lenkt. Ich muss nichts tun, nur da sein und IHN machen lassen.«

»Nix Neues, aber das Alte trägt gut, darauf kann ich mich in der Krise verlassen.«

»Mir hat sich die Notwendigkeit einer regelmäßigen geistlichen Praxis (Bibellektüre und Gebet) durch die Pandemie bestätigt.«

»Das tägliche Gebet tut gut und hilft, das Ganze zu ertragen, mit Klage, aber auch mit Dank auf den Lippen.«

Während der Pandemie war für viele Seelsorgende die eigene Spiritualität eine Quelle von Sinnstiftung und eine Ressource im Alltag. Mit beruflichen und alltäglichen Belastungen ließ sich dadurch besser umgehen.[17] Glaube stiftet einen Orientierungsrahmen, der Kontingenzen bewältigen oder vielmehr aushalten lässt, der Halt und Trost geben kann – speziell dann, wenn der Alltag verändert ist und andere Sinnquellen weniger sprudeln als sonst.[18] Zwischen Spiritualität und Gesundheit lässt sich ein Zusammenhang feststellen, der allerdings komplex ist. Zeigte die Religionspsychologie in ihrer Blütezeit der 1990er Jahre noch eine diesbezügliche Euphorie und versuchte nachzuweisen, wie gesundheitsförderlich Spiritualität und Religiosität[19] sein können, so zeigt sich heute ein sehr viel differenzierteres Bild. Auch die dunklen Seiten des Glaubens müssen mitbedacht werden: Religiosität und Spiritualität können verunsichern, durch Krisen aufgerüttelt oder gar zerrüttet werden.

---

[17] Vgl. Annette Haußmann, »Spirituality of professional pastoral caregivers during the COVID-19-pandemic: Distress, resources, and consequences«, in *Journal of Empirical Theology* (im Druck).
[18] Vgl. Tajana Schnell, »Religiosität und Spiritualität als Quellen der Sinnerfüllung«, in *Gesundheit – Religion – Spiritualität: Konzepte, Befunde und Erklärungsansätze*, hg. v. Constantin Klein, Hendrik Berth, Friedrich Balck, Weinheim/München 2011.
[19] Ich beziehe mich im Folgenden auf beide Begrifflichkeiten, weil sie in der theologischen und religionspsychologischen Tradition besonders in empirischer Literatur oftmals synonym verwendet werden. Beiden liegt jedoch eine komplexe Begriffsgeschichte zugrunde, vgl. dazu Annette Haußmann, *Ambivalenz und Dynamik. Eine empirische Studie zu Religion in der häuslichen Pflege*, Praktische Theologie im Wissenschaftsdiskurs, Berlin 2019, 40–75.

3. Lassen müssen: Wenn die spirituellen Quellen versiegen

Mein akademischer Austausch mit Michael Herbst begann anlässlich seiner verdienstvollen wie theologisch wichtigen Burnout-Studie, deren Erkenntnisse zugleich erschütternd und inspirierend sind. Wir tauschten uns über die Ergebnisse bezüglich pastoraler Spiritualität aus. In der Publikation fand sich nur der kurze Hinweis darauf, dass zum Zusammenhang von Spiritualität und Burnout keine signifikanten Ergebnisse zu finden seien – zu disparat seien deren Verständnis seitens der Befragten und auch deren phänomenbezogene Bandbreite.[20] Das schien mir genauso interessant wie einer Nachfrage würdig. So unterhielten wir uns über die Studienergebnisse, die Herausforderungen des Pfarramts im ländlichen, entkirchlichten, ostdeutschen Raum, über die Gründe für Lust und Frust und über die Frage, was hier zu diskutieren und zu tun sein könnte. Spiritualität, das blieb mir deutlich im Ohr, reiche – so Michael Herbst – vom Stundengebet über Predigtvorbereitung oder Naturerleben bis zum Hühnerzüchten. Demnach ist Spiritualität sowohl ein säkularer Gegenpol zur beruflichen Tätigkeit als auch eine lebendige Vertiefung gelebter Religion und Theologie. Inwiefern ist Spiritualität in dieser Vielfalt nun eine Vitalitätsquelle? Hier liefert die Studie – zum Glück! – ernüchternde Erkenntnisse: Es war kein signifikanter Zusammenhang von Burnoutmaßen und Spiritualität messbar. Peter Böhlemanns Kommentar kann man diesbezüglich nur zustimmen:

> »Natürlich ist es gut und richtig und war lange Zeit in der evangelischen Kirche keineswegs selbstverständlich, die persönliche Glaubenspraxis der Pfarrer zu fördern und zu unterstützen. Aber wenn das Motiv dafür eine erhoffte Gesundheitsförderung ist oder auch nur die Burnout-Prophylaxe, wird es theologisch schief und fragwürdig. Interessant und aufschlussreich in diesem Zusammenhang ist vor allem die Beobachtung der Studie, dass weder das Maß der persönlich eingeschätzten Spiritualität noch die Bindung an das Reich Gottes einen signifikanten Unterschied zwischen den Vergleichsgruppen mit hohem und niedrigem Burnoutrisiko ergab. Förderung der Spiritualität hat einen Wert in sich, ob jedoch Spiritualität in der Burnout-Prophylaxe als »Stellschraube« verzweckt werden kann, ist fraglich.«[21]

---

[20] Vgl. Anja Hanser, »Beanspruchungserkrankungen im Pfarramt. Darstellung der beanspruchungsbezogenen, empirischen Befunde der GIPP Studie«, in *Stadt, Land, Frust? Eine Greifswalder Studie zur arbeitsbezogenen Gesundheit im Stadt- und Landpfarramt*, hg. v. Benjamin Stahl, Anja Hanser, Michael Herbst (Leipzig: KiA, 2019), 92f.; 107.

[21] Peter Böhlemann, »Kommentar: Fortbildung als hocheffiziente Stellschraube zur Belastungsreduktion im Pfarramt. Ein Plädoyer für konkrete Fortbildungsverpflichtungen«, in *Stadt, Land, Frust? Eine Greifswalder Studie zur arbeitsbezogenen Gesundheit im Stadt- und Landpfarramt*, hg. v. Benjamin Stahl; Anja Hanser; Michael (Leipzig: KiA, 2019), 222.

In dieser Ambivalenz wird man wohl mit dem Thema umgehen müssen: Das Gut der Freiheit in spirituellen Dingen ist ein hohes und es kann und sollte thematisiert werden, wie Pfarrpersonen in ihrem Amt und Dienst unterstützt werden können, auch spirituell. Aber daraus kann keine kirchenleitende Maßnahme abgeleitet werden. Auch deshalb nicht, weil Spiritualität in der pfarramtlichen Praxis so vielschichtig ist, von Mehrdimensionalität und Multivalenz geprägt, dass jede aus Forschung abgeleitete und generalisierte Förderungsmaßnahme droht, unterkomplex zu werden. Viel wichtiger scheint es, Freiräume zu ermöglichen und die strukturellen Rahmenbedingungen des Pfarramtes auf ihre Risiken für Erschöpfung hin zu befragen. Denn einen Zusammenhang gibt es, der nicht von der Hand zu weisen ist: Wer von Erschöpfung und Depression bedroht ist, der leidet auch in seinem Glauben häufig mit.[22] Arbeitsbelastungen von Seelsorgenden belasten auch die spirituelle Dimension: Weil keine Zeit dafür ist, weil sich Grundfragen nach Sinn und Motivation stellen, weil Erschöpfung das Gebet schwer werden lässt. Burnout lässt sich auch als Folge von »zu viel müssen« charakterisieren. Wenn also aus dem »Wir können es ja nicht lassen« ein »wir müssen Vitalität erhalten und dürfen es nicht lassen« wird, sind die Quellen der Vitalität bedroht. Vitalität ist theologisch gedeutet auch Lebenskraft, Lebensatem, Seelenheil. Der hebräische naephaesch-Begriff verweist auf die umfassende Dimension der Vitalität in körperlicher, seelischer, sozialer, emotionaler Hinsicht. So bedürfen auch Seelsorgende der Seelsorge, auch sie dürfen sich umsorgen lassen und können nicht nur für andere da sein, Kirche erhalten und ihr Morgen garantieren.[23] Spirituelle Trockenheit, so nennt die Seelsorgestudie unter katholischen Seelsorgenden das Phänomen von Phasen, in denen Glaube nicht mehr als lebensdienlich und stärkend, sondern im Zeichen von Gottesferne und Leere erlebt wird.[24] Sie tritt häufiger auf, wenn Belastungen oder Depression im Spiel sind, Geistliche allein leben oder hohe Arbeitsbelastung und wenig Sinnerleben empfinden.[25]

In Krisenzeiten kann Spiritualität aber auch zur Kraftquelle werden. So schreibt Judith Winkelmann der Religion die Funktion »heilsame[r] Differenzerfahrung«[26] zu. Demnach könne das »Motiv des Weltabstands oder der Differenz-

---

[22] Vgl. Annette Haußmann, »Depression and Spirituality/Religion. An Ambivalent Relationship, in: Spirituality, Mental Health, and Social Support. A Community Approach«, in *Spirituality, mental health, and social support. A community approach*, Studies in Spiritual Care, hg. v. Beate Jakob und Birgit Weyel, Berlin/Boston 2020.
[23] Vgl. Annette Haußmann und Birthe Fritz, Was stärkt Seelsorge.
[24] Vgl. Klaus Baumann, Arndt Büssing, Eckhard Frick, et al., *Zwischen Spirit und Stress. Die Seelsorgenden in den deutschen Diözesen*, Würzburg 2017.
[25] Vgl. Arndt Büssing, u. a., »Spiritual dryness as a measure of a specific spiritual crisis in catholic priests: Associations with symptoms of burnout and distress«, in *Evidence-Based Complementary and Alternative Medicine*: ECAM (2013).
[26] Judith Winkelmann, *»Weil wir nicht vollkommen sein müssen«. Zum Umgang mit Belastungen im Pfarrberuf*, Praktische Theologie heute 164, Stuttgart 2019, 350f.

erfahrung eine religiöse Hilfe angesichts der spezifischen pastoralen Erfahrung sein«.[27] Dies kann auch bei dezidiert nicht traditionellen spirituellen Formen der Fall sein, etwa im Musizieren oder gar in einem spirituell verstandenen »nichtmüssen« jenseits von Zweckorientierung.[28] Ganz in diesem Duktus wird auch in geistlicher Begleitung oder Supervision der Zugang zu Spiritualität als Unterstützung gewählt. Hierbei dient etwa eine Arbeit an der eigenen religiösen Biografie als Weg und Umgang mit Krisen, vorausgesetzt es besteht die Bereitschaft, sich mit den eigenen Glaubenssätzen auseinandersetzen zu wollen.[29]

Angesichts der bislang bekannten Ergebnisse zur gelebten Spiritualität im Pfarramt muss die Sichtweise auf Spiritualität als eine Ressource kritisch gesehen werden. Ergänzend könnte ein Spiritualitätsbegriff ins Spiel gebracht werden, der die Absenz spiritueller Praktiken und der dunklen Momente innerhalb der Spiritualität, wie spirituelle Konflikte oder Anfechtungserfahrungen, als legitime Formen gelebten Glaubens integriert. Es braucht nicht nur eine Stärkung der Spiritualität als Ressource auf individueller Basis durch Supervision[30], sondern Freiräume, den Glauben wieder zu entdecken, Entlastungen vom pfarramtlichen Alltag und vom spirituellen »Müssen«, das in der täglichen Arbeit der Hauptamtlichen verankert ist. Dazu gehört auch die dienstliche Ebene, solche Freiräume der Selbstbestimmung und Entlastung zu ermöglichen. Erst recht in einem Beruf, der sechs Arbeitstage mit Arbeit an Sonn- und Feiertagen und in den Abendstunden zur Normalität erhebt. Ein nur funktionales Verständnis von Spiritualität als Ressource ist zu hinterfragen, insbesondere wenn es nicht nur um deskriptive Beschreibungen gelebten Glaubens im Pfarramt geht, sondern um normative Aussagen zu deren Auftreten, Art und Weise und der Bindung an die Lebensführung. Pfarrpersonen sollten Spiritualität auch jenseits eines Müssens leben dürfen: »Und so suchen Pfarrer und Pfarrerinnen nach religiösen Gestaltungsformen, die ihnen helfen und zu ihnen passen, mit denen sie aber zugleich zur Welt, wie sie ihnen begegnet, auf Abstand gehen können«[31], wobei mit »Welt« dezidiert auch der berufliche Alltag mit seinen Herausforderungen durch Säkularisierungsprozesse sowie binnenkirchliche Frömmigkeitsanforderungen gemeint ist.

---

[27] A.a.O., 351.
[28] Vgl. ebd.
[29] Vgl. Ute Beyer-Henneberger, *Supervision und Burnout-Prophylaxe in pastoralen und schulischen Berufsfeldern*, Praktische Theologie heute 148, Stuttgart 2016; Judith Winkelmann, *»Weil wir nicht vollkommen sein müssen«*.
[30] Vgl. Beyer-Henneberger, *Supervision*.
[31] Winkelmann, *Weil wir nicht vollkommen sein müssen*, 354.

4. Nicht lassen dürfen: Spirituelle Vorbilder – Glaubens-Garanten – Religiöse Experten?

In zahlreichen pastoraltheologischen Überlegungen zur Spiritualität erscheinen die Pfarrerinnen und Pfarrer als diejenigen, die sich ihrer Rolle so vergewissern müssen und das Pfarramt so leben sollen, dass ihre Spiritualität authentisch und öffentlich erkennbar wird. Zugleich sollen sie über »spirituelle Kompetenz« verfügen, die sie schon im Studium zu erlernen haben und die sich vorwiegend als Bildungsaufgabe im Sinne einer Einübung in spirituelle Formen und als Ausdruck gelebter Spiritualität verstehen lässt.[32] Verschiedene Rollen werden ihnen dabei pastoraltheologisch zugeschrieben, die in unterschiedlicher Gewichtung amtstheologische, persönlichkeitsorientierte, theologische oder kompetenzorientierte Aspekte enthalten. So werden »religiöse Experten« (und Expertinnen!) dort als notwendig erachtet, wo religiöse Sozialisation immer mehr erodiert oder in den Hintergrund tritt und die These der Säkularisierung vertreten wird.[33]

Pfarrbilder korrespondieren in enger Weise mit den ihnen zugehörigen Visionen von Kirche-sein und Kirche-werden. Sie bilden ein Kondensat der mit ihnen verflochtenen Wünsche und Hoffnungen für eine Kirche, die auch morgen noch auf gute Weise sein kann. Die Bilder rufen die Amtsträger in die Pflicht, diese Kirche zu gestalten, auch durch die Art und Weise, wie sie ihren Beruf ausüben. Pfarrbilder müssen also konsequenterweise immer mit den ihnen korrespondierenden Kirchenbildern betrachtet werden.[34] Im Fall der Spiritualität gilt demnach: Das Pfarrbild stellt eine Projektion dar, die Auskunft über das ekklesiologische Idealbild gibt, das nicht selten implizit bleibt. In der Forderung nach einer intensivierten Rolle von Spiritualität im Studium spiegelt sich das nostalgische Ideal einer Kirche, in der Pfarrpersonen bereits im Pfarrhaus religiös und spirituell sozialisiert wurden und entsprechende Formen früh erlernt und nur wenig hinterfragt haben.[35] So schimmert in dieser Vorstellung die Hoffnung

---

[32] Vgl. Sabine Hermisson, *Spirituelle Kompetenz. Eine qualitativ-empirische Studie zu Spiritualität in der Ausbildung zum Pfarrberuf*, Arbeiten zur Religionspädagogik 60, Göttingen 2016.

[33] Vgl. Gert Pickel, »Gesellschaft – Christentum – Theologie 2040. Empirische Daten und Prognosen«, in *Pfarrer oder Pfarrerin werden uns ein. Herausforderungen für Beruf und theologische Bildung in Studium, Vikariat und Fortbildung*, hg. v. Bernd Schröder, Leipzig 2020, 172. »Pfarrer werden mit dem Abschmelzen der volkskirchlichen Strukturen, aber noch stärker durch die Erosion religiösen Wissens zu religiösen Experten, die auskunftsfähig für alle Religionen sein müssen.«

[34] Vgl Philipp Elhaus, »Kommentar: Schlüsselrolle für welches Schloss? – Kirchentheoretische Beobachtungen. Das Dilemma der Schlüsselrolle«, in *Stadt, Land, Frust?*.

[35] Vgl. Ulrike Wagner-Rau, *Auf der Schwelle. Das Pfarramt im Prozess kirchlichen Wandels*, Stuttgart 2009, 134: »Was vielen früher ohne Mühe zuwuchs durch die geistliche Rhythmisierung des familiären und öffentlichen Lebens, muss man heute bewusst lernen und pflegen.«.

durch, die Tradition möge sich durch die von Generation zu Generation tradierten spirituellen Formen erhalten, die bestenfalls schon im Elternhaus mit der Muttermilch aufgesogen bzw. vom Vater vermittelt werden.[36] Blickt man in ältere pastoraltheologische Publikationen, die sich mit Spiritualität im Pfarramt auseinandersetzen, zeigt sich dies in ähnlicher Weise – besonders in Krisenzeiten.[37] So forderte etwa Martin Schian um 1920 vom Pfarrer: »Seine Frömmigkeit muß unbedingt natürlich sein, ganz echt, niemals aufgeputzt«.[38] Manfred Josuttis schrieb 1982 – sicherlich mit spitzer Feder angesichts des gesellschaftlichen Wandels der Säkularisierung – vom Pfarrer[39] als »personalem Relikt von Religion«[40]. Und angesichts gegenwärtiger Umbrüche ist die »Glaubwürdigkeit des Pfarrers [...] angefragt, die spirituelle Kraft der im christlichen Kultbuch kondensierten Gotteswirklichkeit immer wieder neu zum Leuchten zu bringen.«[41]

Wahrlich eine Herkules-Aufgabe, die hier in vielfacher Spielart zu verschiedenen Zeiten normativ formuliert wird, und auch im metaphorischen Sinne eine Zumutung, denn sollten Pfarrer neben ihrem Amt nun gar den Himmel tragen müssen?[42] Einmal abgesehen davon, dass beide Heroen der griechischen Mythologie dazu auf Dauer so gar keine Lust hatten, mutet diese Vorstellung angesichts der aufgerufenen theologischen Assoziationen blasphemisch an. Nun haben solche Leit- und Idealbilder des Pfarramts in spiritueller Hinsicht durchaus identifikatorisches Potenzial, gerade für die Hauptamtlichen. Ist es nicht

---

[36] Aus den Kirchenmitgliedschaftsuntersuchungen ist gut bekannt, dass die religiöse bzw. kirchliche Sozialisation meist über die Mutter weitergegeben wird (vgl. Bedform-Strohm und Jung, *Vernetzte Vielfalt*). Dass dies im Fall der Pfarrdynastien eine Umkehrung erfährt, ist daraus erklärbar, dass sich die Frauenordination erst seit den 1950er Jahren bis weit in die 1990er Jahre hinein schrittweise durchgesetzt hat.

[37] Hier kommt die Pastoraltheologie in ihrem Charakter der Krisenwissenschaft zum Tragen, die immer zu Blütezeiten in gesellschaftlichen und kirchlichen Umbrüchen gelangte. Vgl. Haußmann u.a., *Pastoraltheologie*; Birgit Weyel, »Ist die Dauerkrise institutionalisierbar? Die Pastoraltheologie als Krisenwissenschaft im Spiegel von Zeitschriften«, in *Praktische Theologie* 50 (2015).

[38] Martin Schian, *Der evangelische Pfarrer der Gegenwart wie er sein soll*, Leipzig 1920, 34.

[39] Josuttis spricht übrigens konsequent im generischen Maskulinum vom »Pfarrer«, obwohl seit den 1960er Jahren die Frauenordination kontinuierlich in den evangelischen Landeskirchen eingeführt wurde. Das Werk »Der Pfarrer ist anders« wiederum wurde 1982 publiziert.

[40] Manfred Josuttis, *Der Pfarrer ist anders. Aspekte einer zeitgenössischen Pastoraltheologie*, München 1987, 196.

[41] Alexander Proksch, »Spirituelle Identität. Gestaltete Glaubenspraxis als pastoraler Referenzrahmen«, in *Identitäten im Pfarramt. Denkanstöße aus Theorie und Praxis*, hg. v. Stephan Mikusch und Alexander Proksch, Leipzig 2019, 75.

[42] In der griechischen Mythologie musste der Held Herkules die Aufgabe lösen, den Himmel zu tragen. Dazu übernahm er die Aufgabe von Atlas. Er überlistete diesen jedoch nach kurzer Tragedauer mit dem Hinweis, er müsse sich ein Kissen für seine müden Schultern holen, und gab Atlas so seine Aufgabe als Himmelsträger zurück.

erstrebenswert, als »Führer ins Heilige«[43], Vorzeige-Christ und personifizierte Glaubensvertreterin spirituell »anders«[44] zu gelten, wenn theistische Religiosität und Kirchlichkeit gesellschaftlich weiter abnehmen und Spiritualität beliebig zu werden droht? Volker Drehsen hat diese weitreichende »angesonnene Vorbildlichkeit des Pfarrers« als Produkt literarischer und gemeindlicher Projektion ausgewiesen, die überhaupt erst durch die historische Entwicklung der Pastoraltheologie im Gegenüber zur Praktischen Theologie entstehen konnte.[45] Er zeigt, dass sich pastoraltheologische Grundüberlegungen in ihrer Eigenart nicht nur einzelnen Funktionen und Tätigkeiten des Pfarrberufs, sondern vielmehr *»dem Ganzen der beruflichen und privaten Existenz«*, dem *»unmittelbaren Erlebenszusammenhang«* der Identität sowie einer *»ethischen und existenziellen Orientierungs- und Handlungsgewißheit«* zuwandten und daraus Leitbilder entwickelten.[46] Dies war jedoch historisch nicht unhinterfragt, denn Vorbilder galten durchaus auch als problematisch: »Werden mit Vorbilderwartungen nicht deren Adressaten mit Zumutungen belastet und überfrachtet«?[47] Dennoch hält er an der Notwendigkeit der Vorbilder fest: »Der Mensch bedarf des Vorbildes, um als geschichtliches Kulturwesen zu seiner biografischen und sozialen Identität zu gelangen.«[48] In Drehsens Überlegungen tritt die Kritik deutlich zu Tage und doch hält er an der Vorbildlichkeit im Sinne »christlicher Lebenskompetenz« fest:

> »Erst in der Person des Pfarrers veranschaulicht sich, was christliches Wissen, Wollen und Handeln bedeuten könnten; denn erst durch die konkrete, lebendige, individuell-persönliche Veranschaulichung gewinnen die an sich abstrakten werthaften Zusammenhänge ihre sinnträchtige Vorstellbarkeit, ihre Anschauungskraft und ihre Identifikationsfähigkeit.«[49]

Die Frage nach dem Ob der Vorbilder scheint leichter beantwortbar als die Frage nach der Art und Weise der Gestaltung eines spirituellen Vor- und Leitbildes. Angesichts dieser idealisierten Vorstellungen für Pfarramt und Kirche lehrt die protestantische Theologie *Demut*. Identitäten im Pfarramt werden gebildet und ausgebildet auch in spiritueller Hinsicht,[50] gleichsam sind sie aber immer Stückwerk, Fragment, brüchig in ihrer Existenz und keineswegs stets leuchtend

---

[43] Manfred Josuttis, *Die Einführung in das Leben. Pastoraltheologie zwischen Phänomenologie und Spiritualität*, Gütersloh 1996, bes. 18–21.

[44] Josuttis, *Der Pfarrer*.

[45] Vgl. hierzu auch Haußmann et al., *Was stärkt Seelsorge*.

[46] Volker Drehsen, »Die angesonnene Vorbildlichkeit des Pfarrers. Geschichtliche Reminiszenzen und pastoralethische Überlegungen«, in *Pastoraltheologie* 78 (1989), 89, Hervorhebungen im Original.

[47] A.a.O., 92.

[48] A.a.O., 95.

[49] A.a.O., 108.

[50] Vgl. Proksch, *Spirituelle Identität*.

und wegweisend.[51] In spiritueller Hinsicht könnte das bedeuten: Auch das »nicht-mehr-Können« im Glauben zeigen zu dürfen, das religiös-spirituelle »Nichtwissen« als Haltung zu pflegen, die Ratlosigkeit angesichts des Leidens von Menschen in seelsorglicher Perspektive zu kultivieren. Dies stünde allen Überlegungen zu einer »spirituellen Kompetenz« gerade nicht entgegen, sondern würde die dunkleren Schattierungen des Glaubens als zu diesem zugehörig begreifen. Spirituelle Krisen und Zumutungen müssen dann nicht erfolgreich bewältigt werden. Das »Vorbild« wird seiner »Vorläufigkeit« entlarvt, es kann nur eine Orientierung sein als eine in die Zukunft gerichtete Vision. Das entlastet das Pfarramt wesentlich von Wunschvorstellungen, die die Pfarrerin, den Pfarrer als leiblich verkörpertes, in jeder Lebenslage und kirchlichen Handlung »authentisches« Spiritualitätsvorbild[52] vor Augen stellen. Zwar mag es richtig sein, dass Pfarrpersonen noch immer orientierende Funktionen haben, wenn es um die Glaubwürdigkeit von Kirche und den christlichen Glauben geht.[53] Aber es scheint ebenso eine hochgradige Überforderung ihrer Rolle und eine Überschätzung ihrer Bedeutung zu sein, wenn an ihnen gemessen wird, welche Bedeutung Kirche noch hat, wenn auf ihren Schultern die Zukunft der Kirche lastet oder wenn sich an ihrer Spiritualität die Vitalität von Kirche messen lassen muss.

---

[51] Vgl. Henning Luthers Programmbegriff »Leben als Fragment«, der gerade die Identitätsbildung in die ihr eigenen Grenzen der Brüchigkeit und Fragmentarität gestellt hat, Henning Luther, »Leben als Fragment: Der Mythos von der Ganzheit«, in *Wege zum Menschen* 43 (1991).

[52] So taucht in der ansonsten recht nüchtern gehaltenen Professionstheorie von Isolde Karle die Pfarrperson doch als religiöses Vorbild auf, das den Glauben nicht nur verbal kommuniziert, sondern – besonders in massenmedialen Kontexten – durch Präsenz und Leiblichkeit eine Verkörperung des gelebten Glaubens mit »Anschauungspotenzial« darstellt und damit Verkündigung als Medium ermöglicht, vgl. Isolde Karle, *Der Pfarrberuf als Profession. Eine Berufstheorie im Kontext der modernen Gesellschaft*, Praktische Theologie und Kultur 3, Stuttgart 2008, 70.

[53] Die Kirchenmitgliedschaftsuntersuchungen erweisen stets aufs Neue, dass die Sicht auf Kirche auch von der Erfahrung mit Pfarrpersonen abhängt, vgl. Ingrid Lukatis und Wolfgang Lukatis, »Auf den Pfarrer kommt es an? Pfarrer und Pfarrerinnen als Schlüsselpersonen in der Volkskirche«, in *Fremde Heimat. Kirche – Erkundungsgänge. Beiträge und Kommentare zur dritten EKD-Untersuchung über Kirchenmitgliedschaft*, hg. v. Joachim Matthes, Gütersloh 2000; Isolde Karle, »Kommentar: Auf was es ankommt – Kirche in der Wahrnehmung ihrer Mitglieder«, in *Vernetzte Vielfalt*: »Die neue Kirchenmitgliedschaftsuntersuchung zeigt, wie eng Pfarrerkontakt und Kirchenbindung miteinander korrelieren. Wenn Kirchenmitglieder Kontakt zum Pfarrer/zur Pfarrerin haben, dann fühlen sie sich der Kirche sehr oder ziemlich verbunden.«, 123.

5. (Los)Lassen dürfen: Von der Unverfügbarkeit des Glaubens

Vom Studium bis zum Pfarramt: Auf der pastoralen Spiritualität lastet ein enormer Erwartungsdruck. Denn – so ist doch die Verbindung zwischen Spiritualität, Pfarrbildern und Kirchenbildern zu verstehen – mit einer vital gelebten Spiritualität im Pfarrberuf wird die Hoffnung verbunden, sie möge auf die Kirche überschwappen, zur Kommunikation des Glaubens anregen, das spirituelle Leben der Gemeinden prägen. Oder zumindest die diensttuenden Pfarrerinnen und Pfarrer so beleben, dass sie ihren Beruf »gut, gerne und wohlbehalten«[54] ausüben und sich vor Burnout schützen können. Zugleich markiert diese Hoffnung eine Verlagerung in den Bereich des Sollens, Wollens und Könnens und rückt die Spiritualität damit in die Reichweite des Verfügbaren, Kontrollierbaren, Steuerbaren. Was sich aus- und fortbilden sowie einüben lässt, was man prophylaktisch und therapeutisch adressieren kann, ist gestaltbar und damit in gewisser Weise verfügbar. Hartmut Rosa hat die Verfügbarkeit in eine paradoxe Relation zur Unverfügbarkeit gestellt: Je verfügbarer wir uns die Welt machen, desto rätselhafter weicht die Welt zurück, desto seltener werden Erfahrungen von Unmittelbarkeit und Resonanz.[55]

Nun könnte man ja auch gelassen sagen: Der Geist, der Glauben wirkt, weht wo er will – ubi et quando visum est Deo.[56] Glaube ereignet sich, ist ein unverfügbares Phänomen, das weder durch Anstrengung noch durch Übung allein zu haben ist. Im Protestantismus wird mit großer Ernsthaftigkeit zu Recht daran festgehalten, dass es sich beim Glauben um ein Geschenk handelt, über dessen Gabe allein der Schöpfer entscheidet. Strenggenommen geht diese Vorstellung über eine reine Spiritualitätspraxis hinaus bzw. geht dieser voraus. Demnach wäre die Kirche getrost dem Geist zu überlassen, die Vitalität kein Gegenstand theologischer Gedankenkrümmungen, kein Gegenstand pastoralen Handelns und eben auch kein menschliches Werk, sondern ein allein von Gott bestimmtes Wirken. Dass es so einfach nicht ist und es um eine theologisch höchst bedeutsame und komplex aufzuschlüsselnde Hermeneutik des Glaubens geht, zeigt jede systematische Auseinandersetzung mit Glauben und auch jede homiletische Reflexion, welche die Predigenden nicht aus der Verantwortung für das zu Predigende entlassen kann, ja, man es eben genau hier nicht lassen kann. An der vita passiva, dem pathischen Widerfahrnis des Glaubens, hat Luther neben der aktiven Einübung in Gebet und Meditation der Schrift stets festgehalten und

---

[54] So der Titel der Dienstordnung der ELKB, Landeskirchenamt der Evangelisch-Lutherische Kirche in Bayern: Gut, gerne und wohlbehalten arbeiten.
[55] Vgl. Harmut Rosa, *Unverfügbarkeit* (Berlin: Suhrkamp, 2020).
[56] Vgl. Bekenntnisschriften der Evangelisch-Lutherischen Kirche, Confessio Augustana, Art. V, 58.

beides vereint.⁵⁷ Es geht also eben auch um jenen aktiven Anteil, den diejenigen in der Kirche leisten, die Verkündigung, Lehre und Seelsorge übernehmen. Und mehr noch: Es geht auch um die Zukunft einer vitalen Kirche, in der Spiritualität in unterschiedlichen Handlungsfeldern, Formen und Ausdrucksweisen gelebt wird, die in Spannung zueinander treten können, herausfordernd sind, uns mit Fremdem konfrontieren. Ulrike Wagner-Rau hat das Pfarramt als geistliches Amt beschrieben, indem sie die Schwelle als Leitbegriff zwischen Gestern, Heute und Morgen auch in spiritueller Hinsicht deutet. Sie beendet ihr Werk mit den Worten: »Auf der Schwelle aber ist – gefährlich und verheißungsvoll zugleich – offen, was kommt und wo man ankommt. Versprochen ist die beständige Freundlichkeit Gottes. Erkennbar wird sie, indem sie geschieht.«⁵⁸ Verwiesen wird auf das Element des nicht Machbaren der Spiritualität, die sich der Aneignung, dem Erlernen und der Kontrolle beständig auch entzieht, aber dennoch verheißen ist als Gottes freundliche Gegenwart. In protestantisch-theologischer Überzeugung ist Spiritualität nicht nur gelebte Praxis, sondern auch Geschenk. Nicht kontrollierbar, sondern unverfügbar. Gesandter Geist nicht nur Menschenpflicht. Aus den biblischen Überlieferungen gehört zur Spiritualität die Ambivalenz als Grundmerkmal dazu. Sie lebt von Nähe und Distanz. Von Jesus wird berichtet, wie den intensiven Zeiten der Verkündigung und Kommunikation immer wieder Zeiten des Rückzugs in die Wüste, ins Gebet mit Gott, in die spirituelle Begegnung folgten. Dort liegen die Kraftquellen, die Energie für die kommenden Wege bereitstellen. Dort liegen aber auch die Anfechtung, die Einsamkeit, die Auseinandersetzung mit Gott.⁵⁹ Spiritualität ist Rückzug und Annäherung. Gut erkennbar ist dies auch an den Propheten, die heilige Gottesnähe erleben und an ihren Aufträgen fast zerbrechen. Die sich der Aufgabe verweigern, die unter der Last in die Knie gehen, die Erholung und Zeit brauchen, spirituelle Trockenheit erleben. Schließlich sind es neutestamentlich betrachtet die Jünger, die als Gruppe die Aufgabe der Kommunikation des Evangeliums übernehmen, die Dienste in der Gemeinde miteinander teilen, auch delegieren können, gabenorientiert Spiritualität leben und sich gegenseitig dabei unterstützen. Nie ist es nur eine Person, die spirituelle Vitalität garantieren oder alle Aufgaben zugleich schultern muss.

In der Greifswalder Burnout-Studie wird auch sichtbar: Es gibt eine gnadenlose Überforderung der Einzelnen im Pfarramt, sowohl was die praktische Arbeitslast und die strukturelle Gestaltung angeht, als auch was die Erwartungen (von Pfarrpersonen selbst, von Kirchenleitungen, von Gemeindegliedern, von der Öffentlichkeit, von wissenschaftlicher Theologie) an die spirituelle Praxis, die

---

⁵⁷ Martin Luther, »Vorrede zu Bd. 1 der Wittenberger Ausgabe von 1539«, *WA* 50, 16; vgl. auch Sabine Hermisson, *Spirituelle Kompetenz*, 34–39.
⁵⁸ Wagner-Rau, *Auf der Schwelle*, 136.
⁵⁹ Vgl. Annette Haußmann, »Einsamkeit und Spiritualität«, in *Das Einsamkeits-Buch. Wie Gesundheitsberufe einsame Menschen verstehen, unterstützen und integrieren können*, hg. v. Thomas Hax-Schoppenhorst, Bern 2018.

religiöse Kenntnis und die Alltagsspiritualität betrifft. Zur Spiritualität – und das ist die entlastende Seite – gehört auch ihre Fragmentarität: Das Unvollständige, das Unperfekte, der Zweifel, die Anfechtung und der Verlust von Vertrauen, all das gehört in lutherischer Überzeugung nicht an die Ränder des Glaubens, sondern mitten hinein.[60] Ulrike Wagner-Rau bemerkt dazu: »Dabei sind Unordnung und Wüstenwege kaum zu umgehen. Wer Gewissheit mit Sicherheit verwechselt, wer nur festhalten und nichts loslassen kann, wird es in den kommenden Jahren in diesem Beruf ziemlich schwer haben«.[61]

6. Pastorales oder kollektives »Wir«? Vitalität durch gemeinschaftlich gelebte Spiritualität

Durchweg begegnet in der Literatur und in der Empirie die Vorstellung, es handle sich bei Spiritualität um eine verinnerlichte individuelle Glaubenspraxis, eine *praxis pietatis*, die auf andere Menschen verzichten kann und von jeder und jedem Einzelnen gepflegt und eingeübt werden muss. Auf der anderen Seite ist es gerade die *Gemeinschaft*, die den Befragten in der während der Pandemie durchgeführten Seelsorgestudie fehlte und häufig spirituelle Gemeinschaft als Quelle für Sinnerleben, für Stärkung und Stütze während der globalen Krise genannt wurde, wie folgende Zitate zeigen:

»Glaube braucht für mich Gemeinschaft, Nähe, kräftiges Singen, feierliche Gottesdienste. Das Abendmahl fehlt mir! Sowohl als Liturgin als auch als Empfangende.«

»Dass wir ohne Begleitung auch unseren eigenen Glauben nicht leben können.«

»Ich konnte regelmäßiger die Stille und das Gebet alleine praktizieren. Die Gemeinschaft von Glaubenden ist mir wichtiger geworden, weil sie nicht mehr so selbstverständlich vorhanden war. Die Kraft des Gebetes füreinander möchte ich gern mehr nutzen / erfahren.«

»Meine Seele dürstet nach Spiritualität. Mir fehlt die Gemeinschaft im Gebet und Gesang.«

Letzteres verweist auf die unlösliche Verschränkung von individueller und gemeinschaftlicher Spiritualität. Der Spiritualitätsbegriff oszilliert zwischen Kollektivität und Individualität. Spiritualität wird einerseits als ein sehr individuel-

---

[60] Vgl. Michael Klessmann, »Religion und Gesundheit«, in *Pastoralpsychologie und Religionspsychologie im Dialog*, hg. v. Isabelle Noth; Christoph Morgenthaler; Kathleen J. Greider, Praktische Theologie heute 115, Stuttgart 2011, 34.
[61] Wagner-Rau, *Auf der Schwelle*, 135.

les Thema verhandelt, indem sie in einen Zusammenhang mit Sinn oder der Lebensgeschichte gestellt wird. Spiritualität ist andererseits ein Gemeinschaftsthema: Die Verständigung über gemeinsamen Glauben und Überzeugungen trägt den individuellen Glauben oder ist diesem zumindest beigeordnet. Die soziale Dimension der Spiritualität ist in der Religionspsychologie eine nicht wegzudenkende Kategorie, auch wenn es um deren empirische Erforschung geht.

Zwar überwiegt aktuell weitgehend eine individualisierte Vorstellung von Spiritualität, in der praktisch-theologischen Literatur deutet sich aber immerhin eine Rückbesinnung an. Die gemeinschaftliche Dimension der Spiritualität, die Religiosität als geteilte soziale Praxis auffasst, ist seit der KMU V wieder in der Diskussion angekommen.[62] Notwendigerweise muss eine individuelle Engführung des Spiritualitätsbegriffs aufgebrochen werden. Gerade, wenn es um Kirche geht, kann die Quelle lebendigen Glaubens keine alleinige Aufgabe der Pfarrperson sein. Vitalität ist in dieser Hinsicht auch: Vielfalt des gelebten Glaubens, Auseinandersetzung mit der Fremdheit des Glaubens der anderen und mit der Fremdheit des eigenen Glaubenserlebens, wenn es das denn gibt. Ohne andere, die den eigenen Glauben teilen (oder ihm gar widersprechen und ihn dadurch herausfordern) und sich zu gemeinschaftlich ausgeübter religiöser Praxis versammeln, ist der individuelle Glaube schnell am Ende angelangt.[63] Wenn das für alle religiösen Menschen gilt, dann doch umso mehr für Pfarrerinnen und Pfarrer?

Überraschend ist diesbezüglich: Spirituelle Kompetenz, wie sie von Kirchenleitungen in der Ausbildung gefordert wird, klammert das kollektive Moment durchgehend aus: »›Spirituelle Kompetenz‹ gehört zur pastoralen Professionalität und unterscheidet damit Pfarrerinnen und Pfarrer von der Gemeinde. ›Spirituell kompetente‹ Amtspersonen stehen in einem Gegenüber zu, nicht in einem Miteinander in der Gemeinde«.[64] Konsequenterweise wird eine gemeinschaftlich gelebte Spiritualität im Rahmen von Gemeinde und Kirche in der pastoralen Ausbildung auch ausgespart.[65]

Eine Entlastung für die Amtsträgerinnen und Amtsträger könnten aber, wie von Michael Herbst vorgeschlagen, *mündige Gemeinden* sein. Denn eine Entlastung, die nur auf individueller Ebene ansetzt, greift zu kurz – auch wenn sie präventiv und interventionell in bester Intention ansetzen will:

> »Unter Umständen führen allein auf das Individuum fokussierte Lösungsansätze nicht zum Ziel ›Pfarrdienst ohne Burnout‹. Niemand bestreitet, dass es sinnvoll und notwendig ist, das Individuum zu motivieren und zu unterstützen, das Nötige für sich selbst zu tun. Unter Umständen sind diese Überlegungen also zwar notwendig,

---

[62] Vgl. Martin Laube, »Religion als Praxis. Zur Fortschreibung des christentumssoziologischen Rahmens der EKD-Mitgliedschaftsstudien«, in *Vernetzte Vielfalt*.
[63] Vgl. Haußmann, *Ambivalenz und Dynamik*, 478–481. 489–490.
[64] Hermisson, *Spirituelle Kompetenz*, 216.
[65] Vgl. ebd.

aber nicht hinreichend. Will sagen: es braucht einen breiteren und umfassenderen Ansatz.«[66]

Auf spiritueller Ebene beträfe das sowohl die sinnvolle und notwendige Unterstützung des Individuums durch die vielfältigen Angebote geistlicher Begleitung, spiritueller Auszeiten und Exerzitien, die Integration und Reflexion von Spiritualität im Studium und so weiter. Auf der anderen Seite wäre aber die lebendige Spiritualität in der Gemeinde ebenso zu berücksichtigen. Nur, was bedeutet das für die Amtsträger? Können sie einen eigenen Hauskreis haben? Können sie auch selbst Spiritualität erleben, wenn sie Gottesdienste leiten? Wo und wie vermischen sich dann Amt, Person und Beruf? Eine spirituell mündige Gemeinde – trägt sie auch ihre Leitung mit und sieht sie die Leitenden als gleichwertigen Bestandteil der religiösen Gemeinschaft an? Wie lässt sich vitale Spiritualität nicht nur pastoraltheologisch, sondern umfassend kirchentheoretisch so fassen, dass Gemeinde als Ort gelebter Spiritualität mitbedacht wird? Wie steht es um die Spiritualität *aller* Glaubenden und speziell der anderen kirchlichen Berufe oder der ehrenamtlich Mitarbeitenden? Fragen, die in den aktuellen pastoraltheologischen wie kirchentheoretischen Überlegungen offenbleiben. »Zusammen schaffen wir es!«[67] titelt eine der jüngsten Publikationen zum multiprofessionellen Arbeiten aus dem diakoniewissenschaftlichen Bereich und meint zugleich: Nur mit vereinten Kräften lässt sich eine lebendige Kirche realisieren. Die Flucht in die spirituell heimelige Binnenkirchlichkeit ist keine gute Lösung. Angesichts der gesellschaftlichen Differenzierung, der weniger selbstverständlichen kirchlich-christlichen Kommunikation und dem gleichzeitigen Anspruch, vitale Kirche zu sein, ist der Bezug auf eine plurale Spiritualität, die evangelische Formen und Zugänge kennt, aber mit anderen Formen der Spiritualität in Kontakt tritt, nur konsequent. Vor diesem Hintergrund ist die Aufgabe der Pfarrer im Blick auf Spiritualität neu zu konkretisieren. Michael Herbst hat dies vor Augen, wenn er ihre Rolle so umschreibt:

»So heißt die neue Rolle des Pfarrers: der Pfarrer für die Heiligen, für die Mitarbeiter; die Mitarbeiter für die Gemeinde. Die Mitarbeiter anzuleiten, ihnen Formen der Spiritualität zu zeigen, ihre Charismen zu fördern und zu pflegen, das ist die Aufgabe der Pfarrer.«[68]

---

[66] Michael Herbst, »›Trachtet zuerst‹ nach mündigen Gemeinden … Kirchentheoretische Reflexionen und Folgerungen aus der Greifswalder Studie«, in *Stadt, Land, Frust?*, 173.
[67] Georg Hofmeister, et al., *Zusammen schaffen wir es! Multi- und interprofessionelles Arbeiten in Kirche und Diakonie*, SI-Diskurse 3, Baden-Baden/Leipzig 2022.
[68] Michael Herbst, »Grundentscheidungen im Gemeindeaufbau. Die Berufung zum normalen Leben des Christen in der Gemeinde«, in *Diskussion zur »Theologie des Gemeindeaufbaus«*, hg. v. Rudolf Weth, Neukirchen-Vluyn 1986, 94. Hier sind Pfarrerinnen und Mitarbeiterinnen aus heutiger Perspektive mit zu nennen.

Dies heißt keinesfalls, dass die Spiritualität der Hauptamtlichen obsolet wird. Aber ihnen kommt in der Gemeinschaft mit anderen Glaubenden die Rolle der theologischen Leitung zu. Nicht eine spirituelle Selbstzentrierung, Demonstration oder Inszenierung, sondern die Orientierung hin zum Anderen als eine dialogische Förderung seines Glaubens, das steht im Zentrum. Es ginge also um die sichtbare und unsichtbare Kirche, die durch ihre vielfältigen gelebten spirituellen Formen und die Pluralität der Glaubenden gekennzeichnet ist. Darin sind in pluraler Weise individuelle Frömmigkeitsformen und Glaubensvollzüge vereint: Menschen, die ihrem Glauben in diakonischem Handeln am Nächsten Ausdruck verleihen; Menschen, die Verantwortung für die Gemeinschaft aus ihrer Spiritualität heraus begründen; Menschen, die Jesu Nachfolge leben und verkündigen; Menschen, die Meditation mit Sinnsuche verbinden und vieles mehr. Aus ihrem Zusammenleben und Zusammenglauben heraus wird Kirche erst vital. Glaubensgemeinschaft als mündige Gemeinde wiederum wäre – so die Idee, die Michael Herbst in zentraler Weise geprägt hat – in ihrer Gestalt nur dadurch zu erreichen, dass Menschen dazu ermutigt werden, ihren Glauben mündig zu leben. Dazu ist nötig, dass Einzelne ihren Glauben mündig leben wollen, können und dürfen.[69] Menschen im Pfarramt wären dann als einzelne mündig Glaubende zu verstehen, die in einer Gemeinschaft zwar die besondere Funktion haben, Glaube und Spiritualität ins Gespräch zu bringen, theologisch fundiert zu einzelnen Topoi zu lehren und zu predigen sowie seelsorglich zu begleiten, wo es mit Glaubenskrisen und Lebenskrisen umzugehen gilt. Hierbei hilft ihnen sowohl ihr akademisches Studium im Sinne theologischer Kompetenz, als auch die erworbene praktische Fähigkeit, kirchliches Handeln als darstellendes Handeln zu praktizieren.[70] Damit würde die Gleichung von Spiritualität und Pfarramt doch wesentlich anders aufgestellt werden: Es ginge dann darum, einen anderen Menschen zu befähigen, anzuregen und zu ermutigen, »dass er sich das, was ihm in der Taufe zugeeignet wurde, auch persönlich aneignet und in irgendeiner Form verbindlich Teil der geistlichen Gemeinschaft der Getauften wird.«[71] Dennoch: Die besondere Rolle, auch im Blick auf die pastorale Spiritualität, bleibt.

---

[69] Vgl. Michael Herbst, *Lebendig! Vom Geheimnis mündigen Christseins*, Holzgerlingen 2018.

[70] So bestimmte Schleiermacher Spiritualität als darstellendes Handeln, im Sinne des Gottesdienstes und der Seelsorge, vgl. Hermisson, *Spirituelle Kompetenz*, 235–242.

[71] Michael Herbst, *Aufbruch im Umbruch. Beiträge zu aktuellen Fragen der* Kirchentheorie, BEG 24, Göttingen 2018, 10.

7. Spiritualität als Vitalisierungselixier, belebende Kompetenz, gemeinschaftliche Suche? Ein offenes Fazit

Letztlich wäre es ein Irrtum, die Quelle mit dem Fluss zu verwechseln. Wenn die persönliche pastorale Spiritualität ohne Zwang der religiösen Kommunikation zum Aufbau einer lebendigen kirchlichen Gemeinschaft dienen kann, dann ist das wünschenswert und wertvoll. Sie leistet aber nur einen *Beitrag* dazu, hält das Wort am Fließen, ermutigt durch den Verweis auf den Schöpfer. Die Hoffnung auf die Vitalisierung der Kirche durch Spiritualität ist eine begründete. Aber die Hoffnung auf die Spiritualität der Hauptamtlichen als *Garantie* für eine Belebung der Kirche ist ein theologisches Missverständnis, eine Überforderung des Pfarramts, eine Überhöhung des Einzelnen und ein Absehen von der gestifteten Gemeinschaft der Glaubenden.

Spiritualität hat viele Facetten: Praxis und Einübung, Kompetenz und Vermittlung, Erfahrung und Widerfahrnis, Lebendigkeit und Trockenheit. Hilfreich sind daher Differenzierungen: Zwar mag die spirituelle Praxis ein Beitrag zum Wohlbefinden sein oder zur kompetenten Kommunikation des Evangeliums beitragen. Davon zu unterscheiden ist jedoch die spirituelle Erfahrung im weiteren Sinne, die unverfügbar bleibt. Wenn es um Erfahrung geht, um Gottesbegegnung, um das transzendente Leuchten im Alltag, bleibt die Unverfügbarkeit.

Blickt man genauer in Leitlinien für pastorale Ausbildung, in Fortbildungsprogramme, in Theorien zur Spiritualität, so ist markant, dass meist bestimmte Formen und Überzeugungen als normativ richtig angesehen werden. Ein bestimmtes Verständnis von Spiritualität steht im Hintergrund: Für die Ausbildungstexte spielt eine dezidiert protestantische Spiritualität, darunter Bibellese, persönliches Gebet oder Gottesdienst und Abendmahl interessanterweise eine untergeordnete Rolle, integriert werden aber ökumenische oder innovative Formen (u.a. Exerzitien oder Pilgern), während evangelikale, politische, feministische oder außerchristliche Formen durchweg fehlen.[72] Zudem bezieht man sich in Wissenschaft und Praxis gerne auf einen gemeinsamen Kern der Spiritualitätsformen und -überzeugungen, der protestantische Identität markiert. Ein Claim wird abgesteckt, innerhalb dessen Spiritualität als »richtig« erscheint – und damit drohen alte Kontroversen um Frömmigkeit wieder aufzubrechen, die eigentlich überwunden scheinen.[73] So werden die Grenzen einer Kirche markiert, die sich protestantisch nennt. Dann wird Spiritualität zur Hoffnung auf eine Wiederbelebung aus sprudelnder Quelle alter Frömmigkeitsformen, die den

---

[72] Vgl. Hermisson, *Spirituelle Kompetenz*, 220f.

[73] In der Seelsorge auch als der »große Streit« bekannt, als Kontroverse zwischen »frommen« und »liberaleren« Zugängen zur Seelsorge, die sich um »Glaubenshilfe« versus »Lebenshilfe« stritten, vgl. Michael Herbst, *beziehungsweise. Grundlagen und Praxisfelder evangelischer Seelsorge*, Göttingen 2012, 64–68.

Boden aus vertrockneten Krusten von alten Strukturen und Aufgabenkatalogen und Alltag tränken sollen. Protestantische Freiheit wiederum verzichtet auf Markierungen weitgehend. Sie traut den Einzelnen zu, ihre Gottesbeziehung und ihren Glauben aus geschenkter Quelle zu leben. Protestantische Freiheit hält bei aller Überzeugung, dass Spiritualität mit dem Glauben unlöslich verbunden ist, an der freiheitlichen Pluralität verschiedener Formen und Inhalte fest, die unterschiedlich sein dürfen und sollen und dennoch gemeinsam gelebt werden können. Sie hält daran fest, dass es auch Sache des Einzelnen ist, sich eine Meinung zu bilden, spirituelle Praktiken zu suchen, zu verwerfen, wieder zu finden. Sie hält daran fest, dass es Zeiten der Trockenheit und Zeiten der Belebung gibt. Sie weiß um die Unverfügbarkeit des Glaubens bei allem Festhalten an der Hoffnung auf eine vitale Kirche. Muss man die unsichtbare Kirche aus der Hand geben, so muss man auch dem Geist wieder einiges zutrauen lernen – erst recht bei kleiner werdenden Kirchen, größer werdenden Bezirken und schrumpfenden Ressourcen.

Was könnte das konkret bedeuten für Spiritualität im Studium und im Pfarramt? Zutrauen lernen: Angebote schaffen für Studierende, die neugierig machen und ihre Suche fördern. Die das Kennenlernen pluraler Spiritualitätspraktiken an reflektierende Wissenschaftlichkeit binden und protestantische Pluralität als Kennzeichen hochschätzen. Es gilt, Kontaktpunkte und Interesse für Spiritualität jenseits von Kirche und Gemeinde entwickeln zu helfen, die mit anderen Strömungen in einen Dialog tritt und von Neugier und Offenheit lebt, ohne die Angst, das Eigene zu verlieren oder verändern zu müssen. Im Pfarramt Angebote für brennend Motivierte und ausgebrannte Dürstende zu schaffen, die spirituelle Ressourcen stärken und spirituelle Bedürfnisse stillen können – vielleicht auch in einer Vielfalt jenseits traditioneller Formen, jenseits von Verlustangst um geprägte Tradition und ohne ein Kleben an einem bestimmten Kirchen- und Pfarrbild.

Psalm 1 erinnert an die Differenz zwischen Quelle und Geschöpf: Gepflanzt an den Wasserbächen ist es nicht das Verdienst des Baums, sondern Gott zu verdanken, der für genügend Wasser in Quelle und Bach sorgt und damit die Lebenskraft erhält.

Ralph Kunz

»Nicht lassen können und lassen müssen«

Eine Rede zur Sendung der Kirche und zum Umgang mit notwendigen Abschieden

1. Einleitung

Der Titel dieses Beitrags war Vorgabe, sozusagen ein geschenkter Gaul, dem ich – weil ich's nicht lassen kann – aufs Maul schaue! Gefragt ist eine *Unterscheidung*: »Nicht lassen können« steht für das Unverzichtbare, »lassen müssen« für das Verzichtbare. Gefragt ist zudem eine *Entscheidung:* Es gilt weniger Wichtiges aufzugeben, um Wichtigerem den Vorzug zu geben. Und weil das einen Verlust mit Liebgewordenem mit sich bringen kann, ist ein guter *Umgang* mit dem Rückzug gefragt. Auch Trauerarbeit! Es steckt also allerhand im Titel. Mein Gaul trägt eine schwere Last! Aber gibt es überhaupt so viel zu fragen?

Uns allen ist es schon lange bewusst: Wir können nicht mehr alles leisten, *was* wir wollen, weil wir es uns nicht mehr leisten können, *alles* zu wollen. Uns allen ist doch schon seit Jahren klar: Das ruft nach einer *Priorisierung* und fragt nach *Kriterien*, die uns bei der Entscheidung leiten. Und niemand bestreitet, dass es wichtig ist, den Abschied von der alten Kirche so zu gestalten, dass sich Perspektiven für eine erneuerte Kirche eröffnen. Ich vermute, wir könnten uns auch schnell auf Kurzformeln einigen, was wichtig ist: »Predigt und Sakrament«, »Beten und das Gerechte tun«, »Kirche für andere«, »Missionale Ekklesiologie«.... Etwas kniffliger verhält es sich mit dem Aussortieren der Dinge, die wir lassen müssen. Aber auch da hätte ich ein paar Vorschläge, die vermutlich Zustimmung fänden. Der Öffentlichkeits-, Bedeutungs- und Prestigeverlust der schrumpfenden Kirche – das Zurück – müssen wir in Gottes Namen ertragen. So weit so klar. Aber vieles ist ganz und gar nicht klar und verlangt nach Klärung. Zum Beispiel, *wie* wir den Rückgang der Kirche mit der Sendung der Kirche verbinden können. *Was* wir in Gottes Namen nicht lassen können und *wie* wir um Himmels willen Altes loslassen müssen – das bildet einen Zusammenhang, der uns sehr viele Fragen beschert.

2. Die Gemeinde auf dem Berg

Vor einigen Jahren amtete ich als Stellvertreter in einer Bündner Kirchgemeinde. Die Gemeinde, in der ich meinen Dienst versah, besteht aus vier verschiedenen Dörfern. Auf dem ganzen »Berg« hat es insgesamt vier Kirchen. Der Pfarrer leitete damals abwechslungsweise zwei Gottesdienste an einem Sonntag auf dem inneren Berg und am anderen Sonntag auf dem äußeren Berg. So kam einmal im Monat jedes Dorf in den Genuss einer Feier. Als Gast hatte ich mich zu fügen, aber lügen wollte ich nicht. Als man mich fragte, was ich von diesem Arrangement halte, hielt ich mit meiner Meinung nicht hinter dem Berg. Wäre es denn nicht viel gescheiter, fragte ich, wenn man das gottesdienstliche Leben auf die Gemeinde mit der größten Kirche, der schönsten Orgel und der funktionierenden Heizung beschränkte? Man könnte doch die wenigen Leute, die sich jeden Monat zu einer Minigemeinde scharen, mit einem Bus einsammeln. Man hörte mir höflich zu. Aber ich sah in den Gesichtern der Bergler, dass sie den Unterländer für ein wenig beschränkt hielten. Eine treue Kirchgängerin klärte mich dann auf: »Man geht doch nicht vom äußeren auf den inneren Berg in die Kirche.« Eher kommt ein Kamel durchs Nadelöhr....

Ich wunderte mich damals und dachte, ich hätte es mit alpiner Sturheit zu tun. Inzwischen weiß ich, dass das nicht stimmt. Ein holländischer Freund erzählte mir eine ganz ähnliche Geschichte von Friesland. Und dort ist es topfeben. Andere sagen, die Treue zur eigenen Kirche habe mit einem ländlichen Befinden zu tun und sei eine Alterserscheinung. So alt bin ich nicht und ich wohne in einer (kleinen) Großstadt. Aber beim Gedanken, ich müsste sonntags im Nachbarquartier Gottesdienst feiern, stellt sich auch bei mir eine gewisse Unlust ein.

Tatsächlich ist es erwiesen, dass Verbundenheits- und Zugehörigkeitsgefühle wichtige Faktoren des Gemeindelebens sind. Man merkt es dort, wo man Gemeinden fusioniert hat und danach keine gemeinsame Kultur entstanden ist. Dass die Leute vom »hinteren Berg« keine Anstalten machen, auf den »vorderen Berg« zu kommen, ist zwar kein Naturgesetz, aber in diesem Licht betrachtet nachvollziehbar. Gemeindechristen sind Gewohnheitstiere. Lässt man sie besser in ihrem Gehege? Oder alles beim Alten? Das wäre keine nachhaltige Strategie. Denn dann überließe man die Gemeinde den Alten. Und die werden naturgemäß immer weniger. Man könnte die Gemeinden vergrößern, die Pfarrer mehr rotieren lassen und das Angebot ausdünnen. Doch die Betreuung von immer mehr verstreuten Kleingemeinden durch immer weniger Personal ist strukturell keine Lösung. Kurz zusammengefasst: Man muss über Alternativen nachdenken.

Eine sehr attraktives Gemeindemodell lernte ich an einer Tagung in Norddeutschland kennen – das ist zufälligerweise Flachland. Aber die Menschen, die ihre Gemeinde vorstellten, beeindruckten mich tief. Die ältere Dame, die von ihrem Gemeindeleben erzählte, fing mit einem bemerkenswerten Bekenntnis an: »Wir sind hundert Leute und durchschnittlich siebzig Jahre alt.« Das hörte sich nicht nach einer Erfolgsmeldung an. Tatsächlich aber treffen sich diese hundert

Leute regelmäßig zum Gottesdienst, besuchen sich gegenseitig und pflegen auch sonst ein reges Gemeindeleben.

Wir sind großzügig und lassen ein Mitglied entwischen. Was ist das Geheimnis der 99? Sie können's nicht lassen! Die Kirche ist ihnen lieb und teuer. Ihre Gemeinde ist *das* Kleinod in der strukturschwachen und überalterten Randregion, die abgesehen von der Kirche nicht mehr viel an gemeinschaftlichem Leben zu bieten hat. Tatsächlich sehen wir in peripheren Gegenden in Nord- und Ostdeutschland, aber auch im Süden Hollands oder in den schottischen Highlands da und dort ein Comeback der Gemeinde. Das kommt allerdings nie von allein! Es braucht in der Regel einen «Sauerteig» aus Menschen, die eine größere Menge durchsäuern. Oder mit einem anderen biblischen Gleichnis ausgedrückt: Der beherzte Anfang für ein Comeback ist das soziale Startkapital von zwei oder drei, die sich treu versammeln und nicht einigeln, Menschen, die ihre Talente nicht vergraben, sondern großzügig für eine wachsende Schar verschwenden. 99 Gemeindeglieder, die sich 100% für ihre Gemeinde einsetzen – das hört sich eher nach einem wunderbaren Luftballon an. Mit Wundern rechnet man besser nicht, wenn es um Zahlen geht. Und doch: Jede Glaubensgemeinschaft, und sei sie noch so klein, hat das Potenzial zu wachsen.

3. Nicht-Können zulassen

Was heißt »nicht lassen können«? Meine zwei Storys, die steile und die flache, haben ein Gefälle, die zwei Interpretationen erlaubt: Die erste: »Wir können unsere Kirche nicht loslassen, weil wir es so gewohnt sind.« Die zweite: »Wir können von unserer Gemeinde nicht lassen, weil sie uns so viel bedeutet.« Natürlich legt sich bei diesem Vergleich nahe, über die Bergler zu schimpfen. Sie kommen flach heraus. Doch das wäre ein Kurzschluss. Wir müssen uns über die Kräfte unterhalten, die Kirche zusammenhalten und, wenn es sein muss, Berge versetzen.

Was ist es, das uns nicht loslässt und was ist es, das wir nicht loslassen können? Reden wir von der eisernen Ration? Dem Schiffszwieback, den wir im Bunker im Haus Gottes bekommen? Geht es um die letzte Priorität, die wir auf der Liste namens Kirche streichen? Um Proprium und Adiaphora, um Kern und Schale? Um das *summum bonum* und andere Güter? Reden wir über die *notae ecclesiae*? Über das Bekenntnis? Den Kernauftrag?

Jeder Begriff führt auf eine andere *Spur*, weil je ein Aspekt des *kirchlichen* Handelns, sei es Aktion oder Kontemplation, berührt wird – und doch leiten diese Spuren auf einen *Lichtpunkt* zurück, auf einen Ursprung des Glaubens, von dem her alles anfängt und ein Ziel, in das hinein alles mündet, eine Bewegung von Gott her zu Gott hin, zur Quelle des Lebens. Es ist dieses durch und durch dynamische *Zurück* zum Sender, die der Sendung der Kirche ihre Kraft verleiht. Und jeder Mensch, der diese *Gotteskraft* erfährt, wird weiterfahren wollen. Ob er auf dem inneren Berg wohnt oder in der äußersten Prärie. Darum nehme ich die Spur auf, die sich auf diesen Punkt konzentriert, weil sie uns zum Licht führt, das uns über unsere Situation aufklärt.

Und ich frage noch einmal: Ist Gott wirklich im *Bunker* der Kirche, in dem wir bis zum bitteren Ende kämpfen? Ist die Rede von Gott das Letzte, das wir lassen können und nicht vielmehr das Erste, was wir tun sollen? Und wenn ich Gott sage, meine ich nicht ein Prinzip oder eine abstrakte Formel, mit der wir spekulative Purzelbäume üben.... Ich rede vom Lebendigen selbst, dem Schöpfer des Himmels und der Erde, dem Gott, »der alle meine Schuld vergibt und alle meine Gebrechen heilt, meinen Leib erlöst vom Verderben und mich krönt mit Gnade und Erbarmen« (Ps 103,1–3). Von *ihm* zeugen wir, wenn wir über die Hoffnung, die in uns ist, Rechenschaft geben. Also ist »das«, was wir nicht lassen können, in Wahrheit das »Du«, das uns nicht mehr loslässt. Also ist alles, was wir zum Haus sagen, in dem wir bleiben wollen, umsonst, wenn wir nicht auf den Herrn zu reden kommen würden, der dieses Haus gebaut hat und mit uns weiter bauen will.

4. Kritischer Einwand

Kritische Geister mögen einwenden: Macht es einen Unterschied, ob es das Erste ist, was wir tun sollen oder das Letzte, was wir nicht lassen dürfen? Und können wir von Gott reden, wenn Gott das Letzte ist, was Menschen interessiert? Ja, wir müssen! Denn wir wissen, wenn Gott nicht spricht, können wir es geradeso gut sein lassen. Und ich weiß, dass Sie wissen, wem ich jetzt aufs Maul schaue.

> Wir sollen als Theologen von Gott reden. Wir sind aber Menschen und können als solche nicht von Gott reden. Wir sollen Beides, unser Sollen und unser Nicht-Können, wissen und eben damit Gott die Ehre geben. Das ist unsre Bedrängnis. Alles Andre ist daneben Kinderspiel.[1]

Am 3. Oktober 1922, vor hundert Jahren, legte Karl Barth in einem Vortrag vor einer Pfarrerschar auf der Elgersburg diese Formel aus. Deutschland war nach dem Krieg – ökonomisch stranguliert durch Reparationszahlungen und in den Geburtswehen der Weimarer Republik – in einer schlechten Verfassung, die Kirche moralisch am Boden, das politische Selbstbewusstsein in Trümmern. Damals fragte man wie heute: Was können wir nicht lassen? Barth geht darauf ein. Allerdings in Form einer Abfuhr:

---

[1] Karl Barth, »Das Wort Gottes als Aufgabe der Theologie«, in: ders., *Das Wort Gottes und die Theologie. Gesammelte Vorträge*, München 1924, S. 156–178, 158.

> Fast wage ich es nicht und wage es nun doch zu hoffen, daß Niemand nachher komme und mich frage: Ja, was sollen wir denn nun tun? [...] Ich habe Ihnen keine Vorschläge zu unterbreiten, weder über die Reform des Pfarramts noch über die Reform des theologischen Wissenschaftsbetriebes. Es handelt sich nicht darum. Es scheint mir, daß wir nicht darüber reden sollten, was zu tun ist, wenn unsre Situation die ist, sondern darüber, ob wir anerkennen wollen, daß unsre Situation die ist, die hier gezeichnet wurde.

Schon drei Jahre davor, 1919 in Tambach, kommt Barth zum selben Schluss:

> Unser Thema hat es an sich, dass jetzt wohl uns allen heimlich die Frage auf den Lippen liegt: Was sollen wir denn nun tun? [...] Wir können ja doch nur eines tun, nicht vieles. Und das eine tun gerade nicht wir. Denn was kann der Christ in der Gesellschaft anderes tun, als dem Tun Gottes aufmerksam zu folgen?[2]

Für Barth war »das Eine«, das wir nicht lassen können, der Punkt, von dem her sich alles andere ergibt. »Wir sollen von Gott reden.« Das Problem, das sich bei dieser Lösung notwendig einstellt, ist die Pointe seiner Theologie der Krise: Das wichtigste und einzige, was wir wirklich tun sollen, können wir nicht. Wir müssen es geschehen lassen. Die Pointe der dialektischen Theologie wäre missverstanden, wenn man darin einen Schlusspunkt sähe. In ihr ist eine progressive Dynamik am Werk, für die nicht nur Hegels Geist verantwortlich ist. Der mag durch die Zeit purzeln, wie er will, materialistisch oder idealistisch, die Dynamik der theologischen Dialektik, ist eine Konsequenz aus Gottes Wort. Weil es Gottes und nicht unser Wort ist, können wir aber nicht darüber verfügen und weil Gott ein Wort gesprochen hat und nicht als Braus über den Wassern schwebt, sind diejenigen, die es hören und glauben, zur Nachfolge und zum Zeugnis gerufen. Zwischen Reden-Sollen und Nicht-Reden-Können ist ein Zwischenraum der Ermöglichung: ein Sich-Rufen-Lassen und Sich-Verwandeln-Lassen kommt in den Blick, ein Glauben kommt zur Sprache, der mehr als gefühlig ist, keine Religion, die sich im Saus und Braus des Heiligen aufgipfelt, sondern der Gehorsam des Glaubens, der dynamisch ist, weil Gott mit dem Einsatz seines Lebens dafür bürgt.

In dem, was Barth vor hundert Jahren mit großem Pathos vorgetragen hat, ist das Hin und Her zwischen Ja und Nein bedeutungsvoll. Es will die Dialektik, also den Umschlag von unserem Wollen in ein Ja zu Gottes Willen, als Umkehr theologisch begründen. Weil wir von Gottes Offenbarung nur immer als einer Offenbarung in der Verhüllung reden, sind wir auf eine theologische Existenz verwiesen, die zurück zu Gott sucht – in der Gewissheit, dass er sich finden lässt. Das ist kein Standpunkt und keine Meinung. Es ist eine lebendige Mitte, aus der und in der wir in die Gänge kommen.

---

[2] Karl Barth, »Der Christ in der Gesellschaft«, abgedruckt in: ders., *Das Wort Gottes und die Theologie. Gesammelte Vorträge*, München 1924, S. 3-69. 69.

Der echte Dialektiker weiß, daß diese Mitte unfaßlich und unanschaulich ist, er wird sich also möglichst selten zu direkten Mitteilungen darüber hinreißen lassen, wissend, daß alle direkten Mitteilungen darüber, ob sie nun positiv oder negativ seien, nicht Mitteilungen darüber, sondern eben immer entweder Dogmatik oder Kritik sind. Auf diesem schmalen Felsengrat kann man nur gehen, nicht stehen, sonst fällt man herunter, entweder zur Rechten oder zur Linken, aber sicher herunter.[3]

5. Vom Anfang der Freude

Ist es vermessen, wenn ich behaupte, dass wir kein bisschen klüger sind als die Schar, die sich 1922 in der Elgersburg versammelte? Damit will ich nicht behaupten, dass mit Karl Barth das Ende der Theologie gekommen ist. Bemerkenswert und immer noch bedenkenswert finde ich aber, dass seine progressive Dialektik zunächst den Fortschritt verweigert – zumindest den Fortschritt, den wir uns von einem praxisorientierten Theologisieren erhoffen. Barths Theologie bewegt sich mit der gespannten Gelassenheit eines Gratgängers nicht vorwärts, sondern rückwärts zum Ursprung.

Wer mit Barths progressiver Dialektik etwas anfangen kann, gilt in meiner Zunft nicht gerade als fortschrittlich. Von Gott reden ist ziemlich das Letzte, was Praktische Theologen in der Regel tun. Leider Gottes! Natürlich läuft man beim Tanz mit den Aporien Gefahr, im tautologischen Zirkel zu drehen, bis einem schwindlig wird. Dann stolpert man, fällt auf die Nase, den Hintern oder das Maul. Reduziert man die Formel auf die Pointe ihrer *paradoxen Wahrheit*, verpasst man ihre *doxologische Weisheit*. Wir sollen Gott die Ehre geben! Das leitet auf den Weg, der auf ein Ziel verweist, das mehr als notwendig ist, kein Zweck und kein Mittel, sondern etwas, das uns Freude macht. Das führt in weites Land, in unermessliche Höhen und Tiefen und unbeschreibliche Schönheit. Wir wollen Gott. Denn ehren, wirklich und wahrhaftig verehren und anbeten, können wir nur, was wir lieben. Also dreht sich alles um den Punkt, dass wir von Gott reden können, weil wir *zu ihm reden wollen* und er *zu uns reden will*. Also ist von Anfang an eine höchstgespannte Gelassenheit im Spiel, die nicht der Lässigkeit von Überlegenen oder der Nachlässigkeit von Überforderten entspringt. Es ist auch nicht die Gelassenheit der unterwürfigen Befehlsempfänger, die wissen, dass letzten Endes der Chef für sein Unternehmen verantwortlich ist. Nein! Es ist – in Analogie zur lebendigen Mitte zwischen Kritik und Dogmatik – die Gelassenheit, die der *Freude* entspringt, die aus Gott sprudelt, seiner Freude an uns, an der wir als seine Mitarbeiter Anteil haben, weil wir uns an ihm freuen und uns auf seine *Treue* und *Freundschaft* verlassen. Darum ist die Unterscheidung von Dingen, die wir »tun können«, »tun dürfen« und »tun sollen« zwar nötig, aber sie ist auf dem Felsengrat, den Karl Barth in der ersten Phase seines theologischen Schaffens

---

[3] Barth, *Das Wort Gottes*, Anm. 1, 172f.

als »*unmögliche Möglichkeit*« bezeichnete, zweitrangig. Später, in der Entfaltung seiner Versöhnungslehre, betont Barth stärker die *reale Möglichkeit*. Denn auf dem Boden des Glaubens, den Christus gelegt hat, machen wir die reale Erfahrung, dass für Gott alle Dinge möglich sind und aus unserer Bedrängnis seine Verheißung wird. Unbarthianisch kurz gefasst: Wenn *Gott* die Pointe ist, kommen *wir* zum entscheidenden Punkt, bei dem es sich lohnt, über die Sendung der Kirche und den Umgang mit den notwendigen Abschieden nachzudenken.

6. Vorbehalt

Nun nehmen wir den echten Dialektiker beim Wort und halten uns nicht bei diesem Standpunkt auf. Gehen wir weiter. Denn 2022 ist nicht 1922. Wenn man *unsere* gegenwärtige Krise auf eine Dialektik reduzieren würde, die immer dieselbe wäre, hätte man die immer selbe Bedrängnis zum chronischen Leiden erklärt, auf die dann die immer selben Therapien zur Anwendung kommen müssten. Aber unsere Situation ist eine andere als nach dem Ersten Weltkrieg, anders als die Situation nach der Französischen Revolution, anders als die Situation in der Aufklärung, anders als die Situation im Dreißigjährigen Krieg und anders als die Situation in den ersten Jahren der Reformation. Also entsteht aus der Anerkennung unserer Lage, eine andere Wahrnehmung unserer Sendung und ein anderer Umgang mit den Abschieden, die wir bewältigen müssen.

Die Frage steht im Raum: Haben wir unsere Situation verstanden? Und sind wir schon bereit, sie anzuerkennen? Gemessen an den Publikationen, die sich mit Gegenwartsanalysen herumschlagen, verfügen wir diesbezüglich über eine eindrückliche Expertise. Wir wissen, wie es um uns steht und können erklären, was nicht mehr geht. Wir sind uns zwar nicht einig, welche Schlüsse wir daraus ziehen sollen, aber immerhin herrscht ein Konsens, dass wir uns in einem Übergang befinden. Was einmal Volkskirche war, ein großer Haufen, schrumpft stetig und wird zum Häufchen einer Minderheitskirche. Es hat sich herumgesprochen, dass der Übergang nicht den Untergang bedeutet, sondern als Eingang zu einer neuen Gestalt kirchlicher Präsenz in der Diaspora begriffen werden kann. Was uns zu schaffen macht, ist der geordnete Rückzug, die undankbare Aufgabe der Kirchenleitung, die Stellen streichen und die knapper werdenden Ressourcen neu verteilen muss. Es sind die mühseligen Verteilkämpfe, die schwelenden Konflikte und die Aufgaben, die wir nicht mehr stemmen können, die uns Kraft kosten. Es wäre lieblos und töricht, diese Belastung kleinzureden und als Akademiker aus der bequemen Warte einer geschützten Werkstatt (oder vom Felsengrat her) Ratschläge zu verteilen, wie man es besser machen könnte.

Karl Barth und seine Weggenossen hätten vor hundert Jahren keine Resonanz gefunden, wenn sie aus einer solchen Haltung heraus ihre Kritik geäußert hätten. Ihr Insistieren auf ein tieferes Verständnis der Krise, in der das Christentum steckt, entsprang nicht akademischer Arroganz – einmal abgesehen davon, dass die prägenden und tragenden Figuren der dialektischen Theologie keine Professoren waren, sondern Pfarrer, die das leidenschaftliche Theologisieren nicht lassen konnten.

7. Was ansteht und was weiterführt

Wenn ich Theologisieren und nicht Theologie sage, will ich ein Missverständnis vermeiden. Theologisieren meint den existenziellen Vollzug der Theologie, einen Habitus, den wir nicht für eine Profession oder für Professionelle reservieren dürfen, wenn uns die Kirche lieb ist. Die schwierige Frage, wie wir vom Übergang zum Eingang einer neuen Gestalt der Kirche finden, können wir nicht allein mit organisationalen Maßnahmen bewerkstelligen, aber verlangt gleichwohl nach einer kybernetischen Antwort. Es ist das Verdienst von Ernst Lange, dass er die Aufgabe der Verkündigung in großer Klarheit als *Bildungsauftrag der Gemeinde* postuliert hat. Sein visionärer Ansatz hat eine enorme Rezeption erfahren, die Ladenkirche, ein Prototyp einer Fresh Expression of Church ist bis heute bekannt. Zu denken gibt Langes Beispiel aber auch, weil die Reformen von damals stecken geblieben sind. Vielleicht war Ernst Lange mit seiner Vision der Diasporakirche und dem Ideal von Christsein im Alltag einfach 60 Jahre zu früh dran? Vielleicht scheiterten die Kirchenreformen der 1960er Jahre an der Bürokratie und an der Lethargie einer Institution, die damals für den Übergang noch nicht reif war. Sind wir heute reifer?

Ich fürchte, wir stehen noch ganz am Anfang. Es fällt uns schwer, die mobilen Querschläger der neuen Gemeinden in das institutionelle Gerüst der Volkskirche einzubauen. Wie Erprobungsräume so zu gestalten sind, dass sie Bewegung erlauben, aber dennoch eine gewisse Stabilität erhalten, ist eine kybernetische Knacknuss. Es ist darum müßig, sich der Illusion hinzugeben, es sei mit einem kräftigen Ruf *ad fontes* getan. Zurück zum Ursprung heißt immer auch zurück zum Zeugnis der Schrift. Und wir sehen, wenn wir die biblischen Geschichten betrachten, ein ständiges Ringen um Fassung und Form. Ich bin dennoch davon überzeugt, dass die *Kunst der Unterscheidung*, die uns darin einweist, was wir lassen können und nicht lassen dürfen, die *Kunst der Leitung* inspirieren kann. Ebenso klar scheint mir, dass die Kunst der Leitung eine *Kunst des Sich-Leiten-Lassens* einschließt und dies wiederum die Entscheidung nach sich zieht, *wie* dieses Geleitet-Werden in verlässlichen Strukturen, wiederkehrenden Riten und Praktiken des Glaubens eingeübt werden kann. Kürzer: Denken, Leiten und Beten gehören zusammen. Und enthusiastischer: Ohne göttliche Energie geht gar nichts. So steht es schon in der Bibel. Und es ist nicht der Gesetzeslehrer, der an den Ohren zieht, sondern der Evangelist, der das Herz berührt, der so reden lässt. Man soll aus der Aufreihung der Künste der Theologie, der Leitung und der Spiritualität nur die rechte kybernetische Lehre ziehen und das meint, den Punkt zu erwischen, von dem her der Kraftkreislauf der Sammlung und Sendung der Gemeinde in *Gang* kommt.

Ich meine, hier stellt sich auch die Frage des rechten *Umgangs*. Solange wir nicht hören, wer uns bei unserem Namen ruft, wissen wir nicht, wer wir sind. Solange wir keinen Umgang mit Gott haben und solange wir nicht wissen, *wer* wir sind, können wir nicht wissen, *was* wir wollen. Und solange wir nicht wissen, *was* wir wollen, können wir nicht sagen, *wie* es weitergehen soll mit uns. Dieses »Wir« zu bestimmen, ich sage lieber, es in Gottes Namen wieder neu zu finden, lässt mich noch einmal auf Barths Bild der Gratwanderung zurückkommen.

Könnte es sein, dass jeder Versuch, das Sein der Kirche zu behaupten, auf dieselbe Mitte verwiesen ist, auf die Barth auch den Theologen verweist, der von Gott reden soll und es nicht kann? Was wäre dann zur Rechten und was wäre zur Linken? Ich mache einen Vorschlag. Zur Rechten wäre die Kirche, die uns sagt, wer wir sind und zur Linken wäre die Kirche, die uns sagt, wer wir nicht sind. Zur Rechten wäre dann – und Sie hören die kleine Spitze – die kirchliche Dogmatik und zur Rechten die kirchliche Kritik.

Wenn es sich so verhält und sich die Metapher auch für das *Kollektiv* eignet, wäre die *Gemeinde*, die das Wort Gottes hörte, auf dieselbe Mitte verwiesen, wie die Diener, die das Wort Gottes ausrichten. *Sie* würde dann dieselbe Not spüren, aber auch dieselbe Verheißung bekommen, die im Gang und nicht im Stand erfahren wird. Dann wäre die Gemeinde – und das ist, meine ich, *unsere* Situation – in ganz neuer Weise herausgefordert, bekennende Kirche zu werden und sich als *Subjekt* zu fragen, was sie soll, was sie nicht kann, beides zu wissen und Gott die Ehre zu geben.

8. Lassen können

> Auf diesem schmalen Felsengrat kann man nur gehen, nicht stehen, sonst fällt man herunter, entweder zur Rechten oder zur Linken, aber sicher herunter.[4]

Wir haben es zu lange der Soziologie überlassen, dass sie für uns die Situation bestimmt. Einige von uns haben sich daran gewöhnt, dass die Religion im scharfen Licht der soziologischen Aufklärung eine himmeltraurige Gestalt abgibt, andere trauern der guten alten Zeit nach, als die Kirche noch im Dorf war – und übersehen, dass es tatsächlich ein kurzes Zeitfenster im 20. Jahrhundert war, in dem die Kirche in Neubausiedlungen noch einmal kräftig expandierte. Es sind die dreißig goldenen Jahre nach dem Krieg, die bei den Franzosen die »trente glorieuses« genannt werden, ein Hoch, das seit den 1970er Jahren einem Gefühl des Niedergangs gewichen ist. Frankreich fällt mir ein, weil das Phänomens des

---

[4] Barth, *Das Wort Gottes*, Anm. 1, 173.

»Nachtrauerns nach der französischen Größe« seit Napoleons Niederlage augenscheinliche Parallelen mit dem Phantomschmerz der Volkskirchennostalgiker aufweist.

Wir sind also im Übergang begriffen. Aber wohin? Sicher nicht in die kleinbürgerliche Gemütlichkeit der Nachkriegskirche. Zu vielfältig, zu säkular, zu fremd ist die Welt, in die hinein die Kirche gesendet wird. Das sagt uns die Soziologie und wir bedanken uns bei ihr. Wenn wir aber das Problem nur so allgemein erfassen, kommen wir zu Lösungsstrategien, die zwar irgendwie richtig, aber wenig hilfreich sind. Ich meine auch so hehre Grundsätze, wie beispielsweise »Mixed Economy«, ein Generalschlüssel für missionale Kirchenentwicklung, den ich durchaus für nützlich halte. Das Problem an solchen »Meta-Konzepten« ist immer die Umsetzung. Man kommt ja nicht mit einem strategischen Vorsatz von der alten zur neuen Kirche. Der Übergang geht nur in Schritten.

Vielleicht im Pilgergang? Das wäre ein Schritt rückwärts, zwei Schritte vorwärts. Denn um vorwärtszukommen, muss man auch Abstriche machen. Und jetzt erzählen Sie das den Leuten auf dem äußeren und dem inneren Berg und Sie landen mit den schönen Grundsätzen im Jammertal.

9. Titiragi

Es sei denn, die Leute, die sich zur Gemeinde zählen, sind schon in diesem Tal, wissen es und wollen Gott trotzdem die Ehre geben. Ich wechsle den Ort und gehe ans Ende der Welt — genauer in die St. Francis-Gemeinde in Titiragi. Der anglikanischen Gemeinde wurde von der diözesanen Leitung mitgeteilt, dass der Ofen aus ist. »Es hat zu wenig Geld, um Euch weiter zu unterstützen. Ihr habt vier Optionen: Ihr könnt die Kirche verkaufen und die Gemeinde auflösen, Ihr könnt fusionieren mit der Nachbargemeinde oder einen neuen Dienst gründen, der Euch neue Mitglieder bringt. Oder Ihr könnt euch selbst versorgen.«

Es gibt tatsächlich ein Konzept der anglikanischen Kirche, das auf diese vierte Option setzt, auf der Dynamik einer gemeindlichen Selbstversorgungskultur aufbaut und »Local Shared Ministry« genannt wird.[5] Der Grundpfeiler des am Ort geteilten Pfarramts ist das Engagement von Laien, die sich für ihren Dienst ausbilden und zurüsten lassen. Die Pfarrpersonen und andere Dienste kommen als »Enabler«, was auf Deutsch »Ermöglicher« heißt, ins Spiel. Laien, die pfarramtliche Aufgaben übernehmen, bekommen ihr Rüstzeug von Theologinnen und Theologen, die ihrerseits gelernt haben, Menschen zu befähigen, wie sie ihre Talente entdecken und einen Dienst übernehmen können – sei es in der Diako-

---

[5] Zu Local Shared Ministry in Neuseeland: https://www.presbyterian.org.nz/for-parishes/local-shared-ministry-handbook (07.09.2022), zu Titiragi: https://www.titirangianglican.org.nz/local-shared-ministry/ (07.09.2022).

nie, in der Seelsorge, im Gottesdienst oder in der Freizeitarbeit mit Kindern und Jugendlichen oder Senioren.

Das Modell hat sich in Großstädten, aber auch in ländlichen Randregionen bewährt, in Gemeinden, denen das Geld und das Personal fehlt, um das traditionelle Modell der professionellen Rundumversorgung zu finanzieren. Es gäbe in England oder Neuseeland ganze Landstriche, die sich in kirchliche Wüsten verwandelt hätten, wären nicht die Laien eingesprungen. In anglikanischen Kirchen, aber auch in einigen unserer Landeskirchen ist man dazu übergegangen, Prädikanten oder sogenannte Laienpriester zu ordinieren. Wäre ein solches Modell auch in anderen volkskirchlichen Verhältnissen denkbar? Ja, aber es würde bedeuten, einige Selbstverständlichkeiten zu hinterfragen, die sich in den Köpfen und Herzen der Menschen (nicht nur) auf dem hinteren und vorderen Berg eingenistet haben. Und selbstverständlich wäre mit einigen Widerständen zu rechnen, wenn man für die geistliche Selbstversorgung auch noch Steuern zahlen muss. Insofern kann man auch dieses »Modell« nicht telquel in unsere Kirchen übernehmen. Aber das gilt für alle Modelle.

Umso wichtiger ist es, das schon Mögliche anzupacken. Ich rede von Orten, wo es noch 99 Menschen gibt, die sich nicht in ein paar Kleingruppen verzetteln, in Privatstuben verkriechen oder als Einzelchristen Trübsal blasen wollen. Vielleicht hilft uns die pure Not, diese 99 zu finden? In den nächsten Jahren ist mit einem eklatanten Nachwuchsmangel zu rechnen. Es können gar nicht alle Stellen besetzt werden. Also müssen auch die Laien einen gewissen Anteil der Gemeindearbeit übernehmen. *Also müssen wir sie machen lassen.* Eine unmögliche Möglichkeit für einige. Wäre es so gefährlich?

Ich kenne einige pensionierte Pfarrerinnen, die sich hervorragend als »Enabler« eignen würden. Es kann nicht jeder predigen. Aber einen Gottesdienst zu feiern, in dem einer liest und eine andere betet, ist weiß Gott keine Hexerei. Natürlich kann auf die Dauer die (zu) kleine Gottesdienstgemeinde etwas Beklemmendes entwickeln. Darum lieber häufig als selten und lieber regelmäßig – z.B. immer am ersten Sonntag im Monat – ein einziger großer, festlicher und fröhlicher Gottesdienst für die Region. Um eine solche Gemeindeerfahrung auf dem inneren Berg möglich zu machen, muss man die Leute hinter dem Berg aus ihrer Zerstreuung einsammeln. Ein gut organisierter Fahrdienst ist mindestens so wichtig wie die Liederauswahl und bei der Werbung darf nicht gespart werden. Vor allem muss man beharrlich sein. Auf neuen Wegen zu gehen ist sowohl im Hügelland als auch in der Stadt Glaubenssache. Am Ende gefällt es den Christen hinter dem Berg dann doch besser bei den Christen im inneren Berg als im Jammertal.

10. Top-down und Bottom-up

Local Shared Ministry ist höchst voraussetzungsreich. Das gilt auch für »Church Planting« oder »Fresh Expressions« oder »sozialraumorientierte Pastoral« oder »regiolokale Kirchenentwicklung«. Was wo wie funktioniert, ist von verschiedenen Faktoren des Gelingens abhängig und eine Frage der kybernetischen Weisheit, die demütig und mutig zugleich das Potenzial der vorhandenen Gaben auslotet, um möglichst passgenau ein ortsgerechtes Konzept zu entwickeln. Vorpommern ist nicht Berlin und Zürich nicht Titiragi. Eingedenk der kontextuellen Differenzen sehen wir uns dennoch mit familienähnlichen Herausforderungen konfrontiert. Am neuseeländischen Fallbeispiel konkretisiert: Die Menschen in Titiragi haben von ihrer Diözese eine Gelegenheit bekommen, sich selbst als Akteure einzubringen. Sie wurden in diesem Schritt zur Selbständigkeit ermutigt, begleitet und ausgerüstet. Ohne Hilfe von oben und Unterstützung von der Seite wäre das Engagement von unten in St. Francis vermutlich verpufft. Wenn ich mich nicht täusche, finden sich in der kybernetischen Literatur, in empirischen Studien und Fallstudien genug Belege, die diese These stützen.

Wenn wir davon ausgehen, dass unterschiedliche Typen von kirchlichen Entwicklungskonzepten nebeneinander koexistieren und diese Vielfalt auch erwünscht ist, lässt sich daraus eine Konsequenz ableiten: Die Unterscheidung zwischen der Dienstgemeinschaft, die eine Gemeinde auszeichnet, und den »vielen« Dienstleistungen, die zum volkskirchlichen *service publique* zählen, aber nicht mehr überall angeboten werden können, ist im Übergang der Volkskirche mit Vorteil ein Top-down-bottom-up-Gespräch. Dieses Gespräch ist die eigentliche Knacknuss. Im doppelten Sinne des Wortes. Man muss mit den Menschen, die sich zur Kerngemeinde zählen, reden. Daran führt kein Weg vorbei, wenn es darum geht, neue Wege der Entstehung im Bestehenden zu finden. Nichts gegen andere Vorgehensweisen. Sie haben ihre Berechtigung. Aber ich kann's nicht lassen, denn ich bin zutiefst davon überzeugt, dass wir das Potenzial unserer Quartier-, Agglomerations- und Dorfparochien noch nicht ausgeschöpft haben.

Ich nehme noch einmal den Faden auf, den ich in Barths progressiver Dialektik gefunden habe. Sein theologischer Ruf richtete sich an Theologen, an Menschen, die eine Gemeinde leiten und sich ihrer Verantwortung vor Gott bewusst werden. Das ist die Stärke und die Schwäche jeder Theologentheologie. Sie ist orientierungsstark, weil sie eine Richtung vorgibt und diejenigen, die im säkularen Schleudertrauma an Schwindel leiden, wieder in den Senkel ihrer Berufung stellt. Das Bild des Gratgangs kombiniert eine vertikale und eine progressive Logik – das göttliche Top-down der Offenbarung fordert das Bottom-up des Zeugen, der in Gestalt und Gestus der Figur des Propheten gleicht. Barth zählt in der Rede auf der Elgersburg eine Reihe von Zeugen auf, die allesamt ins prophetische Schema passen: Er sieht Jeremia, Paulus, Luther, Kierkegaard und – wenn auch nur implizit – sich selbst in dieser Schar.

Es wäre gewiss zu einfach, den genannten Zeugen den Vorwurf zu machen, sie sähen die Gemeinde nicht und gefielen sich in der Rolle der einsamen Rufer.

Dennoch: Auf dem Felsengrat ist es eng. Wo ist die Gemeinde? Hat sie Platz? Natürlich stößt jedes Bild an seine Grenzen. Spätestens dann, wenn wir es allegorisch weiten, stürzt es ab. Ist das Bild zu steil? Ist seine Rahmung zu eng? Spätestens dann, wenn wir von der Vertikale in die Horizontale gehen, sind wir gefragt.

Genau: Wir! Wir können es nicht lassen! Aber lassen wir, sofern wir diejenigen sind, die leiten, das Wir der Gemeinde wachsen? Bei aller Begeisterung für die Wort-Gottes-Theologie ist ihre eklatante Gemeinschaftsschwäche nicht zu übersehen. Die Kritik ist nicht neu. Ich ziehe es vor, darüber nachzudenken, wie ihre Erneuerungs- und Orientierungskraft ausgeweitet und die Fixierung auf die theologische Existenz der einsamen Gratgänger überwunden werden kann.[6]

11. Fazit

Eigentlich hätten wir an vielen Orten 99 Menschen, die etwas zur Gemeinde beisteuern könnten und wollten. Würde man sie nur fragen und böte man ihnen die Gelegenheit dazu. Aber diese Gelegenheit der Entstehung und das Geschenk der Auferstehung aus der Selbstlähmung der Gemeinde braucht Initiative und beherzte Initiantinnen. Würden diejenigen, die lassen können, sie machen lassen, würden sie sich wundern, was alles in Gang kommen könnte. Eine Schlüsselfrage – oder vielleicht ist es angemessener zu sagen – ein *Schlüsselproblem* ist das Personal. Denn wir fragen reflexartig: Wo ist die Pfarrerin, die das kann? Was macht sie, um die Gemeinde wieder in Schwung zu bringen?

So fragen wir zuerst, weil wir volkskirchlich so getrimmt sind. Es könnte sich lohnen, die Fixierung auf die pastorale Versorgung aufzugeben und alternative Modelle zu prüfen, die von Anfang an – vom Ursprung her – bei der gemeindlichen Selbstsorge ansetzen. Manfred Josuttis sagte einst: Der Pfarrer ist anders. Wie wäre es mit *die Gemeinde ist anders?* Das biblische Stichwort dazu liefert Paulus. Der Apostel rät seinen Gemeinden: »Ein jeder trage die Last des Anderen.« (Gal 5,25). Wenn das »Sauerteig-Modell« das Potenzial des Wachstums vor Augen stellt, verstärkt das Modell der gegenseitigen Fürsorge eine Kultur der Verbindung.

Die Kirche im Übergang muss einen Umgang mit dem Rückgang finden, der aus dem Vorgang Gottes seine Kraft bezieht. Es gibt kein Nullachtfünfzehn-Lösungen für die Probleme, denen wir uns dabei stellen müssen. Wir machen uns besser nichts vor: Die erzwungenen Strukturreformen können schmerzhaft sein, aber auch Handlungsspielräume für Neues und Gewagtes eröffnen. Das ist ein hoffnungsvoller »Vorbehalt«, solange wir uns an die Vorgabe der göttlichen

---

[6] Siehe dazu auch: Matthias Zeindler, »Vom Sollen und Nicht-Können im Pfarrberuf Kommunikation des Evangeliums als ›unmögliche Möglichkeit‹«, in: Thomas Schaufelberger/Juliane Hartmann, *Perspektiven des Pfarramts*, Zürich 2016, 75-88, 84.

Ursprungskraft halten. Wenn Geisterunterscheidung, Begeisterung und Weisheit zusammenkommen, wird keine gespenstische Leere in unseren Kirchen herrschen.

»Fast wage ich es nicht und wage es nun doch zu hoffen, daß Niemand nachher komme und mich frage: Ja, was sollen wir denn nun tun?« Denn was wo funktioniert, steht in keinem Buch geschrieben. Minigemeinden können maximale Ausstrahlung entfalten, manchmal kann aber auch die Auflösung einer Kirchgemeinde eine Erlösung sein. Und dann und wann geschehen Wunder! Die Leute vom äußeren Berg kommen mit den Leuten vom inneren Berg zusammen. Sie wagen den Ur-Sprung und halten sich an den Satz: Glaube kann selbst Bergler versetzen.

Zweiter Teil

Rückblick und Ausblick:
Die Forschungsarbeit zu einer
vitalen Kirche der Sendung im
Umfeld des IEEG

Hans-Jürgen Abromeit

»Wir konnten's ja nicht lassen«

Forschung und Lehre zu Evangelisation & Gemeindeentwicklung seit 2004[1]

Bevor das – man muss sich den Namen auf der Zunge zergehen lassen – »Institut zur Erforschung von Evangelisation und Gemeindeentwicklung« (IEEG) in Greifwald im Jahre 2004 seine Arbeit aufnehmen konnte, musste einiges passieren. Natürlich hatte es Mission, Evangelisation und Gemeindeentwicklung gegeben, seit es die christliche Kirche gegeben hatte, denn das Christentum ist von Beginn an eine missionarische Religion. Aber während viele Bereiche der historischen, systematischen und praktischen Theologie seit Jahrhunderten gut erforscht und eine darauf fußende kirchliche Praxis wissenschaftlich begleitet worden ist, ist dies bis zur Gründung dieses Instituts für die Themenbereiche Evangelisation und Gemeindeentwicklung so gut wie nicht der Fall gewesen. Für den Bereich der Gemeindeentwicklung lagen noch einige wenige Forschungsarbeiten vor. Aber besonders für das Themenfeld der Glauben weckenden Verkündigung, der Evangelisation, und das weitere, was eine Gemeinde zu einer vitalen Gemeinde macht, gab es zwar einige erbauliche Literatur, aber so gut wie keine wissenschaftliche. Die wissenschaftliche Theologie hatte erstaunlicherweise fast kein Interesse an der Erforschung der Fragen, wie Menschen zum christlichen Glauben kommen und wie Gemeinden lebendig werden. Fast schien es so, als ob Christenmenschen immer da wären und neue Glaubende nachwachsen würden wie das Gras im Frühjahr. Wenn man schon keine Mühe verwenden musste, damit Menschen Christen wurden, dann bedurfte es auch keine Erforschung dieser Frage.

Ebenso kam in der Regel die *Gemeinde als Kirche in ihrer Lokalform* nur ganz allgemein in den Blick. Dass es ganz unterschiedliche Gemeinden gibt – lediglich traditionsgeleitete, wenig innovative ebenso wie Gemeinden im Aufbruch zu einer kreativen Zukunft; Gemeinden, die sowohl im Gottesdienst wie auch im übrigen Gemeindeleben allein auf die Pfarrperson ausgerichtet sind genauso wie

---

[1] Vorbemerkung: Ich nehme das »wir« in der Überschrift ernst und berichte im Folgenden nur über Bestrebungen im Bereich Forschung und Lehre, an denen ich beteiligt gewesen bin.

Gemeinden, in denen die Verantwortung auf vielen Schultern liegt und deren Leitung im Team von Haupt- und Ehrenamtlichen geschieht; Gemeinden, die ein gemeinsames kollektives Subjekt geworden sind, ebenso wie Gemeinden, in denen kaum einer den anderen kennt und die nichts sind als eine Agglomeration von Individuen – spielte in der praktischen Theologie kaum eine Rolle. Man kannte die Unterschiede, erforschte aber nicht, wie Mündigkeit und Vitalität von Gemeinden entstehen. Natürlich gab es nicht wenige reflexive Praktiker, die an diesen Fragen stark interessiert waren, die aber nicht die Möglichkeit einer wissenschaftlichen Erforschung dieser Fragen hatten und denen so nichts anderes übrigblieb, als aus Erfahrungswissen zu schöpfen.

Fünf Jahre vor der Institutsgründung geschah es nun, dass – aus unterschiedlichen Quellen gespeist – sich verschiedene Initiativen bündelten und eine Bewegung auslösten, an deren Ende in Deutschland das erste universitäre Institut gegründet wurde, das sich den angesprochenen Fragen widmete.

1. 1999: »Gottes Lust am Menschen« und die EKD-Missionssynode

Im September 1999 trafen sich in Schwerte-Villigst 160 Verantwortliche aus vielen Landeskirchen der EKD, die meisten Pastorinnen und Pastoren, aber auch einige aus den Kirchenleitungen, zu einem Kongress für kontextuelle Evangelisation unter der Überschrift »Gottes Lust am Menschen«[2]. Die Themenstellung setzte für die Behandlung der Themen Evangelisation und Gemeindeentwicklung einen *doppelten Akzent*: Theologisch soll nicht bei einem menschlichen oder kirchlichen Mangel angeknüpft werden, also weder bei der Sündhaftigkeit der Menschen noch bei den schwindenden Mitgliederzahlen der Kirchen, sondern bei Gottes Sehnsucht nach seinen Menschen. Die missio dei treibt uns und nicht ethisches oder moralisches Fehlverhalten der Menschen und nicht die Frage danach, wie lange die Kirche in dieser Form noch existieren wird, wenn sie die Menschen in Scharen verlassen. Zum anderen aber ist für Evangelisation immer der konkrete Kontext entscheidend. Evangelisation beginnt mit einem Hinhören auf das, was die Menschen bewegt. Denn der Ruf in die Nachfolge Jesu ergeht nicht abstrakt, sondern an einem bestimmten Ort und zu einer bestimmten Zeit. Der Ruf zur Umkehr zu Gott trifft bestimmte Menschen und ist immer konkret.

Der entscheidende Beitrag auf dem Kongress kam von dem katholischen Pastoraltheologen Paul Zulehner (Wien): »Es geht – theologisch gesprochen – um das Heil der Welt und nicht um den Bestand der Kirche.« Zunächst wies er darauf hin, dass Christen nicht einfach der Welt gegenüberstehen, sondern Teil der

---

[2] Vgl. *Gottes Lust am Menschen*, Kongress für Kontextuelle Evangelisation, 20.-23. September 1999. Dokumentation (Aus der Praxis für die Praxis, Ausgabe 2000), hg. v. der Evangelischen Kirche von Westfalen, Dortmund: Amt für missionarische Dienste.

Welt sind. Zu groß sei sonst die Gefahr einer »›Waschmittel-Theologie‹: Zwing Grau raus und Gott rein«[3]. Gott ist aber längst am Werk, auch in der scheinbar so gottlosen Welt. So ist die Geschichte der letzten 200 Jahre in Europa eine große »Individualisierungs- und Freiheitsgeschichte«,[4] in der es sowohl Lebens- als auch Todeszeichen gibt. Zerstörerisch ist eine Freiheit, die sich selbst absolut setzt und sich nicht als »bezogene Freiheit« versteht. »Es geht nicht um die solistische, einsame Freiheit, sondern darum, wie Menschen in verlässlicher, verbindlicher Gemeinschaft leben können.«[5] Aufgabe der Theologie ist es, genau hinzusehen und die Geister zu unterscheiden. Nicht aufgegeben werden darf aber die einmal gewonnene *Sensibilität für die Freiheit der Person*. Überall dort, wo Menschen sich vereinnahmt fühlen, wo sie den Eindruck haben, dass ihnen etwas übergestülpt wird, überall dort kann der Ruf zur Freiheit in Christus nicht mehr gehört werden.

Evangelisierung (so der von Zulehner bevorzugte katholische Sprachgebrauch) beginnt damit, die Freiheitsgeschichte Gottes mit jedem Menschen aufzuspüren und sie in Dialog zu bringen »mit der großen, uns als Kirche anvertrauten Heiligen Schrift«. Evangelisation beginnt also mit einem außerordentlichen hermeneutischen Akt, der Korrelation der persönlichen Freiheitsgeschichte mit den Aussagen der Bibel. Dazu empfiehlt Zulehner – erstaunlicherweise – eine Neuentdeckung des Abendmahls: »Das Herzstück des Abendmahls ist ja nicht die Verwandlung der Gaben, sondern die Verwandlung der dabei Versammelten in Christi Leib hinein.«[6] Jede Evangelisierung beginnt mit der Verbindung der jeweiligen Lebensgeschichten mit deutenden Worten aus der Bibel und führt hin zur Gemeinschaft in Christus. Dabei spielt die Feier der Eucharistie eine wichtige Rolle.

Im Vorfeld der ins Haus stehenden EKD-Synode war die Mitwirkung des damaligen Ratsvorsitzenden Manfred Kock beim Kongress bedeutsam. Er forderte nicht weniger als eine Umorientierung der ganzen Kirche und nicht nur einiger besonders Beauftragter auf das Anliegen der Mission. Dazu bedarf es nach Kock eines Dreifachen: 1. einer »missionarischen Zuspitzung des Gemeindelebens«, 2. der »Ausstrahlung jedes einzelnen Christen und jeder einzelnen Christin«. Diese setzt die »Förderung der Sprachfähigkeit ... der einzelnen Christen« und eine »Elementarisierung der Botschaft«[7] voraus.

---

[3] Paul Zulehner, »Evangelisierung im Kontext der Postmoderne. Ruf zur Umkehr und kulturelle Plausibilität – Ein Spannungsverhältnis«, in *Gottes Lust am Menschen*, a.a.O. 22-28, 23.
[4] A.a.O. 24.
[5] Ebd.
[6] A.a.O. 27.
[7] Manfred Kock, »Grußwort des Ratsvorsitzenden der Evangelischen Kirche in Deutschland«, in *Gottes Lust am Menschen*, a.a.O. 12-14.

Alle diese Aussagen nimmt die als Ergebnis des Konsultationsprozesses auf dem Kongress verabschiedete »theologische Plattform«[8] auf. Besonders wichtig ist ihr, dass Evangelisation von Gott ausgeht, den Menschen in seinem spezifischen Kontext im Blick hat und ergänzt sie um die Perspektive der örtlichen Gemeinde, durch die Evangelisation« am effektivsten geschieht.

Nur zwei Monate später im Jahr 1999, vom 7.-12. November, tagte in Leipzig die Synode der EKD zum Thema Mission. Das Einführungsreferat des Altmeisters der Evangelischen Theologie, Prof. Dr. Eberhard Jüngel, begann mit einem Paukenschlag: »Wenn die Kirche ein Herz hätte, ein Herz, das noch schlägt, dann würden Evangelisation und Mission den Rhythmus des Herzens der Kirche in hohem Maße bestimmen. Und Defizite bei der missionarischen Tätigkeit der christlichen Kirche, Mängel bei ihrem *evangelizzesthai* würden sofort zu schweren Herzrhythmusstörungen führen. Der Kreislauf des kirchlichen Lebens würde hypotonisch werden. Wer an einem gesunden Kreislauf des kirchlichen Lebens interessiert ist, muss deshalb auch an Mission und Evangelisation interessiert sein. Weithin ist die ausgesprochen missionarische Arbeit zur Spezialität eines ganz bestimmten Frömmigkeitsstils geworden. Nichts gegen die auf diesem Felde bisher besonders engagierten Gruppen, nichts gegen wirklich charismatische Prediger! Doch wenn Mission und Evangelisation nicht Sache der ganzen Kirche ist oder wieder wird, dann ist etwas mit dem Herzschlag der Kirche nicht in Ordnung.«[9] Jüngel nennt diesen theologischen Mangel an einem wichtigen theologischen Thema »eine ekklesiologische Lücke«, die dringend geschlossen werden muss. Es hat selten eine Synode gegeben, die einen solchen Erdrutsch in der öffentlichen Wirkung ausgelöst hat. Waren Mission und Evangelisation bis dahin die Schmuddelkinder der verfassten Kirche gewesen, sollten sie ab jetzt die selbstverständlichen Akteure des kirchlichen Handelns werden. Das war die öffentliche Wirkung – folgten auch Taten? Veränderte sich in der Kirche etwas?

Die Synode wollte der Aufforderung, Glauben und Mission wieder an die erste Stelle der kirchlichen Agenda zu setzen folgen und berief eine Arbeitsgruppe, die dazu notwendige Aufgaben auflisten sollte. Diese Arbeitsgruppe[10] erarbeitete eine Schrift, in der es neben vielem anderen hieß: »Das evangelisierende Handeln der Kirche bedarf der wissenschaftlichen Begleitung. ...Solches könnte in einem ›Institut für Evangelisation‹ geschehen, das einer Evangelisch-Theologischen Fakultät angegliedert und von mehreren Landeskirchen im Ein-

---

[8] »Kontextuelle Evangelisation im gesellschaftlichen Wandel. Herausforderungen zur Erneuerung von Kirche und Gemeinde«, in *Gottes Lust am Menschen*, a.a.O. 6-11.
[9] Eberhard Jüngel, Referat zur Einführung in das Schwerpunktthema der 4. Tagung der 9. Synode der EKD (7.-12. November 1999, Leipzig), 2, zitiert nach: Eberhard Jüngel, »Mission und Evangelisation«, in *Ganz werden. Theologische Erörterungen IV*, Tübingen 2003, 115-136, hier 115f.
[10] Zu der auch Michael Herbst gehörte.

zugsbereich dieser Fakultät gemeinsam getragen wird.«[11] Zu derselben Forderung war mittlerweile auch der Villigster Konsultationsprozess zur kontextuellen Evangelisation gekommen. In der Zeitschrift *Pastoraltheologie* machten die Verantwortlichen konkrete Vorschläge zur Umgestaltung der theologischen Ausbildung mit dem Ziel der Förderung missionarischer Kompetenz. Sie gipfelten in der Forderung nach der Gründung einer akademischen Einrichtung: »Da in diesem Bereich in der deutschen akademischen Forschung Neuland betreten wird, wäre die Gründung eines universitären ›Instituts für Gemeindeentwicklung und Evangelisation‹ innovativ. Ein solches Institut müsste zu einem erheblichen Teil aus sogenannten ›Drittmitteln‹ finanziert werden. Gewiss lassen sich dafür Sponsoren finden. Aber auch die Landeskirchen sollten sich eine entsprechende Forschungs- und Lehrtätigkeit etwas kosten lassen. Sie könnten dafür entsprechende Dienstleistungen (Gutachten, Expertisen, Modellentwicklungen, Pfarrerfortbildung etc.) erwarten.« Der Absatz schließt mit der fast prophetisch anmutenden Formulierung: »U.U. sollte ein solches Institut zeichenhaft an einer kleineren theologischen Fakultät in den neuen Bundesländern gegründet werden.«[12]

Es bedurfte noch vieler Schritte und Entscheidungen, bis im Jahr 2004 das IEEG in Greifswald gegründet werden konnte. Rückblickend war es ein mittleres Wunder, dass mit Unterstützung der Arbeitsgemeinschaft Missionarischer Dienste (AMD) und der Pommerschen Evangelischen Kirche die Theologische Fakultät und die Universität Greifswald die Errichtung eines solchen Instituts beschlossen. In der Tat zeigten sich viele Landeskirchen bereit, das Institut zu fördern, meist durch Personalgestellung für einige Jahre. Auch die in Aussicht genommenen Sponsoren fanden sich und waren kontinuierlich bereit, das Institut zu fördern. So entstand in den Jahren 2004-2022 das einzige praktisch-theologische Institut, das sich den Fragen widmete, wie Menschen Christen und wie christliche Gemeinden lebendig werden. Es ist ausgesprochen traurig und ein Tiefschlag gegen die Praktische Theologie, dass die Zeit des Instituts mit diesem Profil hier in Greifswald mit diesem Jahr zu Ende geht, obwohl seine Aufgaben noch längst nicht erledigt sind, sondern durch die kirchliche Entwicklung der letzten beiden Jahrzehnte noch wichtiger geworden sind. Auch genügend Finanzmittel stehen weiterhin zur Verfügung. Aber leider wurde ein Institut solcher Prägung von der Fakultät nicht mehr gewünscht und hat auch in der Nordkirche bei den gegenwärtigen Verantwortungsträgern kaum ideelle Unterstützung gefunden.

---

[11] *Das Evangelium unter die Leute bringen. Zum missionarischen Dienst der Kirche in unserem Land*, EKD-Texte 68, Hannover 2000, 40.

[12] Initiativkreis »Kontextuelle Evangelisation im gesellschaftlichen Wandel«, Auf die missionarischen Herausforderungen des kirchlichen Alltags vorbereiten. Was sich in der Ausbildung von Pfarrerinnen und Pfarrern ändern muss (Ergebnisse eines Hearings in Hanstedt am 2./3. Februar 2001, in *Pastoraltheologie* 91 (2002) 126-136, 132.

2. Die Institutsgründung 2004

Der Gründung des Instituts ging am 12./13. Juni 2003 ein Hearing voraus, auf dem der Berliner Systematiker Wolf Krötke noch einmal seine Notwendigkeit damit begründete, dass es einen Ort brauchte, an dem missionarische Kompetenz gelehrt und gelernt würde.[13] Michael Herbst stellte die bis dahin entwickelten Vorstellungen zu seinem Konzept vor[14] und der Religionssoziologe Detlef Pollack forderte, dass das Institut auch empirisch arbeiten müsste.[15] Mit der Bearbeitung dieser Aufgaben beauftragt, kam es am 1.4.2004 zur Institutsgründung.

Bei einem Symposium zur Institutsgründung Anfang Mai zeigte ich in einem Kurzdurchgang durch Dietrich Bonhoeffers Theologie auf, wie nah das Anliegen des Instituts bei Bonhoeffers Frage ist: »Wie kann Christus der Herr auch der Religionslosen werden?«[16] In der Arbeit des Instituts soll ein Beitrag geleistet werden, um eine fundierte Antwort auf Bonhoeffers Frage zu geben. In dieser Frage ist in nuce beides präsent: Zum einen der Auftrag des Auferstandenen: »Machet zu Jüngern alle Völker!« (Matthäus 28, 19) und zum anderen die neue Situation der Menschen, die in ihrer Mehrheit nicht mehr religiös sein wollen oder können. Ich könnte auch sagen, Bonhoeffers Leitfrage fasst die missio dei und eine Charakterisierung des Kontextes des heutigen Menschen in eine Kurzformel zusammen.

Bonhoeffer wollte seine Kirche auf dem Weg von der Volkskirche zur Missionskirche begleiten. Es ist unzweifelhaft das Verdienst Bonhoeffers, die Nachfolge Jesu für die Theologie neu entdeckt und für das kirchliche Leben rehabilitiert zu haben. Christliche Theologie gewinnt dadurch ihr Profil und christlicher Glaube seinen spezifischen Inhalt. Nachfolge Jesu ist der Ausgangspunkt theologischen Nachdenkens und das Ziel aller kirchlichen Arbeit. Vergessen ist weithin, dass Bonhoeffer in der Arbeit mit den Vikaren neue Formen kirchlicher Arbeit, die in die Nachfolge führen sollten, erprobt hat. Wegen der Nähe zu Bonhoeffers Anliegen und wegen der regionalen Nähe zu den Wirkungsstätten, an denen Bonhoeffer hier in Pommern begonnen hatte, sein Programm zu entfalten,

---

[13] Wolf Krötke, »Missionarisch-theologische Kompetenz in den neuen Bundesländern Deutschlands«, in *Evangelisation und Gemeindeentwicklung als Gegenstand von Forschung und Lehre* (epd Dokumentation 42, 13.10.2003), Frankfurt, 5-12.
[14] Michael Herbst, »Das Konzept des Instituts für die Erforschung von Evangelisation und Gemeindeentwicklung«, in: Ebd., 13-21.
[15] Detlef Pollack, »Bemerkungen zur Errichtung eines Instituts für die Erforschung von Evangelisation und Gemeindeentwicklung aus der Sicht der empirischen Religionssoziologie«, in: Ebd. 21-23.
[16] Vortrag, gehalten am 8.5.2004, vgl. Hans-Jürgen Abromeit, »Wie kann Christus der Herr auch der Religionslosen werden?« Von der Volkskirche zur Missionskirche; in: M. Herbst, J. Ohlemacher, J. Zimmermann (Hg.), *Missionarische Perspektiven für eine Kirche der Zukunft*, Neukirchen-Vluyn 2005, 69-84.

hatte ich auch vorgeschlagen, das Institut statt mit dem bekannten komplizierten Namen »Dietrich-Bonhoeffer-Institut« zu nennen. Ich bedauere heute noch, dass ich mich mit diesem Vorschlag nicht durchsetzen konnte. Bei einer Reihe von Projekten des Instituts habe ich mich mit einem Beitrag beteiligt. Ich konnte es ja nicht lassen. In den Sammelbänden des Instituts ist das nachzulesen. Von den konkreten Forschungs- und Lehraufgaben des Instituts will ich nur die beiden größeren Projekte noch nennen, an deren Entwicklung und Durchführung ich beteiligt war.

3. Spirituelles Gemeindemanagement

Mit in das Institut gebracht haben wir das bereits um die Jahrtausendwende für die Fortbildung von Pfarrerinnen und Pfarrern entwickelte Programm des Spirituellen Gemeindemanagements.[17] Ausgangspunkt dieser Langzeitfortbildung ist die unseres Erachtens in seiner praktisch-theologisch Relevanz noch nicht voll rezipierte Tatsache, dass seit der 1918 vollzogenen Trennung von Staat und Kirche das konstantinische Zeitalter endgültig zu Ende ist. Die Kirche ist nicht nur ein Sinnanbieter neben anderen auf dem Markt der Sinngeber. Sie muss auch neue Wege finden, sich, ihr Vermögen, vor allem Grundvermögen (Kirchengebäude, Pfarrhäuser, Gemeindehäuser, Friedhöfe, landwirtschaftliche Flächen, Wälder) und ihre Gemeindeglieder zu verwalten. Vor allem gefühlt ist die Verwaltungsaufgabe ein wesentlicher Faktor, der zum Burnout bei vielen Pfarrerinnen und Pfarrern führt. Bei laufend abnehmenden Kräften kann die Verwaltung nicht mehr staatsanalog geschehen. Das ist anachronistisch.

Im Spirituellen Gemeindemanagement beziehen wir deswegen Theologie, Glaube und Betriebswirtschaftslehre wechselseitig aufeinander. Zielorientiertes prozessuales Arbeiten und Changemanagement helfen, die Herausforderungen der Gemeindearbeit zu meistern. Mit Hilfe von kreativen Unternehmenstechniken muss es zu einem radikalen Bürokratieabbau kommen. In immer größer werdenden Pfarrbereichen ist dies, u.U. durch die Beteiligung von Gemeindemanagern die einzige Überlebensstrategie. Michael Herbst und Peter Böhlemann haben die in diesem Programm gegebenen Ansätze zu einer eigenständigen Leitungstheorie[18] ausgebaut. Entscheidend ist übrigens in beiden Theorieansätzen die Leitung durch und als ein Team. Hier wirkt sich der spirituelle Ansatz aus, der nicht absehen kann von der wichtigen Bedeutung, die Gemeinschaft nach christlichem Verständnis hat.

---

[17] Vgl. Hans-Jürgen Abromeit, Peter Böhlemann, Michael Herbst, Klaus-Martin Strunk (Hg.), *Spirituelles Gemeindemanagement. Chancen – Strategien – Beispiele*, Göttingen 2001.
[18] Vgl. Peter Böhlemann und Michael Herbst, *Geistlich leiten: Ein Handbuch*, Göttingen 2011.

4. Wachsen und Schrumpfen von Kirchengemeinden

Als im Jahr 2019 meine Amtszeit als Bischof in Greifswald nach 18 Jahren zu Ende ging, ergab sich die Möglichkeit, die Entwicklung – sprich den Rückgang – der Mitgliederzahlen der Kirchengemeinden im Vergleich von 2002 zu 2020 zu untersuchen. Im Jahr 2002 hatte die Pommersche Evangelische Kirche 109.194 Gemeindeglieder in 295 Gemeinden, 2020 betrug die Gemeindegliederzahl des Pommerschen Evangelischen Kirchenkreises (PEK) 73.196 Gemeindeglieder in 152 Kirchengemeinden. Damit war die Gemeindegliederzahl auf 67 % der Ausgangsgröße zurückgegangen. Der deutschlandweit feststellbare starke Rückgang der Kirchenmitgliedszahlen betrug im gleichen Zeitraum 23 Prozent. So konnte der Schrumpfungsprozess der evangelischen Kirche mit dieser Studie in Vorpommern wie mit einer Lupe genauer betrachtet werden und eine Landkarte des Wachsens und Schrumpfens der Kirchengemeinden in Vorpommern gezeichnet werden.

Die in gleicher Weise quantitativ wie qualitativ arbeitende Studie bestätigte erwartete und bekannte Faktoren für Schrumpfung und Wachstum. Daneben legte sie aber auch einige bisher wenig beachtete Faktoren frei. Als besonders wichtig können folgende drei Einsichten gelten:

1. Der Trend zum Kleinerwerden der Gemeinden und der Kirche insgesamt ist so gewaltig, dass er nach menschlichem Ermessen nicht umgekehrt werden kann. Das Zitat eines interviewten Ehrenamtlichen, das den Titel der Dokumentation der Studie abgibt, entpuppt sich insofern als ein frommer Wunsch: »Vielleicht schaffen wir die Trendumkehr«. Das sich in diesem Wunsch ausdrückende Gott- und Selbstvertrauen ist bewundernswert. Es ist wunderbar, wenn die Gemeinden solch hoch motivierte Mitarbeiter haben. Gleichzeitig zeigt es aber auch ein Problem an. Schnell schlägt eine Überschätzung der eigenen Möglichkeiten in Frust um. Deswegen brauchen gerade engagierte Mitarbeitende Motivierung und Seelsorge, die ihnen helfen, einen langen Atem im Gemeindeaufbau zu entwickeln. Hier liegt eine nicht zu unterschätzende Aufgabe für die Pastorinnen und Pastoren. Gleichzeitig kann die Trendumkehr auch verstanden werden als Aufruf zu einem neuen Selbstverständnis der Gemeinden. Ihr Wert hängt nicht an der Zahl ihrer Mitglieder.

2. Die Interpretation des Zahlenmaterials und die Auswertung der durchgeführten Interviews zeigen ein in sich gegenläufiges Bild der kirchengemeindlichen Wirklichkeit in Vorpommern. Quantitativ, besonders bei den Gemeindegliederzahlen, sind fast durchgängig Rückgänge festzustellen. Ausnahmen stellen hier lediglich eine Reihe der städtischen Gemeinden dar. *Qualitativ* ist aber in nicht wenigen Gemeinden *ein erhebliches Wachstum* festzustellen, das sich gelegentlich auch in bestimmten quantitativen Parametern ausdrückt (z.B. dem Gottesdienstbesuch und der Zahl der Taufen in diesen Gemeinden). Man könnte Gemeinden, die Wachstumspotential haben

und dieses auch zumindest teilweise ausschöpfen, auch lebendige oder vitale Gemeinden nennen.
3. Wenn eine Gemeinde ein *eigenes Profil* entwickelt, den *sozialen Reichtum* der Kirchengemeinde wahrnimmt und *Freude an der Gemeindearbeit* entsteht, dann hat sie das Potential zu wachsen.

Ein großes Hemmnis für Gemeindeentwicklung sind Eins-zu-eins-Relationen. Das klassische Beispiel dafür ist die Pfarrerorientierung. Eine Gemeinde ist mehr. Sie ist ein soziales Beziehungsnetz von Menschen, die ihrerseits wieder in einer Beziehung zu Gott stehen. Die Entfaltung eines gottbezogenen Beziehungsnetzes ist die Voraussetzung für Gemeindewachstum und ein Hindernis für Schrumpfung.

5. Ergebnisse

Schon der von mir skizzierte kleine Teil von Entstehungsvoraussetzungen und Erkenntnissen zeigt einige Grundsätze, die in Forschung und Lehre zu Evangelisation und Gemeindeentwicklung von großer Wichtigkeit sind. Ich nenne hier nur noch einmal die bedeutendsten:

1. Ausgangspunkt für alle Aussagen zu den Fragen von Evangelisation und Vitalität kann nur die missio dei sein, nie der Wunsch nach Überwindung eines menschlichen oder kirchlichen Mangels.
2. Ohne eine sowohl seelsorgliche als auch denkerische Sensibilität für die Freiheit der Person kann Evangelisation und Gemeindewachstum nicht gelingen. Die Theologie Bonhoeffers ist ein Beispiel für eine die Mündigkeit der Person achtende und gleichzeitig die Bindung an Christus ernstnehmende Theologie.
3. Das konstantinische Zeitalter ist unwiederbringlich vorüber. Wer diese Tatsache für die praktische Theologie denkerisch nachvollzieht, wird neue Wege zur Regeneration von Gläubigen (sprich zur Evangelisation), zum Gemeindeleben (sprich zur Lebendigkeit; nur vitale Gemeinden sind attraktiv!), und zur Selbstorganisation der Verwaltung (sprich Bürokratie-Abbau) gehen müssen.
4. Lebendige Gemeinden erkennt man daran, dass sie Wachstumspotential haben und dieses mindestens ansatzweise ausschöpfen.

Matthias Clausen

»Wir konnten's ja nicht lassen«
Forschung und Lehre zu Evangelisation & Gemeindeentwicklung seit 2004

Wer hätte gedacht, dass man schon mit 49 Jahren zu einer Person der Historie wird, da fühlt man sich gleich ein wenig weiser. Denn dieser kurze Beitrag gehört ja in die Sparte Rückblick, mit dem Verb im Imperfekt: »Wir *konnten* es ja nicht lassen ...«, und der Perspektive auf die Anfänge des IEEG. Danach werden weitere Kurzvorträge stärker mit Blick auf die Zukunft vorgestellt, was womöglich etwas attraktiver wirkt.

Im Ernst möchte ich über »Forschung und Lehre zu Evangelisation und Gemeindeentwicklung« natürlich nicht ausschließlich in der Rückschau nachdenken – bzw. wenn schon in der Rückschau, dann kann man kurz auch noch weiter zurückzugehen, ganz an den Anfang der Geschichte christlicher Theologie.

1. Von Anfang an

Denn die theologischen Eckdaten für Evangelisation finden sich ja schon im Neuen Testament. Da ist von *euangelizzesthai* die Rede, vom Evangelisieren bzw. vom Kommunizieren des *euangelion*, der Guten Nachricht. Nach Ostern wird dies zum Fachbegriff für die pioniermissionarische Kommunikationsaufgabe der ersten Christen. Die Einladung von Menschen zum Glauben kann dabei selbstverständlich diverse Formen annehmen, kann behutsam und kreativ erfolgen, aber sie ist immer absichtsvoll, auf das Ziel neu gefundenen Glaubens ausgerichtet.

Dass Evangelisation vielen nach wie vor als Spezialanliegen gilt, teils gar als leicht dubios, hat von daher mehr theologie*geschichtliche* als theologische Gründe. Die zentrale Bedeutung der Evangelisation haben auch die Väter des »missionarischen Gemeindeaufbaus in der Volkskirche« (Mütter waren es zugegebenermaßen selten) besonders ab den 1980er Jahren betont, hier ist auch an die gleichnamige Dissertation von 1987 zu denken, verfasst von einem gewissen Michael Herbst.

Hinter dieser Neuentdeckung der missionarisch-evangelistischen Zielsetzung von Gemeindeaufbau stand die Überzeugung, dass Glaubensweitergabe im

Raum der Kirchen längst kein Selbstläufer mehr ist und theologisch auch nicht sein kann, weil Glaube nicht biologisch vererbt, sondern persönlich angeeignet wird. Es braucht also das bewusste und liebevolle Bemühen um Menschen, um sie für Jesus zu gewinnen, und das beständig. Evangelisation ist schon deswegen kein Randanliegen, sondern Kernthema.

Es hat im Raum der EKD bis weit in die 1990er Jahre gedauert, bis diese Einsicht Kreise zog. Als Datum von fast kirchengeschichtlicher Bedeutung wird bis heute die EKD-Synode in Leipzig von 1999 gehandelt, das Hauptreferat des großen Eberhard Jüngel wurde seitdem immer wieder und mit Recht zitiert und möchte ich daher auch uns nicht vorenthalten:

»Wenn die Kirche ein Herz hätte, ein Herz, das noch schlägt, dann würden Evangelisation und Mission den Rhythmus des Herzens der Kirche in hohem Maße bestimmen. Und Defizite bei der missionarischen Tätigkeit der christlichen Kirche, Mängel bei ihrem evangelizzesthai würden sofort zu schweren Herzrhythmusstörungen führen. Der Kreislauf des kirchlichen Lebens würde hypotonisch werden. Wer an einem gesunden Kreislauf des kirchlichen Lebens interessiert ist, muss deshalb auch an Mission und Evangelisation interessiert sein. Weithin ist die ausgesprochen missionarische Arbeit zur Spezialität eines ganz bestimmten Frömmigkeitsstils geworden. Nichts gegen die auf diesem Felde bisher besonders engagierten Gruppen, nichts gegen wirklich charismatische Prediger! Doch wenn Mission und Evangelisation nicht Sache der ganzen Kirche ist oder wieder wird, dann ist etwas mit dem Herzschlag der Kirche nicht in Ordnung.«[1]

Das sind schöne Worte, aber sie hatten in den Jahren danach tatsächlich Folgen. Missionarisch gesinnte Menschen und Institutionen nahmen den Ball auf und trugen unter anderem dazu bei, dass 2004 an der Uni Greifswald das »Institut zur Erforschung von Evangelisation und Gemeindeentwicklung«, eben das IEEG entstand.

Statt nun doch nostalgisch zurückzublicken auf die Jahre ab 2004 – von 2006-2013 durfte ich selbst dabei sein, in wechselnden Funktionen, am längsten als Post-Doktorand – statt also nun doch von den Anfängen zu erzählen: etwa vom wöchentlichen viel zu frühen Team-Frühstück in den ersten Räumen unterm Dach; vom Fachsimpeln über verschieden verlässliche Computer-Betriebssysteme; oder von den konkurrierenden Ordungssystemen oder deren Abwesenheit auf den Schreibtischen der Mitarbeitenden – stattdessen bündele ich meinen Rückblick mit einer These:

---

[1] Eberhard Jüngel, »Referat zur Einführung in das Schwerpunktthema«, in *Reden von Gott in der Welt. Der missionarische Auftrag der Kirche*, hg. v. Kirchenamt der EKD, Hannover 2000, 15.

2. Themen setzen

Die These lautet: Es ist gelungen, Themen zu setzen, indem man sie zum Thema *machte*. Denn auch praktisch-theologische Forschung muss nicht rein phänomenologisch ansetzen, bei dem, was in kirchlicher Praxis sowieso Thema ist. Sie kann auch zeigen, dass etwas Thema sein *sollte*, weil es biblisch- und systematisch-theologisch wesentlich ist – und dann darauf hinweisen, dass es tatsächlich schon längst in der Praxis *vorkommt*. Nur wurde es bisher vielleicht übersehen, weil die Begriffe dafür fehlten oder in Vergessenheit geraten waren. »Man sieht nur, was man weiß«, wirbt ein Verlag für Reiseführer, das gilt bekanntlich auch für die Forschung.

Hier hat das IEEG m.E. einiges erreicht. Das Folgende ist natürlich nur ein Ausschnitt, bei dem auch mein eigenes Interesse speziell an der Verkündigung erkennbar wird:

2.1 Evangelisation als Thema

Man vergisst auf einem Symposium wie diesem leicht, wie umstritten dieser Begriff bis heute ist. 2013 durfte ich an der Evangelischen Hochschule Tabor in Marburg eine neu gestiftete Professur für Evangelisation und Apologetik antreten. Tabor gehört seiner Geschichte nach zum landeskirchlichen Pietismus, wo dieser Schwerpunkt naturgemäß auf Zustimmung stößt. Dennoch gibt es bis heute auch Anfragen an das Wort »Evangelisation« im Titel der Professur – von außen, von anderen Fakultäten oder kirchlichen Funktionsträgern; ganz gelegentlich auch von innen, eher wohlmeinend-besorgt: Sei das Wort nicht doch zu riskant, sollte man sich damit nicht eher zurückhalten? Wie wäre es stattdessen mit »Öffentlicher Theologie«?

Die gleiche Frage stellte sich schon bei der Gründung des IEEG, und wie mir berichtet wurde, kamen auch hier Einwände gegen »Evangelisation« eher von kirchlichen Stellen, nicht vom Land oder der Universität. Dort meinte man anscheinend eher, »evangelistisch« klänge doch ähnlich wie »evangelisch« – wenig erstaunlich, dass evangelische Theologen sich damit befassen.

Dass Vorbehalte hier eher *innerhalb* der Kirche bestehen, ist eine verbreitete Erfahrung. Die Folge kann sein, dass nach außen hin merkwürdig verquer kommuniziert wird – ich nenne dies auch die vorauseilende Selbstrelativierung. Dabei rechnen Menschen außerhalb der Kirche durchaus damit, dass Christen ihren Glauben selbstbewusst zum Thema machen. So schrieb im Dezember 2020 ein Journalist der Wochenzeitung *Die ZEIT* einen Artikel zum Thema »Warum missioniert mich keiner?«:[2] Warum bemühe sich die Kirche um ihn als Nicht-Glaubenden nicht stärker, warum werbe niemand um ihn?

---

[2] »Warum missioniert mich keiner?«, in: *Die ZEIT* vom 03.12.2020.

Natürlich braucht »Evangelisation« wie alle theologischen Begriffe eine sorgfältige Aufarbeitung: Evangelisation ist mehr als ihre historisch gewachsenen Engführungen; sie ist nicht deckungsgleich mit einzelnen Milieus, Frömmigkeitsstilen oder Veranstaltungsformen; sie hat diverse Formen und kann z.B. auch ganz leise und seelsorglich daherkommen; sie ist prozesshaft und kann Wegbegleitung auf der biographischen Langstrecke sein; sie ist auch nicht an traditionelle Gemeindebilder gebunden, weder volks- noch freikirchliche, sondern auch in innovativen Konzeptionen wie *Fresh Expressions of Church* zu Hause.

Zu solcher Klärung gehört allerdings auch, den Begriff nun nicht so sehr auszuweiten, dass er am Ende unscharf und unbrauchbar wird: »If everything is evangelism, then nothing is evangelism.«[3] So ist Evangelisation immer *intentional* und *verbal*: Sie ist absichtsvolle und insofern nicht ergebnisoffene Kommunikation, sondern sie wirbt um den Glauben ihrer Gesprächspartner. Und Evangelisation ist vielfältig in den Formen, kommt aber nicht ohne Worte aus.

2.2 Konversion als Thema

In den Jahren 2010-11 initiierte das IEEG die Studie »Wie finden Erwachsene zum Glauben?«,[4] bei der mehrere Hundert Menschen im Raum mehrerer deutscher Landeskirchen umfassend befragt werden sollten. Zentrale Frage im Vorfeld war, wie denn das Zum-Glauben-Kommen Erwachsener sozialwissenschaftlich operationalisiert werden könne? Kann man bzw. woran kann man dies empirisch »messen«? Das Vorbild, die englische Studie »Finding Faith Today« von 1992, hatte sich hier pragmatisch auf die sog. *public profession of faith* bezogen, eine Art Konfirmation für Erwachsene in der anglikanischen Kirche. So etwas gibt es hierzulande nicht. Wie könnte eine Lösung aussehen, die gleichermaßen theologisch plausibel und für eine empirische Studie umsetzbar ist?

Diese Frage machte das IEEG kurzerhand zum Gegenstand der Bewerbungsgespräche für die neu geschaffene sozialwissenschaftliche Stelle im Team. Anna-Konstanze Schröder, die dabei eingestellt wurde und die Studie wesentlich geprägt und verantwortet hat, verwies in diesem ersten Gespräch wie selbstverständlich auf die sozialwissenschaftliche Forschung zu Konversion. Konversion ist eben nicht nur der sozial eindeutige Wechsel zwischen Religionsgemeinschaften, sondern kann auch als Intensivierung oder Neuentdeckung einer religiösen Option untersucht werden, die Menschen bereits prägt. Das passe doch gut zu dem, was wir in unserer Studie vorhätten.

Sozialwissenschaftliche Forschung erinnerte uns damit an einen biblischen Kerngedanken. In der Studie maßen wir so auch der Selbstauskunft der Konver-

---

[3] William J. Abraham, *The Logic of Evangelism*, Grand Rapids 1989, 44.
[4] Anna-Konstanze Schröder und Johannes Zimmermann, *Wie finden Erwachsene zum Glauben? Einführung und Ergebnisse der Greifswalder Studie* (Neukirchen-Vluyn: Aussaat, 2011).

tierten einen hohen Wert bei: Wer zum Glauben gekommen ist, wird das irgendwann auch selbst »bemerken«, und wer dabei einen Unterschied zu vorher sieht, wer den eigenen Glauben als neu oder neu entdeckt empfindet, sollte darin ernstgenommen werden.[5] Konversion ist also Thema, und wer danach sucht, entdeckt sie – mitten im Raum deutscher Landeskirchen, übrigens auch in der Mitte der Gesellschaft.[6]

Wieder hat damit die theologische Reflexion natürlich erst begonnen; auch Konversion ist ja gegen Engführungen und Missverständnisse abzugrenzen. Hilfreich war dabei das Phasen- bzw. *stages*-Modell des amerikanischen Konversionsforschers Lewis Rambo. Damit ließ sich differenzierter beschreiben, wie Konversion als längerer Prozess aussieht und dass dabei zugleich punktuelle Erfahrungen und Entscheidungs-Rituale eine bedeutsame Rolle spielen.[7]

Meine Pointe bei beiden Begriffen, Evangelisation und Konversion: Es lohnt sich und ist möglich, ein Thema zu setzen, indem man es theologisch begründet und aufarbeitet, um es dann selbstbewusst weiter ins Gespräch zu bringen.

2.3 Evangelistische Predigt als Lernziel

Eine der Langzeitweiterbildungen des IEEG, an der ich selbst von Anfang an mitarbeiten durfte, heißt »Einladend predigen«. Erste Zielgruppe waren Pfarrerinnen und Pfarrer sowie andere Hauptamtliche in der Verkündigung; ursprünglich traf man sich im Lauf von zwei Jahren je viermal für eine Woche.

Das Konzept hat sich seitdem natürlich verändert, ist schlanker und hybrider geworden, nicht zuletzt findet es nun nicht mehr in Greifswald statt (wo Deutschland beginnt), sondern in Süddeutschland. Doch die Grundidee scheint mir die gleiche zu sein:

- Im regulären Theologiestudium, so wie es unsere Zielgruppe absolviert hat, kommt die Praxis der evangelistischen Predigt nicht vor.[8]
- Im Gemeindealltag ist solche Predigt aber immer wichtiger. Fortschreitender Traditionsabbruch heißt ja, dass man auch innerkirchlich um Menschen werben muss, statt ihr Einverständnis vorauszusetzen
- Evangelistische Verkündigung ist eine Fertigkeit, die praktische Einübung und kollegiales Feedback braucht; dies ist auch eine Chance der berufsbegleitenden Weiterbildung. Elementar und einladend vom Glauben sprechen geht nicht von selbst, aber es lässt sich trainieren, und das gemeinsame Einüben macht Freude.

---

[5] A.a.O., 24.
[6] A.a.O., 66ff.
[7] A.a.O., 52-54; 157ff.
[8] Ausnahmen sind neben der Universität Greifswald sicherlich die Evangelische Hochschule Tabor in Marburg sowie andere freie Ausbildungsstätten.

3. Zum Schluss

Das Themen-Setzen erschöpft sich von daher nicht nur in Gesprächsanstößen für Forschende und Lehrende, sondern geschieht auch in der Lehre und Weiterbildung von Menschen aus der missionarischen Praxis. Es ist zu wünschen, dass dies weitergeht und Kreise zieht.

Schließen möchte ich mit einem Zitat des o.g. Artikels aus der ZEIT, geschrieben aus der Sicht eines Menschen, der selbst nicht glaubt:

> »...obwohl ich nicht wirklich glaube, dass ich werde glauben können, wünsche ich es mir manchmal und bin ein wenig enttäuscht, dass es niemand auch nur versucht mit mir. Ist doch riesig, diese Christenheit, 2,3 Milliarden weltweit.... Die Marke Christentum hat sich erfolgreich am Markt etabliert, könnte man sagen, und das seit mindestens 1600 Jahren. Warum missioniert ihr mich nicht?«[9]

Die Impulse des IEEG sind also wichtig und nötig, und sie bleiben es auch in Zukunft.

---

[9] »Warum missioniert mich keiner?«, in: *Die ZEIT* vom 03.12.2020.

Sabrina Müller

Szenarien der Kirchenentwicklung
Beobachtungen und Perspektiven

1. Einleitung

Dass religiöse Institutionen, zumindest in der westlichen Hemisphäre, zunehmend in Bedrängnis geraten und an Bedeutung verlieren, ist nichts Neues. Institutionalisierte Religion, Konfessionszugehörigkeit, traditionelle religiöse Autoritäten, Amt und kirchliche Hierarchie verlieren gesamtgesellschaftlich an Relevanz und an religiöser bzw. theologischer Deutungsmacht. Mitgliederzahlen, Gottesdienstbesuche und auch Finanzen sind rückläufig.[1]

Durch meine beratende und begleitende Tätigkeit in vielen Landeskirchen in der Schweiz und in Deutschland kann ich unterschiedliche Reaktionen bei kirchlichen Angestellten, Kirchgemeinden und Landeskirchen beobachten. Die einen proklamieren die *Aufgabe* (landes-)kirchlicher Strukturen und wollen zurück zur Jesus-Bewegung, andere bemühen sich um *Anpassung*, dritte um einen umfassenden *Umbau* der bestehenden Strukturen.

Im folgenden Beitrag wird die Ausgangslage kirchlicher Institutionen geschildert sowie die beobachtbaren Reaktionen darauf beschrieben und praktisch-theologisch eingeordnet.

---

[1] Es gibt viele Beispiele, welche die rückläufigen Mitgliederzahlen und den Bedeutungsverlust von Kirche darstellen. Hier eine kleine Auswahl: mdr.de, »Kirchen beklagen Mitgliederschwund: Analyse und Aufarbeitung als Gebot der Stunde | MDR.DE«, zugegriffen 14. Oktober 2022, https://www.mdr.de/religion/neue-kirchenstatistik-vorgelegt-weniger-christen100.html; Deutsche Bischofskonferenz, »Kirchenstatistik 2021«, Deutsche Bischofskonferenz, zugegriffen 14. Oktober 2022, https://www.dbk.de/presse/aktuelles/meldung/kirchenstatistik-2021; »Ein Blick über die Landesgrenzen«, Kirchenstatistik (blog), zugegriffen 14. Oktober 2022, https://kirchenstatistik.spi-sg.ch/ein-blick-ueber-die-landesgrenzen/; Jörg Stolz und Edmée Ballif, *Die Zukunft der Reformierten*, 2. Aufl. (Zürich: Theologischer Verlag Zürich, 2010); »Die Situation in den evangelisch-reformierten Kirchen«, Kirchenstatistik (blog), zugegriffen 14. November 2021, https://kirchenstatistik.spi-sg.ch/die-situation-in-den-evangelisch-reformierten-kirchen/.

2. Der Bedeutungsverlust religiöser Institutionen in der Spätmoderne

Religion ist in sogenannten westlichen Gesellschaften nicht mehr in eine homogene Gemeinschaft eingebettet, sondern wurde und wird privatisiert, individualisiert und pluralisiert.[2] In Bezug auf das Religionssystem einer Gesellschaft ist mit Pluralisierung zusammenfassend die Ausdifferenzierung und Vervielfältigung religiöser Institutionen, Haltungen und Identitäten gemeint: »Das Konzept religiöser Pluralisierung beruht auf einem offenen Religionsbegriff, der Religiosität und Spiritualität auch jenseits der Grenzen bewährter religiöser Traditionen [und Institutionen] anerkennt.«[3]

Die Deutungsmacht eines Religionssystems oder einer spezifischen christlichen Denomination geht also deutlich zurück, da für die Suche nach Orientierung, Verbundenheit und Transzendenz in einer spätmodernen Gesellschaft die *individuelle* Lebens- und Sinndeutung immer relevanter wird: »Der religiöse Glaube [will] von den Individuen in eigener Sinnreflexion entwickelt werden«.[4] Dies ist nicht neu, sondern nahm seine Anfänge in der Reformation und später in der Aufklärung.[5] Nicht zuletzt Friedrich Schleiermacher plädierte in seinen Reflexionen für einen neuen Zugang zu Religion, bei dem Individualität und Erfahrungsbezug im Zentrum stehen.[6]

An die Stelle von klassenkulturellen und ständischen Normalbiografien treten in der Spätmoderne individuelle und ausdifferenzierte Wahlbiografien. Dem Individuum kommt so auf der einen Seite die Freiheit zu, seinen eigenen Lebensentwurf zu gestalten. In einer westlichen, pluralen Gesellschaft kann es zwischen Lebens- und Glaubensentwürfen wählen. Gleichzeitig geht damit aber nicht nur die Verantwortung einher, für die eigenen Entscheidungen einzuste-

---

[2] In der Schweiz lässt sich dieser Trend gut an der Debatte um den konfessionellen Religionsunterricht an öffentlichen Schulen nachzeichnen. Der konfessionelle Religionsunterricht war ehemals ins Schulsystem und den Stundenplan eingebettet, er verlor aber in vielen Kantonen diese Einbettung und muss nun von den Religionsgemeinschaften in der Freizeit der Kinder gestaltet werden.

[3] Ulrich Riegel, »Pluralisierung«, in *Das wissenschaftlich-religionspädagogische Lexikon im Internet (WiReLex)* (Stuttgart: Deutsche Bibel Gesellschaft, 2016), 3, https://www.bibelwissenschaft.de/fileadmin/buh_bibelmodul/media/wirelex/pdf/Pluralisierung__2018-09-20_06_20.pdf.

[4] Wilhelm Gräb, *Religion als Deutung des Lebens: Perspektiven einer Praktischen Theologie gelebter Religion* (Gütersloh: Gütersloher Verlagshaus, 2006), 10.

[5] Vgl. Martina Kumlehn, »Religion und Individuum«, in *Praktische Theologie: Ein Lehrbuch*, hg. von Kristian Fechtner u. a. (Stuttgart: Kohlhammer, 2017), 47f.

[6] Am stärksten kommt dies in der zweiten Rede - Über das Wesen der Religion - zum Ausdruck. Friedrich Schleiermacher, *Über die Religion. Reden an die Gebildeten unter ihren Verächtern* (Berlin: de Gruyter, 2001).

hen, sondern auch die Aufgabe der eigenen Identitätsbildung, die daher oftmals als fragmentarisch bezeichnet wird.[7]

Diese umfassende Individualisierung führt zu einer Veränderung der Wertesysteme, sodass persönliche Glückseligkeit als oberstes Ziel angesehen werden kann.[8] Entscheidend ist dabei die Erlebnisdichte und -qualität.[9] Dies ist auch in Zusammenhang mit Religion zu beobachten: Religion wird für das Individuum dann relevant, wenn sie mit persönlichen Erlebnissen in Zusammenhang gebracht werden kann. Religion wird so immer stärker zur Erfahrungsreligion.[10]

Diese Entwicklungen, wie persönliche Sinndeutung, Autoritätsverlust der Institutionen und religiöse Erfahrung, stellen enorme Herausforderungen für die Kirche dar. In diesem Konglomerat an Veränderungen sind drei verschiedene Arten kirchlicher Reaktionen auszumachen, die nun beschrieben werden. Auch wenn in der Praxis respektive in einzelnen Landeskirchen oftmals versucht wird, Bestandteile aus verschiedenen Strategien anzuwenden, werden die Reaktionen hier ob eines guten Überblickes schematisch und so auch etwas vereinfachend in drei Möglichkeiten eingeteilt.

3. Strategie 1 – Anpassung institutioneller Strukturen

Viele Kirchgemeinden und Landeskirchen bewegen sich mit ihren Veränderungsbestrebungen größtenteils innerhalb dieses Szenarios. Dem stetigen Verlust von Mitgliedern, Gottesdienstbesuchenden und Finanzen, dem Mangel an Pfarrpersonen, kirchlichen Mitarbeitenden und Ehrenamtlichen wird mit einer *Anpassung* der bestehenden Strukturen begegnet. Typische Merkmale dieser Reaktionsstrategie sind folgende:

- Fusionen: Aufgrund geringer Mitgliederzahlen und zu wenig Pfarrpersonen werden im Zuge der Ressourceneinsparung Kirchgemeinden fusioniert. Eine Verkleinerung der bestehenden Strukturen kann also als erstes Merkmal dieser Strategie gelten. Die Verkleinerung betrifft aber nicht nur Kirchgemeinden, sondern auch das Personal, was den zweiten Punkt bedingt.

---

[7] Vgl. Ulrich Beck, *Risikogesellschaft. Auf dem Weg in eine andere Moderne*, 22. Aufl. (Frankfurt am Main: Suhrkamp, 2015).

[8] Es geht dabei um die Erlebnismuster, die je nach Milieu unterschiedlich sein können. So unterscheidet sich auch, was *Glückseligkeit* für das jeweilige Milieu und dann das jeweilige Individuum bedeutet.

[9] Vgl. Gerhard Schulze, *Die Erlebnisgesellschaft: Kultursoziologie der Gegenwart*, 2. Aufl. (Frankfurt am Main/New York: Campus Verlag, 2005), 35.

[10] Vgl. Sabrina Müller, *Religiöse Erfahrung und ihre transformative Kraft. Empirische und hermeneutische Zugänge zu einem praktisch-theologischen Grundbegriff* (Berlin: De Gruyter, 2023).

- Hierarchisierung von Leitungsstrukturen: Als Folge der Fusionen werden Leitungsaufgaben und -ämter auf weniger Personen verteilt. Durch die Ausdünnung kirchlicher Mitarbeitender vor Ort ist selbst in basisdemokratischen Kantonalkirchen in der Schweiz eine vermehrte Regulierung und Reglementierung vonseiten der Kirchenleitenden beobachtbar.
- Dienstleistungskirche: In unzähligen Beratungsgesprächen und Gemeindeentwicklungsprozessen in Kirchgemeinden habe ich gefragt: »Was ist Kirche?« oder »Was kennzeichnet euer Kirche-Sein?«. Als Antwort auf diese Frage werden dann regelmäßig die *Angebote* der Kirchgemeinde aufgezählt. Kirche wird also, analog zu einer Konsumgesellschaft, als Dienstleisterin verstanden. Sichtbar ist dies beispielsweise an der Etablierung von sogenannten Kasualagenturen, wie sie z.B. in der Nordkirche zu finden sind.[11] Pointiert zusammengefasst: Die klassische Ekklesiologie, nach der Kirche als *koinonia, diakonia, martyria* und *leiturgia* verstanden wird, wird durch *Kirche als Angebot* ersetzt.
- Gebäudeorientierung: *Kirche ist da, wo das Gebäude ist und ihre Vitalität zeigt sich an der Anzahl der Gottesdienstbesuchenden in diesem Gebäude.* So oder so ähnlich scheint das implizite Verständnis vieler Landeskirchen zu sein. Im Zentrum kirchlichen Handelns steht das Kirchgebäude, was nicht zuletzt daran sichtbar wird, dass eine hohe Anzahl an zeitlichen Ressourcen in Pflege und Erhaltung der Gebäude fließen.[12]
- Pfarrzentrierung und Professionalisierung: Dass die Pfarrperson ein wichtiges Aushängeschild der Kirchgemeinde ist, verdeutlicht u.a. die letzte KMU: »Wer einen/eine Pfarrer/in kennt, und sei es nur vom Namen, hat ein emotional stärkeres und kognitiv erheblich eigenständigeres Verhältnis zur Kirche.«[13] Diese Pfarrzentrierung führt dazu, dass der Kirche als *koinonia* und dem Priestertum aller Glaubenden kaum Beachtung geschenkt wird. Überspitzt formuliert, wird das Allgemeine Priestertum ersetzt durch religiöse Konsumentinnen und Konsumenten und Pfarrpersonen/Gemeindediakoninnen und -diakone/usw. als soziale Animateure.
- Quantitative Mitgliederorientierung: Ebenfalls typisch für dieses Szenario ist eine Orientierung an quantitativen Paradigmen. Vitalität wird anhand der Anzahl an Mitgliedern und anhand der Gottesdienstbesuchszahlen gemessen. Weiche Faktoren oder qualitative Faktoren wie Engagement, Theologieproduktivität, Nachfolge, usw. gelangen dabei zu wenig in den Fokus.

---

[11] Vgl. »st.moment.hamburg«, zugegriffen 1. November 2022, https://stmoment.ham-burg.
[12] Mit 1,2 Mrd Euro pro Jahr gehört die Erhaltung der Kirchgebäude zu den zentralen Ausgabefaktoren der Landeskirchen. Vgl. Herkunft und Verwendung kirchlicher Finanzmittel, zugegriffen 1. November 2022, https://www.ekd.de/herkunft-und-verwendung-kirchlicher-finanzmittel-45160.htm.
[13] EKD (Hrsg.), *Engagement und Indifferenz. Kirchenmitgliedschaft als soziale Praxis. V. EKD-Erhebung über Kirchenmitgliedschaft*, 2014, 97.

4. Strategie 2 – Rückgang institutioneller Strukturen: Zurück zur Jesusbewegung

Die zweite beobachtbare Strategie wird nur kurz ausgeführt, da sie im hiesigen Kontext nicht weit verbreitet zu sein scheint. Sie findet sich vorrangig in pietistisch-evangelikalen Kreisen und Kirchgemeinden.[14] Zentrales Merkmal ist eine Fokussierung auf die Kerngemeinde. Das Gemeindeideal ist die Jesus-Bewegung, also hochengagierte Jüngerinnen und Jünger. Kirche wird also weniger als Dienstleisterin, sondern als Beteiligungskirche verstanden. All ihre Tätigkeiten sollen auf Jesus Christus hinweisen. Beispielhaft sehe ich diese Strategie durch die Evangelisch-kirchliche Fraktion, eine von vier Fraktionen der Synode der Zürcher Landeskirche, vertreten: »Wir wollen eine Kirche, die den Glauben an Jesus Christus in die Mitte der Gesellschaft legt und dazu einlädt, ihm alles zuzutrauen und für ihn alles einzusetzen. Wir wollen eine Kirche, die der Ansicht, Glaube sei Privatsache, offen widerspricht, und im Gottesdienst und anderen Bereichen Gemeinschaft lebt und fördert.«[15]

5. Strategie 3 – Umbau institutioneller Strukturen.

Das dritte Szenario, das sich immer häufiger beobachten lässt, ist ein umfassender kirchlicher Umbau. Zunehmend verändern verschiedene Landeskirche ihre Strukturen, ihr Kirchenrecht, aber auch ihr ekklesiologisches Denken so, dass kirchliche Ausdrucksformen über die klassische Ortsgemeinde hinaus Raum erhalten.

Ein zentrales Stichwort dieser Strategie ist *mixed-economy of Church:* Der Begriff stammt aus der Church of England, die über Jahrhunderte hinweg durch eine hohe Liturgie, ein starkes Episkopat und parochiale Strukturen gekenn-

---

[14] Evangelikal kann nicht einfach mit freikirchlichen Strukturen gleichgesetzt werden, sondern meint vielmehr einen bestimmten Glaubens- und Lebenswandel, der in den unterschiedlichsten Gemeindeformen und Denominationen zu finden ist. Vgl. u.a. Michael Hochgeschwender, »Evangelikalismus: Begriffsbestimmung und phänomenale Abgrenzung«, in *Handbuch Evangelikalismus*, hg. von Frederik Elwert, Martin Radermacher, und Jens Schlamelcher (Bielefeld: transcript Verlag, 2017), 21-32, https://doi.org/10.1515/9783839432013-002; Patrick Todjeras, »Transformationen im evangelikalen Milieu. Eine Erkundung«, in *Stuttgarter Gottesdienst- und Gemeindestudie*, hg. von Friedemann Burkhardt, Simon Herrmann, und Tobias Schuckert, Bd. 1, Religionen in Südwestdeutschland, Stuttgart 2022; Sabrina Müller, »Evangelikale Gemeinschaftsdynamiken. Eine kirchentheoretische Annäherung«, *Praktische Theologie* 57/3 (2022): 163-67 (im Druck).

[15] »Evangelisch-kirchliche Fraktion«, Ordner, Reformierte Kirche Kanton Zürich, zugegriffen 25. Januar 2022, https://www.zhref.ch/organisation/landeskirche/kirchen-synode/fraktionen-der-kirchensynode/evangelisch-kirchliche-fraktion.

zeichnet war.[16] In den letzten zwanzig Jahren durchlief sie allerdings einen erstaunlichen Wandel in ihrem kirchlichen Selbstverständnis. Nicht nur innerhalb der Parochien und Gottesdienste nahm die religiöse Diversität zu, ferner entstanden in dieser Zeit mehr als 2100 neue Kirchen ohne Parochie, sogenannte *fresh expressions of Church*.[17] Einige dieser Gemeinden wurden als vollwertiger Teil von Kirche mit gleichen Rechten und Pflichten wie eine Parochie anerkannt. Andere verstehen sich eher als *ecclesiola in ecclesia* oder als weitere *congregation* in einer Parochie. Für dieses Miteinander – und manchmal auch Durcheinander – von Kirchen wurde in der Church of England der Begriff *mixed economy* oder auch *mixed ecology*[18] *of Church* kreiert. Folgende Definition wird hierbei häufig verwendet: »The phrase ›mixed economy‹ [...] refers to fresh expressions and ›inherited‹ churches existing alongside each other, within the same denomination, in relationships of mutual respect and support.«[19]

Die Impulse aus der Church of England werden im kontinentaleuropäischen Kontext rege aufgenommen, aber zugleich transformiert und auf die eigene Situation angepasst. Dies zeigt sich nicht zuletzt an den divergierenden Bezeichnungen, die für das Phänomen der mixed-economy und sogenannte fresh expressions of Church verwendet werden: pioneering places,[20] Erprobungsräume, Segensorte, neue kirchliche Gemeinschaftsformen, usw. Auch wenn neue kirchliche Gemeinschaftsformen und das Prinzip einer mixed-economy gerade auf Ebene der Parochie und z.T. auch auf mittlerer Leitungsebene immer mal wieder auf Abwehr stoßen, finden die unterschiedlichen Formen des ekklesialen Erprobens im Analogen und Digitalen zunehmend Resonanz in der praktisch-theologischen Forschung[21] sowie in Kirchenentwicklungsprozessen verschiede-

---

[16] Vgl. John Booty, Stephen Sykes, Jonathan Knight (Hg.), *The Study of Anglicanism*, London 1998, S. 502: »Das Lambeth Quadrilateral« enthält vier Artikel, welche 1888 von der Lambeth Conference angenommen wurden. Diese enthalten: Scripture, Creeds, the two Sacraments und the historic episcopate.

[17] Vgl. Sabrina Müller, *Fresh Expressions of Church - Beobachtungen und Interpretationen einer neuen kirchlichen Bewegung* (Zürich: Theologischer Verlag Zürich, 2016); Vgl. »George Lings, The day of small things, Church Army's Research Unit, 2016«, zugegriffen 28. April 2019, https://www.churcharmy.org/Publisher/File.aspx?ID=204265.

[18] Es ist zu beobachten, dass von einigen der Begriff mixed ecology bevorzugt wird: »Some prefer the phrase ›mixed ecology‹ which has a more organic ring.« Michael Moynagh, *Church for Every Context*, 2012, 432.

[19] Vgl. Michael Herbst, *Aufbruch im Umbruch. Beiträge zu aktuellen Fragen der Kirchentheorie*, Beiträge zu Evangelisation und Gemeindeentwicklung 24, Göttingen 2018, 159.

[20] Martijn Vellekoop, »Fingers Crossed. Developments, lessons learnt and challenges after eight years of pioneering.« (Utrecht: Protestantse Kerk, 2017), https://www.lerenpionieren.nl/wp-content/uploads/2017/01/Fingers-Crossed-fresh-expressions-in-the-Netherlands.pdf.

[21] Im Projekt 6 des Universitären Forschungsschwerpunkt »Digital Religion(s)« der Universität Zürich »Hermeneutische Dynamiken individueller und gemeinschaftlicher christlich-religiöser Sinnstiftung in einer Kultur der Digitalität«, das die Autorin verantwortet, wird intensiv nach dem Zusammenhang analoger und digitaler Gemeinschaftsbildung gefragt.

ner Landeskirchen und Bistümer. Die Strategie wird von verschiedenen kirchlichen Innovateurinnen und Innovateuren sowie Pionierinnen und Pionieren vorangetrieben und von Kirchenleitungen gefördert.[22] Auch auf Ebene der Ortsgemeinde und in der Pfarramtspraxis entsteht eine zunehmende Sensibilität für diese Phänomene.

Liquide Ausdrucksformen von Kirche werden als enormes Potenzial für eine Kirche der Zukunft erkannt, die – in Ergänzung zu den Parochien – schnell auf eine pluralisierte, erfahrungsorientierte Gesellschaft reagieren können und stark kontextuell ausgerichtet sind. Sie fordern dazu heraus, Kirche diverser und vielfältiger zu denken: »Es ist die grundlegende Überzeugung evangelischer Kirchen, dass das Evangelium nicht die Gestalt der Kirche vorschreibt. Die Kirche ist fortlaufend aufgerufen, sich selbst als Antwort auf das Evangelium umzugestalten.«[23]

6. Impulse für die Kirchenentwicklung

In Anbetracht der dargelegten gesellschaftlichen Veränderungen ist Kirche, respektive die einzelnen Landeskirchen, gezwungen, sich zu verändern. Offen ist aber, welche Strategie gewählt wird oder wie man diese vielleicht auch sinnvoll kombinieren kann. Schließen möchte ich mit drei Impulsen, die ich – unabhängig von der konkreten Strategie – als zentral für die Veränderungsprozesse halte.

Impuls 1: Notwendig ist eine Ausrichtung am Kontext und am Individuum.
Die herkömmlichen theologischen Autoritäten wie akademische Theologie und Kirche verlieren ihre Deutungsmacht über die gelebte Theologie und die Meinungsbildung von Individuen.[24] Gedeutet wird individuell und mit Peers in den gemeinsamen Netzwerken[25] im Horizont einer Hoffnungsperspektive für den Alltag. Kirche entsteht und verändert sich durch die Praxis und konstituiert sich, wenn Menschen sagen: »Ich spüre Gott da, wo ich bin«, da wo zwei oder drei in meinem Namen zusammen sind – also auch und häufig insbesondere im Alltag. Dieses erneute Plädoyer zu einer Hinwendung zum Alltag, hat treffend schon

---

[22] Vgl. z.B. Evangelische Kirche Mitteldeutschland, »Erprobungsräume – Kirche anders entdecken, gestalten, erleben«, Erprobungsräume, 2021, https://www.erprobungs-raeume-ekm.de/; »Erprobungsräume«, www2.ekir.de, zugegriffen 17. Oktober 2022, https://www2.ekir.de/themen/ueber-uns/erprobungsraeume/; »Erprobungsräume«, Erprobungsräume, zugegriffen 17. Oktober 2022, https://erprobungsraeume.de/.
[23] Ecclesia semper reformanda 2012, »Documents«, *Community of Protestant Churches in Europe* CPCE, 47, zugegriffen 4. Mai 2019, https://www.leuenberg.eu/ documents/.
[24] Vgl. Gräb, *Religion als Deutung des Lebens*, 22.
[25] Heidi A. Campbell und Stephen Garner, *Networked Theology: Negotiating Faith in Digital Culture* (Grand Rapids, MI: Baker Academic, 2016), 14.

Henning Luther stark gemacht: »Die Zuwendung zu den Subjekten bedeutet zuerst, dass Praktische Theologie [und folglich auch Kirche] sich an den Ort der Subjekte begibt, d.h. also in den Alltag.«[26]

Kirchlicher Umbau muss auf das sinnsuchende und lebensdeutende Individuum ausgerichtet sein. Es geht um das »Relevantwerden der Christusverheissung für eine spezifische Situation«[27] und für pluralisierte Individuen. Kirche ist dann relevant, wenn sie zu einer hermeneutischen und dialogischen Partnerin und zu einem lebendigen Organismus für unterschiedliche Individuen, Milieus und Kontexte wird. Dies bedingt eine Vielfalt kirchlicher Gemeinschaftsformen, Strukturen und (digitaler) kirchlicher Netzwerke.

Impuls 2: Kirche sollte als Heimatort erbaut werden.
Lange hat Kirche sowohl als Gebäude als auch als Institution Identität gestiftet (und macht dies z.T. auch heute noch). Doch immer mehr Menschen empfinden Kirche in beiden genannten Dimensionen als so befremdlich, dass sie nicht mehr als Mitglied dazugehören wollen.

Die momentane Bausubstanz der Kirche ist daher kritisch zu prüfen, und zwar so grundlegend, dass, im doppelten Sinne, darüber nachgedacht werden muss, welche Hausteile und Mauern abzureißen oder so umzubauen sind, dass ein offener Begegnungsort entstehen kann, an dem Menschen Hoffnung schöpfen können.

Impuls 3: Für Kirchenentwicklung braucht es verschiedene Bauherrinnen und Bauherren.
Wird ein grundlegender Umbau vollzogen, sollte dieser bottom-up geschehen. Es sollte Raum für verschiedene Bauherrinnen und Bauherren geschaffen werden. Die bereits erwähnte Subjektorientierung aus dem ersten Impuls, muss also in dem Sinne ausgeweitet werden, dass das Individuum nicht nur in den Blick kommt, sondern zur konstruktiven und produktiven Akteurin von Theologie[28] wird. Konkret impliziert dies, dass sich der Umbau der Kirche induktiv vom theologieproduktiven Subjekt und dessen Erfahrung her[29] erschliessen sollte:[30]

---

[26] Luther, *Religion und Alltag*, 18.

[27] Ernst Lange, »Zur Aufgabe christlicher Rede«, in *Predigen als Beruf. Aufsätze zu Homiletik, Liturgie und Pfarramt*, hg. von Rüdiger Schloz, 1. Aufl. (Stuttgart: Kreuz-Verlag, 1976), 64.

[28] Vgl. Joey Sprague, *Feminist Methodologies for Critical Researchers: Bridging Differences*, 2. Aufl. (Lanham: Rowman & Littlefield Publishing Group, 2016), 49.

[29] Auch Martin Kumlehn folgert, dass Subjektorientierung zugleich immer Erfahrungsorientierung bedeutet. Vgl. Kumlehn, »Religion und Individuum«, 52.

[30] Was auch als Konsequenz einer individualisierten und pluralisierten Gesellschaft gesehen werden kann.

»Das ›sola experientia‹ erweist sich als das notwendige Interpretament des ›sola scriptura‹, ›solus Christus‹, ›solo verbo‹ und ›sola fide‹.«[31]

Kirche ist in diesem Denkhorizont dann nicht primär ein Angebot, sondern ein ekklesialer Erfahrungsraum, eine praxisbezogene und gemeinschaftliche Tätigkeit, die auch hybride Formen (z.B. digitale ekklesiale Erfahrungsräume) annehmen kann.

---

[31] Gerhard Ebeling, *Wort und Glaube. Beiträge zur Fundamentaltheologie, Soteriologie und Ekklesiologie*, Bd. 3 (Tübingen: Mohr Siebeck, 1975), 12.

Mirjam Best

»Wir können es nicht lassen ...« über den eigenen Tellerrand zu schauen
Impulse zu einer Sendungs- und Herzensökumene

Wie würden Sie das Verhältnis der verschiedenen Gemeinden in Ihrer Region beschreiben? Was für Bilder entstehen in Ihrem Kopf, wenn Sie an die Beziehung ihrer Heimatgemeinde zu anderen Gemeinden im Umland denken? Und was sind das eigentlich für andere Gemeinden, die Ihnen da in den Sinn kommen? Der Frage nach dem Verhältnis verschiedener Gemeinden in einer Region bin ich mithilfe qualitativer Interviews im Rahmen meines Dissertationsprojekts nachgegangen.[1] Ich habe eine ganze Reihe von Haupt- und Ehrenamtlichen aus verschiedenen landeskirchlichen und freikirchlichen Gemeinden nach dem Verhältnis der unterschiedlichen Gemeinden in ihrer jeweiligen Region befragt. Unter anderem wurden bei den Antworten zwei Bilder genannt, welche gegensätzliche Phänomene beschreiben.

Das erste Bild ist das einer Blase. Die Aussage eines Gesprächspartners lautete: »Also wenn wir mal ganz ehrlich sind, sind wir ja alle ein bisschen in unserer ›Bubble‹.«[2] Hier wird das Bild der Blase gebraucht, um die Situation der einzelnen Gemeinden in der Region zu beschreiben. Mit diesem Bild bringt ein Pastor auf den Punkt, was die Realität vieler Gemeinden ist: Sie sind so sehr mit ihren eigenen Angeboten, Strategien und Mitgliedern beschäftigt, dass sie kaum mehr wahrnehmen, was außerhalb des eigenen Gestaltungsraums geschieht. Die einzelnen Gemeinden leben in Blasen, in Subwelten, in denen sie fast nichts voneinander mitbekommen. Auch der Austausch ist in diesen Fällen fast ausschließlich auf die Menschen innerhalb der eigenen Blase beschränkt. Im Fokus steht die eigene Gemeindearbeit; nur selten wird ein Blick nach links oder rechts geworfen. Wo dieses Bild Realität ist, da geht häufig auch eine Ignoranz anderen Gemeinden und anderen kirchlichen Traditionen gegenüber einher. Andere

---

[1] Das Dissertationsprojekt der Autorin widmet sich der neuen freikirchlichen Gemeindegründungsbewegung »International Christian Fellowship« (ICF) und untersucht unter anderem das Verhältnis zwischen Ortsgemeinden des ICF und anderen christlichen Gemeinden in ihrem jeweiligen Umland.

[2] Auszug aus einem von der Autorin persönlich durchgeführten Interview mit einem Pastor des ICF.

christlichen Gemeinden sind nicht im Blick. Jede christliche Gemeinde in der Region denkt für sich und kämpft für sich.

Dieses Bild trifft natürlich nicht auf alle Gemeinden zu. Es gibt auch andere Gemeinden in unserer Kirchenlandschaft in Deutschland. Nämlich solche, die über ihre eigene Gemeinde hinausschauen und andere Gemeinden rechts und links von sich wahrnehmen. Wirft man hier jedoch einen genaueren Blick drauf, lässt sich vielerorts ein damit verbundenes Konkurrenzdenken erkennen. Andere Gemeinden werden zwar wahrgenommen, jedoch als Konkurrenz betrachtet – vor allem, wenn sie einer anderen kirchlichen Tradition angehören. Besonders eindrücklich lässt sich dies beobachten, wenn neue Gemeindegründungsbewegungen, wie beispielsweise das »International Christian Fellowship« (ICF), in einer Region eine Gemeinde gründen, in der bereits andere christliche Gemeinden etabliert sind. Da wird das Bild des »Schäfchenklaus« oder die »Schäfchenklau-Angst« genannt, um das Verhältnis der Gemeinden zu beschreiben. Der Schäfchenklau beschreibt das Phänomen, dass Gemeindemitglieder einer bereits etablierten Gemeinde aktiv von der neuen Gemeinde abgeworben und somit ›geklaut‹ werden, oder milder formuliert, dass die Attraktivität der Angebote der neuen Gemeinde eigene Mitglieder zu einem Gemeindewechsel motivieren. Berichte des Schäfchenklaus oder der Schäfchenklau-Angst indizieren, dass in vielen Gemeinden ein Konkurrenzdenken herrscht, welches diesem Gedanken zugrunde liegt. Andere Gemeinden werden als Konkurrenten auf dem religiösen Markt betrachtet, mit welchen man sich im Wettstreit um die Kunden und Kundinnen befindet.

1. Der Skandal: die ungeeinte Christenheit

Ignoranz und Konkurrenzkampf bilden also zwei Phänomene, welche das Verhältnis von Gemeinden über Konfessionen hinweg beschreiben. Natürlich handelt es sich bei beiden Aspekten um Extreme. Viele Gemeinden befinden sich wohl irgendwo in dem Feld dazwischen. Gleichwohl lassen sich sowohl diese Extreme als auch Tendenzen hin zu diesen Extremen in unserer Kirchenlandschaft beobachten. Und das ist ein Problem für die gegenwärtige christliche Kirche. Denn sowohl gegenseitige Unkenntnis als auch Konkurrenzkampf demonstrieren eine Uneinigkeit der Christenheit. Und die Uneinigkeit der Christenheit ist, um es mit den Worten des Dogmatikers Edmund Schlink auszudrücken, ein »Skandal«.[3] Ein Skandal ist die Uneinigkeit der Christenheit aus mehreren Gründen:

Aus *systematisch-theologischer Sicht* ist die Uneinigkeit der Christenheit ein Skandal, weil sie der theologischen Realität, dass es nur *einen* Leib Christi gibt, diametral gegenübersteht. Der Leib Christi, die Kirche, gibt es nur im Singular.

---

[3] Edmund Schlink, *Ökumenische Dogmatik. Grundzüge*, Göttingen 1985, 678.

Sie ist Schöpfung des dreieinigen Gottes, der sie erhält und bewahrt.[4] Wenn Gemeinden unterschiedlicher Konfessionen sich gegenseitig ignorieren oder miteinander konkurrieren, dann vergessen sie ihren Platz im Leib Christi. Sie grenzen sich von anderen Gliedern des Leibes ab, indem sie diese ignorieren oder mit ihnen in Konkurrenz treten. Wie absurd dies ist, macht die Leib-Glieder-Metapher deutlich, denn wieso würde beispielsweise der Fuß eines Körpers mit der Hand desselben Körpers konkurrieren? Das wäre Irrsinn.

Zweitens ist die Uneinigkeit der Christenheit auch aus *missionarischer Perspektive* ein Skandal. Denn: Die Uneinigkeit der Christenheit schwächt die Botschaft des Evangeliums. Wie sollen Menschen glauben, dass der dreieinige Gott Versöhnung bringt, wenn seine Nachfolger und Nachfolgerinnen nicht zusammenstehen, sondern sich ignorieren oder miteinander konkurrieren? Wie sollen Menschen glauben, dass das Wesen Gottes Liebe ist, wenn seine Nachfolger und Nachfolgerinnen noch nicht mal unter Glaubensgeschwistern Liebe üben? Ignoranz gegenüber anderen christlichen Gemeinschaften sowie Streitereien und Konkurrenzdenken zwischen verschiedenen Gemeinden zeugen nicht von der Liebe Gottes und seiner versöhnenden Kraft. Je mehr Einheit jedoch über konfessionelle Grenzen hinweg sichtbar wird, desto glaubwürdiger wird das christliche Zeugnis für den dreieinigen Gott, der Menschen untereinander und mit sich selbst versöhnt.

Schließlich stellt die Uneinigkeit der Christenheit auch in Bezug auf *praktisch-theologische Überlegungen* einen Skandal dar, weil sie den Bedeutungsverlust, welche kirchliche Institutionen in Deutschland erleben,[5] fördert. Wenn die Christenheit in viele einzelne christliche Gemeinschaften zergliedert ist, welche in der Gesellschaft nicht als Einheit auftreten, dann wird sie ihre Relevanz in der Gesellschaft immer mehr verlieren. Dies führt dazu, dass Kirche immer weniger als Gesprächspartnerin wahrgenommen wird, weniger Einfluss in der Gesellschaft genießt und sich gegenüber säkularen Konkurrenzangeboten immer weniger behaupten kann. Wenn unterschiedliche christliche Glaubensgemeinschaften auf der anderen Seite als Einheit auftreten und dadurch eine gewisse Größe erreichen, wird die Chance erhöht, dass Kirche weiterhin Bedeutung in der und für die Gesellschaft hat. Je mehr die Kirche in der Gefahr steht, an den Rand der Gesellschaft gedrängt zu werden, desto wichtiger ist es, dass Gemeinden – und zwar Gemeinden unterschiedlicher Konfessionen und unterschiedlichen Profils – zusammenstehen.

---

[4] Vgl. ebd.

[5] Der Bedeutungsverlust zeigt sich beispielsweise darin, dass die kirchliche Zugehörigkeit in Deutschland nicht mehr selbstverständlich ist, die Kirchenmitgliedschaftszahlen kontinuierlich sinken und die Kirche keine Monopolstellung mehr genießt, wenn es um die Beantwortung von Sinn-, Glaubens- und Kulturfragen geht. Vgl. Michael Herbst, »›Bleibt alles anders‹. Kirchentheoretische Landmarken für eine Kirche im Wandel«, in *Kirche[n]gestalten. Re-Formationen von Kirche und Gemeinde in Zeiten des Umbruchs*, hg. v. Kolja Koeniger und Jens Monsees, Göttingen 2019, 20.

2. Eine praktisch-theologische Antwort: Sendungs- und Herzensökumene

Da die Uneinigkeit der Christenheit ein Skandal ist, können wir es nicht lassen, uns in Forschung und Lehre dieses Themas anzunehmen und über den eigenen kirchlichen Tellerrand zu schauen. Die Systematische Theologie steht dabei vor der Aufgabe, Wege der Annäherung zwischen unterschiedlichen Kirchen in Bezug auf die Fragen, die in der Vergangenheit zu Spaltungen geführt haben, zu finden.[6] Ziel des gemeinsamen Ringens ist dabei keine »Einheitstheologie«, sondern eine Verständigung in Bezug auf fundamentale Fragen.[7] Unterdessen ist die Praktischen Theologie aufgerufen, nach gangbaren Wegen zu suchen, wie Einheit unter christlichen Gemeinschaften praktisch aussehen kann. Dabei geht es nicht darum, eine »Einheitskirche« anzustreben, indem Konfessionen aufgelöst werden. Vielmehr ist das Ziel, dass Gemeinden in einer Region über konfessionelle Grenzen hinweg als Glaubensgeschwister verbunden sind, sich gegenseitig wahrnehmen und unterstützen und als Einheit in der Gesellschaft auftreten. Doch wie kann eine solche interkonfessionelle Einheit unterschiedlicher Gemeinden in einer Region aussehen?

Unterschiedliche christliche Gemeinschaften können trotz theologischer Differenzen als Einheit auftreten und kooperieren, wenn sie sich als *Dienstökumene* verstehen. Damit ist eine ökumenische Zusammenarbeit gemeint, die auf den gemeinsamen Dienst ausgerichtet ist. Jesus Christus, der Gründer und Bauherr der Kirche, hat ihr den Auftrag gegeben, an seiner Sendung zu partizipieren. Diese Aufgabe verbindet Christen und Christinnen unterschiedlicher Konfessionen und ermöglicht eine ökumenische Zusammenarbeit, wenn sich alle den gemeinsamen Auftrag bewusstmachen.

Da die Grundlage für eine Dienstökumene die gemeinsame Sendung der Angehörigen aller Kirchen bildet, kann an dieser Stelle auch von einer *Sendungsökumene* gesprochen werden.[8] Als Nachfolger und Nachfolgerinnen Jesu Christi gelten Jesu Worte, die Jesus nach seiner Auferstehung an seine Jünger gerichtet hat, auch ihnen: »Wie mich der Vater gesandt hat, so sende ich euch.« (Joh

---

[6] Annäherungen unterschiedlicher Kirchen lassen sich beispielsweise in den letzten Jahrzehnten in der Leuenberger Konkordie (1973), der Lima-Erklärung (1982) und der Gemeinsamen Erklärung zur Rechtfertigung (1999) beobachten. Diese Wege der Annäherung gilt es weiter zu verfolgen.

[7] Wilfried Joest und Johannes von Lüpke, *Dogmatik II: Der Weg Gottes mit dem Menschen*, Göttingen 2012, 201.

[8] Grundlage der Sendungsökumene ist ein Missionsverständnis, welches sich von der Sendung Gottes her versteht. Vgl. hierzu: Hans Jochen Margull (Hg.), »*Willingen*. Eine Erklärung über die missionarische Berufung der Kirche 19. Juli 1952«, in *Zur Sendung der Kirche. Material zur ökumenischen Bewegung*, München 1963; David Jacobus Bosch, *Transforming Mission. Paradigm Shifts in Theology of Mission*, Maryknoll/NY 2006, 389–393.

20,21b) Dirk Stelter und Dagmar Stoltmann-Lukas weisen darauf hin, dass die Sendung hier im Plural formuliert ist und an eine Gemeinschaft gerichtet ist.[9] Sie schlussfolgern: »Wer von Jesus gesandt ist, ist automatisch Teil einer Gemeinschaft, Teil einer – man könnte sagen – Gesandtschaft.«[10] Die Gesandtschaft umfasst dabei nicht nur die Angehörigen einzelner christlicher Gruppen, Gemeinden oder Kirchen. Vielmehr betrifft die Sendung alle Jünger und Jüngerinnen Jesu Christi und bildet dadurch den gemeinsamen Auftrag aller Kirchen. Das Zusammenspiel von Vielfalt und Einheit wird dabei sichtbar. Die Vielfalt zeigt sich in der Pluralität der Gesandtschaft, während die Einheit darin gründet, dass die Sendung von dem *einen* Jesus ausgeht.[11]

Die Einheit der Gesandtschaft trägt wesentlich dazu bei, dem Sendungsauftrag nachzukommen. Dies legt das hohepriesterliche Gebet Jesu in Joh 17 nahe. Dort betet Jesus in V. 23 zu seinem himmlischen Vater für seine Jünger und Jüngerinnen, »dass sie in eins vollendet seien, damit die Welt erkenne, dass du mich gesandt und sie geliebt hast, wie du mich geliebt hast.« (ELB) Einheit unter Christen und Christinnen strahlt in die Welt hinaus und trägt dazu bei, dass Menschen Gottes Liebe erkennen. Die Einheit über konfessionelle Grenzen hinweg verstärkt dabei die Glaubwürdigkeit des Zeugnisses der Liebe Gottes. Ökumenische Einheit ist somit kein Selbstzweck, sondern ein wesentlicher Beitrag zur Verfolgung eines größeren Ziels. Das beschreiben Stelter und Stoltmann-Lukas wie folgt:

»Die Kirche, die Konfessionen, die aktuellen Kirchengestalten existieren nicht um ihrer selbst willen. Grundfaktum der Ökumene, des Einsseins, ist das gemeinsame Gesandtsein durch Gott, um das Evangelium in Wort und Tat zu bezeugen. Ökumene ist also wesentlich Ökumene der Sendung.«[12]

Die Sendung ist somit der Grund und das Ziel ökumenischer Einheit. Sie bildet den Ausgangspunkt, welcher ein Miteinander unterschiedlicher christlichen Gemeinschaften auf rationaler Ebene ermöglicht. Weil andere christliche Gemeinschaften an derselben Sendung partizipieren, werden sie zu Mitstreiterinnen. Und das befreit sowohl von einer Ignoranz ihnen gegenüber als auch vom Konkurrenzkampf.

Damit Einheit in der Praxis jedoch umsetzbar wird, darf sie nicht auf eine theologisch begründete Handlungsebene beschränkt bleiben. Vielmehr ist es notwendig, dass die Einheit auch das Herz der Menschen umfasst. Neben theologischen Streitpunkten sind es nämlich vor allem zwischenmenschliche Konflikte, gegenseitige Vorurteile oder Fremdheitsfaktoren, welche die Einheit unter-

---

[9] Vgl. Dirk Stelter und Dagmar Stoltmann-Lukas, »»...so sende ich euch«. Eine Ökumene der Sendung«, in *Kirche [hoch] 2. Eine ökumenische Vision*, Hannover 2013, 467.
[10] Ebd.
[11] Vgl. ebd.
[12] Ebd.

schiedlicher Gemeinden bzw. Kirchen erschweren. Deshalb muss Ökumene nicht nur als Sendungs-, sondern auch als *Herzensökumene* gelebt werden. Der Begriff Herzensökumene betrifft die Beziehungsebene und beschreibt eine Verbundenheit, welche nicht nur über das Verstehen, sondern über das Erleben geschaffen wird. Im Kern geht es darum, dass durch ein gegenseitiges Kennenlernen und durch freundschaftliche Begegnungen eine innere Verbundenheit zwischen Gläubigen unterschiedlicher christlichen Gemeinschaften wächst.

Welche Auswirkungen diese Ebene auf das Verhältnis unterschiedlicher Gemeinden zueinander haben kann, beschreibt ein Pastor in einem Interview wie folgt:

> »Wenn ich dir auf der Herzensebene begegne, wenn sich da Freundschaft entwickelt, dann gibt es da einen krassen Effekt: Weil wir jetzt befreundet sind, kann ich gar nicht schlecht über deine Gemeinde reden, weil du mein Freund bist.«[13]

Wo Fremde zu Freunden werden, verändert sich die Lage. Weder Ignoranz noch feindseliger Konkurrenzkampf haben da noch einen Platz. Die Ignoranz muss weichen, weil Freunde und Freundinnen einem nicht egal sind. Eine Annäherung auf der Beziehungsebene führt dazu, dass die Andersartigkeit des Gegenübers nicht kategorisch abgelehnt wird. Vielmehr wird dadurch ein Interesse geweckt, das Gegenüber besser kennen und verstehen zu lernen. Wo Freundschaft aufkeimt, entsteht Verbundenheit – und zwar trotz aller Verschiedenheit. Und diese Verbundenheit führt dann wiederum auch dazu, dass erbitterte Konkurrenzkämpfe eingestellt werden. Denn Freunden geht es um ein Miteinander und nicht um ein Gegeneinander. Übertragen auf die Ökumene bedeutet das: Wo eine Annäherung auf der Beziehungsebene stattfindet, nehmen Ignoranz und Konkurrenzdenken ab. Wo Gemeinden anderer christlicher Traditionen zu befreundeten Gemeinden werden, wird Verbundenheit und Einheit möglich – trotz theologischer Unterschiede.

3. Erste Impulse zur Umsetzung einer Sendungs- und Herzensökumene

Die bisherigen Überlegungen zu einer Sendungs- und Herzensökumene führen schlussendlich zu den Fragen: Wie sieht eine solche Ökumene aus? Und wie kann diese entstehen? Das sind beides Fragen, denen sowohl in der Forschung als auch in der Praxis weiter nachgegangen werden muss. Ein paar erste Überlegungen dazu sollen an dieser Stelle noch folgen:

---

[13] Auszug aus einem von der Autorin persönlich durchgeführten Interview mit einem Pastor des ICF.

Zunächst ist festzuhalten, dass die Frage nach der Gestaltung der Ökumene immer kontextspezifisch beantwortet werden muss. Es gibt kein »Schema F«. Stattdessen bedarf es individueller strategischer Überlegungen, die dann erprobt und adaptiert werden müssen. Wegweisend für die interkonfessionelle Einheit in einer Region können jedoch die vier Säulen sein, die Michael Herbst und Hermann Pompe in Bezug auf eine regiolokale Kirchenentwicklung vorgestellt haben.[14] Dazu zählen: Profilierung, Ergänzung, Kooperation und Solidarität.[15] Überträgt man diese Säulen auf den ökumenischen Kontext könnte dies für die Umsetzung Folgendes bedeuten:

1. Die verschiedenen konfessionellen Gruppen machen sich ihre eigene konfessionelle Prägung bewusst und entwickeln jeweils ein eigenes klares Profil. Jede Gruppe konzentriert sich dabei auf das, was sie gut kann.
2. Andere konfessionelle Gruppen werden als Ergänzung angesehen, schließlich sind alle christlichen Gruppen Teil der gleichen Gesandtschaft. Diese Sichtweise befreit zum einen von Neid und Verlustängsten und zum anderen vom Druck, alles selbst tun zu müssen.
3. Neben den konfessionellen Angeboten werden gemeinsame, interkonfessionelle Projekte gestaltet. So können Projekte verwirklicht werden, für deren Umsetzung einzelne Kirchen alleine zu schwach wären. Dies können z. B. Mitarbeiterschulungen, Großveranstaltungen oder diakonische Projekte, wie ein Café oder eine Suppenküche, sein.
4. Solidarität wird sichtbar, indem die einzelnen Gruppen sich gegenseitig aushelfen, wenn Hilfe benötigt wird. Dabei unterstützen die Starken die (derzeit) Schwachen. Dies kann z. B. durch finanzielle Unterstützung, den Einsatz der eigenen Zeit und Gaben für die Anderen oder Fürbitte geschehen.

Profilierung, Ergänzung, Kooperation und Solidarität können mögliche Stützpfeiler einer Ökumene werden, welche ein Miteinander unterschiedlicher Gemeinden in einer Region ermöglicht und Ignoranz und Konkurrenzdenken anderen Gemeinden gegenüber wehrt. Damit die ökumenischen Bemühungen jedoch fruchten und eine Kultur des Miteinanders entsteht, ist wie oben bereits erläutert eine Annährung unterschiedlicher Gemeinden auf der Beziehungsebene notwendig. Hierfür braucht es Berührungsflächen, welche unabhängig von Arbeitsmeetings übergemeindliche und interkonfessionelle Begegnungen ermöglichen. Das kann beispielsweise in Form von Grillfesten, gemeinsamen Gebetsabenden oder übergemeindlichen Austauschrunden geschehen.

---

[14] Vgl. Michael Herbst und Hans-Hermann Pompe, *Regiolokale Kirchenentwicklung. Wie Gemeinden vom Nebeneinander zum Miteinander kommen können* (Berlin: Midi, 2017).
[15] Ebd.

4. Schlusswort

Die Verbundenheit der Christen und Christinnen in Deutschland und die daraus resultierenden Möglichkeiten der Zusammenarbeit über konfessionelle Grenzen hinweg, bilden eine vielversprechende Zukunft für die Christenheit in Deutschland. Denn wo Gläubige unterschiedlicher christlicher Traditionen zusammenstehen, sich gegenseitig respektieren und wertschätzen, da repräsentieren sie den Leib Christi, da bezeugen sie Gottes Liebe, die Grenzen überwindet, und da wird dem Bedeutungsverlust der Kirche in der Gesellschaft gewehrt. Wie übergemeindliche, interkonfessionelle Kooperationen aussehen können und was dafür nötig ist, muss deshalb weiter erforscht und bedacht werden. Und deshalb können wir es nicht lassen: Wir können es nicht lassen, zu forschen, zu lernen, zu lehren und die Kirchenlandschaft in unserem Land aktiv mitzugestalten.

Auf unserem Weg des Forschens, Lernens, Lehrens und Mitgestaltens, wünsche ich uns, dass uns dabei ausgehend von diesem Beitrag drei Dinge begleiten:

1. Die Neugier, über den eigenen Tellerrand zu blicken: Der Leib Christi ist vielfältig und umfasst Angehörige unterschiedlicher christlicher Gruppen, Gemeinden und Kirchen. Der Blick über die eigenen konfessionellen Grenzen hinweg lohnt sich, da es dort vieles zu entdecken gibt, das die eigene Tradition ergänzt und bereichert.
2. Ein gemeinsames Sendungsbewusstsein: Die Sendung in die Welt ist der Grund und Ziel der Ökumene. Indem wir uns durch die Sendung als Teil einer größeren Gesandtschaft wahrnehmen, verbinden wir uns mit Christen und Christinnen aller Traditionen.
3. Weniger ›Kopf-an-Kopf‹ Situationen und mehr ›Herz-zu-Herz‹ Begegnungen: Wir brauchen in der Praxis weniger Arbeitsmeetings oder Diskussionsrunden und mehr Berührungsflächen für freundschaftliche Annäherung zwischen Gemeinden unterschiedlicher christlicher Traditionen. Dann bleibt Einheit nämlich nicht nur eine theologische Richtigkeit, sondern wird zu einer Herzenssache. Und dann wird Einheit lebbar.

Die Neugier, über den eigenen Tellerrand zu blicken, ein gemeinsames Sendungsbewusstsein und ›Herz-zu-Herz‹ Begegnungen – das sind Elemente, die Einheit unter der Christenheit und damit die Vitalität *der* Kirche trotz aller Verschiedenheit fördern.

Felix Eiffler

»Wir können's auch weiterhin nicht lassen«

Künftige Forschung und Lehre zu Evangelisation & Gemeindeentwicklung

Nun ist es offiziell: Seit 2021 sind weniger als die Hälfte der Deutschen Mitglied in einer der beiden ›großen‹ Kirchen.[1] Christen sind damit – zumindest fast – in der Minderheit. Das ist definitiv ein Einschnitt. Aus meiner ostdeutschen Perspektive würde ich jedoch sagen: Willkommen in der kirchlichen Welt des Ostens! Unsere Realität wird nun zur neuen gesamtdeutschen Normalität. Dieser Eindruck verstärkt sich, wenn man die Mitgliederzahl der Evangelischen Kirche für sich betrachtet: nur noch 23,7 % der Deutschen sind evangelisch[2] – das sind fast schon ostdeutsche Verhältnisse.

Und obwohl der Osten bereits in hohem Maße entkirchlicht ist, sind die Abbrüche hier weiterhin hoch: Nehmen wir den Pommerschen Evangelischen Kirchenkreis, dessen Mitgliederentwicklung das IEEG in seiner letzten Studie[3] untersucht hat: Zwischen 1991 und 2010 ist die Mitgliederzahl um 50 % geschrumpft.[4] Zwischen 2002 und 2020 hat sich die Zahl evangelischer Christen in Vorpommern um ein Drittel reduziert. Damit liegt der Pommersche Evangelische Kirchenkreis um 10 % über dem EKD-Durchschnitt (Rückgang um 23 % zwischen 2002 und 2020).[5]

Was dieser kurze Blick zeigen soll: Die kirchliche Situation ist höchst dynamisch und die Abbrüche nehmen eher an Fahrt auf als ab. Verschärft wird dies alles noch durch die Folgen der Covid-19-Pandemie, denn die pandemische Situ-

---

[1] https://www.spiegel.de/panorama/gesellschaft/kirche-katholisch-oder-evangelisch-nicht-einmal-mehr-die-haelfte-in-deutschland-a-274e0475-fc22-4504-a8ca-963924a40651 (aufgerufen am 22.04.22). Vgl. auch https://www.ekd.de/statistik-kirchenmitglieder-17279.htm und https://www.dbk.de/katholische-kirche/katholiken (aufgerufen am 7.11.2022).
[2] Das sind in Zahlen 19.725.000 Mitglieder, vgl. https://www.ekd.de/statistik-kirchenmitglieder-17279.htm (aufgerufen am 22.4.22).
[3] Patrick Todjeras, Benjamin Limbeck, Elisabeth Schaser, *Vielleicht schaffen wir die Trendumkehr. Eine Studie zu Wachsen und Schrumpfen im Pommerschen Evangelischen Kirchenkreis*, Leipzig 2022.
[4] Vgl. https://fowid.de/meldung/kirchliches-leben-landeskirche-pommern-1990-2010 (aufgerufen am 22.04.22).
[5] Todjeras et al., *Vielleicht schaffen wir die Trendumkehr*, 5.

ation hat viele kirchliche Routinen und Selbstverständlichkeiten ins Rutschen gebracht. Die langfristigen Folgen lassen sich bisher nur erahnen, könnten aber unerfreulich sein.

Bei der theologischen Deutung dieser Dynamiken kann man unterschiedliche Strategien beobachten, von denen zwei die Extreme bilden: Die einen interpretieren die Fakten etwas eigenwillig und verweisen auf die vermeintliche Stabilität der Volkskirche und besonders der Kasualien.[6] Die anderen begrüßen den Niedergang als Befreiung aus der ›konstantinischen Ära‹ und entdecken in der Säkularisierung fast schon eine göttliche Intervention.[7]

Ich möchte die skizzierte Wirklichkeit weder euphorisch-unkritisch begrüßen noch euphemistisch relativieren, aber auch nicht hoffnungslos-resigniert betrauern. Ich schlage eine alternative Herangehensweise vor, welche die Prozesse des Abbruchs ernst nimmt, sich aber nicht einfach mit ihnen abfindet. Mein Vorschlag: Säkularisierung als Chance für die Kommunikation des Evangeliums.

Bei dem Begriff der Säkularisierung orientiere ich mich am ursprünglichen Sinn des Begriffs[8] und meine damit eine fortschreitende Entflechtung von Kirche und Gesellschaft. Dies beinhaltet die Abnahme der Kirchenmitgliedschaft ebenso wie den Verlust an Glaubenswissen und Glaubenspraxis sowie einen allgemeinen Schwund des Bekenntnisses zum christlichen Glauben auf der einen Seite und eine zunehmende Indifferenz gegenüber dem Glauben an Jesus Christus auf der anderen Seite. Oder wie es eine Klassenkameradin meiner Berliner Oberschule sagte: »Durch die Evolutionstheorie wissen wir ja, dass es keinen Gott gibt.« Für sie ist der Glaube an Gott und der Kirchgang vermutlich so skurril wie für mich der Besuch eines Mittelaltermarktes.

Ich teile mit Ernst Lange und Christian Grethlein die Auffassung, dass die Kommunikation des Evangeliums die zentrale Aufgabe kirchlichen Handelns ist. Diese Aufgabe nimmt die Kirche nicht nur in der Predigt wahr, vielmehr ereignet sich diese Kommunikation an sehr vielen Orten und auf viele Weisen – so-

---

[6] Vgl. u.a. Alexander Deeg, *Die Kirche stirbt? Plädoyer für einen veränderten Blick und eine andere Rhetorik*, https://www.zeitzeichen.net/node/9434 (aufgerufen am 7.11.2022).
[7] Vgl. u.a. Heinzpeter Hempelmann, »Warum die Kirche keine Zukunft hat. 11 Provokationen«, in *Theologische Beiträge* 51 (2020), S. 440-456.
[8] Vgl. Harmut Lehmann, »Säkularisation/Säkularisierung – Geschichtlich«, in Betz et al.: *RGG* (4. Aufl.), Band 7, Tübingen 2008, S. 775-778; Heinrich de Wall, »Säkularisation/Säkularisierung – Rechtlich«, in *RGG* 7, 783f.; und Wilhelm Gräb, »Säkularisation/Säkularisierung – Praktisch-theologisch«, in *RGG* 7, 786. Um diesen spezifischen Punkt zu unterstreichen, verwende ich den Begriff der Säkularisierung, wenngleich der Begriff »religiös-säkularer Pluralismus« die Situation als Ganze wohl zutreffender zu beschreiben vermag, vgl. Friedrich Wilhelm Graf, »Säkularisation/ Säkularisierung – Religionskulturell«, in *RGG* 7, S. 778-782.

wohl innerhalb der Kirche, als auch außerhalb, bspw. in der Familie, der Schule, den Medien, der Diakonie.[9]

Die zentrale Stellung dieser Aufgabe leitet sich aus der faktischen Relevanz des Evangeliums für alle Menschen ab.[10] Hier ist leider nicht der Raum, diesen Gedanken umfassend zu erläutern. Deshalb bin ich so frech und unterstelle den Leserinnen und Lesern, dass wir uns darüber einig sind, dass die Botschaft des Evangeliums für alle Menschen aufgrund ihres Menschseins, d.h. aufgrund ihrer Geschöpflichkeit, relevant ist. Kommen wir zu den Chancen der Säkularisierung: Ich entdecke drei.

1. Erste Chance: Klären, was das Evangelium ist

Die Greifswalder Fakultät hat einen noch relativ neuen Masterstudiengang, welcher ›Theological Studies‹ heißt und einen Quereinstieg in das Theologiestudium sowie das Pfarramt bietet. Im Rahmen der ersten Präsenzwoche des ersten Jahrgangs hatte ich die schöne Aufgabe, mit den Studierenden über Kirchentheorie nachzudenken. Während unserer Arbeit kam die Frage auf: Was ist eigentlich das Evangelium? Ich habe versucht, der Komplexität des Diskurses gerecht zu werden und die Vielfalt an möglichen Antworten zu skizzieren. Während ich redete, meldete sich ein Student und sagte: »Hier, sogar die EKD bekommt es hin, zu sagen, was das Evangelium ist!« Dann las er die Definition vor, die er auf der Homepage der EKD gefunden hatte.

Dieser Student hat den Finger in die Wunde gelegt, denn wenn man sich den praktisch-theologischen Diskurs anschaut, dann gewinnt man den Eindruck großer Zurückhaltung bei der Frage: »Was ist eigentlich das Evangelium?« Bis auf wenige Ausnahmen[11] begegnet einem häufig der Hinweis, dass man es nicht in der Hand habe zu definieren, was das Evangelium sei, sondern dass sich vielmehr erst im kommunikativen Akt klären müsse, was für den einzelnen Menschen Evangelium ist.[12] So schreibt Christian Grethlein: »Das Evangelium von der liebenden und wirksamen Gegenwart Gottes erschließt sich Menschen nur im gegenseitigen Austausch und ist keine feststehende Doktrin, der gegenüber Wissende und Unwissende unterschieden werden können.«[13]

---

[9] Vgl. Ernst Lange, *Kirche für die Welt. Aufsätze zur Theorie kirchlichen Handelns*, München 1981; und Christian Grethlein, *Praktische Theologie*, Berlin 22016.
[10] Vgl. dazu Michael Domsgen, Zur Frage nach der Relevanz der Kommunikation des Evangeliums in der gegenwärtigen Gesellschaft, in *Evangelische Theologie* 80/5 (2020): 337-350.
[11] Vgl. Eberhard Hauschildt, Uta Pohl-Patalong, *Lehrbuch für Praktische Theologie*. Band 4: Kirche, Gütersloh 2013, 412-415.
[12] Vgl. dazu u.a. Grethlein: *Praktische Theologie*, 159.
[13] A.a.O., 169. Ähnlich Michael Domsgen: »Denn letztlich geht es im Evangelium nicht um Inhalte«, siehe Michael Domsgen, »Kommunikation des Evangeliums – Perspektiven der

Ich stimme natürlich zu, dass das Evangelium nicht nur ein Begriff, sondern ein Ereignis[14] ist, welches sich einer simplen Definition entzieht. Ich bin auch davon überzeugt, dass die Relevanz des Evangeliums auf einer sehr persönlichen Ebene erschlossen sowie individuell unterschiedlich erfahren und beschrieben wird. Schließlich ist mir auch klar, dass niemand das Evangelium besitzt und dass man dem Geheimnis Gottes nicht in drei (oder zehn) Sätzen gerecht werden kann.

Ich finde den skizzierten Befund dennoch unbefriedigend. Denn: Wenn schon diejenigen, die sich tagaus tagein intensiv mit diesen Fragen befassen, keine Antwort geben können (oder wollen), wer denn dann? Hinzu kommt: Wie möchte ich etwas kommunizieren oder kommunikativ plausibilisieren, wenn ich nicht sagen kann, was das eigentlich ist und warum dies für meine Kommunikationspartner relevant ist? Dies gilt umso mehr für einen stark säkularisierten Kontext, in welchem ich keinerlei Vorwissen oder Vorerfahrung mit dem Gegenstand erwarten und insofern kommunikativ an wenig bis nichts anknüpfen kann. Nicht zuletzt hinsichtlich der Frage, warum und inwiefern das Evangelium für die Menschen bedeutsam ist, ist ein Ringen um Klarheit bzgl. meines Gegenstandes unerlässlich.

Manchen Dogmatikerinnen und Dogmatikern fällt es etwas leichter zu beschreiben, was das Evangelium ist. Ich möchte zwei Spuren folgen: Wilfried Härle beschreibt das Evangelium schlicht als die ›Botschaft von Jesus Christus‹.[15] Dabei unterscheidet er den *genitivus auctoris* und *genitivus obiectivus* dieser Formulierung. Das ›Evangelium‹ von Jesus Christus beschreibt also zweierlei: Ursprung und Inhalt des Evangeliums: Die Person Jesus Christus, denn »das Evangelium von Jesus Christus ist untrennbar mit seiner Person und seinem Wirken verknüpft, weil das, was er verkündigt und bringt, nicht unabhängig von seinem Reden und Wirken existiert, sondern sich darin ereignet und manifestiert.«[16]

Neben dieser Bindung an die Person Jesus Christus erinnert Ingolf Dalferth an die kommunikative Besonderheit des Evangeliums: »Das Evangelium ist nicht nur eine Botschaft, die Christen verbreiten, sondern das, von dem diese Botschaft handelt. Es ist ›eine Kraft, die jeden rettet, der glaubt‹ (Röm 1,16). Christen, die das Evangelium kommunizieren, kommunizieren also etwas, das sich entweder selbst als Evangelium kommuniziert oder nicht als Evangelium ver-

---

Lebensbegleitung«, in *Kommunikation des Evangeliums: Leitbegriff der Praktischen Theologie*, hg. v. Michael Domsgen und Bernd Schröder, Leipzig 2014, S. 75-85, hier: 77.

[14] Vgl. Ulrich Körtner, *Dogmatik*, Leipzig 2018, S. 18f.

[15] Wilfried Härle, *Dogmatik*, Berlin/Boston ⁵2018, S. 304ff, besonders 305.

[16] A.a.O., 305. Vgl. dazu auch die Kritik Jan Hermelinks am Ansatz von Grethlein: Jan Hermelink, »Kritik und Konflikt. Die praktisch-theologische Wahrnehmung ehrenamtlichen Handelns als Präzisierung von ›Kommunikation des Evangeliums‹«, in *Kommunikation des Evangeliums*, S. 127–139, hier S. 134.

standen wird.«[17] Dieser Hinweis ist schwer zu überschätzen, denn Dalferth markiert die kommunikative Grenze der Kommunikation des Evangeliums und damit das Proprium dieser Kommunikation: Die menschliche Unmöglichkeit dieses Auftrags. Denn, dass sich diese Kraft Gottes einem Menschen erschließt, ist den Kommunizierenden entzogen, da es sich um ein Werk des Heiligen Geistes handelt. M.a.W.: Jeder menschliche Versuch, das Evangelium eigenmächtig zu kommunizieren, muss scheitern und steht in der Gefahr, übergriffig oder manipulativ zu sein.

Diese knappe Skizze zeigt eine Reihe von Aufgaben an, die vor uns liegen: Zunächst bedarf es einer theologischen Klärung des Gegenstands sowie einer praktischen Reflexion der spezifischen Kommunikationsbedingungen.[18] Dazu gehört u.a. die Erörterung der Frage, in welchem Verhältnis die kirchliche Kommunikation zu Jesus Christus als dem Gekreuzigten und Auferstandenen steht, denn: »Das Evangelium ist […] nicht nur der Bericht von der Geschichte Jesu, sondern es ist zugleich das Wort, durch das Jesus Christus heute als der Lebendige handelt.«[19] Außerdem ist zu klären, worin das Ziel dieser Kommunikation besteht und woran man erkennen kann, dass dieses Ziel erreicht wurde. Schließlich muss das Evangelium für säkulare Menschen erschlossen werden: So ist bspw. die Beschreibung des Evangeliums von Eberhard Hauschildt und Uta Pohl-Patalong weitestgehend gelungen.[20] Sie ist jedoch voraussetzungsreich und müsste für kirchenferne Menschen m.E. eigens zugänglich gemacht werden.

Der dem Evangelium entfremdete Kontext ist insofern eine Chance, da er uns davor bewahrt, einen Diskurs in der Echokammer zu führen, sondern von Kirche und Theologie fordert nachvollziehbar darzustellen, was wir glauben und hoffen, warum wir das tun und wieso das auch für diejenigen relevant[21] ist, die nicht glauben.[22] Bei dieser Darstellung kommen wir mit Wilfried Härle nicht an dem Juden Jesus von Nazareth bzw. der Person Jesus Christus vorbei. Die vor

---

[17] Ingolf Dalferth, *Wirkendes Wort. Bibel, Schrift und Evangelium im Leben der Kirche und im Denken der Theologie*, Leipzig 2018, S. 41.
[18] Vgl. dazu Christian Grethlein, »›Religion‹ oder ›Kommunikation des Evangeliums‹ als Leitbegriff für die Praktische Theologie?«, in *Zeitschrift für Theologie und Kirche* 112/4 (2015), S. 468-489, hier: S. 481.
[19] Edmund Schlink, *Schriften zu Ökumene und Bekenntnis*, Band 2: Ökumenische Dogmatik, Göttingen ³2005, 3.
[20] »Mit ›Evangelium‹ wird die Botschaft bezeichnet, dass Gott in Jesus Christus Mensch geworden ist, gekreuzigt und auferweckt wurde und auf diesem Weg in der Perspektive seines Reiches alle Menschen, die an ihn glauben, hinein nimmt in seine Liebe und seinen Heilswillen für die Welt. Dieser Inhalt ist Gegenstand des Auftrags der Kirche.« (Hauschildt/Pohl-Patalong, *Kirche*, 413).
[21] Zur Relevanz als Ziel der Kommunikation des Evangeliums vgl. a.a.O., 414.
[22] Vgl. dazu auch Felix Eiffler, *Kirche für die Stadt. Pluriforme urbane Gemeindeentwicklung unter den Bedingungen urbaner Segregation*, Göttingen 2020, 288-324.

uns liegende Frage ist nicht neu und lautet im Anschluss an Dietrich Bonhoeffer schlicht, wer Christus heute für uns – säkulare Gesellschaft – eigentlich ist.[23]

2. Zweite Chance: Das Evangelium selbst neu entdecken

Die dargestellte notwendige Bemühung um Klärungen birgt selbst schon die zweite Chance für die Kirche, nämlich: die Chance, das Evangelium von Jesus Christus selbst neu zu entdecken. Denn: Die Auseinandersetzung mit dem Evangelium als Gegenstand kirchlicher Kommunikationsvorgänge eröffnet die Möglichkeit, neue Facetten des Evangeliums zu entdecken. Das säkulare – also dem Glauben an das Evangelium weitgehend entwöhnte – Umfeld hilft dabei.[24]

Timothy Keller schreibt: »Gerade weil das Evangelium so unendlich reich ist, kann es die Bürde tragen, das eine ›große Thema‹ der Kirche zu sein.«[25] Was Keller für die Kirche schreibt, kann m.E. auch für die Theologie gelten: Die Auseinandersetzung mit dem Evangelium erschöpft sich nicht und fördert immer wieder neue Entdeckungen zutage. So auch ein Ringen um die Bedeutung und Kontextualisierung des Evangeliums vor dem Hintergrund einer säkularen Gesellschaft.

Die hinter dieser zweiten Chance liegende Frage lautet: Was kann die Kirche von ihrem säkularen Umfeld hinsichtlich des Evangeliums lernen? Dabei hilft die psychologische Methode der Perspektivübernahme: Ich versuche, mich in den oder die andere hineinzuversetzen und zu verstehen, was mein Gegenüber prägt und leitet. Ich habe viele atheistische Freunde und Verwandte und finde es spannend, die Welt mit ihren Augen zu sehen. Was entdecke ich dabei? Gott fehlt. Oder: Gott ist fern. Glaube ist deshalb nicht plausibel und wirkt fremd, unsinnig oder gar bedrohlich.

Der ostdeutsche Atheismus – so zeigen es viele Studien – ist in vielerlei Hinsicht konsequent und nachhaltig.[26] Diese ungeschönte Wahrnehmung der

---

[23] Vgl. Dietrich Bonhoeffer, *Widerstand und Ergebung*, Dietrich Bonhoeffer Werke [DBW], Bd. 8, 1998, 402.
[24] Vgl. auch Michael Domsgen, »Das Evangelium unter Indifferenten kommunizieren«, in *Indifferent? Ich bin normal. Indifferent als Irritation für kirchliches Denken und Handeln*, hg. v. Hans-Hermann Pompe und Daniel Hörsch, Leipzig 2017, S. 45-72.
[25] Timothy Keller, *Center Church Europe. Doing Balanced, Gospel-Centered Ministry in Your City*, Franeker 2014, S. 35: »Because the gospel is endlessly rich, it can handle the burden of being the one ›main thing‹ of a church.« (Übersetzung FE).
[26] Vgl. u.a. Karl Gabriel, Josef Pilvousek, Miklós Tomka, Andrea Wilke, Andreas Wollbold, *Religion und Kirchen in Ost(Mittel)Europa: Deutschland-Ost*, Ostfildern 2003, besonders S. 343-368; Olaf Müller, Detlef Pollack, Gert Pickel, »Religiös-konfessionelle Kultur und individuelle Religiosität: Ein Vergleich zwischen West- und Ostdeutschland«, in *Kölner Zeitschrift für Soziologie und Psychologie* 65 (2013), S. 123–148; und Gert Pickel, »Gesell-

Abwesenheit Gottes ist eine Erinnerung an die Tatsache, dass zwischen Gott und Mensch ein tiefer Graben liegt. Diese alltägliche Erfahrung kann als Heuristik für fundamentaltheologische Einsichten dienen: Wenn man so will eine praktisch erlebte Hamartiologie. Die Erfahrung eines atheistischen Menschen unterstreicht die biblische Einsicht in die Entfremdung zwischen Gott und Mensch. Außerdem: Diese Erfahrung oder eben Nicht-Erfahrung Gottes erinnert die Kirche daran, dass Gottes Handeln in der Welt nie ganz eindeutig ist und sich Gott in seiner Offenbarung stets auch verbirgt.[27]

Nach lutherischer Diktion – der ich mich sehr gern anschließe – ist der eindeutigste Ort göttlichen Handelns das Kreuz. Dies ist mit Paulus je nach Perspektive ein Skandal, eine Dummheit oder eben Gottes Kraft. Also begegnet uns auch hier – am zentralen Ort göttlichen Handelns – die Ambiguität der Offenbarung Gottes. Aber noch etwas anderes begegnet uns hier: Atheismus.

Ingolf Dalferth schreibt über das Kreuz: »Gott selbst steht im Streit mit Gott. Gott selbst lehnt sich gegen sich auf, Gott selbst leidet an sich. Dafür steht das Kreuz. [...] Kreuzestheologie ist [...] der theologische Ausdruck der Einsicht, dass das Widerspruchsgesehen der Anfechtung nicht nur zwischen Gott und Geschöpf, sondern im göttlichen Schöpfer seinen Ort hat: Gott ist vom Menschen nicht nur durch einen Abgrund getrennt, sondern Gott selbst ist der Abgrund, der Gott vom Menschen trennt. Gott liegt mit sich selbst im Streit, und demgegenüber ist jeder Streit des Menschen gegen Gott von kaum zu überbietender Harmlosigkeit. Selbst der aggressivste Atheismus und Antitheismus sind Unendlichkeiten von Lichtjahren von der Schärfe des Widerspruchs entfernt, in dem Gott sich gegen sich selbst wendet.«[28]

Atheismus – so kann man sagen – ist Gott nicht fremd und jeder menschliche Atheismus ist auch eine Erinnerung daran, wie weit Gott geht, um uns nahe zu sein; wie konsequent er sich einlässt auf diese Welt und ihre Bedingungen. Im erlebten Atheismus sind sich Gott und der Atheist nahe und teilen eine gemeinsame Erfahrung. Die Begegnung mit Menschen, die dem Glauben entwöhnt sind, erinnert die Kirche an das Zentrum des Evangeliums: Das Wort vom Kreuz.

Dieses zwischen Skandal, Dummheit und Kraft Gottes schwankende Wort vom Kreuz (vgl. 1Kor 1,18-31) stellt m.E. die thematische Mitte der Kommunikation des Evangeliums dar. Es umfasst die großen Loci von Anthropologie, Hamartiologie, Christologie, Soteriologie, Pneumatologie und Eschatologie. Inte-

---

schaft – Christentum – Theologie 2040. Empirische Daten und Prognosen«; in *Pfarrer oder Pfarrerin werden und sein – Herausforderungen für Beruf und theologische Bildung in Studium, Vikariat und Fortbildung*, hg. v. Bernd Schröder, Leipzig 2020, S. 157-176.

[27] Vgl. dazu Schlink, *Schriften zu Ökumene und Bekenntnis*, 4f.

[28] Ingolf U. Dalferth, *Leiden und Böses. Vom schwierigen Umgang mit Widersinnigem*, Leipzig ²2007, S. 213f.

ressanterweise war es Jürgen Habermas, der zuletzt an die Bedeutung dieser Botschaft für die Kirche und die Gesellschaft erinnerte.[29]

Es kann Zufall sein, aber in der Festschrift für Christian Grethlein, die sich ausführlich mit der Kommunikation des Evangeliums befasst, bezieht sich nur ein Autor explizit auf den Kreuzestod von Jesus Christus, nämlich der Literaturwissenschaftler Jonas Grethlein.[30] Ich bin überzeugt, dass auch an dieser Stelle eine praktisch-theologische Aufgabe vor uns liegt und damit ebenso die Chance, das Evangelium und dessen Skandal in einem anderen (eben dem atheistischen) Rahmen neu zu entdecken und neu wahrzunehmen. Dieses ›Reframing‹ des Evangeliums gilt es, theologisch und geistlich wahrzunehmen und als eine Quelle für die Vitalität der Kirche zu nutzen.

3. Dritte Chance: Die Gemeinde als Kommunikatorin des Evangeliums

In seiner Bilanz zum Projekt ›Ladenkirche‹ hat Ernst Lange bereits Mitte der 1960er Jahren die zentrale Rolle von ehrenamtlichen Gemeindegliedern betont und diese als »Sachkundige der Diaspora«[31] bezeichnet. Langes Darstellung ist zwar fast 60 Jahre alt, hat an Aktualität dennoch nichts verloren – im Gegenteil: Angesichts einer zunehmenden Entfremdung der Gesellschaft von der Kirche, finden sich immer mehr Glaubende in einer Diaspora-Situation wieder. Eberhard Hauschildt bezeichnet ehrenamtliche Christen als ›Brückenbauer‹ zwischen kirchlichen und alltäglichen Netzwerken[32] und die alltäglichen Netzwerke in Familie, Beruf und Freizeit sind häufig kirchenferne Netzwerke.

Dies bedeutet, dass die allererste Kommunikation des Evangeliums meist durch die Glaubenden selbst geschieht. Die Gemeinde selbst – und nicht etwa die hauptamtlichen Mitarbeitenden – ist somit die erste Kommunikatorin des Evangeliums. Um Brückenbauerin und Kommunikatorin zu sein ist es nötig, dass die Gemeinde in beiden Welten zu Hause ist: im Evangelium und in der Säkularität.

---

[29] Vgl. Hans-Jürgen Abromeit, »Von Jürgen Habermas lernen, was für die Kirche in der Zeit des nachmetaphysischen Denkens unverzichtbar ist«, in *Kirche in der Diaspora. Bilder für die Zukunft der Kirche*, hg. v. Thomas Schlegel, Martin Reppenhagen, Leipzig 2021, S. 169-189.

[30] Vgl. Jonas Grethlein, »Das Erzählen in der Kommunikation des Evangeliums. Ein literaturwissenschaftlicher Blick auf Christian Grethleins Praktische Theologie«, in *Kommunikation des Evangeliums*, hg. v. Domsgen und Schröder, S. 231-246, hier: 245f.

[31] Ernst Lange, *Kirche für die Welt. Aufsätze zur Theorie kirchlichen Handelns*, München 1981, S. 77f.

[32] Eberhard Hauschildt, »Was die Praktische Theologie der Gemeinde von der Netzwerkforschung lernen kann: 14 Thesen aus einer kirchentheoretischen Perspektive«, in *Pastoraltheologie*, 107/3 (2018), S. 82-89, hier: S. 88.

Für die meisten Glaubenden kann man annehmen, dass sie qua Teilnahme am gesellschaftlichen Leben als ›Kenner des säkularen Lebens‹[33] bezeichnet werden können. Diese Kompetenz ist ein großer Schatz und sollte im Rahmen einer kontextsensiblen Gemeindeentwicklung berücksichtigt und als Ressource in der Bemühung um eine Kommunikation des Evangeliums genutzt werden. Dass die Glaubenden nun auch im Evangelium zu Hause sind, d.h. sprachfähig, also mündig werden, ist folglich genuine Aufgabe der Gemeindeentwicklung. Dazu bedarf es einer Bildung der Gemeindeglieder im Glauben (und ggf. zum Glauben).[34]

Michael Herbst schreibt dazu: »Die Bildung missionarischer Zeugen ist für mich das Kernstück jeglicher Mission, aber gegenüber Konfessionslosen in besonderer Dringlichkeit, denn nur die Christen im Alltag haben täglich natürlichen Umgang mit Menschen, die von kirchlichen Werbemaßnahmen nicht erreicht werden, weil diese Maßnahmen es gar nicht bis in den Bereich der Wahrnehmung und Aufmerksamkeit schaffen; sie werden vorher ausgefiltert wie lästige Werbung vom Baumarkt. Wenn das stimmt, müssen wir zugleich darauf achten, dass christliche Existenz nicht nur in der frommen Gemeinschaft aufgeht und absorbiert wird, sondern Ermutigung zum Leben in der ›Welt‹ selbstverständlich wird.«[35]

Missionarische Zeuginnen und Zeugen sind Glaubende, die sich gesandt wissen und die ihre Rolle als Brückenbauer annehmen und aktiv gestalten. Mit den Worten Reiner Preuls bedeutet dies z.B., dass Christen darstellen können, ob der »christliche Gottesglaube als Grundlage des gesamten christlichen Wirklichkeitsverständnisses als eine *intellektuell redliche Position* vertreten werden kann.«[36]

Die Orte der Bildung sind vielfältig: Sie geschieht sowohl in der Pflege einer individuellen sowie einer gemeinschaftlichen Spiritualität. Sie drückt sich aus in Gebet (oratio), Schriftmeditation (meditatio) und Teilnahme am Leben (tentatio). Bei aller Vielfalt besteht ihr Kern in einer »Neuausrichtung des Herzens durch den Geist, der es hinsichtlich seines Begehrens umpolt.«[37] Dies ist laut Reiner Preul »aus theologischer Sicht der entscheidende Bildungsvorgang.«[38] Die Aufgabe von Gemeindeleitung bzw. Geistlicher Leitung besteht nun mit Gerhard Weg-

---

[33] Vgl. Harvely G. Cox, *Stadt ohne Gott?*, Stuttgart 1966, S. 148.
[34] Vgl. Johannes Zimmermann und Anna-Konstanze Schröder, *Wie finden Erwachsene zum Glauben? Einführung und Ergebnisse der Greifswalder Studie*, Neukirchen-Vluyn ²2011.
[35] Michael Herbst, *Vorlesungsniederschrift der Vorlesung im Sommersemester 2016* am 27.5.2016, S. 152.
[36] Reiner Preul, *Evangelische Bildungstheorie*, Leipzig 2013, S. 359.
[37] A.a.O., 370.
[38] Ebd.

ner darin, die Glaubenden darin anzuleiten, sich selbst geistlich zu leiten – sich also in Frömmigkeit und Spiritualität zu üben.[39]

Vor diesem Hintergrund bildet sich die Einsicht heraus, dass die Kommunikation des Evangeliums keine primär homiletische Aufgabe ist, sondern eine, die die gesamte Gemeindeentwicklung umfasst. Dies wiederum entspricht der mit dieser Formulierung verbundenen Forderung Ernst Langes, die Kommunikation des Evangeliums nicht auf die Predigt zu reduzieren, sondern sie in allen Ausdrucksformen gemeindlichen Lebens sowie dem Alltag der Glaubenden als dem ›Ernstfall der Mission‹[40] zu erwarten.

Die dritte Chance des säkularen Kontextes besteht somit darin, in der Wahrnehmung und Befähigung der Gemeinde als Kommunikatorin des Evangeliums der urprotestantischen Wiederentdeckung des allgemeinen Priestertums Geltung zu verschaffen. Die praktisch-theologische Arbeit an diesem Thema liegt – nicht zuletzt aufgrund sich wandelnder gesellschaftlicher Wirklichkeiten – in vielerlei Hinsicht noch vor uns. Daran merkt man, wie geduldig Papier ist, denn diese Aufgabe besteht schon seit mindestens gut 500 Jahren und ist spätestens von Ernst Lange (also seit knapp 60 Jahren) pointiert für die Gegenwart erneut formuliert und gefordert worden. Papier mag geduldig sein, als etwas ungeduldiger erweist sich derzeit jedoch der Trend gegenwärtiger kirchlicher Abbrüche.

4. Ausblick

Der aufmerksame Leser hat es vielleicht schon entdeckt: In meinen Ausführungen habe ich – wie gefordert – die zwei namensgebenden Themen des IEEG vor dem Hintergrund von Säkularität und im Blick auf eine zukünftige Erforschung betrachtet: Gemeindeentwicklung und Evangelisation.

Im säkularen Kontext ist eine Kommunikation des Evangeliums von Jesus Christus häufig eine erstmalige Begegnung mit dem Evangelium. Dass diese Kommunikation dazu führen kann (und soll), dass Menschen sich (erstmalig oder erneut) dem Glauben zuwenden, liegt auf der Hand: Wenn man bisher keinen Kontakt zum christlichen Glauben hatte, muss dieser einen Anfang haben, sich also in einer Zuwendung zum Vertrauen auf das Evangelium bzw. im Glauben an Christus äußern. Dies beschreibt nichts anderes als Evangelisation. Das Thema ›Mission‹, so mein Eindruck, hat wieder einen mehr oder minder festen Platz im praktisch-theologischen Diskurs. Dies ist nicht zuletzt vermutlich auch der Arbeit des IEEG zu verdanken. Beim Thema Evangelisation sieht es anders aus. Warum eigentlich? Liegt es nur an den einseitigen Zerrbildern, die häufig damit verbunden werden? Vielleicht schon. Mein Vorschlag: Wie wäre es, wenn

---

[39] Gerhard Wegner, »Was ist geistliche Leitung?«, in *Pastoraltheologie* 96 (2007), S. 185–200, hier S. 191f.
[40] Vgl. Lange, *Kirche für die Welt*, 146-153.

wir die Zerrbilder hinter uns lassen und Evangelisation als die erstmalige Kommunikation des Evangeliums beschreiben? Oder noch etwas genauer: Wie wäre es, wenn wir die Kommunikation des Evangeliums mit den Diskursen zu Evangelisation verbinden und uns um eine Klärung des Verhältnisses bemühen?[41]

Trägerin dieser Kommunikation ist jedenfalls die Gemeinde und somit ist es genuine Aufgabe der Gemeindeentwicklung, sich um einen angemessenen Rahmen als Bedingung der Möglichkeit der Kommunikation des Evangeliums zu bemühen.

Die skizzierten Aufgaben sind durchaus anspruchsvoll: den zunehmend säkularen Kontext wahrnehmen, auf den Atheismus der Menschen und Gottes hören, das Evangelium in einem anderen Rahmen wieder- und neu entdecken, die Gemeinde bilden, damit sie mündig das Evangelium im Alltag bezeugen und kommunizieren kann und in alledem wissen und darauf vertrauen, dass sich das Evangelium selbst kommuniziert. Diese Aufgaben sind der praktisch-theologischen Forschung, Lehre und Weiterbildung weiterhin aufgetragen und sollten über Greifswald hinaus wahrgenommen werden. Wenn dies geschieht, leistet die Praktische Theologie einen eigenen Beitrag zur Vitalität der Kirche.

---

[41] In der Reihe ›Mission und Kontext‹ (Ev. Verlagsanstalt Leipzig) erscheint demnächst ein Handbuch mit aktuellen Forschungen zum Thema Evangelisation.

Thomas Schlegel

»Wir sollten es nicht lassen ...«
Perspektiven der Erforschung von Evangelisation und Gemeindeentwicklung in Verbindung von Kirchentheorie und kirchlicher Praxis

1. Zwischen Selbstaufforderung und Unterlassung

Nach dreimaligem Anlauf kann dieses Symposium in Präsenz stattfinden: Man sollte nicht versäumen, das zu feiern! *Oder:* Wir sollten uns als Kirchen nicht auf der Kirchensteuer ausruhen, sondern schnellstens Alternativen suchen!

Mit dem verneinten Modalverb *Sollen* im Konjunktiv II öffnet sich – gerade in der ersten Person – ein Bedeutungsraum zwischen Adhortativ und achselzuckender Erinnerung an das, was gerade nicht geschieht. Denn *Sollen* rekurriert auf eine Aufforderung, einen Befehl oder Auftrag. Es ist schwächer als *müssen*, (›soll ist muss, wenn kann‹, sagt der Jurist), aber seinerseits stärker als *sollte*, der Konjunktiv II: ›Er sollte mit dem Rauchen aufhören!‹ ist dann eher eine Empfehlung. In der ersten Person spiegeln die drei Verben einen anderen Grad der Identifikation. Es ist ein Unterschied, ob jemand sagt: Ich *muss*, ich *soll* oder ich *sollte*. Der innere Abstand zur angestrebten Sache steigt. ›Ich *sollte*‹ ist dabei eher der Reflex an einen Rat, den man faktisch aber nicht befolgt. Das häufig hinzugefügte Wörtchen *eigentlich* unterstreicht das: ›Eigentlich sollte ich nicht mehr rauchen, aber es schmeckt eben so gut.‹ Dabei bleibt in dem *sollte* immerhin ein Bewusstsein für das Notwendige stehen. Man spricht es sich gewissermaßen ermutigend selber zu und rappelt sich ein kleines bisschen dazu auf, verbal wenigstens.

»Wir sollten es ja nicht lassen ...« schillert also zwischen *Ausbleiben* (›Wir sollten es nicht lassen, aber wir machen es dennoch nicht mehr.‹) und *Selbstaufforderung* als dem anderen Pol: »Das sollten wir besser nicht lassen.« In ihrer Weisheit (oder ihrer Spielfreude) haben die Organisatoren dieser Tagung mit der Themenvorgabe ein semantisches Feld aufgespannt, in dem sie skizzenhaft, aber womöglich hinreichend präzise beschreiben, was Evangelisation und Kirchenentwicklung und ihre Thematisierung in der derzeitigen Kirchenlandschaft ausmacht: ›Wir sollten es nicht lassen – aber wir kommen viel zu selten dazu.‹

Was sollte nicht gelassen werden?

»Wir sollten es ja nicht lassen ...«: Ist damit eigentlich Evangelisation und Gemeindeentwicklung gemeint – oder deren Erforschung? So richtig deutlich wird es bei dem Titel nicht. Rein assoziativ lässt der Rekurs auf Apg 4,20 an die missionarische Verkündigung denken: Petrus und Paulus waren nicht als Forscher, sondern als Prediger aktiv. In dem nachösterlichen Jerusalem haben sie Jesu Wirken heilsgeschichtlich eingeordnet, Mitmenschen zum Glauben eingeladen und als erste Christen zusammengelebt. Mission at its best. Aber ihre Erforschung hat damals nicht stattgefunden.

»Wir sollten es ja nicht lassen ... Perspektiven der *Erforschung von Evangelisation und Gemeindeentwicklung*«. Diese Kombination aus Titel und Untertitel wiederum lässt die andere Variante aufleuchten: evangelistische und kybernetische Themen in Forschung und Lehre *sollten* nicht gelassen werden. Dann sind die Adressaten allerdings die Professoren oder die Theologischen Fakultäten insgesamt. Ihnen würde die Aufforderung gelten, nach dem Ruhestandseintritt von Michael Herbst den Themen des IEEG treu zu bleiben, sie wach zu halten usw.

An dieser Stelle möchte ich die Weite der Formulierung produktiv nutzen (und als Objekt dieser Erörterungen beides verstehen: *Einerseits* die glaubensweckende Verkündigung und Entwicklung von Gemeinden; *andererseits* die Erforschung ebenderselben. Beides sollte nicht gelassen werden. Weil beides unmittelbar zusammengehört: Evangelisation bedarf ihrer kritischen Begleitung; und die Homiletik benötigt glaubensweckende Verkündigung als ihren Gegenstand. Kirchengemeinden brauchen in ihrer Entwicklung theoretische Reflexion, die Lehre vom Gemeindeaufbau – ebenso wie dieser auf jene bezogen sein muss. Es ist eine Art Stoffwechsel, ein lebendiger Kreislauf, der der Vitalität von Kirche dienen soll!

Im Folgenden möchte ich 1) dieses Wechselspiel zwischen Theologie und Kirche thematisieren, 2) kurz skizzieren, warum es nicht gelassen werden sollte und 3) fragen, warum es faktisch doch immer wieder stockt – wo auf beiden Seiten Fehlstellungen zu verzeichnen sind, so dass es eben nicht zu dieser lebensfördernden Bezogenheit kommt. Denn ja, ich gehe davon aus, dass Theologie die Vitalität von Kirche fördern kann, soll und muss.

2. Ein vitalitätsförderndes Wechselspiel

Kirche benötigt das kritische Gegenüber der Theologie, weil sie sich ihrer Menschlichkeit bewusst ist. Deshalb weiß sie, dass sie fehlen kann – und verantwortlich ist für das, was sie tut. So sollte sie Supervision und Beratung in Anspruch nehmen und sich immer wieder befragen lassen, inwiefern sie noch auf der richtigen Spur ist: Die gesamte Theologie ist eine Funktion der Kirche. In iterativen Schleifen bezieht sich Forschung auf kirchliches Handeln, analysiert und prüft es und spielt es in das System Kirche zurück.

Dabei fragt sie nach, inwiefern Kirche ihrem Auftrag gerecht wird. Theologie hat also Teil an der missionarischen Ausrichtung eines jeden kirchlichen Handelns. Man könnte fast sagen, dass die Theologie in der Erforschung von Evangelisation und Gemeindeentwicklung zu sich selbst kommt. Oder noch einmal anders: Theologische Forschung und Lehre partizipiert an der Mission der Kirche in dieser Welt. Sie ist selbst nicht Mission und Verkündigung, aber integraler Bestandteil derselben.

Als eine konsensfähige Beschreibung kirchlichen Handelns hat sich in den letzten Jahren die an Ernst Lange erinnernde Formel *Kommunikation des Evangeliums* etabliert. Fast unhinterfragt kann man sie in kirchlichen Gremien benutzen, um das Ziel aller Teilbereiche von Kirche markant zusammenzufassen: In Hausbesuchen, diakonischer Zuwendung und evangelischen Schulen geschieht *Kommunikation des Evangeliums*; selbst die Verwaltung dient ihr, indirekt.

Freilich: Wenn eine solche Konsensformel das breite kirchliche Handeln in Gänze beschreiben soll, muss sie selbst eine inhaltliche Weite aufweisen (Evangelium wird nicht nur durch das Wort bezeugt, sondern auch in der liebevollen Zuwendung, der Stärkung von Individuen durch Bildungsprozesse etc.). Außerdem deutet der Kommunikationsbegriff auf die notwendige Subjektorientierung hin: Evangelium ist immer eingebunden in kommunikative Prozesse. Es wird nicht rein als Paket dargereicht, sondern bedarf der individuellen und kollektiven Aneignung.

Kirche will also zuvorderst *Evangelium kommunizieren*. Dem soll sich alles unterordnen. In der Verfassung der Evangelischen Kirche in Mitteldeutschland wird diese Zentralstellung – wie in vielen anderen Kirchenverfassungen auch – gleich zu Beginn deutlich: Nach dem Verweis auf die ursächliche Bindung an Jesus Christus[1], die Quellen unseres Glaubens[2] kommt sie rasch auf ihren Auftrag zu sprechen: »Sie bezeugt das Evangelium in Verkündigung, Mission, Seelsorge, Diakonie und Bildung.«[3] Die Figur ist klar: Gegenüber, Partner und Herr ist Jesus Christus; von ihm empfängt die Kirche, an ihn wendet sie sich und bezeugt ihn.

Bezugspunkt für Kirche ist also das Wort Gottes – in Jesus Christus. Theologie ihrerseits stellt nun sicher, inwiefern das tatsächlich geschieht: *Kommunikation des Evangeliums* in dieser Welt. Dabei kann sie nicht anders als ihrerseits Bezug auf das Wort Gottes in Jesus Christus zu nehmen. Sonst könnte sie ihre Aufgabe nicht erfüllen. Theologie wird in diesem Sinne immer normativ sein.

---

[1] »Jesus Christus schafft seine Kirche durch sein lebendiges Wort als Gemeinschaft von Schwestern und Brüdern.« (Präambel 1,1 der Kirchenverfassung der EKM vom 5. Juli 2008), https://www.kirchenrecht-ekm.de/document/9618 (zuletzt aufgerufen am 15.7.2022) und Art 2,1: »Die Evangelische Kirche in Mitteldeutschland erfüllt ihre Aufgaben in der Bindung an den Auftrag ihres Herrn Jesus Christus und in der darin begründeten Freiheit.«.

[2] »Die Evangelische Kirche in Mitteldeutschland hat ihren Grund im Evangelium von Jesus Christus, wie es uns in der Heiligen Schrift Alten und Neuen Testaments gegeben ist.« (A.a.O., Präambel 2,1 und Art. 2,2: »Sie lebt im Hören auf Gottes Wort, in der Feier der Sakramente und im Dienst an den Menschen.«

[3] A.a.O., Art. 2,3.

3. Theologische Fehlstellungen

Mir ist natürlich bewusst, dass solche Worte in den Ohren manch universitärer Theologen ein Ärgernis darstellen, das sie weitgehend lächelnd beiseite schieben wollen: Einen solchen Ansatz hätte man vor 300 Jahren vertreten können, aber heute? Möglich scheint dies höchstens im Gefolge von Karl Barth. Aber die Devise gegenwärtiger (Praktischer) Theologie lautet doch eher: Zurück zum Kirchenvater des 19. Jahrhunderts!

Doch genau bei Schleiermacher entdecke ich einen ähnlichen Ansatz. Auch ihm ist wichtig, dass sich Praktische Theologie als positive Wissenschaft auf die Praxis der Kirche bezieht, dass sie befähigt zur Steuerung derselben, also die christlich-religiöse Kommunikation im weitesten Sinne befördern soll. Leitung der Kirche bemühe sich um deren »Fortschreitung«, »einen vollkommeneren Zustand als den gegebenen«[4] zu erlangen. Theologie ist in diesem Sinn anwendungsorientiert und normativ. Ihr Fluchtpunkt ist der christliche Glaube, wie er in den historischen und philosophischen Disziplinen erforscht bzw. rekonstruiert wird. Natürlich ist der Duktus, der Ansatz und die gesamte theologische Architektur eine ganz andere als bei Karl Barth. Aber an diesen Grundbausteinen des Wechselspiels von Theologie und Kirche entdecke ich wenig Unterschied zwischen den beiden Vordenkern der vergangenen Jahrhunderte.

Das impliziert auch manche Fragezeichen an der gegenwärtigen Rezeption des Schleiermacherischen Konzepts. Wenn dort die Praxistheorie von der Kunstlehre abgerückt wird[5], also die anwendungsorientierte und die theoretische Praktische Theologie fast schon separiert erscheinen, so kann ich selbige Tendenz bei Schleiermacher nicht erkennen: So macht er z.B. in der Enzyklopädie deutlich, dass der »wissenschaftliche Geist« für eine »besonnene Thätigkeit« wie die Kirchenleitung unerlässlich ist; ohne »kirchliches Interesse« allerdings würden jene »Gemüthsbewegungen«[6] fehlen, die zu steuern sind. Theoriebildung dient der Anwendungsorientierung. Die Abstraktion stellt dabei die kybernetische Funktion der Theologie nicht in Frage.

Auch die Debatte, die rund um die Religionspraxis geführt wird: ihre Individualisierung bzw. die christliche Grundierung unserer Gesellschaft – im Anschluss an Dietrich Rössler – stellt m.E. nicht den hier skizzierten vitalen Stoffwechsel in Frage: Wo Religionspraxis tatsächlich nur individuell bleibt, lässt sie

---

[4] Friedrich Daniel Ernst Schleiermacher, *Die praktische Theologie nach den Grundsätzen der evangelischen Kirche im Zusammenhange dargestellt*, hg. v. J Friedrichs, Berlin 1850; Nachdruck Berlin 1983, 18.

[5] Vgl. z.B. Ulrike Wagner-Rau, »Praktische Theologie als Theorie der christlichen Religionspraxis«, in *Praktische Theologie. Ein Lehrbuch*, hg. v. Kristian Fechtner u.a., Stuttgart 2017, 19-28, hier 20ff.

[6] Friedrich Daniel Ernst Schleiermacher, *Kurze Darstellung des theologischen Studiums zum Behuf einleitender Vorlesungen*. 2., umgearbeit. Ausgabe (1830), hg. v. Dirk Schmid, Berlin/New York 2002, § 258 (230).

sich entweder gar nicht erfassen oder ist Gegenstand der Religionssoziologie bzw. Psychologie. Sobald sie kommuniziert wird, nimmt sie soziale Formen an, die dann ihrerseits als kirchliche Praxis gedeutet werden können. Dabei allerdings bedarf es einer Weitung unseres Kirchenverständnisses: Hin zu einem theologischen Verständnis, das sich eher an der Ekklesiologie orientiert und weniger an der soziologisch gesättigten Kirchentheorie. »Kirche *ist*, indem sie *geschieht*«[7] bzw. wo christliche Religion gelebt wird, ist Kirche. Und damit ist sie Gegenstand der Theologie.

Weit muss er zwar sein, der Kirchenbegriff, aber dennoch: Den theologischen Boden verlassen aus meiner Sicht Ansätze, die auf ein reines Verstehen kultureller Phänomene und Praktiken abzielen – und immer dann, wo Menschen mit Sinnfragen umgehen oder in den Gehalten substantieller Religionen Deutungsangebote finden, die Praktische Theologie auf dem Plan sehen. Solche Forschung mag auch für Kirche interessant und wichtig sein, sie bewegt sich dann aber eher im Bereich der Ethnographie oder Religionssoziologie. Weil solche Art Praktischer Theologie sich als Kulturhermeneutik nicht auf genuin kirchliche Praxis bezieht und eher deskriptiv operiert, sehe ich hier das Aufeinander-Bezogensein von Kirche und Theologie gestört.

Etwas vergröbert sind dies also zwei Fehlstellungen, die den lebensfördernden Stoffkreislauf, der Kirche und Theologie kennzeichnet, behindern: Zum einen die fehlende Bezugnahme auf kirchliche Praxis, zum anderen die Verselbständigung einer Theorie, die nicht mehr der *Kommunikation des Evangeliums* dient. Daneben gesellt sich nach dem skizzierten Theologieverständnis eine dritte Fehlstellung: Die des Referenzsystems. Die Prüfung der kirchlichen Gottesrede muss sich am Wort Gottes als Maßstab orientieren, um ihrer Aufgabe gerecht zu werden. Auch wenn sie sich darauf nicht reduzieren muss, so sollte sie sich darauf doch konzentrieren.

Diesen Fokus vermisse ich bei der Beraterarmada, die unablässig durch kirchliche Gremien wandert: Man orientiert sich in Beratung (und Forschung) in der überwältigenden Zahl der Fälle an der Soziologie, oder der systemischen Organisationsentwicklung. Was Kirche ist, definiert die Soziologie. Wie man das kirchliche System verbessern kann, weist uns die Organisationsentwicklung. Nicht, dass diese Referenzen nicht hilfreich und aussagekräftig wären. Aber fast nirgendwo wird ernst damit gemacht, dass Kirche in diesen Beschreibungen nicht aufgeht. Ja, sie weist typische Merkmale von Sozialformen auf, die man auch anderswo findet. Aber sie ist immer gleichzeitig das geheiligte Volk Gottes, die Ekklesia und die Braut Christi, die mit anderen sozialen Phänomenen nicht verglichen werden kann. (Und diese Attribute beziehen sich nicht auf die ›unsichtbare‹ Kirche allein; sondern auch immer auf die ›sichtbare‹).

Mit anderen Referenzen kauft man sich auch andere Logiken ein. Wohin das führen kann, haben wir in der Phase der McKinsey-ierung kirchlicher Organisa-

---

[7] Karl Barth, *KD IV*,1, 728.

tionsentwicklung gesehen: Hilfreich waren ohne Frage Leitbildprozesse, Entwicklung einer Corporate Identity usw. Aber selbst damit ließ sich die Taufquote nicht berechenbar auf 7,5 % steigern. Die Welle des Aufschreis gegen »Kirche der Freiheit« spürte ich als damaliger bayerischer Vikar und unmittelbar Betroffener des »Evangelischen München-Programms« noch in meinen Gliedern: Kirche, so viele Kolleginnen, sei nicht einfach ein Wirtschaftsunternehmen. Bei vielem Hysterischen in der damaligen Debatte hatten sie damit zweifellos recht.

Erfreulicherweise gibt es in der Gemeindeberatung ein Bewusstsein für und eine Korrektur dieser Fehlstellung: Man implementiert zunehmend geistliche Prozesse in die weltlich veranlagte Beratung, fragt nach Unterbrechungen des Geistes und sucht nach den individuellen Eigenheiten von Kirchengemeinden (Engel der Gemeinde).

»Wir sollten es nicht lassen ...«. Für Theologie im Allgemeinen – und für die Erforschung von Evangelisation und Gemeindeentwicklung im Besonderen gilt also: Sie sollten auf das entsprechende kirchliche Handeln bezogen sein, der Kommunikation des Evangeliums dienen und deshalb auf dieselben Referenzen wie Kirche rekurrieren. Dann dürfte das Wechselspiel zwischen Kirche und Theologie ein reges und konstruktives sein –, eines, das die Vitalität der Kirche befördert.

4. Kirchliche Blockaden

Im Folgenden möchte ich als Vertreter der landeskirchlichen Ebene – als der ich hier eingeladen wurde – auf die andere Seite des Wechselspiels zu sprechen kommen:

Damit Forschung und Lehre tatsächlich die kirchliche Kommunikation des Evangeliums befördern können, muss Kirche auf deren Impulse hören, das Gespräch suchen und sich korrigieren lassen. Sicher bestehen hier eine ganze Palette von Fehlstellungen auf kirchlicher Seite, weshalb sich die freundliche Bezugnahme von Theologie – wo sie existiert – eben nicht zu einem erbaulichen Stoffkreislauf auswachsen kann, sondern wertvolle Erkenntnisse einfach verhungern, oder vertrocknen.

Das ist ein Phänomen, was ich nach acht Jahren Kirchenamt noch immer nicht durchschaue und worauf ich gleich mehrere Studien ansetzen würde: Die Einsichten sind da. Studienergebnisse, wie beispielsweise Konfirmanden den agendarischen Gottesdienst erleben, liegen vor und dürften vielen Kolleginnen durch eigene Erfahrungen bekannt sein. Wir kennen die Milieus unserer Gesellschaft und wissen, wie Wenige wir erreichen und bleiben in unseren Formaten doch merkwürdig verengt und selbstreferentiell. Wir sehen die dramatischen Einbrüche bei den evangelischen Bestattungen – und leisten uns immer noch die Haltung: »Am Samstag übernehme ich keine Trauerfeiern!« Es gibt einige sehr spannende positive Erfahrungen während der Coronazeit – was beispielsweise kurzformatige Gottesdienste und andere Beteiligungsformen angeht – aber viele Kirchengemeinden kehren gerade wieder zum Normalprogramm zurück, als wäre nichts geschehen.

Auf den verschiedenen Ebenen unserer Kirche wissen wir, wie hoch der Handlungsdruck ist – und in welche Richtung wir weiterdenken sollten. Aber es passiert nichts. Es mangelt nicht an Einsichten und Ideen, sondern an deren Umsetzung. Man ruft sich Mahnungen zu (»Wir sollten!«) – und macht: Nichts, oder wenig! Willkommen in der Welt des Konjunktiv II!

Auf der letzten Synodalsitzung unserer Landessynode verwies ein Superintendent auf die Midi-Studie zu Corona und winkte – offenbar ähnlich frustriert – lakonisch ab: »Wir sollten die Studien lassen, denn wir richten uns ja doch nicht danach.« Und auf ebenderselben Synode rätselte ich mit meinem Kollegen aus Elbingerode: »Wieso eigentlich werden seit 30 Jahren die Ideen eines gästefreundlichen Gottesdienstes, eines gabenorientieren Mitarbeitereinsatzes usw. landauf- landab gepredigt – am Sonntag-Morgen-Gottesdienst hat sich allerdings kaum etwas verändert.« Warum?

Ich weiß es nicht. Einige unvollkommene Deutungsversuche hier zu äußern, scheint mir insofern bedeutsam, als deren Erforschung dringend geboten wäre und deren Beilegung für das vitale Wechselspiel, um das es hier geht, zentral sein dürfte. In ihnen dürften sicher auch einige der größten Blockaden von Kirchenentwicklung in unserer derzeitigen evangelischen Volkskirche liegen. Sieben Fehlstellungen in der kirchlichen Wirklichkeit habe ich ausgemacht, die aus meiner Sicht das vitale Gespräch mit der Theologie erschweren und so die Kommunikation des Evangeliums behindern.

1) Pfadabhängigkeit: Beginnen möchte ich mit einem organisationstheoretischen Erklärungsmodell[8], dem der Pfadabhängigkeit. Georg Schreyögg schreibt als einer der Experten dazu: »Die Wandlungsfähigkeit von Organisationen wird systematisch überschätzt. ... viele Publikationen schwärmen von ›fluiden Unternehmen‹ und überhöhen das Internetzeitalter als Epoche organisationaler Flexibilität und Anpassungsfähigkeit. So sympathisch diese Visionen sind, so neigen sie eben doch dazu, die systematischen Gegebenheiten von Institutionen falsch einzuschätzen.«[9]

Warum ist das so? Weil Organisationen sehr häufig bei eingespielten Mustern bleiben. »Ein einmal eingeschlagener Weg – ... ein etabliertes Geschäftsmo-

---

[8] Die oben geäußerte Kritik, dass die Kirchentheorie sich soziologischer Erklärungsmodelle bedient, wird dabei nicht hintergangen. Denn kritisch sehe ich nicht soziologische Referenzen an sich, sondern deren umfassende Applizierung auf die Kirche: also das Fehlen einer theologischen Brechung bzw. Erweiterung dieses fachfremden Referenzrahmens.

[9] Georg Schreyögg, »In der Sackgasse. Organisationale Pfadabhängigkeit und ihre Folgen«, in *Organisationsentwicklung* 1(2013), 21-30, hier 21.

dell... verfestigt sich und verengt zunehmend den Handlungsspielraum.«[10] So hält man eben an der traditionellen Gottesdienstform fest, aber auch an dem parlamentarischen Procedere von Synoden, den Handwerkern, auf die man zurückgreift usw. Bewährte Lösungen, gewachsenes Vertrauen sind als solche auch nicht schlecht. Im Gegenteil, sie dienen dem Systemerhalt, sparen Zeit und Energie.

Aber solches Vorgehen führt eben im Laufe der Zeit dazu, dass man andere Optionen nicht mal mehr prüft und so in eine Pfadabhängigkeit gerät, die bei sich rapide veränderndem Umfeld verheerende Folgen haben kann. Sie kennen wahrscheinlich die Geschichte von Faber-Castell, die beharrlich an den Rechenschiebern festhielten, und von Kodak, die Zelluloid präferierten und das digitale Fotografieren verpassten. »Es werden immer wieder die gleichen Lösungen reproduziert, obwohl bessere Lösungen verfügbar wären.«[11] Es kommt zu einem *Lock-In*, einer strategischen Verriegelung, die auch durch einen x-beliebigen Tagesordnungspunkt auf einer Landeskirchenratssitzung, in dem man über Systemveränderungen debattieren möchte, nicht aufgebrochen werden kann. Der formale Rahmen einer solchen Sitzung, das Spiel der Akteure, der Duktus der Wortmeldungen – all das gleicht einem Bühnenstück, das immer und immer wieder aufgeführt wird – ganz egal, was inhaltlich vorgetragen wird. Man weiß: Nach TOP 14 endet die Sitzung. Dann trinkt man seinen Kaffee und kann nach Hause gehen. Manches Mal kommt es mir so vor, als wenn alle nur darauf warten.

Wie kommt es zu seinem solchen Lock-In? Wichtig scheint mir festzuhalten, dass dahinter keine böse Absicht steckt, kein reform-unfreundlicher Bischof, nicht der Widerstand des borniertiten Establishments. Es sind oft die einzigen Muster, die den Handelnden zur Verfügung stehen! Die Pfadabhängigkeit stellt sich unbeabsichtigt und schleichend ein, durch permanente Wiederholung. Oft sind es kleine, *zufällige Ereignisse*, die so etwas begünstigen: ›Der Bäcker in der Marienstraße hatte noch bis 19 Uhr offen. Dann habe ich eben das Brot dort gekauft und mache dies heute noch so.‹ Positive *Rückkoppelungen* (›Meine Familie findet das Brot auch lecker.‹) oder *Verstärkungen* (›Dort gibt es ein gutes Rabattsystem.‹) begünstigen die Einschränkung der Handlungsoptionen. Förderlich dafür sind auch *Netzeffekte*: ›Den Gottesdienst gestalten ja alle so. Dazu gibt es viel Material. Liturgisch ist das Konzept ausgefeilt usw.‹ Eine gewisse Dominanz von Lösungen verstärkt ihre Persistenz.

Bemerkenswert, dass es so etwas in der »idealisierten Welt der Rationalentscheidung gar nicht gibt, nämlich ein Festhalten an alten Lösungen, obwohl effizientere Alternativen möglich wären«[12]. Das Rationalmodell kommt hier an seine Grenzen. Viele Entscheidungen werden nicht aufgrund des besse-

---

[10] Ebd.
[11] A.a.O., 22.
[12] Ebd.

ren Arguments getroffen – oft sogar wider bessere Einsicht. Bewährte Praxis schränkt die Denkoptionen ein und verengt die Handlungsspielräume. Das imprägniert kirchliche Entscheidungsträger gegen Studienergebnisse und wohlgemeinte Ratschläge aus der Praktischen Theologie.

2) Individuelle Trägheit: Der nächste Punkt ist heikel. Er korrespondiert mit der ›strukturellen Trägheit‹, wie die eben skizzierte Pfadabhängigkeit auch genannt wird. Es gibt ähnliche Phänomene auch auf individueller Ebene. Da ist die Tendenz, beim Gewohnten zu bleiben, das einmal Gelernte immer wieder anzuwenden und bei Veränderungsimpulsen erst einmal auf emotionalen Widerstand zu gehen: »Das jetzt auch noch!« Denn Umstellungen sind anstrengend und fordern Energie. Man ist aber ermüdet und erschöpft. Und ich befürchte, dass viele Veränderungsstimuli gegen eine dicke Gummiwand bei kirchlich Mitarbeitenden prallen – und dort einfach veröden.

Das gibt man natürlich nicht zu, verschiebt das Ganze in eine AG – oder zögert es hinaus (»Wenn ... erledigt ist, dann machen wir das mal!«) oder äußert inhaltliche Bedenken dagegen. Ich vermute, dass viele Anregungen des Greifswalder Institutes nicht vorrangig wegen theologischer Skepsis versanden – die wird möglicherweise nur vorgeschoben –, sondern aufgrund einer gewissen persönlichen Schwerfälligkeit. Stützpfeiler dieses Phänomens sind zum einen unsere rechtliche, aber vor allem die finanzielle Sicherheit. Ich spüre Kolleginnen sagen: ›Mein Gehalt kommt doch, pünktlich jeden Monat. Und mein Ruhestand ist auch nicht mehr weit: Was willst Du eigentlich?‹ Monetäre Sicherheit beruhigt und schläfert irgendwann ein.

Solche Tendenzen kann man sicher psychologisch trefflich analysieren. Ich möchte dagegen eine andere, theologische Deutung skizzieren und dabei auf einen Locus in Karl Barths Anthropologie rekurrieren.

Er konstatiert eine Trägheit, die versprochene Freiheit nicht zu ergreifen und »sich in der Niederung eines in sich verschlossenen Seins [zu] genügen«[13]. »Auch des Menschen Trägheit ist eine Gestalt seines Unglaubens«[14], weil sie nicht der Aufrichtung des Menschen Jesu folgt und damit im Widerspruch zu der heiligenden Kraft Gottes steht. Jesus selbst hat »das menschliche Dasein ... in das Licht der in ihm geschehenen *Erhöhung* unseres, des menschlichen Wesens, [ge]rückt«[15].

Der Mensch dagegen möchte *in Ruhe gelassen* werden; »Er hält die ihm in seiner Existenz angekündigte *Erneuerung* des menschlichen Wesens für *unnötig*.«[16] Mündigkeit empfindet er als Zumutung und will sich stattdessen mit den Verhältnissen arrangieren. Man führt lieber ein »beschwerliches, aber auch

---

[13] Karl Barth, *KD IV*,2, 423.
[14] A.a.O., 455.
[15] A.a.O., 429.
[16] A.a.O., 458.

bequemes, weil in sich gesichertes Sklavenleben«[17], als verantwortlich Herr zu sein. Man kehrt der Verheißung lieber »den Rücken [zu], um sich wie ein Igel mit gespreizten Stacheln in sich selbst zusammen zu rollen«[18].

Barth sieht eine gewisse protestantische[19] Tendenz darin, diese Seite der Schuld zu ignorieren – möglicherweise, weil es eine Schuld der Unterlassung ist, etwas was nicht geschieht. Wo es dagegen um den aktiven Menschen in seiner Hybris geht, der sich selber zum Aufrührer macht und herrschen will, da springt die [kleinbürgerliche] Verdächtigung an. Da wird er hellhörig.

Aber »der Mensch ist eben nicht nur Prometheus ... , sondern ... auch ganz einfach ein Faulpelz, ein Siebenschläfer, ein Nichtstuer, ein Bummler. Er existiert nicht nur in einem üblen Droben, sondern ... auch in einem ebenso üblen Drunten. Er ist wie dort der Erniedrigung, so hier der Erhebung bitter bedürftig – und das im Blick auf seine Existenz und Lebenstat in ihrer Ganzheit.«[20]

Einem Missverständnis dieser Deutung möchte ich im Voraus begegnen: Denn damit meine ich nicht, dass die Mitarbeitenden in unserer Kirche faul sind. Sie machen eine ganze Menge, tagaus, tagein und sind ständig beschäftigt. Das Hamsterrad kennt jeder und eignet sich überdies dafür, das Problem zu skizzieren: Es geschieht viel vom selben, immer wieder. Und dabei kreist man um sich selbst – und die Muster werden nicht durchbrochen. Auch individuell nicht. Trägheit ist nicht nur theologisch, sondern auch physikalisch eine angemessene Bezeichnung: Man behält die Richtung bei und bleibt in der Bahn. Für die Reflexion pastoralen Agierens sollte seltener gefragt werden, wieviel und was getan wird, sondern ob dies noch das Richtige ist.

3) Steuerung komplexer Systeme: Trägheit, Imprägnierung gegenüber Veränderungsstimuli, Beharrungen. Ein weiterer Punkt, der dringend kybernetisch eingefangen werden müsste, wäre die Steuerung komplexer Systeme. Wer leitet eigentlich die Kirche? Und wie? Wer ist wofür verantwortlich zu machen? Das ist gar nicht so klar. Vor einigen Wochen war ich in einem Online-Meeting mit einer Gruppe, die aus der Synode heraus entstanden ist und das Ziel hat: Die Kirche für Ehrenamtliche und Hauptamtliche angenehmer zu machen. Auf der ersten Sitzung hörten wir einander zu, wie diese sagte und jener wiederholte: ›In der Ausbildung werden die Kollegen nicht richtig vorbereitet. Die Kirchenleitung sollte doch das Vikariat reformieren.‹ ›Wieso werden eigentlich die Prädikanten zentral ordiniert. Das müsste man ändern.‹ Und so ging es immer weiter. Es war ein Konzert verschiedenster Impulse, die allerdings immer der gleichen Grundmelodie folgten: ›Wir wollen dies, wir wollen das – macht mal!‹ Als wenn jemand zur Belebung des Ehrenamtes einfach den Schalter umlegen könnte. Am besten ›die da oben‹. Ich halte das für eine Projektion, eine gefährliche noch dazu.

---

[17] Ebd.
[18] A.a.O., 455.
[19] Ich ergänze: vielleicht auch eine deutsche-provinzielle?
[20] A.a.O., 454.

Wer leitet eine Kirche eigentlich? Und wie? Vielleicht kann man beschreiben, wer so ein System verwaltet, aber wer es nachhaltig zu ändern vermag? Zentrale Fragen, die ich nicht beantworten kann. Ich bin bisher nur so weit gekommen zu sagen, wer es nicht tut. Es ist nicht die Bischöfin, es ist nicht die Synode, es ist nicht die Kirchenleitung und auch nicht die Superintendentinnen. Es sind auch nicht Beschlüsse, Gesetzestexte und Gremien. Finanzen sind wichtig, aber ohne Menschen auch zahnlos. Es ist alles zusammen, so ein bisschen.

Unser Organisationsentwickler spricht von den Landeskirchen gern von *polyzentrischen Mehrebenensystemen*. Auf mehreren Ebenen existieren verschiedene Machtzentren. Dieses macht die Steuerung des Gesamten derart komplex und undurchschaubar, weil man Vorgänge tot legen kann, indem man sie von A nach B schiebt. Dann geht es beständig um das Austarieren der Gewalten, Interessen und persönlichen Präferenzen. Entscheidungen beruhen auf dem Konsensprinzip, deshalb fallen so wenige, die weh tun – also grundsätzliche. Diese sind aber strategisch unbedingt erforderlich. Jedoch haben die Vetoplayer leichtes Spiel und können mutige Schritte einfach blockieren – und damit triumphieren nicht selten niedere Beweggründe wie Neid, Narzissmus, Kränkung und sonstige Animositäten.

Das System blockiert sich häufig selbst – ganz unabhängig von den jeweiligen Akteuren. Einiges erinnert bei diesem Bild an die Europäische Union. Und richtig: Solange man einfach verwalten kann, läuft es einigermaßen gut, aber unter Veränderungsdruck wird die Dysfunktionalität eines solchen Systems frappierend offenbar.

4) Pluralität: Viele verschiedene Interessen, alle möglichen theologischen Richtungen und ethischen Grundüberzeugungen – die volkskirchliche Grundierung bleibt auch in einer kleinen Minderheitenkirche erhalten. Beschlüsse fallen nach dem Mehrheitsprinzip: sie sind allerdings schon vorher so formuliert, dass sich niemand an ihnen stößt. Ecken und Kanten sind vorsorglich entfernt worden.

Jüngstes Beispiel: Die Verlautbarung unserer Landessynode zum Krieg in der Ukraine, beschlossen am 30.04.2022. Der Krieg wird verurteilt. Dieser Konsens, der ja auch eine breite gesellschaftliche Mehrheit findet, bestand unter den Synodalen. Aber wie damit umzugehen ist? Da tat sich die ganze Bandbreite auf. Von Pazifismus bis Lieferung schwerer Waffen – für alles gab es Befürworter. Insofern wird dieser Punkt im Papier einfach ausgelassen. Es wird lediglich festgestellt, dass dazu verschiedene Meinungen bestehen und der Wunsch nach Frieden alle eine. Natürlich gab es auch Rückendeckung für unseren Landesbischof als Friedensbeauftragter der EKD – aber eben nur in seinem Engagement, nicht in seinen Positionen. Darauf wurde penibel geachtet.

Nun ist es wirklich eine hohe volkskirchliche Errungenschaft, dass man beieinanderbleiben will. Ich habe das schon einige Male als sehr wohltuend erlebt. *Aber*: Wie soll eine plural ausgerichtete Kirche, die Partizipation großschreibt, visionär und zielstrebig nach vorne geleitet werden?

Ich sage nicht, dass das nicht geht. Unsere Landessynode hat beispielsweise die Erprobungsräume ins Leben gerufen und sich erst jüngst wieder dazu bekannt. Meine Punkte sind keine Argumente gegen mögliche Veränderung, nur für deren faktische Erschwerung.

5) Enge Kirchenbilder: Die volkskirchliche Breite korrespondiert meiner Erfahrung nach nicht mit einer praktisch-theologischen Weite – sowohl bezüglich der Erfahrungen als auch der Kenntnisse. In den Gesprächen zum zweiten Examen werden die Präferenzen recht schnell deutlich; vereinfacht: ob Gräb oder Herbst. Aber wer hat schon mal etwas von Fresh Expressions, Rewilding oder Willow Creek vernommen? Da existieren häufig nur Zerrbilder. Und wer hat es sogar schon einmal erlebt – und den Blick geweitet, wie Kirche auch sein kann? Hier empfinde ich ein großes Defizit, gerade bei den Kolleginnen, die schon länger im Dienst sind. Sie kennen weitgehend nur die mitteldeutsche Kirchenwirklichkeit. In welche Richtung sich Kirche entwickeln lässt – dafür fehlt vielen schlicht die Vorstellung. Die inneren Bilder bewirken hier eine kybernetische Pfadabhängigkeit!

Dies ist freilich ein Punkt, den man recht gut bearbeiten kann: Durch Beratung, Vorträge und sonstige Informationen, am besten durch geteilte Erfahrungen. Studienreisen, Exkursionen sind ein sehr probates Mittel dafür, Videos und Erfahrungsberichte ebenso. Die Inspiration, die durch Vernetzungen entsteht, tut das Übrige dazu.

Allerdings betrifft diese Weitung auch die theologische Seite in unserem Wechselspiel: Auch sie muss immer aufmerksam bleiben, wo sich Kommunikation des Evangeliums tatsächlich ereignet. Ich beobachte Resonanzen auf das Evangelium dort, wo man es in der klassischen Gemeindeentwicklungsszene nicht vermuten würde. Unsere Erprobungsräume berichten von besonderer Wirkung einer zeitspendenden Präsenz (Da-Sein); Segnungen, Berührungen, Gesten, Rituale – gemeinsames Essen und der Musik. Dieses ernst zu nehmen als Wege der Mission, ihre Wirkungen zu untersuchen, generell immer wieder eingespielte Pfade der Forschung zu verlassen und neue zu erproben, sollte ebenfalls nicht gelassen werden.

6) Verunsicherung und Zweifel: Drei Plakate hängen in den Räumen unserer Fachreferentin für Seelsorge. Sie stammen von der Krankenhausseelsorge in Bayern und lauten wie folgt: »Wir spenden keinen Trost.« »Wir machen nichts.« »Wir reden nicht vom lieben Gott.« Unterschrieben jeweils »Ihre Krankenhausseelsorge«.

Für die Plakate gibt es sicher gute Gründe: So wollte man sich von einer verharmlosenden Rede über Gott absetzen, weil die Menschen dort oft einen anderen als den lieben Gott erleben würden – und so weiter. Aber welch verheerenden Effekt eine kirchliche Präsenz hat, die sich ungefragt und auf den ersten Blick von Trost und Gott distanziert und zum Nichtstun bekennt, ist den Machern sicher nicht bewusst. Denn die erste Botschaft wirkt, auch wenn hier wieder theologentypisch um die Ecke kommuniziert werden soll.

Ich beobachte eine tiefe Scham, ob bei Haupt- oder Ehrenamtlichen, von Gott zu reden und den eigenen Glauben zu thematisieren. Das Problem ist dabei weniger, dass man nicht weiß, wie es geht, das Technische. Tipps für ein evangelistisches Gespräch oder Glaubenskurse helfen dabei nur bedingt. Peinlichkeit umgibt die Frage nach Gott beim Gegenüber. Zuspruch von Trost wirkt beklemmend und schnell aufgesetzt. Es wirkt so merkwürdig aus der Zeit gefallen und übergriffig – und driftet am liebsten schnell wieder ab.

Man hilft sich in den Seelsorgesettings insofern, als dass man Gott nicht ins Spiel bringt, wenn ihn das Gegenüber nicht zuerst benennt. Und wenn das passiert oder es sonst notwendig ist, dann weicht man schnell auf vorformulierte Worte aus: Gebete – Psalmen – Lieder. An sich ist das eine wunderbare Idee, weil darin der Reichtum des Glaubens anders verdichtet wird als in den eigenen stammelnden Sätzen. Aber sie können so schnell wie Floskeln wirken, wie leblose Hülsen stehen sie dann da – und verstärken nur die Befremdlichkeit der Situation.

Im Newsletter unseres Gemeindedienstes war als Auftakt zu lesen: »Der Ausblick auf Ostern gibt Hoffnung, uns und der Welt.« Es sind solche indikativischen Sätze, die in mir Beklemmungen auslösen. Klar, sie sind theologisch korrekt und viele Predigten sind voll von ihnen. Aber leider wirken sie für mich oft wie Ruinen. Sie strahlen nicht von innen und atmen Ängstlichkeit – als müsste man sich dies selber immer wieder sagen, um noch daran glauben zu können.

Wie verunsichert sind die Boten Gottes, wenn sie nur noch von Gott reden sollten? Ist ihr Zeugnis noch lebendig? Ich halte den Zweifel für einen der ungehobenen Schätze, ein vergessenes Thema sowohl in Kirche als auch Theologie. Wer redet schon darüber? Gerade unter den Hauptamtlichen? Mit der Ordination sollte das Bekenntnis spätestens feststehen. Anstellung und Verantwortung zementieren die einmal gewonnenen Glaubenssätze. Wir müssen Antworten geben. Dafür werden wir bezahlt. Profichristen können sich keine Zweifel leisten.

Und wie sieht es im Herzen wirklich aus? Welche Worte berühren unsere Sehnsucht noch? Was lockt und was macht uns Mühe beim Predigen? Wenn wir uns darüber austauschten, gewönnen wir eine neue Ehrlichkeit – und so entstünde ein Raum der Freiheit – und eine Vollmacht für das, was wir dann zu sagen haben. Authentizität – ich glaube, unsere kirchliche Predigt, bestärkend oder einladend, muss noch über den Jordan gehen.

7) Die Frage nach dem Subjekt: Mit dem letzten Punkt möchte ich den Faden aus der Apostelgeschichte wieder aufnehmen. Es soll der letzte Baustein einer Deutung sein, warum Forschung und Lehre von Gemeindeentwicklung und Evangelisation scheinbar wenig in Gang setzt und der eigentliche Kreislauf zwischen Theologie und Kirche oft stecken bleibt.

Der Satz, »Wir können es nicht lassen ...« hat nämlich eine Vorgeschichte. Petrus und Johannes heilen den Gelähmten an der schönen Pforte des Tempels. Das ist sichtbar und erlebbar – als sie vor dem Hohen Rat verhört werden, steht er neben ihnen: »Sie sahen aber den Menschen, der gesund geworden war, bei ihnen stehen und wussten nichts dagegen zu sagen.« (4,14) Ein offensichtlicher ›Beweis des Geistes und der Kraft‹ – »allen bekannt, die in Jerusalem wohnen« (4,16).

So muss selbst der Hohe Rat bekennen: »Wir können es nicht leugnen« (4,17). Sie würden gern an der Wahrheit schrauben – wie es Machthaber nun einmal tun, aber sie können nicht.

Ganz klar wird in der Geschichte: Die Heilung, also Jesu Handeln durch Petrus und Johannes baut eine Dynamik (3,6-7) auf, in die die anderen sich nur einreihen. Gott ist in seinem Handeln sowohl den Jüngern als auch dem Hohen Rat vorausgegangen. Das Kritisieren der Kritiker und der Enthusiasmus der Boten folgen dem nur nach. Das erinnert daran, dass wir stets nur Zeugen, aber nicht Initiatoren der Botschaft sind.

Ich vermute, dass wir uns in Reformanstrengungen, Erprobungen und Kirchenentwicklung schnell übernehmen, weil wir diese Kausalzusammenhänge vergessen. »Wir sind es doch nicht, die da künden die Kirche erhalten, unser Vorfarn sind es auch nicht gewesen, Unser nachkomen werdens auch nicht sein, Sondern der ists gewest, Ists noch, wirds sein, der da spricht: Ich bin bey euch bis zur welt ende«.[21]

Das bedeutet auch, wenn der Herr nicht handelt, so arbeiten wir umsonst. Da können wir predigen und forschen und uns über Vitalität austauschen – es ist schlicht sinnlos. Wenn er nicht handelt, können wir das nicht kompensieren. Vielleicht ist auch das ausbleibende Handeln Gottes bzw. die fehlende Erfahrung dieses Handelns unser Problem, was die Vitalität angeht.

Wo geht uns Gott voraus? Das muss die eigentliche Frage von Theologie und Kirche sein. Denn dann heißt es nicht mehr: Wir sollten es nicht lassen – sondern: wir können es auch nicht.

---

[21] »Wider die Antinomer«, *WA* 50; 476, 31-35.

Michael Herbst

»Weil Gott es nicht lassen kann ...«
Missio Dei als Leitbegriff der Praktischen Theologie?

Eigentlich kamen sie gerade von Omas 89. Geburtstag. Jetzt waren sie im Zug unterwegs, der Journalist Harald Martenstein und sein Sohn. Hinter den beiden saßen zwei junge Frauen. Als Martenstein aufstand, um etwas aus der Gepäckablage zu holen, sprach ihn eine der beiden Frauen an: »Darf ich für dich beten?« Ob er wisse, dass Jesus ihn liebe, fragte sie weiter. »Gut möglich«, antwortete er, vielleicht doch ein bisschen überrascht. »Die Frau hielt nun, mit schwäbischem Akzent, einen offenbar eingeübten missionarischen Kurzvortrag, in dem es um Gottes Liebe, um den Opfertod Jesu und die Bibel ging.« Sie kam aus einer Pfingstkirche in Stuttgart.[1] Nach dem missionarischen Kurzvortrag kam ein strahlendes Lächeln: »Wie heißt Du, mein Bruder? [...] Ich möchte jetzt das Gebet für dich sprechen.« Martenstein schlug vor, sie solle lieber für seinen Sohn beten, der habe länger etwas davon. Sie stand auf und betete »einige Minuten halblaut um Gottes Hilfe für dieses Kind«. Der Junge kriegte davon nichts mit, er trug Kopfhörer und schaute Pokémon. Martenstein schreibt das alles ohne Spott, im Gegenteil. Er dankte der Frau freundlich. Und er schrieb, er bewundere ihren Mut.

Was ist das nun? Eine mutige Christin, die dem Auftrag des Auferstandenen nachkommt und darum nicht schweigen kann von dem, was sie im Glauben erfahren hat? Die, wie unsere Tagung titelt, es nicht lassen kann? Oder die Bestätigung unserer schlimmsten Befürchtungen, was man sich unter Mission vorzustellen habe und wofür dieses merkwürdige Institut in Greifswald steht?[2] Oder ein frontaler Bekehrungsversuch, für den wir, die wir seriös und nachvollziehbar über Mission reden wollen, uns nur fremdschämen können?

Jedenfalls zeigt diese Begebenheit, wie auch immer wir Martensteins Zugerlebnis deuten, dass es schwierig ist mit der Mission. Günter Thomas nennt das Missionsthema, jedenfalls wenn Mission Konversion anstrebt, ein »Partykiller-

---

[1] Vgl. und siehe: Harald Martenstein, »Über eine Begegnung zwischen Enkel und Großmutter und einen christlichen Bekehrungsversuch in der Bahn«, *ZEITmagazin* 13.4.2022, N°16.
[2] Gemeint ist das Institut zur Erforschung von Evangelisation der Universität Greifswald (2004 bis 2022), das das Symposium veranstaltete, dessen Beiträge in diesem Band zusammengetragen wurden.

thema«.[3] Als wir 2002 die nötigen Schritte zur Gründung unseres Instituts gingen, hatte der damalige Rektor vor allem eine Sorge: Hier könnte ein Missionsinstitut entstehen, das nicht nur Mission *erforscht*, sondern Mission *betreibt*. Bei einem universitären Empfang fragte mich dann auch gleich jemand: »Ach, Sie sind also der Missionar?«[4] Fast schon ein bisschen komisch erschien es uns dann, dass die Hochschulleitung mit dem Begriff ›Evangelisation‹ keine Probleme hatte. Wahrscheinlich war dem Rektorat dieses Wort bislang noch nicht begegnet.

Mission ist ein schwieriges Thema. Ich erspare uns jetzt die Konnotationen, die das Wort allein evoziert, die geschichtlichen Altlasten, derer sich die christliche Kirche trotz aller selbstkritischen Aufarbeitung offenbar nicht entledigen kann.[5] Ich kürze hier also ab, denn ich weiß, dass man landauf, landab weiß, dass es schwierig ist mit Begriff und Sache.

Das mir aufgetragene Thema stellt einen Zusammenhang her zwischen Begriffen, die man nicht spontan in einem Atemzug nennen würde: ›Mission‹ und ›Praktische Theologie‹. Schauen wir weiter auf das Thema des ganzen Symposiums, dann finden auch noch ›Vitalität‹ und ›Kirche‹ hinzu. Zusammengehalten wird das ganze durch eine Frage: Könnte die missio Dei, die Gottesmission, zum Leitbegriff der gesamten Praktischen Theologie werden? Säße ich da, wo Sie jetzt sitzen, würde ich mich zurücklehnen und denken: »Jetzt bin ich aber mal gespannt, wie er aus dieser Nummer wieder herauskommen will!«

Ich werde versuche, heil aus der Sache herauszukommen, indem ich vier Fragen in der gebotenen Kürze stelle, und indem ich versuche, diese vier Fragen so zu beantworten, dass Sie am Ende verstehen, warum ich jedenfalls durchaus einen guten Sinn darin sähe, das Missionsthema als eine wichtige *Perspektive* der Praktischen Theologie zu betrachten, auch wenn es aussichtslos wäre, Mission gleich zum *Leitbegriff* der Praktischen Theologie zu machen.

Die vier Fragen lauten:

1. Inwiefern gehört die Mission zum Wesen der Kirche?
2. Inwiefern gehört die Mission zur Theologie?
3. Inwiefern gehört die Mission zur Praktischen Theologie?
4. Warum könnte eine missionsinteressierte Praktische Theologie etwas zur Vitalität der Kirche beitragen?

---

[3] Günter Thomas, *Im Weltabenteuer Gottes leben. Impulse zur Verantwortung für die Kirche*, Leipzig 2020, 101.

[4] Vgl. zur Gründungsphase des IEEG: Michael Herbst, »›Ach, Sie sind also der Missionar!?‹ Kontext, Entstehungsgeschichte und Aufgaben des Greifswalder Instituts«, in *Missionarische Perspektiven für eine Kirche der Zukunft*, hg. v. Michael Herbst, Jörg Ohlemacher, Johannes Zimmermann, Neukirchen-Vluyn 2005, 30-46.

[5] Das fällt umso mehr auf, als dass der Begriff ›Mission‹ in nicht-religiösen Kontexten immer wieder auftaucht, ohne auch nur annähernd ähnliche Reaktionen hervorzurufen. Vgl. Hans-Hermann Pompe, *Kirchensprung. Warum Kirchenentwicklung und Mission einander brauchen*, Leipzig 2022, 113f.

1. Inwiefern (also) gehört die Mission zum Wesen der Kirche?

Wir könnten es uns jetzt einfach machen und an die johanneische Ostergeschichte erinnern, die uns mit den Herrnhuter Losungen in diesem Jahr durch die Ostertage begleitet hat. In der Lateinischen Übersetzung von Joh 20 lesen wir nämlich, dass der Auferstandene die immer noch ziemlich verschreckten Jünger zu Hause aufsucht und Folgendes sagt (Joh 20,21): »Pax vobis. Sicut misit me Pater, et ego mitto vos.«[6] Zu Deutsch: »Friede mit euch. Wie mich der Vater gesandt hat, so sende auch ich euch.« Die Sendung der Jünger, die der Sendung Jesu entspricht. »Misit me Pater«, auf Mission hat mich der Vater geschickt. In meine Mission schließe ich nun auch euch ein.

Damit sind wir schon ziemlich nah an einem Missionsverständnis, das heute weite Teile der Ökumene eint: die Sendung der Christenheit im Gefolge und in Entsprechung zur missio Dei, der Sendung Gottes. Allerdings wird der Begriff ›Missio‹ lange Zeit gerade *nicht* für die Sendung der Kirche in die Welt gebraucht. Er dient vielmehr zur Beschreibung der innertrinitarischen Vorgänge: Der Vater sendet den Sohn, Vater und Sohn senden den Heiligen Geist. Das sind die ›missiones‹, an die etwa Augustin im Rahmen der Trinitätslehre denkt, wenn er das Wort gebraucht.

An die Sendung *der Kirche* in alle Welt denkt man erst spät, etwa ab dem 16. Jh. (u.a. bei den Jesuiten), als es plötzlich unter christlicher Krone Länder gibt, in denen anderes geglaubt wird, die also von Heiden bewohnt werden, denen man nun das Evangelium (und meistens auch eine gehörige Portion westlicher Kultur) bringen soll.[7]

Mission ist jetzt der Versuch der abendländischen Kirchen, die Heiden für den christlichen Glauben zu gewinnen und damit auch der Kirche zuzuführen. So definiert auch Gustav Warneck die Mission der Kirche: »Unter christlicher Mission verstehen wir die gesamte auf die Pflanzung und Organisation der christlichen Kirche unter Nichtchristen gerichtete Tätigkeit der Christenheit. Diese Tätigkeit trägt den Namen Mission, weil sie auf einem Sendungsauftrag des Hauptes der christlichen Kirche beruht, durch Sendboten (Apostel, Missionare) ausgeführt wird und ihr Ziel erreicht hat, sobald die Sendung nicht mehr

---

[6] Novum Testamentum Latine. Textum Vaticanum.
[7] Vgl. Andreas C. Jansson, »Zwischen kopernikanischer Wende und trojanischem Pferd. Zum Begriff der missio Dei«, in *Interkulturelle Theologie. Zeitschrift für Missionswissenschaft* 46/2 (2020), 401-419.

nötig ist.«[8] Es geht darum, im Auftrag des Herrn *Heiden zu bekehren und neue christliche Kirchen zu pflanzen*. Das ist sozusagen Mission 1.[9]

Freilich bildet sich neben diesem Begriff der Äußeren Mission schon im 19. Jahrhundert ein zweiter, der der *Inneren Mission*, fest verbunden mit dem Namen Johann Hinrich Wichern.[10] Wichern sah das Elend und die Entchristlichung der Menschen im Zeitalter der Industrialisierung. Mission geschieht jetzt nicht nur draußen bei den ›Heiden‹, sondern auch ›drinnen‹. Die rettende Liebe Christi ist es, die die Inneren Missionare antreibt, gegen alle Folgen der Sünde anzugehen, die äußere, leibliche und soziale Not wie die innere Heimatlosigkeit und den Verlust eines lebendigen Glaubens.[11] Dabei geht es nun aber um getaufte, jedoch dem Glauben entfremdete Menschen, nicht um Heiden. Äußere wie Innere Mission verbindet, dass beide häufig durch freie Zusammenschlüsse engagierter Menschen, durch Vereine und Gesellschaften betrieben wurden, und die kirchliche Institution sich erst später und oft zögerlich der Anliegen annahm, die hier vertreten wurden. Das ist Mission 2a.

Freilich konzentrierte sich die Innere Mission nach Wichern so stark auf rein *soziale* Anliegen, dass der Ruf zum Glauben eher in den Hintergrund trat. So erwuchs Anfang des 20. Jahrhunderts die dezidiert *kirchliche* Volksmission mit stark *evangelistischem* Anliegen, etwa repräsentiert durch den Rostocker Praktischen Theologen Gerhard Hilbert (erforscht von unserem Doktoranden Uwe Bertelmann).[12] Volksmission ist also Mission 2b. Sie will mit ihren Arbeitsformen wie Evangelisation oder Bibelstunde entkirchlichte Gemeindeglieder für einen lebendigen, sozusagen vitalen Glauben gewinnen und in Kerngemeinden sammeln. Bis heute ist es eine der spannenden Fragen bei Mission 2a und b, wie man die diakonischen und evangelistischen Aspekte dieser Mission zusammenhält, so dass beide im Sinne Wicherns aus der Liebe Christi heraus Menschen

---

[8] Gustav Warneck, *Evangelische Missionslehre. Ein missionstheoretischer Versuch. Die Begründung der Sendung*, Bd. 1/1 (Gotha: Perthes, 1892), 1.

[9] Vgl. auch Eberhard Hauschildt, »Praktische Theologie und Mission«, in *Praktische Theologie. Eine Theorie- und Problemgeschichte*, hg. v. Christian Grethlein und Helmut Schwier, Leipzig 2007, 460f.

[10] Vgl. Michael Herbst, »Perspektiven für eine missionarische Diakonie und eine diakonische Mission - Anstöße für ein Spirituelles Diakonie-Management«, in *Das missionarische Mandat der Diakonie. Impulse Johann Hinrich Wicherns für eine evangelisch profilierte Diakonie im 21. Jahrhundert*, hg. v. Michael Herbst und Ulrich Laepple, BEG 7, Neukirchen-Vluyn 2010, 9-33.

[11] Johann Hinrich Wichern schreibt in seiner Denkschrift (1849): Die an der Inneren Mission Beteiligten seien »alle eins im Grund und im Ziel, im Grunde nämlich des Glaubens, daß Christus der Retter des Verlornen sei, im Ziele: die aus der Sünde und ihren Folgen hervorgehenden einzelnen Notstände des Volkes durch das Wort Christi und die Handreichung brüderlicher Liebe zu heben.«, siehe Johann Hinrich Wichern, »Die Innere Mission - eine Denkschrift (1849)«, in *Die Kirche und ihr soziales Handeln (Grundsätzliches und Allgemeines)*, hg. v. Peter Meinhold, Berlin und Hamburg 1962, 180.

[12] Vgl. Gerhard Hilbert, *Volksmission und Innere Mission*, Leipzig 1917.

zugutekommen. Das hat bei uns vor allem Andreas Jansson in seiner Dissertation erforscht, und in der EKD steht für dieses Anliegen unser Partner mi-di, die ›Arbeitsstelle für missionarische Kirchenentwicklung und diakonische Profilbildung‹.[13]

Ein dritter Missionsbegriff entwickelte sich in der Mitte des 20. Jahrhunderts und ist eng mit dem deutschen Missionstheologen Karl Hartenstein und der Weltmissionskonferenz von Willingen 1952 verbunden. Mission 3 ist *missio Dei*.

Ich kann es hier nur knapp auf den Punkt bringen: Die entscheidende Wendung geschieht nun, indem von Mission nicht zuerst so die Rede ist, dass die *christliche Kirche* Missionare in die Ferne oder in die Nähe sendet. Vielmehr erinnert man sich jetzt wieder an die trinitätstheologische Herkunft des Missionsbegriffs und damit an Gottes Mission. Gott gibt sich selbst hinein in die Welt, er kommt, um die Welt zu versöhnen und zu erneuern. Der Vater sendet den Sohn, Vater und Sohn senden den Geist, und in diese Sendung wird nun auch die christliche Gemeinde einbezogen. Aber es ist Gottes Mission, und die geht nicht auf in dem, was die Kirche tut. Es ist, wie Günter Thomas im Anschluss an Hans Jonas titelte, *Gottes Weltabenteuer*[14], an dem die, die Jesus nachfolgen, Anteil haben dürfen. Wir dürfen Anteil haben, »weil Gott in seinem Weltabenteuer Partner, Freunde, Mitstreiter und kritische Begleiter haben möchte.«[15] Aber es ist Gottes Wesen: »Mission is God's self-giving for the sake of humanity.«[16] So beschreibt es Michael Moynagh, der zugleich zeigt, dass diese Selbsthingabe zutiefst Gottes Wesen entspricht. Mission ist kein zweiter Schritt für Gott. Gott ist nicht zuerst Gott und dann nebenbei auch noch der, der sich selbst aus Liebe verschenkt. Gott ist Liebe, es ist sein Wesen. Und selbstverständlich kann unsere Anteilnahme an Mission nur Selbsthingabe sein und nicht Eroberung, nur Dienst und nicht Herrschaft, nur Bitte und nicht Überwindung, nur Überzeugung und nicht Zwang, nur Opfer und nicht Opferung.

Jürgen Moltmann fasst die Pointe der missio Dei so zusammen: Wir sollen verstehen, »dass nicht die Kirche eine Mission ›hat‹, sondern dass vielmehr umgekehrt die Mission Christi sich ihre Kirche schafft. Nicht von der Kirche her ist die Mission, sondern von der Mission her ist die Kirche zu verstehen.«[17]

Dieser Missionsbegriff machte eine steile Karriere und ist nach vielen komplizierten Auseinandersetzungen[18] heute ein weithin anerkannter Begriff von

---

[13] Vgl. https://www.mi-di.de – aufgesucht am 22. April 2022.
[14] Vgl. Günter Thomas, *Im Weltabenteuer Gottes leben*, siehe Anm. 3.
[15] Ibid., 83.
[16] Michael Moynagh, *Church for every context. An introduction to theology and practice*, London 2012, 125, vgl. hier insgesamt: 120-134.
[17] Jürgen Moltmann, *Kirche in der Kraft des Geistes. Ein Beitrag zur messianischen Ekklesiologie*, München 1975, 23.
[18] Vgl. Henning Wrogemann, *Missionstheologien der Gegenwart. Globale Entwicklungen, kontextuelle Profile und ökumenische Herausforderungen*, Lehrbuch Interkulturelle Theolo-

Mission. Diese Mission 3 *verkleinert* die Bedeutung der Kirche, ohne sie völlig *aus dem Spiel zu nehmen*. Mission 3 zeigt sich als selbstkritisch gegenüber der eigenen Geschichte und einer kolonialistischen Kontamination von Mission. Sie ist darüber hinaus wie Wicherns Innere Mission daran interessiert, *alles* Tun für die Welt einzuschließen. Sie umfasst die Verkündigung und Einladung zum Glauben wie auch die Bildung der Getauften im Glauben. Ihr geht es um diakonischen und seelsorglichen Beistand für die, die in Not sind, aber ebenso um die Bekämpfung ungerechter politischer Verhältnisse und schließlich auch um die Bewahrung und Erneuerung der Schöpfung. So bringen es etwa die ›Five Marks of Mission‹ der Anglikanischen Kirche mustergültig zum Ausdruck.[19] Und: Die Missio Dei hebt die Einbahnstraßen-Logik der alten Mission 1 auf: Mission geschieht auf der ganzen Erde. Sie geht nicht allein vom Norden in den Süden. Alle Länder der Welt sind Missionsgebiete. Überall ist Gottes Mission nötig und möglich. Von überall nach überall können die Missionare kommen. Damit geschieht durch Mission 3 eine entscheidende Weitung des Missionsbegriffs, dem wir uns am IEEG verpflichtet sehen. Diese Weitung eröffnet die Chance, für einen diskreditierten Missionsbegriff wieder um Vertrauen werben zu können.

Ich will hier ein, zwei kleine Zuspitzungen wagen:

Die erste betrifft die *Rede von Gott* in Gottes Mission. Ich teile diese Überlegungen mit Theologen wie Ingolf Dalferth und Günter Thomas. Wie sie sehe ich das größte Problem von Theologie und Kirche nicht in schrumpfenden Mitgliedszahlen und bröckelnden Kirchenstrukturen, sondern in unserer Art, wie wir von Gott reden (wenn wir es noch tun). Ingolf Dalferth etwa beginnt sein Buch *Wirkendes Wort* mit dem provokanten Hinweis, wir müssten erst evangelische Theologie *werden*, indem wir uns (wieder) an Gottes schöpferischer Gegenwart orientieren und an dem transformierenden Wirken seiner Liebe.[20] Und Günter Thomas bringt das Problem kirchlicher Rede auf den Punkt: »Was auch immer Gott ist, er ist kein lebendiger Akteur.«[21] Abgesehen davon, dass sich die Kirche tüchtig überhebt, wenn sie sich an Gottes Stelle setzt, abgesehen auch davon, dass die Menschen außerhalb des kirchlichen Kosmos spüren, wenn wir unser Eigenstes zu verlieren drohn, liegt doch hier ein Grund für die bleierne Müdigkeit und Erschöpfung der kirchlich Aktiven in der Transformationskrise der Kirchen. Wir drohen Gott zu vergessen. Es herrscht ein sehr technokratischer Geist in unse-

---

gie/Missionswissenschaft 2, Gütersloh 2013; Wilhelm Richebächer, »›Missio Dei‹ - Kopernikanische Wende oder Irrweg?«, in *ZMiss* 29 (2003), 143-162.

[19] Vgl. Cathy Ross, »An Exposition and Critique of the Five Marks of Mission«, *in Ekklesiologie in missionarischer Perspektive. Beiträge zur siebenten Theologischen Konferenz im Rahmen des Meissen-Prozesses der Kirche von England und der Evangelischen Kirche in Deutschland*, hg. v. Christoph Ernst, Leipzig 2012 (=*Ecclesiology in mission perspective*, Salisbury 2011), 146-157.

[20] Vgl. Ingolf U. Dalferth, *Wirkendes Wort. Bibel, Schrift und Evangelium im Leben der Kirche und im Denken der Theologie*, Leipzig 2018, VII.

[21] Günter Thomas, *Im Weltabenteuer Gottes leben*, 54.

ren Reformdebatten. Günter Thomas schreibt: »Gottes Lebendigkeit in ihrer Tiefe, ihrer Vielfalt und ihrem Versprechen von Treue, ihrer Kreativität und abgründigen Geduld wahrzunehmen und anzuerkennen, ist ein Weg aus der Erschöpfungsdepression der Kirche.«[22] Das aber genau ist die Pointe der *missio Dei*.

Die zweite Zuspitzung hinterfragt die intendierte Ganzheitlichkeit der missio Dei. David Bosch vertritt diese Ganzheitlichkeit, so dass zur Mission die ärztliche Hilfe oder die schulische Bildung ebenso gehört wie die Speisung der Hungrigen und die Predigt, die zum Glauben einlädt. Und auch der Ruf zum Glauben erfolgt so gesehen immer in einem bestimmten Kontext und in einer gelebten Beziehung. Erst in der Wahrnehmung der jeweiligen Lebenswelt wird deutlich, wie genau das Evangelium das Leben eines Menschen berührt. Und darum bedingt Mission immer, sich auf eine Beziehung zum anderen einzulassen. Hier liegt wohl das primäre Problem des Missionsversuchs, von dem Harald Martenstein erzählte. Und zugleich weiß Bosch um die Zentralität der Gottesbeziehung. Es nützt dem Menschen nichts, wenn er gesund und munter lebt, sich aber am Ende Gott selbst gegenüber verweigert. Das Gleichnis vom reichen Kornbauern illustriert genau das treffend.[23] Darum sieht Bosch auch in einem *integralen* Missionsbegriff eine *besondere* Stellung für das Werben um den Glauben der Menschen. Evangelisation ist für ihn »der Kern, das Herz und Zentrum der Mission«.[24] Das ist weit von dem entfernt, wie wir in der Regel Mission deuten. Mission als engagierter humanitärer Einsatz ist kein Problem, aber Mission als Einladung zur Konversion ist eben: ein »Partykillerthema«. Das gilt auch für kirchliche Partys, also Synoden und Seminare, Gottesdienste und Pfarrkonvente. Dass die Einladung zum Glauben höflich, zurückhaltend, in der Gestalt der Bitte oder des Vorschlags erfolgt – geschenkt! Dass das Evangelium bei jedem, der es hört, eine eigene Geschichte eröffnet und eine persönliche Gestalt des Glaubens erweckt – selbstverständlich! Dass wir zu bestimmten Zeiten vor allem Schiffe ins Mittelmeer senden – selbstredend! Aber dass wir nach Karfreitag und Ostersonntag nicht jedem gönnen, dass er um Gottes unergründliches, unzerstörbares Ja zu ihm weiß und sich darin birgt, das ist schwer zu verstehen. Anders gesagt: Dass wir nicht jedem zurufen, dass er ein von Christus versöhnter und zur Erlösung bestimmter Mensch ist, kann nur bedeuten, dass wir uns unseres eigenen Glaubens nicht mehr recht gewiss sind. Oder dass wir vergessen haben, was es für jeden und jede bedeutet sagen zu können: »Mir ist Erbarmung widerfahren«.[25]

Ich fasse diese erste Frage und den Versuch meiner Antwort zusammen: Mission ist missio Dei oder »Gottes Weltabenteuer«, an dem seine Kirche Anteil haben darf. Sie folgt Gottes eigener Selbsthingabe an die Welt und bezeugt in

---

[22] Ibid., 56.
[23] Vgl. Lk 12,16-21.
[24] David J. Bosch, »Evangelisation, Evangelisierung«, in *Lexikon Missionstheologischer Grundbegriffe*, hg. v. Karl Müller und Theo Sundermeier, Berlin 1987, 103.
[25] Nach EG 355,1.

Wort und Tat, dass jeder Mensch zum ewigen Leben und nicht zum Tod berufen ist, und dass Gott versprochen hat, dass sein Abenteuer schließlich nicht mit Chaos und Zerstörung endet, sondern mit einer erneuerten Erde unter Gottes Himmel. Darum gehört Mission nicht nur zu Gottes Wesen, sondern auch zum Wesen der Kirche. Oder wie es Edmund Schlink formuliert: Die »Sendung der Kirche hinein in die Welt gehört zu ihrem Wesen. [...] Verweigert die Kirche den Dienst an der Welt, dann hört sie schließlich auf, das herausgerufene Gottesvolk zu sein.«[26]

2. Zweite Frage: Inwiefern gehört Mission zur Theologie?

Diese Frage werde ich recht kurz abhandeln; im Grunde hat Edmund Schlink sie bereits beantwortet. Wenn Mission zum Wesen der Kirche gehört, muss sie auch einen Platz in der Theologie finden.

Martin Hengel hat bereits 1971 darauf hingewiesen, dass die urchristlichen Schriften im Neuen Testament Missionstheologie in Missionssituationen treiben.[27] Er nimmt damit eine These von Martin Kähler auf, der die Mission zur Mutter der Theologie erklärt hatte. Beide argumentieren so, dass sie die missionarische Situation, in der die neutestamentlichen Schriften entstanden, zum Ausgangspunkt wählen. Die ersten theologischen Überlegungen und Texte seien gleichsam eine »Begleiterscheinung der christlichen Mission.«[28] Paulus, so wiederum Hengel, »wird der erste christliche ›Theologe‹, weil er Missionar ist.«[29] Der Kontakt zu denen, die der Missionar gewinnen will, die Verständigung mit denen, die gewonnen wurden, aber auch die aufkommenden Streitigkeiten um Leben und Lehre: All das nötigt geradezu dazu darzustellen, was Christen glauben, wie sie leben und wovon sie sich abwenden. Hengel sieht das nicht nur als eine *historische* Auskunft, sondern als eine *bleibende* Verpflichtung. Ähnlich wie Schlink ist er überzeugt, dass auch die Theologie sich selbst aufgibt, wenn sie die Sendung der Gläubigen in die Welt vergisst oder gar verleugnet.[30]

Was aber gewönne die Theologie durch den Bezug auf die Mission? Bereits Kähler verweist auf einen wichtigen Effekt der Beschäftigung mit der Mission:

---

[26] Edmund Schlink, *Ökumenische Dogmatik. Grundzüge*, Göttingen 1985, 569+571.
[27] Vgl. Martin Hengel, »Die Ursprünge der christlichen Mission«, in *NTS* 18 (1971), 15-38.
[28] Martin Kähler, *Angewandte Dogmen*, Dogmatische Zeitfragen. Alte und neue Ausführungen zur Wissenschaft der christlichen Lehre, Leipzig 1908, 420.
[29] Hengel, »Ursprünge der christlichen Mission«, 23.
[30] Ibid., 38: »Geschichte und Theologie des Urchristentums sind ›Missionsgeschichte‹ und ›Missionstheologie‹. Eine Kirche und Theologie, die die missionarische Sendung der Glaubenden als Boten des Heils in eine vom Unheil bedrohte Welt vergisst oder verleugnet, gibt ihren Grund und damit sich selbst auf.«

Das sei der Dienst der Mission für die Theologie, dass sie ihren Blick auf das Verständnis des ›Heidentums‹ richte.[31] Formulieren wir es etwas vorsichtiger, dann fördert die christliche Mission das Interesse, die Aufmerksamkeit und die Gesprächsbereitschaft von Kirche und Theologie im Blick auf Gesellschaft, Kultur, das ganze Leben außerhalb der Kirchenmauern. Man muss und will sich mit den Lebensverhältnissen und Weltanschauungen derer befassen, zu denen man sich gesandt sieht, und wenn es gut geht, geschieht das mit Respekt. Historisch haben uns die Missionen ganze Welten erschlossen, die zuvor völlig fremd waren.

David Bosch, der seinen Ausgangspunkt zu diesem Thema[32] in seinem Opus Magnum *Transforming Mission* (1991) ebenso bei Kähler wählt[33], erkennt an, dass die Mission ja ihren Platz im Haus der Theologie *bekommen habe*, indem missionswissenschaftliche Lehrstühle geschaffen wurden. Allerdings fürchtet er, dass damit alle anderen wähnten, sich mit diesem Thema nicht weiter befassen zu müssen. Man habe ja den »Fachbereich für auswärtige Angelegenheiten«![34] Er fordert stattdessen, die Theologie als ganze müsse die »kritische Begleitung der *missio Dei*[35] sein. Ja, er spitzt diese Forderung noch zu, in einem ähnlichen Tonfall, wie ihn Schlink im Blick auf die Kirche anschlug: »Genauso, wie die Kirche aufhört, Kirche zu sein, wenn sie nicht missionarisch ist, hört auch Theologie auf, Theologie zu sein, wenn sie ihren missionarischen Charakter verliert.«

Um jetzt nicht auf eine falsche und darum unnötig ärgerliche Spur zu treiben: Bosch bestätigt hier nicht die Befürchtungen unseres ehemaligen Rektors, dass ein Institut wie unseres die Universität zum Missionsgebiet erhebt. Aber er versteht die akademische Theologie als kritischen Dienst an der Kirche, und zwar an ihrer weltzugewandten und auftragsgemäßen Seite. Mission, so sagt er im selben Abschnitt, »bedeutet, einer zerrissenen, verwundeten Menschheit zu dienen, sie zu heilen und zu versöhnen.«[36] So buchstabiert Bosch dann auch durch, was das für das Lesen der Bibel im Alten und Neuen Testament bedeutet, für die Geschichte der Christenheit als Geschichte der Sendung Gottes, für die Systematische Theologie in ihrer Reflexion des Glaubens für eine bestimmte Zeit und einen bestimmten Ort und auch für die Praktische Theologie. Bei Letzterer wird der drohende Verlust der missionarischen Perspektive offensichtlich: Praktische Theologie wäre am Ende des Tages in den Mauern der Kirche gefangen,

---

[31] Vgl. Martin Kähler, *Angewandte Dogmen*, 429.
[32] Vgl. insgesamt dazu David J. Bosch, *Mission im Wandel. Paradigmenwechsel in der Missionstheologie*, mit einem abschließenden Kapitel von Darrell I. Guder und Martin Reppenhagen, Gießen und Basel 2012, 577–588: »Mission als Theologie«.
[33] Vgl. Ibid., 577.
[34] Ibid., 580.
[35] Ibid., 583.
[36] Ibid.

sie würde nur noch die Kirche in ihrem Streben nach Selbsterhaltung zum Thema haben.[37] Sie reflektiere ein Pastorat ohne Apostolat.[38]

Nun soll ich hier nicht ein Reformprogramm für die gesamte Theologie vortragen, wohl aber etwas zum Zusammenhang von Mission und Praktischer Theologie sagen. Darum belasse ich es bei dieser Provokation durch den Nestor der Missionswissenschaften und überlasse es den Kolleginnen und Kollegen, was sie daraus je für ihr Fach schlussfolgern. Es wäre viel gewonnen, wenn auch hier eine Erweiterung der Perspektiven einzöge: wenn also *kritische* Begleitung der real existierenden *missio Dei* ebenso zum Anliegen aller theologischen Disziplinen würde, und wenn umgekehrt alle Disziplinen sich kritisch fragen ließen, was sie beitragen zur Sendung der Kirche zu einer zerrissenen und verwundeten Menschheit.

3. Inwiefern gehört die Mission zur Praktischen Theologie?

Schauen wir zunächst auf die kirchlichen Debatten der letzten 30 Jahre, so hat sich hier in der Tat einiges bewegt. Teile der evangelischen Landeskirchen und der EKD haben das Missionsthema neu entdeckt. Pointierter gesagt: Sie fassen »Mission« nicht mehr mit spitzen Fingern an, weil Mission 3 deutlich machte, dass Mission doch mehr und anderes ist als Bekehrungsversuche in der Deutschen Bahn. Sie begreifen aber auch, wohl nicht zuletzt unter dem Druck der massiven Schrumpfung, dass Kirche keine Zukunft hat, wenn sie nicht Menschen überzeugt und gewinnt. Und zwar von der Kraft und Güte des Evangeliums *überzeugt* und für das Mitleben und Mittun in der kirchlichen Gemeinschaft *gewinnt*. Auch wenn zu Recht immer wieder gesagt wird, es dürfe bei der Kommunikation des Evangeliums nicht darum gehen, Mitglieder zu halten oder zu gewinnen und das Überleben der Kirche zu sichern, so wird es auf Dauer *ohne* Mitglieder und Aktive auch keine Kommunikation des Evangeliums geben, jedenfalls nicht mit dem landeskirchlichen Akteur in der missio Dei.

Jedenfalls markiert die EKD-Synode 1999 in Leipzig einen entscheidenden Wendepunkt in der Haltung der Kirche zum Missionsthema. Auch für unser Institut kann man zugespitzt sagen, dass es kaum ohne »Leipzig« zustande gekommen wäre. Eberhard Jüngel gelang damals etwas, was man selten von Vorträgen, auch von Synodenvorträgen sagen kann: Sein Vortrag bewegte die Kirche. Jüngel weckte ein erstes vorsichtiges Zutrauen zum Missionsthema auf der Spur von Mission 3, indem er Mission in einem weiten Sinn und selbstkritisch im Blick auf die historischen Lasten präsentierte. Aber es war kein defensiver Vortrag. Seine Kernsätze wurden seither viele Male zitiert; wir sprächen heute

---

[37] Vgl. Ibid., 584f.
[38] Vgl. Ibid., 579.

von erstaunlichen Klick-Zahlen: »Wenn die Kirche ein Herz hätte, ein Herz, das noch schlägt, dann würden Evangelisation und Mission den Rhythmus des Herzens der Kirche in hohem Maße bestimmen. Und Defizite bei der missionarischen Tätigkeit der christlichen Kirche, Mängel beim Evangelisieren würden sofort zu schweren Herzrhythmusstörungen führen. [...] Wenn Mission und Evangelisation nicht Sache der ganzen Kirche ist oder wieder wird, dann ist etwas mit dem Herzschlag der Kirche nicht in Ordnung.«[39] Jüngel mahnt, dass, wer die Welt im Licht der Gnade sehe, dies doch nicht verschweigen könne. Ihm geht es darum, um die Welt zu werben. Durch direkte Evangelisation und durch die »ansprechende Indirektheit«[40], also eine werbende, einladende Dimension, die allem kirchlichen Tun zu eigen sein müsse, in den Schulen, in der Diakonie, in der Kirchenmusik – und ach ja, auch in den theologischen Fakultäten. Jüngel sagt dazu etwas, was nicht ganz so oft Resonanz in Zitaten fand: »Wenn diese akademischen Institutionen ihrer Sache treu bleiben, dann haben auch sie eine zwar indirekte, in ihrer Indirektheit aber überaus ansprechende evangelisierende Wirkung.«[41]

Leipzig 1999 hatte eine erstaunlich nachhaltige Wirkung.[42] Hartmut Bärend sprach vom »Wunder von Leipzig«[43] und dachte noch nicht an einen möglichen Rasenball-Sieg im DFB-Pokal. Die Kundgebung der EKD-Synode rief dazu auf, das »Glaubensthema und den missionarischen Auftrag an die erste Stelle« zu setzen.[44] In der Folge entstanden mehrere missionsfreundliche landeskirchliche Statements, z.B. im Rheinland die Verlautbarung *Auf Sendung. Mission und Evangelisation in unserer Kirche* (2002).[45] Die landeskirchlichen Reaktionen auf dieses Papier wissenschaftlich gemeinsam mit Paul Zulehner und John Finney auszuwerten, war übrigens 2004 einer der ersten Aufträge an das IEEG. Zu den Auswirkungen der Leipziger Synode gehört auch in der Zeit von Wolfgang Huber als EKD-Ratsvorsitzendem die Glaubenskurs-Initiative der EKD. Gerade die elementare und dialogische Kommunikation in den Kursen zum Glauben schien geeignet, den Kontakt mit kirchlich eher fernstehenden, aber interessierten

---

[39] Eberhard Jüngel, »Referat zur Einführung in das Schwerpunktthema«, in *Reden von Gott in der Welt. Der missionarische Auftrag der Kirche an der Schwelle zum 3. Jahrtausend.*, hg. v. Kirchenamt der EKD, Frankfurt a. M 2000, 15.
[40] Vgl. ibid., 31-35.
[41] Ibid., 34.
[42] Vgl. Hartmut Bärend, *Wie der Blick zurück die Gemeinde nach vorn bringen kann. Ein Gang durch die Geschichte der kirchlichen Volksmission*, BEG-Praxis, Neukirchen-Vluyn 2011, 274-280.
[43] Ibid., 274.
[44] Kirchenamt der EKD, *Reden von Gott in der Welt. Der missionarische Auftrag der Kirche an der Schwelle zum 3. Jahrtausend*, Frankfurt/M. 2001, 41.
[45] Evangelische Kirche im Rheinland, *Auf Sendung. Mission und Evangelisation in unserer Kirche*, Düsseldorf 2002. Auch diese Schrift begründet ihre Sicht der Dinge mit Bezug auf die EKD-Synode 1999 (vgl. ibid., 16-23).

Zeitgenossen aufzunehmen.[46] Die Erforschung der Wirkung dieser Kurse ist bis heute ein Forschungsthema am IEEG.[47]

Die neu erwachte kirchliche Sympathie für Mission blieb nicht ohne Widerspruch und man kann auch darüber streiten, ob sie von Dauer ist. Bei einem so umstrittenen Thema darf das auch nicht wundern. Aber immer wieder finden sich seit »Leipzig« kirchliche Bekenntnisse zum missionarischen Auftrag, zuletzt 2021 aus meiner Heimatkirche in Westfalen.[48] Das westfälische Papier unter dem Titel *Einladend - inspirierend - evangelisch* beansprucht, »das Missionsverständnis der Evangelischen Kirche von Westfalen« zum Ausdruck zu bringen. Im Ganzen zeigt sich auch hier: Mission 3 ist jetzt der Standard, den sich Kirchen zu eigen machen. Eine ganzheitliche, eher behutsame, kontextuell sensible und ökumenisch kooperative Mission wird hier propagiert. Dabei wird die »Sender«-Seite stärker als die »Empfänger«-Seite thematisiert. Christen zeigen, was sie lieben und wem sie vertrauen. Was das beim anderen auslöst, sei Sache des Heiligen Geistes und der Freiheit des Menschen. Geht es dabei um einen interreligiösen Dialog, so könne es zwar zu Konversionen kommen, aber diese seien nicht aktiv anzustreben.[49]

Ich habe nun etwas ausführlicher über die neue Sympathie für Mission in der Kirche gesprochen, weil man dasselbe nicht über die Praktische Theologie sagen kann. Wolfgang Ratzmann kommt 2012 zu dem Schluss: »Die akademische Praktische Theologie hat allerdings an der neuerlichen Karriere dieses Begriffs [der Mission] nur einen geringen Anteil.«[50] Und Christian Grethlein

---

[46] Vgl. Jens Martin Sautter, *Spiritualität lernen. Glaubenskurse als Einführung in die Gestalt christlichen Glaubens*, BEG 2, Neukirchen-Vluyn 2005; aber auch Götz Häuser, *Einfach vom Glauben reden: Glaubenskurse als zeitgemäße Form der Glaubenslehre für Erwachsene*, BEG 12, Neukirchen-Vluyn 2010; Beate Hofmann, *Sich im Glauben bilden. Der Beitrag von Glaubenskursen zur religiösen Bildung und Sprachfähigkeit Erwachsener*, Leipzig 2013.

[47] Vgl. z.B. Jens Monsees, Carla J. Witt und Martin Reppenhagen, *Kurs halten. Erfahrungen von Gemeinden und Einzelnen mit Kursen zum Glauben*, BEG-Praxis, Neukirchen-Vluyn 2015.

[48] Vgl. (auch zu den folgenden Hinweisen) https://www.evangelisch-in-westfalen.de/fileadmin/user_upload/Themen/Oekumene/missiontoday_dokumentation/EKvW-Missionsverstaendnis_dt.pdf - aufgesucht am 23. April 2022. Auch dieser Text beginnt mit einem Zitat aus der Rede Jüngels. Mission sei »der Herzschlag der Kirche«.

[49] Das erinnert an die rheinische Debatte über die Konversion von Muslimen. Vgl. Henning Wrogemann, »Wie kann ein christliches Glaubenszeugnis gegenüber Muslimen begründet werden? Missio Amoris Dei und die Frage der Anerkennung«, in *ThBeitr* 47 (2016), 305-323.

[50] Wolfgang Ratzmann, »Das Spannungsfeld Mission in der Praktischen Theologie« in *ZMiss* 38 (2012), 302-317, Zitat 304. Zum Missionsthema äußert sich W. Ratzmann auch an anderer Stelle: Wolfgang Ratzmann, »Streitfall Mission: Historische Positionen und aktuelle Kontraste. Eine Erinnerung an sieben missionstheologische Positionen« in *Mission als Dialog. Zur Kommunikation des Evangeliums heute*, hg. v. u.a. Michael Böhme, Leipzig 2003, 11-37.

stellt 2001 fest: »Die weitgehende Ausblendung des Themas ›Mission‹ aus der (westdeutschen) praktisch-theologischen Arbeit der letzten dreißig Jahre hat eine empfindliche Lücke hinterlassen.«[51] Klaus Douglass konstatiert, dass ›Mission‹ auch zwei Jahrzehnte nach Leipzig »ein Stiefkind der evangelischen Kirche« sei.[52]

Das war nicht immer so. Und es wäre spannend, die Geschichte dieser Beziehung en détail abzuschreiten (wofür uns hier die Zeit fehlt). Schleiermacher etwa konnte die Mission als Teil des wirksam-verbreitenden Handelns der Kirche durchaus in seinen Entwurf von Praktischer Theologie integrieren.[53] Das verbreitende Handeln kann entweder darauf zielen, intensiv den Glauben zu vertiefen und zu stärken oder aber extensiv den Glauben zu erwecken. Wo Menschen in der Nähe christlicher Gemeinden leben und Kinder ganz selbstverständlich den Glauben kennenlernen, geschieht diese Mission organisch, nach dem Gesetz der ›Kontinuität‹. Wo es aber noch keinen Kontakt mit dem christlichen Glauben gab, soll es zur sprunghaften Verbreitung kommen, nach dem Gesetz der »Wahlanziehung«.[54]

Man kann sagen, dass die Praktischen Theologen im 19. Jh. und auch noch zu Beginn des 20. Jh. das Missionsthema, im Sinne von Mission 1 und später auch Mission 2, stets in die Praktische Theologie zu integrieren wussten.[55] Alfred Dedo Müller kann noch 1954 auf den Wert des Missionsthemas hinweisen. Mission mache den internationalen Charakter des christlichen Glaubens deutlich, die Erfahrungen der Missionskirchen hätten eine belebende Wirkung auf die Heimatgemeinden, und der Blick auf die sogenannten jungen Kirchen stärke unser ökumenisches Bewusstsein.[56] Der bedeutende Greifswalder Praktische Theologe Otto Haendler sieht das 1957 ganz ähnlich, er attestiert der Kirche mit Recht einen »unveräußerlichen Verkündigungstrieb«.[57] Auffällig ist bei ihm, dass er sich eine Umkehrung der Richtung von Mission vorstellen kann, so dass die

---

[51] Christian Grethlein, »Praktische Theologie und Mission«, in *EvTh* 61 (2001), 387-399, Zitat 389.

[52] Klaus Douglass im Vorwort zu: Hans-Hermann Pompe, *Kirchensprung*, 2022, 11-15, Zitat 12.

[53] Vgl. Friedrich Daniel Ernst Schleiermacher, *Die christliche Sitte nach den Grundsätzen der evangelischen Kirche im Zusammenhange dargestellt*, Berlin 1843.

[54] Vgl. Schleiermachers Ausführungen im Quellenband von Werner Raupp, *Mission in Quellentexten*, Erlangen 1990, 387-393. Vgl. auch die Darstellung bei Eberhard Hauschildt (2007), 464-472.

[55] Vgl. den Überblick bei ibid., 464-491. Hauschildt skizziert hier beispielsweise die Aussagen zur Mission bei C.I. Nitzsch, F. Ehrenfeuchter oder E.C. Achelis, aber auch bei F. Niebergall und M. Schian. Ähnlich beschreibt es Christian Grethlein, »Praktische Theologie und Mission«, 2001, 389-393.

[56] Vgl. Alfred Dedo Müller, *Grundriss der Praktischen Theologie*, Berlin 1954, 116-122, bes. 117f.

[57] Otto Haendler, *Grundriss der Praktischen Theologie*, Berlin 1957, 61.

äußerst vitalen Missionsgemeinden sich gerufen sehen, die erstarrten und müden Heimatgemeinden zu missionieren.[58]

Christian Grethleins Plädoyer für eine neue Wahrnehmung des Missionsthemas nimmt manche dieser Gedanken auf: Grethlein hat Mission deshalb im Blick, weil sie zu Konvivenz und zum Dialog mit Menschen anderen Glaubens oder auch ostdeutschen Konfessionslosen anrege. Dabei hat er durchaus auch ein christliches Zeugnis, aber weniger die Absicht zu überzeugen und zu gewinnen im Blick.[59] Es ist eher eine wahrnehmende und dialogfähige als eine missionierende Mission.

In der zweiten Hälfte des 20. Jahrhunderts ändert sich das Verhältnis der Praktischen Theologen zur Mission grundlegend. Dabei fällt auf, dass ostdeutsche Praktische Theologen wie Jürgen Henkys (im dreibändigen Handbuch der Praktischen Theologie[60]) oder Eberhard Winkler (in seiner *Praktischen Theologie elementar*[61]) Mission für unverzichtbar und grundlegend halten und für einen missionarischen Gemeindeaufbau eintreten. Westdeutsche Praktische Theologen hingegen verschweigen das Missionsthema oder äußern sich sehr kritisch. Zu beiden Haltungen nun einige wenige Beispiele:

Die *Missionsverschwiegenen* sind schnell zusammengetragen: In seinem *Grundriss der Praktischen Theologie* verhandelt Dietrich Rössler das Missionsthema ganz am Ende auf einer knappen halben Seite im Sinne einer historischen Reminiszenz: Demnach hat sich die Praktische Theologie von diesem Thema verabschiedet und der Missionswissenschaft das Feld überlassen.[62] Das kann noch überboten werden von der neuesten, im übrigen äußerst lesenswerten Gesamtdarstellung der Praktischen Theologie, die Isolde Karle 2020 vorgelegt hat. Wie steht es hier um das Missionsthema? Vollständig: Fehlanzeige![63] Glei-

---

[58] Vgl. ibid., 61-67, bes. 62.
[59] Vgl. Grethlein, »Praktische Theologie und Mission«, 393-398.
[60] Vgl. z.B. Jürgen Henkys, »Die Praktische Theologie (Einführung)«, in *Handbuch der Praktischen Theologie*, hg. v. Heinrich Ammer u. a., Berlin 1975, 11-56. Dort heißt es (14): »Die Praktische Theologie erörtert kritisch und konstruktiv den aktuellen Aspekt derjenigen Handlungen, Einrichtungen und Beziehungen, in denen lebend eine gegebene christliche Kirche ihre Mission, Kirche Gottes für die Menschen ihrer Gegenwart zu sein, entweder wahrnehmen oder preisgeben wird.« Dahinter steht im Anschluss an Hans-Georg Fritzsche (bei Henkys zitiert auf S. 35) die Auffassung, die wissenschaftliche Theologie habe der Mission Gottes zu dienen. Hier steht deutlich das Verständnis von Mission als missio Dei im Hintergrund.
[61] Vgl. besonders die wohlwollende Darstellung von Konzepten der missionarischen Gemeindeentwicklung bei Eberhard Winkler, *Praktische Theologie elementar*, Neukirchen-Vluyn 1997, 15-39.
[62] Vgl. Dietrich Rössler, *Grundriss der Praktischen Theologie*, Berlin/New York 1986, 538. Vgl. auch Ratzmann, »Das Spannungsfeld Mission in der Praktischen Theologie«, 2012, 304f.
[63] Vgl. Isolde Karle, *Praktische Theologie*, Lehrwerk Evangelische Theologie 7, Leipzig 2020.

ches gilt für das *Handbuch der Praktischen Theologie* von Birgit Weyel und Wilhelm Gräb[64] aus dem Jahr 2007.

Bei den anderen, den *Missionsallergischen*, ist es komplizierter: Die Abwehr gegen Mission äußert sich hier immerhin als Auseinandersetzung. Dies sei an drei Beispielen illustriert:

1. Die letzte größere Debatte führten Hans-Jürgen Abromeit, Gerald Kretzschmar und Reiner Knieling zwischen 2002 und 2003 in der Zeitschrift *Pastoraltheologie*. Während der Greifswalder Bischof für eine theologische Ausbildung plädierte, die für eine missionarische Gemeindearbeit bilde[65] (und dabei den pfiffigen Vorschlag machte, man solle doch ein entsprechendes Institut an »einer kleineren theologischen Fakultät in den neuen Bundesländern«[66] gründen), protestierte der Tübinger Praktische Theologe Kretzschmar grundsätzlich gegen die Missionsperspektive: Wahrnehmung sei angesagt, nicht Mission. Wer Mission fordere, nehme nicht wahr, dass auch Menschen, die sich nicht am kirchlichen Vereinsleben beteiligen, Christen seien und ihr Christsein in Freiheit leben. Das sei wahrzunehmen, zu respektieren und zu fördern, anstatt nach Missionierung der Distanzierten zu rufen.[67] Man merkt freilich hier den Unterschied von ost- und westdeutscher Perspektive. Allerdings ist auch bei westdeutschen Theologen die Zuversicht in die Stabilität der Volkskirche inzwischen deutlich geschwächt. Es ist eben immer weniger von solch freier christlicher Existenz in Distanz zur Kirche wahrzunehmen. Reiner Knieling attackierte dann mit guten Gründen die aus seiner Sicht falsche Alternative von Wahrnehmung und Mission.[68] Heute müssten wir angesichts galoppierender Säkularisierung sagen: Ein Verzicht auf Mission signalisiert einen Mangel an Wahrnehmung.

Die Argumente gegen Mission in der Praktischen Theologie können dabei wechseln:

2. Gert Otto hat in seiner *Praktischen Theologie* 1988 das schärfste Urteil gesprochen. Er macht dabei vor allem ein Argument stark, das sich aus der religiösen Pluralität speist. Mission stehe im Widerspruch zum notwendigen dialogischen Verhältnis anderen Religionen gegenüber. Darum schließen sich ›Missionsterminologie‹ und wissenschaftliche Praktische Theologie

---

[64] Vgl. Wilhelm Gräb und Birgit Weyel, *Handbuch Praktische Theologie*, Gütersloh 2007.

[65] Vgl. Hans-Jürgen Abromeit, »Auf die missionarischen Herausforderungen des kirchlichen Alltags vorbereiten. Was sich in der Ausbildung der Pfarrerinnen und Pfarrer ändern muss. Initiativkreis ›Kontextuelle Evangelisation im gesellschaftlichen Wandel‹. Ergebnisse eines Hearings in Hanstedt am 2./3. Februar 2001«, in: *PTh* 91 (2002), 126-136

[66] Ibid., 132.

[67] Vgl. Gerald Kretzschmar, »Wahrnehmung statt Mission«, in *PTh* 91 (2002), 328-343.

[68] Vgl. Reiner Knieling, »Wahrnehmung und Mission«, in *PTh* 92 (2003), 287-299.

aus.[69] Dass sich respektvoller Dialog und christliches Zeugnis *nicht* ausschließen, hatte allerdings schon Theo Sundermeier mit der Trias von Konvivenz, Dialog und Zeugnis vorgeführt.[70]

3. Wilhelm Gräb schließlich hat sich in einem Aufsatz aus dem Jahr 2013 so richtig Luft gemacht: Es gibt eine volle Breitseite gegen – ich zitiere – die »praktisch-theologischen Missionsideologen in Greifswald«, die weder fähig noch willens seien, über den missionarischen Tellerrand zu schauen und die Ergebnisse der empirischen Religionsforschung zur Kenntnis zu nehmen.[71] Lassen wir uns davon nicht irritieren, sondern schauen auf das Argument, das Gräb gegen Mission ins Feld führt: Gräb hat gar nichts dagegen, andere von der Vorzüglichkeit der christlichen Religion zu überzeugen. Und dann formuliert er einen Satz, dem man auch in Greifswald uneingeschränkt zustimmen würde: »Wo Mission auf Überzeugung setzt und an die freie Einsicht appelliert, ist ein dialogischer Vorgang auf Augenhöhe eingeleitet.« Wenn wir darin aber übereinstimmen, dann bin ich doch beunruhigt: Woher kommt dann die Heftigkeit der Attacke gegen die ›Missionsideologen in Greifswald‹? Es sind wohl zwei Differenzen, die uns trennen: Zum einen beurteilt Gräb grundsätzlich die religiöse Lage weitaus freundlicher als wir. Er findet gelebte Religion *überall*, selbst bei geborenen Konfessionslosen. Diese gelebte Religion zeigt sich als Lebenssinngewissheit und als Geborgenheitsgefühl. Und zum anderen ist er überzeugt, dass in Sachen gelebter Religion ein Dialog angesagt ist, der niemandem unterstellt, ihm *fehle* etwas, schon gar nicht Jesus.[72] Im Grunde plädiert Gräb für theologische Bescheidenheit, die den christlichen Glauben als Religion unter Religionen versteht und keinen Anspruch auf höhere Wahrheit stellt.

Ich sagte, das seien Differenzen, die uns trennen. Die eine betrifft eine Einschätzung: Wir sehen die hochgradig säkularisierte ostdeutsche Religionskultur wohl kritischer als der Berliner Kollege und erleben gerade im Osten bei vielen eine nahezu vollständig diesseitig verankerte Weltanschauung, die gar keinen Sinn

---

[69] Vgl. Gert Otto, *Handlungsfelder der Praktischen Theologie*, Praktische Theologie Bd. 2, München 1988, 47.

[70] Theo Sundermeier, »Mission und Dialog in der pluralistischen Gesellschaft«, in *Mission in pluralistischer Gesellschaft*, hg. v. Andreas Feldtkeller und Theo Sundermeier, Frankfurt/M. 1999, 11-25.

[71] Wilhelm Gräb, »Mission – Ein sinnvoller Leitbegriff praktisch-theologischer Forschung und kirchlicher Praxis?«, in *Urbanität und Öffentlichkeit. Kirche im Spannungsfeld gesellschaftlicher Dynamiken*, hg. v. Christina Aus der Au, Ralph Kunz, Thomas Schlag, Hans Strub, Praktische Theologie im reformierten Kontext Bd. 6, Zürich 2013, 182.

[72] Ibid., 186: »Mission mit Slogans wie ›Wir haben die Antwort!‹ oder gar ›Auch du brauchst Jesus!‹ ist nicht der richtige Weg. Denn dabei wird mit der Vorstellung gearbeitet, den anderen fehle etwas, eben die Konfession, das Bekenntnis, der Glaube, gar überhaupt die Lebenssinnorientierung. Dieses Defizitmodell ist beleidigend und wird von denen, die so zu Missionsobjekten gemacht werden sollen, zu Recht zurückgewiesen.«

und Geschmack für große Transzendenzen aufbringen kann. Hier ließe sich streiten. Die andere Differenz dagegen ist fundamentaltheologisch: Es ist wohl gerade nicht populär zu sagen, dass Menschen jenseits des daseinsbestimmenden Vertrauens zu Jesus Christus etwas fehlt. Selbstredend ist dieses Fehlen weder ein moralischer Makel noch signalisiert es unsere Überlegenheit. Aber es macht doch etwas aus, ob ich in meinem Leben um die Tatsache weiß, dass am Kreuz von Golgatha und am Ostermorgen für mich und die ganze Welt Entscheidendes passiert ist! Es bedeutet einen Unterschied, ob ich mein Leben von unzerstörter Gnade getragen weiß oder auf meine Werke hoffen muss. Es ist doch nicht gleichgültig, ob ich hineingetauft bin in den Tod Christi, zugleich aber auch in die Hoffnung auf das ewige Leben und eine erneuerte Erde. Wenn das alles aber etwas ausmacht, dann werde ich es doch denen, die ich liebe, ans Herz legen, vorstellen und vorschlagen, und die Freude der Engel im Himmel teilen, wenn ein Mensch sich von Gott finden lässt.[73] Weil *Gott* ein Defizit verspürt, wenn Menschen ihm fehlen, und weil Gott es eben: nicht lassen kann. Hier sind nun tatsächlich Differenzen, die trennen.

Nach diesem Durchgang durch die praktisch-theologischen Diskurse muss die letzte Frage beantwortet werden: Wenn wir denn tatsächlich die Praktische Theologie als kritisch-konstruktive Begleiterin der missio Dei verstehen, was wäre dann der Gewinn? Was wäre gewonnen für unsere titelgebende Suche nach Vitalität in der Kirche?

4. Warum könnte eine missionsinteressierte Praktische Theologie etwas zur Vitalität der Kirche beitragen?

Wenn wir nach einem Beitrag zur Vitalität der Kirche fragen, dann braucht es eine kurze, aber kritische Reflexion, was wir damit meinen und was wir gerade nicht meinen. Günter Thomas nennt den Vitalismus als einen von drei großen Mythen, die uns in der medialen Erzählmaschine wieder und wieder erzählt werden.[74] Die anderen beiden sind ein neuer Stoizismus und ein Leben mit verzweifelter Hoffnung, für das etwa *Fridays for Future* stehen könnte. Den Vitalismus zeichnet das Streben nach dem olympischen Leben aus, der Kampf um Selbstdurchsetzung und Selbstvervollkommnung. Es gilt, das perfekte Leben im Diesseits zu leben. Thomas erkennt hier Züge nordischer Religionen mit ihrer Verehrung von Stärke und Macht.

Dass er hier kritische Anfragen hat, inwiefern das mit christlicher Barmherzigkeit einhergeht, kann man sich denken. Für unser Thema stellt sich also die

---

[73] Vgl. Lk 15,1-11.
[74] Vgl. Thomas, *Im Weltabenteuer Gottes Leben*, 2020, 32-47. Zum Vitalismus: 37-39.

kritische Frage, ob Mission nun der Kirche eine Art von Vitalität ans Herz legt, die eher nordisch-olympisch als biblisch-christlich formatiert ist. Vital wären dann ausschließlich kraftvolle, wachsende, blühende Kirchengemeinden, und ihr Erkennungsmerkmal wäre offensichtlicher Erfolg. Nun sollte man nicht umgekehrt jedes Wachstum verdächtigen und besondere Kraftlosigkeit zum Zeichen des Evangeliums erheben. Es sollte aber deutlich sein, dass Vitalität als Merkmal von Kirche eine ambivalente Angelegenheit ist.

Vielleicht muss man Vitalität *aus dem Evangelium heraus* neu buchstabieren als Fruchtbarkeit, die die Frucht des Geistes hervorbringt, also Liebe, Freude, Güte, Freundlichkeit, Treue und mehr.[75] Vielleicht wären christliche Gemeinschaften vital, wenn sie bei aller Verletzlichkeit und Schwäche widerstandsfähig und resilient bleiben, weil sich die Kraft des Auferstandenen gerade in ihrer Schwäche entfaltet.[76] Vielleicht zeigte sich Vitalität gerade in der Bereitschaft zu dienen statt zu herrschen.[77] Und auch darin, einfach nicht von Christus schweigen zu können, auch wenn sie auf Unverständnis stoßen.[78] Das alles entspräche auch einer an der missio Dei orientierten Praktischen Theologie.

Einige weitere Vorzüge, die eine missionsinteressierte Praktische Theologie hat, ergeben sich zum Schluss knapp und zwanglos aus dem Gesagten:

- Eine solche Praktische Theologie ist ein Augenöffner. Sie wird sich auf Grund ihres Interesses an denen, die nicht mehr oder noch nicht im Land des Glaubens wohnen, um präzise Wahrnehmung der religiösen und säkularen Lebenswelten bemühen. Sie will verstehen, wie diese anderen denken, sie will ihnen mit Respekt begegnen und bei ihnen Berührungspunkte mit dem Glauben suchen. Sie ist wahrnehmungsstarke Praktische Theologie.
- Eine solche Praktische Theologie hilft der Kirche, sich nicht andauernd mit sich selbst und dem Kampf ums Überleben zu beschäftigen. Die andauernde Selbstbezüglichkeit kirchlicher Debatten, ihr permanentes Fragen nach sich selbst (»Was wird aus der Kirche?«[79]) ist eine Art ekklesiale *incurvatio in se ipsum*. So macht sich die Kirche pausenlos selbst zum Thema. Sie ist aber nicht selbst das Thema. Sie ist nur die Krippe, in der sich der Herr finden lässt, sie ist bestenfalls der Esel, auf dem Christus zu den Menschen kommt. Statt zu fragen *Was wird nur aus uns?* wäre es heilsam zu fragen *Wer braucht uns? Was würde fehlen, gäbe es uns nicht?* Unsere Studien zu überraschenden kirchlichen Aufbrüchen in peripheren ländlichen Räumen Ostdeutschlands zeigen, dass Gemeinden gesunden, ja sich als vital erweisen, wenn sie den

---

[75] Nach Gal 5,22.
[76] Nach 2 Kor 12,1-10.
[77] Nach Mk 10,35-45.
[78] Nach Apg 4,20.
[79] Vgl. zum Beispiel den Titel der 2. Kirchenmitgliedschaftsuntersuchung 1982: Johannes Hanselmann, Helmut Hild und Eduard Lohse, *Was wird aus der Kirche? Ergebnisse der zweiten EKD-Umfrage über Kirchenmitgliedschaft*, Gütersloh 1984.

Blick von sich weg auf den Dienst richten, den sie auch mit kleiner Kraft in ihrer Lebenswelt leisten können. Mission 3 fördert so gesehen: Vitalität.
- Eine solche Praktische Theologie müsste gar nicht die einzige und ausschließliche Perspektive sein, mit der wir auf die Kirche schauen, aber doch eine, die wir neben anderen in jeder Hinsicht brauchen. Das würde bedeuten, dass wir in jeder Hinsicht Mission als Frage und Anregung einspielen, z.B. in der Liturgik. Im Blick auf den Gottesdienst fragen wir dann, inwiefern er zugänglich, verständlich und relevant für Menschen jenseits der Kerngemeinde ist. Wir fragen aber auch, inwiefern er die versammelte Gemeinde für ihre Sendung in den Alltag zurüstet. Oder nehmen wir die Gemeindepädagogik. Missionsinteressiert fragen wir, wie wir etwas tun können für die familiäre Weitergabe des christlichen Glaubens. Wir wissen, wie entscheidend es ist, als Kind in der Familie zum Beispiel beten zu lernen. Und wir wissen, dass das Familien heute massiv überfordert. Es nützt nichts darüber zu jammern oder die Eltern mit Appellen zu überziehen. Wir sehen aber auch, zuerst in England und jetzt zunehmend auch bei uns, wie gut es über die Kerngemeinde hinaus ankommt, Familien in »messy churches« oder in die »Kirche kunterbunt« einzuladen, wo Kinder und Erwachsene gemeinsam den Glauben erkunden und feiern. Das alles vitalisiert, indem es die Reichweite kirchlichen Handelns vergrößert.
- Eine solche Praktische Theologie wäre auch kritisch: Kritische Begleitung der missio Dei soll sie ja leisten. Es bleibt wichtig wachsam zu sein gegenüber den alten Gefährdungen. Die Kirche braucht dauerhaft diese kritische Begleitung wie der Suchtkranke die AA-Gruppe. »Mein Name ist Kirche und ich bin eine gefährdete Missionarin...« Die Versuchung zu überwältigen, zu manipulieren, mit falschen Versprechungen zu täuschen oder beziehungslos drauf los zu missionieren, gilt es von Mission 3 her immer wieder zu kritisieren und zu meiden. Liebe Missionarinnen im Zug, Respekt vor Eurem Eifer, aber ist es sinnvoll, Menschen einfach zu überrumpeln, die friedlich im Zug sitzen? Braucht nicht das Angebot des Gebets und das Zeugnis von Jesus so etwas wie Kontext und Kontakt?
- Schließlich hätte eine solche Praktische Theologie Anteil an der »Ergriffenheit« der Kirche. Sie weiß um den Unterschied von Beobachter- und Teilnehmerperspektive[80]; ihr Platz ist die Beobachtung, nicht die Teilnahme an der Mission. Aber sie ist darum nicht teilnahmslos oder unbeteiligt. Wenn Gerhard Wegner Merkmale einer vitalen Kirche zusammenstellt,[81] so nennt er einiges, was unmittelbar einleuchtet. Er nennt Freundlichkeit und Zugänglichkeit, er sieht, dass die Kirche Vertrauen gewinnt, wenn sie etwas zum Gedeihen des Gemeinwesens beiträgt, er sieht den Unterschied zwischen vi-

---

[80] So fordert es etwa Wilhelm Gräb, »Mission – Ein sinnvoller Leitbegriff praktisch-theologischer Forschung und kirchlicher Praxis?«, 2013, 182.
[81] Vgl. Gerhard Wegner, *Religiöse Kommunikation und Kirchenbindung. Ende des liberalen Paradigmas?*, Leipzig 2014, 151-169.

talen und weniger vitalen Gemeinden darin, dass die vitalen Gemeinden »etwas wollen« und sich Ziele setzen. Und er macht darauf aufmerksam, dass in vitalen Gemeinden Menschen mitwirken, weil sie sich innerlich verpflichtet sehen. Aber im Zentrum vitaler Gemeinden sieht er etwas anderes, Grundlegendes. Sie sind »ergriffen«, und das ist die Quelle für all das andere, das man hier nennen könnte.[82] Sie sind ergriffen von der Liebe Gottes, berührt, überzeugt und bewegt von Jesus Christus. Davon lebt auch die missio Dei. Und eine missionsinteressierte Praktische Theologie, die kritisch reflektiert, sauber empirisch forscht und konstruktiv Kirche neu entwirft, wird auch da nicht teilnahmslos sein. Sie kann nicht in innerer Distanz zu ihrem Gegenstand bleiben, weil ihr ›Gegenstand‹ sich in der Distanz nicht erschließt, sondern verflüchtigt. Sie weiß am Ende, dass sie zu ihrem Dienst in derselben Sendung wie die Kirche steht: »Wie mich der Vater gesandt hat, so sende ich euch.« Dieser Mission haben wir uns als Team am IEEG stets verpflichtet gesehen.

---

[82] Vgl. ibid., 166-169.

Dritter Teil

Horizonte in der Erforschung der Vitalität der Kirche

Michael Domsgen

»Empower people or don't do it!«
Überlegungen zum Potenzial von Empowerment-Diskursen für Kirchentheorie und Gemeindeentwicklung

Dass beide großen christlichen Kirchen in Deutschland grundlegende Änderungen zu bewältigen haben, steht als allgemeine Erkenntnis schon länger im Raum. Immer deutlicher tritt vor Augen, dass es nicht ausreicht, die vertrauten Handlungs- und Strukturmuster einfach fortzuführen. Die Pandemie wirkte und wirkt in alledem wie ein Katalysator. Es spricht viel dafür, dass sie in verdichteter Form Problemlagen sichtbar macht, deren Konturen sich bereits vorher abzeichneten. Viele der Herausforderungen sind nicht neu, aber sie zeigen sich nun in einer ganz neuen Intensität. Das hängt nicht zuletzt damit zusammen, dass sich unterschiedliche Problemlagen miteinander verbinden. Kirche, so könnte man unter Bezug auf Armin Nassehi formulieren, wird nun »noch viel sichtbarer«[1], und zwar mit ihren Stärken und Schwächen gleichermaßen.

An Analysen vor allem mit Blick auf den seit Jahren kontinuierlichen und nun noch einmal forcierten Mitgliederverlust mangelt es nicht. Auch finden sich eine Reihe von handlungsorientierenden Vorschlägen und reformorientierten Initiativen, die versuchen zukunftsorientiert zu denken und zu handeln.[2] Sie verdanken sich unterschiedlichen Schwerpunktsetzungen und Verortungen.[3] Bei aller Unterschiedlichkeit eint sie der Versuch, Menschen, die den Kontakt zu Kirche, Religion und Glauben verloren oder bisher nie entwickelt haben, aufs

---

[1] Armin Nassehi bezieht sich hier auf die Gesellschaft insgesamt. Ich fokussiere hier im Besonderen die Kirche. Ders., »Das ist unverantwortliches Verhalten!« Corona-Pandemie und Solidarität. Armin Nassehi im Gespräch mit Michael Köhler (online abrufbar unter https://www.deutschlandfunk.de/corona-pandemie-und-solidaritaet-nassehi-das-ist.691.de.html?dram:article_id=472764).

[2] Die Veröffentlichungen des IEEG unter Leitung von Michael Herbst bieten sowohl für die Analyse wie für handlungsorientierende Vorschläge vielfältige Anregungen. Vgl. dazu vor allem (aber nicht nur) die Veröffentlichungen in den Reihen Beiträge zu Evangelisation und Gemeindeentwicklung (BEG) sowie Beiträge zu Evangelisation und Gemeindeentwicklung Praxis (BEG praxis).

[3] Zur ersten Orientierung vgl. z.B. Michael Domsgen, »Kirchenentwicklungsprozesse quergelesen. Ein Blick auf das, was ist, was es braucht und was fehlt«, in: *EvTh* 82 (2022), H. 4, 256-265.

Neue oder gänzlich neu dafür zu interessieren. Damit wird der Blick zum einen in ganz grundsätzlicher Weise auf die Kirche gerichtet. Denn »jedem Nachdenken über die Kirche liegt eine Vorstellung zugrunde, was Kirche ist, wozu sie da ist und an welchen Kriterien sie ihre Gestalt orientieren sollte«[4]. Zum anderen steht die Frage nach dem je individuellen Zugang von Menschen zum Thema Kirche, Glaube, Religion im Raum. Legt man einen allgemeinen Lernbegriff zu Grunde, dann rücken auf diese Weise »alle nicht direkt zu beobachtenden Vorgänge in einem Organismus«[5] hinsichtlich der Auseinandersetzung mit der Umwelt in das Blickfeld, die sich dann in einem bestimmten Verhalten zeigen.

Die hier grob markierten Perspektiven schließen einander nicht aus. Im Gegenteil, sie sind aufs Engste miteinander verwoben bzw. sollten aufs Engste miteinander verwoben sein. Letztlich handelt es sich um zwei Seiten ein und derselben Medaille. Im Folgenden will ich aus der von mir zuletzt genannten Perspektive des lernenden Individuums heraus argumentieren und im Blick auf die mit dem Begriff Empowerment markierten Diskurse einige Aspekte beleuchten, von denen ich denke, dass sie kirchentheoretisch und kirchenentwicklerisch von Bedeutung sein können und sein sollten.[6] Dabei setze ich mit generellen Überlegungen zum praktisch-theologischen Vorgehen ein und führe von dort her den Begriff des Empowerment näher ein, indem ich ganz kurz auf vier dafür wesentliche Diskurse Bezug nehme. Zum Abschluss markiere ich einige Punkte, die dabei in besonderer Weise vor Augen treten und sich im Diskurs und in der Praxis von Kirchentheorie und Gemeindeentwicklung als fruchtbar erweisen können.

1. Ausgangspunkt: (Praktische) Theologie als freies und offenes Gespräch

Wer neue oder doch zumindest ungewohnte Begriffe in den Diskurs einspielt, muss zum einen erklären, was damit gemeint ist und zum anderen, welcher Nutzen sich daraus ergibt. Gerade beim Empowerment-Begriff ist das nicht leicht. Er wird von vielen benutzt und dabei oft sehr unterschiedlich verstanden. Zugleich fungiert er in einigen Diskursen als fokussierender Leitbegriff. Das

---

[4] Uta Pohl-Patalong, *Kirche gestalten. Wie die Zukunft gelingen kann*, Gütersloh 2021, 14.

[5] Alfred K. Treml, Nicole Becker, »Lernen«, in: Hans-Hermann Krüger/Werner Helsper (Hg.), *Einführung in die Grundbegriffe und Grundfragen der Erziehungswissenschaft*, Einführungskurs Erziehungswissenschaft Bd. 1, Opladen/Farmington Hills ^{9}2010, 103–114. 107. Unter Lernen verstehen sie »eine erfahrungsbedingte Veränderung der Möglichkeit eines lebenden Systems, in einer Umwelt einen Zustand einnehmen zu können, der anschlussfähig an die Fortsetzung der eigenen Autopoiesis ist.« (Ebd.)

[6] Vgl. ausführlich dazu: Michael Domsgen, *Religionspädagogik* (LETh 8), Leipzig 2019, 343-378.

hängt zum großen Teil damit zusammen, dass sich mit ihm bestimmte Problemkonstellationen besonders gut aufnehmen lassen.[7] Dabei wird eine Grundrichtung markiert und zugleich handlungsorientierend unterfüttert, die (auch) kirchentheoretisch von großer Wichtigkeit ist.

Für die hier zu verhandelnden Fragen ist es beispielsweise der Selbstverständlichkeitsverlust. Kirche, Religion und Glaube bewegen sich nicht (mehr) im Fahrwasser des allgemein Plausiblen. Sie müssen sich vielmehr als relevant erweisen, wenn Menschen mit ihnen in Kontakt kommen sollen. Darauf haben Eberhard Hauschildt und Uta Pohl-Patalong in ihrer Kirchentheorie unter Verweis auf Ernst Lange zu Recht eindrücklich hingewiesen und Relevanz als »Relationsbegriff«[8] stark gemacht. Mit ihm wird der Annäherungsmodus von Menschen an die hier genannten Themen fokussiert. Ein Blick auf Relevanztheorien verhilft dabei zu einer differenzierten Wahrnehmung.[9] Zugleich eröffnet er ein Nachdenken über Machtfragen. Kirchentheoretisch ist das in der jetzigen Situation von großer Bedeutung, rufen doch Veränderungen gängiger Strukturen immer zugleich die Machtfrage mit auf, insofern neu darüber nachzudenken ist, wer, wie und mit Blick auf wen machtvoll agiert. Die einzelnen Lernenden mit ihren internalisierten Relevanzsystemen, die sich immer auch in bestimmten Relevanzstrukturen befinden, können nur im Rahmen einer kontextualisierten Betrachtung wahrgenommen werden. Auch Theologie ist nicht »in neutraler Wissenschaftlichkeit als begrifflich-argumentativer Klärungsprozess einer Glaubenstradition zu praktizieren, sondern engagiert und konkret auf bestimmte kulturelle, soziale, politische und ökonomische Problemlagen zu entwerfen.«[10] Über den Begriff des Empowerment wird nun die Tür zu unterschiedlichen Disziplinen geöffnet, die bisher als Gesprächspartnerinnen der Religionspädagogik und Praktischen Theologie nicht primär im Blick waren. Das ermöglicht eine Perspektiverweiterung, die einem »topischen Denken in Perspektiven und Horizonten«[11] neue Impulse zu geben vermag. Zentral dafür ist eine Sensibilität »für

---

[7] Eine ausgezeichnete Analyse dazu findet sich bei Georg Bucher. Den von ihm offen gelegten Grundlinien folge ich auch in meinen Ausführungen hier. Vgl. Georg Bucher, *Befähigung und Bevollmächtigung. Interpretative Vermittlungsversuche zwischen »Allgemeinem Priestertum« und »empowerment«-Konzeptionen in religionspädagogischer Absicht*, APrTh 81, (Leipzig: Evangelische Verlagsanstalt, 2020), 215-327.

[8] Vgl. Eberhard Hauschildt, Uta Pohl-Patalong, *Kirche*, Lehrbuch Praktische Theologie 4, Gütersloh 2013, 207.

[9] Ein sehr instruktiver erster Überblick dazu findet sich bei Manuel Stetter, »Relevanz als Praxis und die Praxis der Bildung. Zur Relevanz von Relevanztheorien«, in: *ZPT* 72 (2020), H. 3, 252-262.

[10] Ingolf Dalferth, »Kontextuelle Theologie in einer globalen Welt«, in: T. Flügge, M.E. Hirzel, F. Mathwig, P. Schmidt (Eds), *Wo Gottes Wort ist. Die gesellschaftliche Relevanz von Kirchen in einer pluralen Welt*. Festgabe für Thomas Wipf (Beiträge zu Theologie, Ethik und Kirche, Bd. 6), Zürich 2010, 29-46, 35.

[11] Ingolf Dalferth, *Evangelische Theologie als Interpretationspraxis. Eine systematische Orientierung* (ThLZ.F 11/12), Leipzig 2004, 12.

die Vielgestaltigkeit und Rekombinierbarkeit der Phänomene«, um sie »in verschiedenen Perspektiven und Horizonten«[12] betrachten zu können. Theologisches Denken ist in dieser Linie als »free and open ongoing conversation« zu verstehen, »as inclusive as possible«.[13] Das von Karl Ernst Nipkow in Anschlag gebrachte Programm einer »interpretativen Vermittlung«[14] wird hier noch einmal neu ausgerichtet. Die Zielrichtung bleibt jedoch bestehen. Letztlich gilt es nach der Relevanz zu fragen, die theologische und nichttheologische Perspektiven für jeweils zu identifizierende Herausforderungen haben, so dass »jeweils das eine im Medium des anderen erkannt und zum Moment seiner Entschlüsselung zu werden vermag«[15] oder mit Gordon Kaufmann gesprochen, »that each could learn from the others«.[16]

Einem solchen Verständnis von Theologie korrespondiert ein Verständnis von Evangelium, das dessen »Ereignischarakter« stark macht. Gegenstand der Theologie bildet damit nicht eine »feststehende Größe«, sondern ein Ereignis, »das immer wieder neu zum Vorschein kommen muss«.[17] Es geht hier nicht um »Vergangenes, sondern etwas Gegenwärtiges«, nämlich um das Wirken Gottes im eigenen Leben, in einer bestimmten Wirkrichtung, indem Gott »aus Übel Gutes, aus Leid Freude, aus Tod Leben schafft«.[18] Die damit aufgerufene Spannung zwischen dem überlieferten christlichen Grundimpuls und einer je aufs Neue auszugestaltenden Lebensform lässt sich in der Theorie der Kommunikation des Evangeliums gut verstehen und gestalten. Christian Grethlein unterscheidet hier mit Blick auf das Leben, Wirken und Geschick des Jesus von Nazareth drei grundlegende Modi der Kommunikation des Evangeliums, und zwar Lehren und Lernen (vor allem im Erzählen von Gleichnissen und Parabeln), gemeinschaftliches Feiern (in Form von Mahlgemeinschaften) und Helfen zum Leben (durch Wunderheilungen als Befreiungsgeschehen auf die Gottesherrschaft hin).[19] Adressiert werden damit allgemein menschliche Kommunikationsformen, die in einer bestimmten Richtung geformt werden. Es geht hier um eine soziale Praxis, die immer plural verfasst sein wird, weil sie einer kontextuellen Ausformung bedarf. Damit wird ein anderer Schwerpunkt gesetzt als mit den

---

[12] Ebd.
[13] Gordon D. Kaufmann, *In face of mystery. An constructive theology* (Cambridge, Mass.: Harvard Univ. Press 1993), 68.
[14] Karl Ernst Nipkow, *Grundfragen der Religionspädagogik*. Band I: Gesellschaftliche Herausforderungen und theoretische Ausgangspunkte, Gütersloh 21978, 211.
[15] Christian Albrecht, *Geschichte, Bedeutung und Gestaltung kirchlicher Amtshandlungen* (PThGG 2), Tübingen 2006, 195.
[16] Kaufmann, a.a.O., 68.
[17] Ulrich H.J. Körtner, *Dogmatik* (LETh 5), Leipzig 2018, 18.
[18] Ingolf Dalfert, *Wirkendes Wort. Bibel, Schrift und Evangelium im Leben der Kirche und im Denken der Theologie*, Leipzig 2018, 61.
[19] Vgl. Christian Grethlein, *Praktische Theologie*. Berlin, Boston ²2016, 166-169 (unter Verweis auf Jürgen Becker, *Jesus von Nazaret*, Berlin, New York 1996, 176-233).

Begriffen Religion oder Glaube. Die christliche Lebensform ergibt sich nicht von selbst, sondern bedarf der Assistenz. Diese ist jedoch nicht hierarchisch bestimmt, weil jede und jeder Einzelne in unmittelbarer Verantwortung vor Gott steht. Das haben nicht zuletzt die Reformatoren in besonderer Weise betont. »Ein Christ ist in seinem Glauben und in seinen Entscheidungen, die er aus dem Glauben heraus fällt, verantwortlich für sich selbst. Keine Institution kann ihm das abnehmen.«[20]

Eine christliche Lebensform weist spezifische Prägungen auf. Sie ergeben sich aus der Gottesrelation und werden wesentlich durch die Impulse bestimmt, die durch Jesus in die Welt gesetzt wurden. Diese eben schon benannten drei Kommunikationsmodi werden in unterschiedlichen Kontexten unterschiedlich gewichtet und gestaltet. Das hängt wesentlich damit zusammen, dass Gott im jüdisch-christlichen Verständnis der Immanuel ist, also der Mitgehende und »Dabei-Seiende« (vgl. Ex 3,14). Auf diese Weise werden immer wieder neue Facetten von ihm sichtbar.

Eine christliche Lebensform ergibt sich nicht einfach von selbst, sondern braucht unterstützende Impulse. Die verfasste Kirche nimmt dabei einen wichtigen, aber bei weitem nicht alleinigen Platz ein. Familie, Peers oder Medien sind immer mit zu bedenken.

Bei der Assistenz geht es nicht nur um eine Affirmation in eigene Bedürfnisse. Vielmehr führt Christsein auch in »das konfliktreiche und risikobesetzte Leben des Jesus von Nazareth, das zu Kritik führen und sogar auf Ablehnung stoßen kann«.[21] Die Begleitung und Förderung der Kommunikation des Evangeliums erfolgt also immer auch gegen Widerstände, die im lernenden Individuum selbst sowie in den es prägenden Strukturen angelegt sein können.

Wie lässt sich das in handlungsorientierender Perspektive aufnehmen? Hier bieten einige Diskurse um Empowerment ein großes Potenzial.

2. Ausgewählte Diskurse um Empowerment und ihre Impulse zur handlungsorientierenden Ausformung einer Theorie der Kommunikation des Evangeliums

Georg Bucher hat in seiner Dissertation vier Diskurse identifiziert, in denen sich unter dem Leitbegriff Empowerment sowohl religionspädagogisch als auch prak-

---

[20] Hans Martin Barth, *Einander Priester sein. Allgemeines Priestertum in ökumenischer Perspektive*, Veröffentlichungen des Konfessionskundlichen Instituts des Evangelischen Bundes 29 (Göttingen: Vandenhoeck & Ruprecht 1990), 212.
[21] Günther Thomas, *Was geschieht in der Taufe? Das Taufgeschehen zwischen Schöpfungsdank und Inanspruchnahme für das Reich Gottes* (Neukirchen-Vluyn: Neukirchener Verlage 2011), 56.

tisch-theologisch viel lernen lässt. Sie sollen im Folgenden skizzenhaft kurz vorgestellt werden.

2.1 Empowerment als Erweiterung der Möglichkeiten, das eigene Leben zu bestimmen

Zuerst ein Blick auf das Feld der Gemeindepsychologie. Hier gibt Julian Rappaport mit dem Begriff des *empowerment* die Zielbestimmung vor, »für Menschen die Möglichkeit« zu erweitern, ihr Leben zu bestimmen«.[22] Er lenkt damit den Blick auf die personalen und ökosozialen Ressourcen, die Menschen brauchen, um ihre individuellen Rechte wahrzunehmen. Zugleich macht er deutlich, dass es dabei nicht ausreicht, ausschließlich auf der individuellen Ebene zu agieren. Lebensführungsfragen werden damit radikal kontextualisiert. Außerdem weist die Orientierung an der *community* als dem räumlichen und sozialen Nahumfeld bzw. dem Netzwerk darauf hin, dass auch Lehr- und Lernprozesse so zu profilieren sind, dass ihre Relevanz für das gemeinsame Zusammenleben in der jeweils konkreten »Gemeinde« deutlich wird. Auf diese Weise rückt die politische und gesellschaftliche Dimension religiöser Bildung und kirchlicher Arbeit verstärkt in den Fokus.

Kirchentheoretisch ist vor allem die enge Verzahnung von individueller Entwicklung und Prägung durch und in der *community* interessant. Kirchliche Arbeit hat dazu beizutragen, dass Menschen die Möglichkeiten erweitern, ihr Leben zu bestimmen. Das ist eine ganz zentrale Zielrichtung, die nur kontextuell realisiert werden kann. Allgemeine Aussagen von dem, was »die Menschen« heute brauchen, werden in dieser Perspektive schnell entlarvt als wert- und lieblose Abstraktionen, die Menschen gerade nicht dazu verhelfen, auf neue Weise auf ihr Leben zu schauen und von dort her aktiv werden zu können. Wer Evangelium kommunizieren will, kann dies »nur« kontextuell tun und kann sich von dort her die Augen öffnen lassen für Ausgestaltungsmöglichkeiten, die sich daraus ergeben.

2.2 Empowerment als Leitmetapher für den Richtungssinn professionellen Handelns im Sinne von Befähigung und Bevollmächtigung

Lernprozesse im Horizont von Lebensbewältigung und Lebensgestaltung brauchen besondere Unterstützung. Das wird auch in der Theorie der sozialen Arbeit reflektiert. Empowerment spielt dabei eine große Rolle. Der Begriff verweist auf zwei Dimensionen, die es für eine gelingende Lebensführung braucht: Kraft,

---

[22] Julian Rappaport, »Ein Plädoyer für die Widersprüchlichkeit: Ein sozialpolitisches Konzept des ›empowerment‹ anstelle präventiver Ansätze«, in: *Verhaltenstherapie und psychosoziale Praxis* 2 (1985), 257-278, 269.

Macht und Mut (Empowerment) auf der einen Seite sowie Fähigkeiten und Kompetenzen (Enablement) auf der anderen Seite.[23] Strukturelle und personelle Ressourcen bzw. Möglichkeitsräume sind ins Verhältnis zueinander zu setzen. Sie gehören untrennbar zusammen. Empowerment fungiert dabei als Richtungssinn jedweden professionellen Handelns. Wichtig dabei ist eine ressourcenorientierte (also nicht defizitorientierte) Annäherung an die Lebensführungen der Menschen. Zugänge, bei denen vorher schon klar ist, was für andere wichtig ist, verbieten sich von selbst. Das begrenzt pädagogisches Handeln, eröffnet aber zugleich neue Spielräume. Um die zu beschreiben, hat Georg Bucher zwei Begriffe vorgeschlagen. Es geht um »Befähigung« und »Bevollmächtigung«. Zwei Aspekte sind hier im Blick: Einerseits die Erweiterung des Möglichkeitsraumes des Subjekts, wobei hier immer dessen Freiheit zu wahren ist. Andererseits geht es um eine Bestärkung und Ermutigung in individualpsychologischer und lerntheoretischer Perspektive, wobei immer auch die strukturelle Ebene zu berücksichtigen ist. Denn Fähigkeiten und Kenntnisse, die sich nicht auch als strukturell relevant erweisen, stehen in der Gefahr, resonanzlos zu bleiben. Empowerment lässt sich nicht verordnen. Es ist nur im Modus des Aushandelns möglich.

Kirchentheoretisch interessant ist hier zum einen die Neuausrichtung explizit pädagogischer Arbeit, insofern beispielsweise in der Konfiarbeit bewusst Raum für Möglichkeiten der »Bevollmächtigung« geschaffen wird. Sie kann jedoch nicht verordnet werden. Didaktisch ist sie als Proberaum zu verstehen und zu gestalten, in denen Jugendliche die ihnen vermittelten Fähigkeiten für sich selbst austesten können, indem ihnen Gestaltungsräume eröffnet werden. Damit rücken auch die strukturellen Gegebenheiten ins Zentrum der Aufmerksamkeit, insofern zu fragen ist, ob sie eröffnend oder einschränkend sind. Über die unmittelbare pädagogische Tätigkeit hinaus ist zu fragen, inwiefern sie den Möglichkeitsraum von Menschen erweitern (oder diesen sogar einschränken). Bestärkung und Ermutigung geschehen nicht per se, wenn Menschen vorgeben, bestärkend und ermutigend wirken zu wollen. Diese Dimensionen eröffnen sich erst, wenn sich ein Raum zur Partizipation eröffnet, durch und mit der die eigene Lebenswirklichkeit Platz finden kann.

2.3 Empowerment als Unterstützung der Selbstbestimmungs-, Mitbestimmungs- und Solidaritätsfähigkeit

Gegenwärtig erleben wir eine große Sensibilität für die Diversität von Menschen. Dabei ist Vielfalt nicht nur zu konstatieren, sondern zugleich danach zu fragen, wie Chancengleichheit ermöglicht werden kann. Bei der dabei aufgeworfenen Frage nach dem Umgang mit Differenz und Heterogenität lässt sich viel aus dem heil- bzw. sonderpädagogischen Diskurs lernen. Er bekam wichtige Impulse

---

[23] Dieter Röh, *Soziale Arbeit, Gerechtigkeit und das gute Leben. Eine Handlungstheorie zur daseinsmächtigen Lebensführung* (Wiesbaden: Springer VS 2013), 239.

durch die UN-Konvention über die Rechte von Menschen mit Behinderung im Jahr 2006, weil sie das Thema als unhintergehbaren Punkt in den Mittelpunkt rückte.

Hier ist interessant, wie eng Empowerment und Bildung miteinander verknüpft werden, so dass die »Unterstützung und Entfaltung der Selbstbestimmungs-, Mitbestimmungs- und Solidaritätsfähigkeit«[24] als übergeordnetes Bildungsziel formuliert werden kann. Die damit verbundene Stärken-Perspektive ist unhintergehbar. Zentral ist der Blick auf die Ressourcen von Menschen, nicht auf deren Defizite. Zugleich darf das aber nicht einseitig verstanden werden, indem die Schwächen zu schnell als vermeintliche Stärken interpretiert werden. Dann können Ohnmachtserfahrungen schnell aus dem Blick geraten. Aber nur, wo das nicht vorschnell geschieht, können Befähigungs- und Bevollmächtigungsprozesse gelingen.

Eindrücklich auf den Punkt gebracht hat das Ulf Liedke: »Für das Empowerment gilt: Mensch sein kannst du dort, wo du Schwäche zeigen kannst, ohne Stärke zu revozieren.«[25]

Kirchentheoretisch interessant ist hier zunächst einmal die neue Aufmerksamkeit für Fragen der Selbst- und Mitbestimmung sowie der Solidaritätsfähigkeit. In neuer Weise auf die Ressourcen zu blicken, die Menschen mitbringen und dabei auch sensibel zu werden mit Blick auf die vorgenommenen Adressierungen ist ebenso wichtig, wie die Bereitschaft Ohnmachtserfahrungen auch als solche auszuhalten und zu thematisieren. Die biblische Überlieferung gibt für eine solche Ressourcen-Orientierung wichtige Impulse (»Was willst Du, was ich dir tun soll?« Mk 10,51; »Dein Glaube hat Dir geholfen.« Mk 10,52), bietet aber zugleich auch eine Perspektive des Einwilligens in nicht zu Änderndes (»Nicht mein, sondern dein Wille geschehe.« Lk 22,42). Kirchen als Orte zu gestalten, in den Menschen Schwäche zeigen können, ohne Stärken zurückzunehmen, ist ebenfalls ein sehr eröffnender Gedanke.

2.4 Empowerment als Sensibilisierung für den Zusammenhang von Lernprozessen und kulturellen, gesellschaftlichen und ökonomischen Strukturen

Wie eng individuelle und strukturelle Dispositionen zusammenhängen und wie stark dieser Zusammenhang Bildungsprozesse beeinflusst, wird im Diskurs zur kritischen Pädagogik sehr eindrücklich thematisiert. Dabei sind es vor allem die Überlegungen zum Zusammenhang zwischen Bildung und kulturellen, gesellschaftlichen wie insbesondere ökonomischen Strukturen die den Finger in die

---

[24] Georg Theunissen, *Erwachsenenbildung und Behinderung. Impulse für die Arbeit mit Menschen, die als lern- oder geistig behindert gelten* (Bad Heilbrunn: Klinkhardt 2003), 79.
[25] Ulf Liedke, *Beziehungsreiches Leben. Studien zu einer inklusiven theologischen Anthropologie für Menschen mit und ohne Behinderung*, APTh 59 (Göttingen: Vandenhoeck & Ruprecht 2009), 516–549, 599.

Wunde legen. Schon das ist kirchentheoretisch interessant und wird ja auch thematisiert.

Zugleich regt die kritische Pädagogik auch dazu an, religiöse Traditionen, Symbole und Riten immer auch kontrakulturell zu lesen und deren transformatorische Kraft in den Blick zu nehmen. »Empowering Education«[26] braucht Ermutigung. Einzuschließen ist dabei auch eine »Fehlerermutigungsdidaktik« im Gegensatz zu einer »Fehlervermeidungsdidaktik«[27], bei der das irritierende Potenzial religiöser Bildung von vornherein mitbedacht wird. Nur wenn Widerständigkeiten offen hervortreten und Fremdheit irritiert, kann sich »produktiv(es) Potenzial«[28] entfalten. Eine Ermutigungsdidaktik fungiert hier als Gegenpol zu didaktischen Konfliktvermeidungsstrategien.

Kirchentheoretisch interessant ist hier nicht zuletzt ein neues Nachdenken über die Bedeutung von Fehlern im kirchlichen Geschäft. In aller Regel werden sie nicht offen thematisiert (so wie auch Erfolge selten offen thematisiert werden). Auch dass Fremdheit heilsam irritieren kann, ist neu ins Gedächtnis zu rufen. Zugleich ergibt sich eine (nicht nur wahrnehmungstheoretisch, sondern auch handlungsorientierend) erhellende Frageperspektive: Wann, wie und von wem werden kirchliche Impulse nicht nur als nicht *empowernd*, sondern sogar als *disempowernd* wahrgenommen?

3. Ausblick: Wofür wir in der Beschäftigung mit Empowerment besonders sensibilisiert werden und was sich daraus kirchentheoretisch fragen lässt

Im kurzen Blick auf Empowerment-Diskurse habe ich bereits angedeutet, was sich daraus an Impulsen für das Feld von Kirchentheorie und Gemeindeentwicklung ergeben könnte. In diesem Abschnitt will ich einiges davon noch einmal bündeln und konzentriere mich dabei auf vier Fragen.

3.1 Wem soll eigentlich assistiert werden?

Gerhard Wegner kommt in seiner Analyse der gegenwärtigen Problemlagen in einem »nüchterne(n) Rückblick auf die vergangenen 50 Jahre« zu der »schlich-

---

[26] Ira Shor, *Empowering Education. Critical Teaching for Social Chance* (Chicago/London: University of Chicago Press 2012).

[27] Fritz Oser/Maria Spychiger, *Lernen ist schmerzhaft. Zur Theorie des negativen Wissens und zur Praxis einer Fehlerkultur* (Weinheim/Basel: Beltz 2005), 164-167.

[28] Heinz Streib, »Wie finden interreligiöse Lernprozesse bei Kindern und Jugendlichen statt? Skizze einer xenosophischen Religionsdidaktik«, in: Peter Schreiner/Ursula Sieg/Volker Elsenbast (Hg.), *Handbuch interreligiösen Lernens* (Gütersloh: Gütersloher Verlagshaus 2005), 230–243, 231.

te(n), aber gravierende(n) Frage«, »ob uns die Mitglieder der Kirche denn (je; M.D.) wirklich ernsthaft interessiert haben.«[29] Dahinter steht eine sehr sensible Wahrnehmung der institutionellen Eigendynamik von Kirche. Zugleich wird damit in neuer Weise nach dem Menschenbild gefragt, das wir kirchentheoretisch in Anschlag bringen.

In der Perspektive von Empowerment nehmen wir Menschen von vornherein als soziale Wesen in den Blick, als Einzelne, die mit anderen und ihrer Umwelt auf unterschiedliche Weise verbunden sind. Adressiert werden sie nicht in erster Linie hinsichtlich ihrer Religiosität, sondern hinsichtlich ihrer Vulnerabilität. Wir leben als verletzliche und verletzende Menschen in einer von Verletzlichkeit geprägten Welt. Damit ist ein neuer Schwerpunkt in der Bildungsperspektive gesetzt. Dem individuellen Lernen in Vereinzelung wird das Lernen in Solidarität und Vernetzung dazugestellt. Vulnerabilität und Solidarität bedingen einander.

Eine Befähigungspraxis braucht »den Resonanzraum von Selbstwirksamkeitserfahrungen«[30], der in besonderer Weise durch Teilhabe geschaffen wird. Christlich motivierte Lernprozesse sind »transformierende kommunikative Prozesse«,[31] die letztlich auf die Bewältigung des Lebens ausgerichtet sind. Dabei sind Machtfragen bewusst mit aufzunehmen und einzubeziehen. Hier ist es besonders die Frage nach den expliziten und impliziten Voraussetzungen gegenwärtigen religionspädagogischen Handelns in Familie, Schule und Gemeinde. In alledem sind die Lernenden als konkrete Subjekte in ihren grundlegenden Ambivalenzen in den Blick zu nehmen. Gegenwärtig liegt der Fokus noch zu »einseitig auf dem Subjekt als bildungsnah und lernbereit … Macht-, Gesellschafts- und ökonomiekritische Analysen« müssten »stärker rezipiert werden, um die sozialen Ohnmachtsstrukturen zu erfassen, in denen Subjekte heute leben.«[32]

Als theologische Leitidee zur Assistenz fungiert hier das allgemeine Priestertum. »Erst in der Berufung zum allgemeinen, gegenseitigen und gemeinsamen Priestertum erfüllt sich die auch andernorts sich andeutende Berufung des Menschen, sich in Anspruch nehmen zu lassen, in einen Prozess des Berufens und sich-berufen-Lassens ein-zutreten und die eigenen Gaben für andere und die

---

[29] Gerhard Wegner, »Freilaufende Pfarrerinnen? Zur Entwicklung der evangelischen Kirchen in Deutschland«, in: Ders. (Hg.), *Substanzielles Christentum. Soziotheologische Erkundungen*, Leipzig 2022, 328-376, 329.
[30] Bucher, *Befähigung und Bevollmächtigung*, 93.
[31] Heinz Schmidt, *Leitfaden Religionspädagogik* (Stuttgart/Berlin/Köln: Kohlhammer/ Urban Taschenbücher Band 443, 1991), 55.
[32] Reinhold Boschki, Art. »Subjekt«. In: *Wissenschaftlich-Religionspädagogisches Lexikon im Internet* (www.wirelex.de) (2017), 8, unter: https://www.bibelwissenschaft.de/fileadmin/ buh_bibelmodul/media/wirelex/pdf/Subjekt__2018-09-20_06_20.pdf (Lesedatum: 15. November 2022).

Gemeinschaft zur Verfügung zu stellen.«[33] Letztlich geht es um die Thematisierung von Vollzugsformen und Gestalten des allgemeinen Priestertums, die für die eigene Lebensführung als hilfreich entdeckt werden können.

3.2 Worauf soll die Assistenz hinauslaufen?

Wenn die Mitgliedschaft in der Kirche sich nicht (mehr) von selbst versteht, bedarf es gesonderter Anstrengungen, um Menschen dazu zu bewegen, sich mit der Kirche in Verbindung zu setzen und auf diese Weise sich selbst neu zu entdecken. Gerhard Wegner spricht hier von der »Förderung religiöser Autorschaft mit dem Ziel einer besseren extensiven und intensiven Kommunikation mit Kirchenmitgliedern und anderen.«[34] In handlungsorientierender Hinsicht knüpft er an eine Parole aus der Wirtschaft an: »Add value, or don't do it!«. In der Kirche geht es nicht um Gewinn und Werte. Deshalb modifiziert er diese Parole und formuliert in bewusster Auseinandersetzung mit seiner These von der Nichtbeachtung der Mitglieder: »Add members, or don't do it!«[35] So richtig die damit gesetzte Perspektive auch ist, besteht hier – zumindest bei einem einseitigem Verständnis – die Gefahr der Funktionalisierung, insofern Mitglieder zu gewinnen sind, um der Kirche und nicht um der (potenziellen) Mitglieder willen. Deswegen würde ich lieber formulieren: »Empower people or don't do it!«, wobei das Empowerment nicht falsch verstanden werden darf. Nicht die Kirche empowert Menschen. Empowerment ist vielmehr ein Prozess, den Menschen selbst initiieren. Kirche ist hier als Ermöglichungsraum zu sehen, in dem Menschen sich als selbstwirksam und sich auf diese Weise als neu auf- und ausgerichtet erleben.

Die dahinterstehende theologische Grundlegung ist bereits reformatorisch angelegt. Kirche ist nicht an sich relevant, sondern in ihrer Funktion in der Kommunikation des Evangeliums. Das relativiert einerseits und stabilisiert andererseits die immer wieder neu zu suchende Ausrichtung an der der Kirche aufgetragenen Sache. Evangelium kommt nur dann zur Geltung, wenn es als solches (= als froh machende Botschaft) erfahren wird. Wer das bedenkt, folgt einer anderen Logik: weg von der Kirchenlogik hin zur Logik der Einzelnen in ihren sozialen und kontextuellen Einbindungen. Empowerment ist als Befähigung und Be(voll)mächtigung zu sehen,[36] als Ermutigung im Modus der Selbstwirksamkeit. Menschen sollen in der Begegnung mit dem Evangelium die Möglichkeiten erweitern, ihr Leben zu leben, indem sie mit der christlichen Lebensform in Berührung kommen. Kirchliche Arbeit ist als *doing empowerment* zu gestalten.

---

[33] Barth, a.a.O., 208.
[34] A.a.O., 366.
[35] Ebd.
[36] Vgl. Bucher, *Befähigung und Bevollmächtigung*, 38 (u.ö.).

3.3 Wie kann Empowerment gelingen?

Ich setze im engeren Sinne religionspädagogisch ein und versuche anschließend eine Ausweitung. Eine große Herausforderung religiöser Bildung heute liegt darin, dass Heranwachsende etwas lernen, was sie für ihre eigene Lebensführung nicht brauchen oder nicht zu brauchen meinen. Die Befähigungen werden deshalb oft als irrelevant erlebt. In anderen Feldern kirchlicher Verantwortung ist das oft nicht anders. Die eingebrochenen Zahlen zum Gottesdienstbesuch sind nicht nur mit neuen Gewohnheiten infolge der Pandemie zu interpretieren. Vielmehr zeigt sich hier auch, dass Menschen bisweilen in den Gottesdiensten nicht das finden, was sie suchen.

Die Empowermentperspektive könnte hier durchaus eröffnend wirken. Mit den von Georg Bucher stark gemachten Begrifflichkeiten ließe sich sagen: Die Orientierung an Befähigung (und somit an anzustrebenden Fähigkeiten, Kenntnissen und Verhaltensweisen) braucht eine Verschränkung mit derjenigen an Bevollmächtigung (und damit der Ingebrauchnahme im Modus eines Probehandelns). Gemeint ist damit die Inanspruchnahme des Gelernten bzw. Gehörten im Sinne von Selbstwirksamkeits- und Relevanzerfahrungen. Dafür braucht es vernetzte und vernetzende Kommunikationsräume, in denen diese Fähigkeiten in Anschlag gebracht und so hinsichtlich des ihnen innewohnenden Potenzials abgeklopft werden. Grundlegendes Kriterium dabei ist, dass Menschen dabei geholfen wird, die Möglichkeiten zu erweitern, ihr »Leben zu bestimmen«.[37] Das korrespondiert mit kollektiven Vernetzungen, durch die wiederum »Lebenskräfte« aktiviert und angeeignet werden sollen. Es gilt also die »Befähigung zur Identität in universaler Solidarität«[38] stärker als bisher zu fokussieren. Eine zentrale Frage lautet dabei, inwiefern die christlichen Kommunikationsmodi und Gestaltungsformen »zu einer Erweiterung der Handlungsfähigkeit von Subjekten, zum Aufbau von Bewältigungskulturen in den verschiedenen Sozialformen ... und zum kritischen Umgang mit gesellschaftlich freigesetzten Bewältigungsproblemen«[39] beitragen können. In alledem geht es wesentlich um die Reflexion angemessener Formen von Assistenz. Hier spielt die Machtfrage eine wesentliche Rolle. Partizipation ist durchaus konflikthaft auszuhandeln und muss auch Möglichkeiten ihrer Verweigerung mit einbeziehen. Im doing empowerment ist das immer mitzuführen.

3.4 Wann kommt Empowerment ans Ziel?

Empowerment steht für einen Prozess, der letztlich nie angeschlossen ist. Empowerment ist auf Empowerment verwiesen und setzt es idealerweise immer wieder frei. Im Horizont des Christlichen tritt auf diese Weise die Dialektik von

---

[37] Rappaport, a.a.O., 269.
[38] Norbert Mette, *Religionspädagogik*, LeTh 24 (Düsseldorf: Patmos-Verl. 1994), 139.
[39] Bucher, a.a.O., 108f.

Gestalt und Gestaltung christlicher Lebensvollzüge deutlich vor Augen. Wer sich auf den christlichen Weg (vgl. Apg 19,23) begibt, tritt in einem vorgegebenen, überindividuell-sozialen Praxiszusammenhang ein, der einen »Möglichkeitsraum« aufspannt, »dessen je individuelle Ausgestaltung«[40] er nicht nur freisetzt, sondern zugleich fordert. Christlich motivierte Kommunikationsprozesse zielen deshalb darauf ab, lebbare Formen des Christseins auszuloten und dabei unterschiedliche Kontexte zu beachten. Auf diese Weise wird der Blick in besonderer Weise auf das schöpferische Potenzial der Zuwendung Gottes zu den Menschen gerichtet. Die Auseinandersetzung mit Empowerment in unterschiedlichen Diskursen könnte sich dabei als anregend erweisen. Die ersten Schritte dafür sind getan. Nun geht es darum, dies vernetzt und vernetzend auszuprobieren.[41]

---

[40] So Martin Laube mit Blick auf die Lebensform Ehe. Vgl. ders., »Die Ehe als evangelisch gedeutete Lebensform. Institution oder intime Beziehung?«, in: *epd/D* 06 (2019), 43-50, 48.

[41] Dazu beitragen soll auch das neu gegründete Forschungszentrum CES an der Theologischen Fakultät der Martin-Luther-Universität Halle-Wittenberg. CES steht dabei einerseits in seiner englischen Formulierung (Center for Empowerment Studies) für einen offen angelegten interdisziplinären Suchprozess und andererseits in seiner deutschen Bezeichnung (Forschungszentrum: Christliches Empowerment in der Säkularität) für eine spezifische Ausprägung von Empowerment im Sinne einer positionellen Transparenz. Vgl. https://www.theologie.uni-halle.de/pt_rp/rp/ces/.

Miroslav Volf

Mission als Teilhabe an Gottes »Zuhause-Schaffen«

»Mission as Participation in God's Homemaking«[1],
übersetzt von David Reißmann

1. Das Versprechen von Heimat

»Es gibt jedoch Zeiten, in denen Utopie der einzige Realismus ist.«[2]

Mit diesem Satz beendete George Steiner einen Essay über den Stand der Geisteswissenschaften an modernen Universitäten. Er passt noch besser zu meinem Thema hier: die Mission der Kirche in Bezug auf das Gefühl, in der Welt zu Hause zu sein, und das Bestreben, einen sozialen und materiellen Raum zu imaginieren und zu schaffen, den wir als Individuen, Gemeinschaften und Arten als unseren gemeinsamen Raum der Zugehörigkeit erfahren. »Es gibt *jedoch* Zeiten...«, schrieb Steiner. Mit diesem *jedoch* deutete er an, dass es auch andere, gewöhnliche Zeiten gibt, in denen gewöhnliche Dinge so geschehen, wie sie es gewöhnlich tun. Realität ist dann Realität, und Utopie ist dann das genaue Gegenteil von Realität – ein Traum von einem Nirgendwo-Land und einem Nie-Land. Aber in Zeiten, die nur alltäglich *erscheinen*, weil die Aus-den-Fugen-Geratenheit der Dinge normalisiert wurde, in solch außergewöhnlichen Zeiten ist die »Realität« selbst zu ihrem eigenen Gespenst geworden. Ein utopischer Traum kann dann der einzige Weg sein, an der Realität festzuhalten und zur Realität zurückzukehren.

---

[1] Anm. des Übersetzers: Wie schon das englische Wort »home«, so erweckt auch das englische »Homemaking« eine Reihe an Assoziationen und Bildern, die mit der deutschen Übersetzung von ›Haus‹ oder ›Heim/Heimat‹ nur schwer einzufangen sind. »Homemaking« würde in der wörtlichsten Übertragung am ehesten mit ›Haushaltsführung‹ wiedergegeben. Aber auch das ›Hausbauen‹, vor allem aber das ›Heimat und Zuhause gestalten‹, und das ›Wohnung nehmen‹ nach Joh 14,23 klingen hier an, sodass im Text meistens mit »Zuhause-Schaffen« oder alternativ mit »Zuhause-Machen«, »Beheimatung« oder »Heimat gestalten« übersetzt wird, und das »Homemaking« gelegentlich zusätzlich unübersetzt stehen bleibt, um die Breite dieser Bilder einzufangen. Im Original steht aber immer »home« bzw. »Homemaking«.
[2] George Steiner, »Universitas?« *Cultura Animi*, ed. Rob Riemen (Amsterdam: Nexus Institute, 2020), 49.

In Anlehnung an Steiner habe ich das Wort »Utopie« verwendet. Ein bedeutender christlicher Denker und Staatsmann, Sir Thomas Moore, verwendete dieses Wort zum ersten Mal im 16. Jahrhundert. Für ihn beschrieb es eine fiktive Welt, einen Idealzustand der Menschheit, der nirgendwo existiert, der also buchstäblich ohne Ort ist. Viele sind ihm seitdem gefolgt und haben ihre eigenen Visionen von idealen Gesellschaften entworfen. Biblische Texte sprechen jedoch nicht von Utopien, von Nicht-Orten. Die Propheten und Seher der Hebräischen Schriften und des Neuen Testaments – zum Beispiel Jesaja, Hesekiel, Johannes von Patmos – skizzieren ideale persönliche, soziale und ökologische Bedingungen des menschlichen Lebens. Aber sie sehen diese nicht als Nicht-Orte. Sie sehen sie als *Noch-Nicht*-Orte. Es gibt einen wichtigen Unterschied zwischen Nicht-Ort und Noch-nicht-Ort. Ein Traum von einem idealen menschlichen Staat, der uns gegenüber moralische Forderungen stellt und uns zum Handeln anregen soll: das ist ein Nicht-Ort, Utopie. Biblische Noch-Nicht-Orte sind keine Träume; es sind Versprechen. Sie zeigen nicht nur das ideale Gute vor den Augen unseres Geistes, um Menschen zu inspirieren, es in die Realität umzusetzen; sie benennen auch das, was Gott, der Schöpfer und Herr der Geschichte, bewirken wird. Etwas anders ausgedrückt: Prophetische Noch-nicht-Orte stellen dem Realen nicht das Ideal gegenüber, sondern sie beschreiben das Ziel von Gottes Mission in der Welt und laden Menschen ein, sich an seiner Verwirklichung zu beteiligen.

Die Mission der Kirche kann nichts anderes sein, als an der Mission Gottes teilzuhaben. Aber was ist Gottes Mission und damit die Mission der Kirche?

* * * * *

Eine der großen Verheißungen der christlichen Bibel findet sich am Ende des Buches der Offenbarung. Dort berichtet Johannes der Seher von seiner letzten Vision:

> Und ich sah einen neuen Himmel und eine neue Erde; denn der erste Himmel und die erste Erde sind vergangen, und das Meer ist nicht mehr. Und ich sah die heilige Stadt, das neue Jerusalem, von Gott aus dem Himmel herabkommen, bereitet wie eine geschmückte Braut für ihren Mann. Und ich hörte eine große Stimme von dem Thron her, die sprach:
>
> Siehe da, die Wohnung[3] Gottes bei den Menschen!

---

[3] Anm. d. Übers.: Das gr. Wort σκηνή (skēnē) wird in dt. Bibelübersetzungen meist mit ›Zelt‹, ›Hütte‹, oder auch ›Wohnung‹, ›Wohnstätte‹ und ›Heimstätte‹ wiedergeben. In dem Wort klingen unter anderem auch die Stiftshütte, die ›Hütte Davids‹ und vermutlich Assoziationen an das Laubhüttenfest an; in Hebr und Offb erscheint darüber hinaus dann die Ebene der himml. Wohnung; jedenfalls wird hier im englischen Text des Beitrags das titelgebende »Homemaking« gewonnen, denn engl. Bibeltexte übersetzen das Wort mit ›dwelling‹ oder ›home‹.

> Und er wird bei ihnen wohnen,
> und sie werden seine Völker sein,
> und er selbst, Gott mit ihnen, wird ihr Gott sein;
> und Gott wird abwischen alle Tränen von ihren Augen,
> und der Tod wird nicht mehr sein,
> noch Leid noch Geschrei noch Schmerz wird mehr sein;
> denn das Erste ist vergangen. (Offb 21,1-4).

Der erste Teil der Vision – der Teil der Vision, von dem Johannes berichtet, dass er sie *gesehen* hat – ist ein Echo auf das Ende Jesajas. Der sogenannte Dritte Jesaja (Tritojesaja) berichtet von der großartigsten aller Verheißungen Gottes. Der eine Gott, der die Welt am Anfang erschaffen hat, wird die Welt am Ende neu-schaffen.

> Denn siehe, ich will einen neuen Himmel und eine neue Erde schaffen,...
> Freuet euch und seid fröhlich immerdar über das, was ich schaffe. Denn siehe, ich erschaffe Jerusalem zur Wonne und sein Volk zur Freude,...
> Man soll in ihm nicht mehr hören die Stimme des Weinens noch die Stimme des Klagens...
> Sie sollen nicht umsonst arbeiten und keine Kinder für einen frühen Tod zeugen...
> Wolf und Lamm sollen beieinander weiden; der Löwe wird Stroh fressen wie das Rind, aber die Schlange muss Erde fressen.
> Man wird weder Bosheit noch Schaden tun
> auf meinem ganzen heiligen Berge, spricht der HERR. (Jesaja 65,17-25)

Die Idee ist nicht, dass der gegenwärtige Kosmos ins Nichts zurückfallen wird und dass ein neuer ihn ersetzen wird. Stattdessen geht es um die Vision einer radikal transformierten Welt: die Errichtung »einer neuen Weltordnung, die sich in ihrer Art von der Vergangenheit unterscheidet.«[4] Die Erwähnung des Vergehens des ersten Himmels und der ersten Erde in der Offenbarung könnte auf eine nichtirdische Behausung Gottes und des Volkes Gottes hindeuten (s. Offb 13,6). Aber die Offenbarung ist eindeutig: Diejenigen, die das Lamm für Gott freigekauft hat, »werden herrschen auf Erden« (5,10).

Was der Prophet Jesaja verheißt, *sieht* Johannes geschehen – der neue Himmel und die neue Erde und die heilige Stadt kommen von Gott herab. Aber dann *hört* Johannes eine laute Stimme vom Thron. Das Letzte, was Gott bis zu diesem Punkt in der Offenbarung gesagt hatte, war das Allererste, was Gott ganz am Anfang sagte: »›Ich bin das Alpha und das Omega‹, spricht Gott der Herr, der da ist und der da war und der da kommt, der Allmächtige« (Offenbarung 1,8). Jetzt, am Ende des Buches, spricht Gott erneut und interpretiert genau die Realitäten,

---

[4] Brevard Childs, *Isaiah: A Commentary* (Louisville, KY: WJK, 2001), 537.

die Johannes betrachtet, neue Himmel und eine neue Erde und die heilige Stadt: »Siehe, die Wohnung Gottes ist bei den Menschen.«

Dies ist nicht das erste Mal, dass die Idee von Gottes Wohnung in der Bibel vorgestellt wird. Gottes ›Wohnung-Nehmen‹ in Israel war der Hauptgrund, warum Gott das Haus Jakob aus der Sklaverei in Ägypten befreit hat: »Ich will unter den Israeliten wohnen und ihr Gott sein« (Ex 29,45). Das war auch der Zweck des Kommens Jesu, gemäß Johannes: »Und das Wort ward Fleisch und wohnte unter uns, und wir sahen seine Herrlichkeit, eine Herrlichkeit als des eingeborenen Sohnes vom Vater, voller Gnade und Wahrheit« (Joh 1,14). Wenn wir die Bibel als Ganzes lesen, können wir sagen, dass der Zweck Gottes bei der Erschaffung der Welt darin bestand, dass Gott die Welt zu Gottes Zuhause und zum Zuhause aller Geschöpfe Gottes (beisammen) machen kann.

* * * * *

Die Idee, dass »Heimat« (›Home‹) das Ziel von Gottes Wegen mit der Menschheit ist, ist ein verbreitetes Thema in der christlichen Tradition. In einem der berühmtesten Gleichnisse Jesu kehrt der verlorene Sohn in das Haus seines Vaters zurück, wo er ursprünglich und eigentlich hingehört. Der Autor des Hebräerbriefes entwickelt das Thema, indem er die Geschichte von Abraham umarbeitet, der das Haus seines Vaters verließ, um ein Pilger auf dem Weg in das Land der Verheißung zu werden (Gen 12,4). Im Hebräerbrief lebte Abraham, selbst als er schon im verheißenen Land war, als Fremder und in Zelten, »denn er wartete auf die Stadt, welche die Grundfesten hat, deren Baumeister und Schöpfer Gott ist«. Diese Stadt war seine wahre »Heimat«, sein wahres »Vaterland« (Hebräer 11,9-10; 13-14). Vier Jahrhunderte später gab der Kirchenvater Augustinus der Idee ihren klassischen Ausdruck: Gottes Weltschöpfungszweck und Ziel der gesamten Weltgeschichte ist die Reise der Menschen zu ihrer wahren Heimat.[5]

Augustinus, und mit ihm ein Großteil der christlichen Tradition, stellte sich das wahre Zuhause als eine jenseitige Realität vor; tatsächlich war Heimat für ihn wie für die meisten Christen kein Ort, sondern eine »Person«, der dreieinige Gott. In diesem wichtigen Strang der christlichen Tradition ist und kann die geschaffene Realität dieser Welt nicht die Heimat Gottes und des Volkes Gottes sein. Im Gegensatz zu dieser Sicht stellten sich die alten hebräischen Propheten und die frühen christlichen apokalyptischen Visionäre – zusammen mit modernen messianischen Denkern wie Ernst Bloch – alle die wahre Heimat als eine diesseitige Realität vor. Wie ich seit *Work in the Spirit* (1991) argumentiert habe, ist Materialität – neue Materialität – das Ziel von Gottes Wegen mit der Schöpfung: Gott erneuert die Schöpfung, anstatt die Menschheit an einen himmlischen

---

[5] Augustine, *Teaching Christianity* (*De Doctrina Christiana*) I/5, übers. V. Edmund Hill (Hyde Park, NY: New City Press, 1996); Augustine, *The City of God* (*De Civitate Dei*) I/7, übers. v. William Babcock (Hyde Park, NY: New City Press, 2013).

Wohnort zu bringen.⁶ Und in *For the Life of the World* (2019), das zusammen mit Matthew Croasmun verfasst wurde, habe ich vorgeschlagen, über die neue Schöpfung mithilfe der nützlichen Metapher von »Heimat/Home« (anstelle von »Königreich« oder »Tempel«) nachzudenken.⁷

2. Eine kurze Phänomenologie von Heimat

Über viele Jahrhunderte, von den alten hebräischen Propheten bis in unsere Tage hinein, haben die Menschen den Traum am Leben erhalten, in der Welt zu Hause zu sein, so wie Adam und Eva im Garten zu Hause waren, bevor sie der Täuschung der Schlange erlagen. Aber was meinen wir mit Heimat? Heimat kann »ein Haus, ein Land, eine Sprache, eine Liebe, eine Sehnsucht, ein Kummer, ein Gott« sein, aber wie Chris Wiman kürzlich in seinen Reflexionen über Heimat schrieb, bedeutet ein Wort, das alles bedeutet, »nichts«.⁸ Also kläre ich besser, was *wir* hier mit Heimat meinen.

Das Erste, woran wir heute denken, wenn wir an Heimat denken, ist wahrscheinlich eine Wohnung oder ein Haus, in dem wir leben. Heimat ist dieser *physische Ort*. Aber Heimat ist nicht *nur* ein materieller Wohnort. Heimat sind vielleicht in erster Linie die Menschen, die dort leben, heute oft eine Kleinfamilie, Eltern und Kinder, ob leiblich oder adoptiert. Heimat ist ein *Sozialraum*.

Als sozialer sowie materieller Raum ist Heimat, bzw. das Zuhause, *begrenzt*. Zäune und Mauern trennen ein bestimmtes Zuhause vom weiteren öffentlichen Raum und trennen ein Zuhause vom anderen. Ein Dach schützt es vor Witterungseinflüssen. Unsichtbare, aber reale Grenzen trennen auch diejenigen, die Mitglieder sind, von denen, die es nicht sind. Gleichzeitig müssen die Grenzen des Zuhauses *passierbar* sein. Häuser haben Türen, damit ihre Mitglieder gehen und zurückkehren können, damit die Gaben der Erde und die Früchte der Arbeit anderer hereinkommen können – und Müll hinausgehen kann. Sie haben Fenster, durch die das Licht hereinkommt und die Luft zirkulieren kann, und damit die Menschen drinnen sehen können, was draußen vor sich geht, sei es eine sonnengebadete Drossel, die sich auf einem Zaun ausruht, oder die Straße mit ihren geschäftigen Gehsteigen. Risse man seine Grenzen nieder – das Zuhause würde zerstört und mit der Welt verschmolzen. Schlösse man alle seine Öffnungen – es würde in ein Grab verwandelt.

Unsere bisherige Beschreibung von Heimat könnte darauf hindeuten, dass Heimat eine schematische Ansammlung von Entitäten ist, von denen einige

---

⁶ In den letzten Jahren hat Tom Wright ein starkes biblisches Argument für eine solche Eschatologie vorgebracht.

⁷ Für eine Weiterentwicklung dieser Idee, siehe: Volf und McAnnally-Linz, *The Home of God* (Grand Rapids: Brazos, 2022).

⁸ Chris Wiman, »The Bird that Sang I Am,« *The American Scholar*, Herbst 2021.

leben und sich bewegen, während andere unbelebt und stationär sind. Aber das ist nicht ganz richtig. Es stimmt: ohne solche Entitäten – partikulare Menschen und Dinge – gäbe es nichts, was man Heimat nennen könnte. Ein Einkaufswagen und eine Matratze unter einer Brücke sind kein Zuhause, sondern der Besitz und das unsichere Territorium eines gefährdeten Obdachlosen. Gleichzeitig kann man einen festgelegten und eingegrenzten materiellen und sozialen Raum haben und trotzdem ohne Heimat sein. Man denke an Napoleon in der Hölle, wie C. S. Lewis ihn sich in *The Great Divorce* vorstellt, wie er in einem Palast lebt, den er selbst entworfen hat, durch seine opulenten, großen und gut beleuchteten Räume schreitet und unaufhörlich jeden außer sich selbst für das abgrundtiefe Versagen seiner großen Feldzüge verantwortlich macht.[9] Wie viele wohlhabende Menschen heute hat er ein prächtiges Haus, aber kein Zuhause. Eine gemusterte Ansammlung von Entitäten ist noch kein Zuhause. Entscheidend für Heimat, für ein Zuhause, sind aktive *Beziehungen* zwischen diesen Einheiten. Heimat ist kein Ding. Es ist ein lebenswichtiger Prozess. Heimat *passiert zwischen Personen* und *zwischen* Personen und anderen Entitäten, ob lebend oder unbelebt.

* * * * *

Was sind einige der wichtigsten heimat-bildenden Beziehungen? An erster Stelle steht die *Resonanz*. Resonanz entsteht, wenn ich von einer Person, einer Sache oder einem ganzen Netzwerk von Personen und Dingen so beeinflusst werde, dass ich mich in einer Begegnung, die nicht vollständig unter meiner Kontrolle steht, transformieren lasse.[10] Einfach ausgedrückt, eine Beziehung ist resonant, wenn Personen und Dinge zu mir »sprechen«. Zu Hause »sprechen« viele Dinge zu uns. Ich rieche etwas aus der Küche oder höre wohlbekannte Schritte näherkommen und sie erzählen mir eine Geschichte, die mich zum Schmunzeln oder Stirnrunzeln bringt. Ich sehe einen Kratzer auf dem Tisch oder spüre einen Teppich unter meinen nackten Füßen, eine Erinnerung wird ausgelöst und – ich fühle mich zu Hause.

Zweitens beinhaltet Heimat Beziehungen mit starker *Bindung*.[11] Ich habe eine Bindung zu den Menschen und Orten, die mein Zuhause ausmachen, wie ein Kind zu seinem Spielzeugschweinchen. Wenn sie aus meinem Leben verschwinden würden, würde ich mich geschmälert fühlen, oft am Boden zerstört, manch-

---

[9] C. S. Lewis, *The Great Divorce* (New York: HarperOne, 1973), 11-12.
[10] Ich baue hier auf die Arbeit von Hartmut Rosa auf, siehe *Resonance: A Sociology of Our Relationship to the World*, übers. V. James Wagner (Medford, MA: Polity, 2019). Resonanzbeziehungen sind für Rosa ein punktuelles, momenthaftes Sich-Einstellen, wie etwa das Bewegtsein durch einen imposanten Baum; für uns können sie sowohl Momenterlebnisse als auch bleibende Stimmungen sein.
[11] Zum Zuhause als sozialem Raum und seiner Verbindung zur Bindung, siehe: Natalia Marandiuc, *The Goodness of Home: Human and Divine Love and the Making of the Self* (Oxford: Oxford University Press, 2018).

mal sogar des Lebenssinns beraubt. Aus Verlustangst – und vielleicht auch aus anderen Gründen – neige ich dazu, mich aktiv um die Menschen und Dinge zu kümmern, die mein Zuhause ausmachen. Ich erlebe sie in einem tiefen und nicht-proprietären Sinne als »mein«: Sie gehören mir, weniger wie etwas, das ich in einem exklusiven Sinne habe, obwohl das auch der Fall sein mag, sondern als Teil dessen, wer ich bin.

Drittens erfordert Heimat *Gegenseitigkeit*. Wenn Resonanz und Bindung nur einseitig sind – wenn nur ich mit Menschen resoniere, aber sie nicht mit mir, wenn nur ich fühle, dass sie ein Teil von mir sind, aber sie nicht das Gefühl haben, dass ich ein Teil von ihnen bin – mag ich vielleicht an einem Ort leben und ihn mit anderen zusammen bewohnen, aber ich wäre nicht zu Hause. Ich kann mich bei dir nicht richtig zu Hause fühlen, wenn du dich bei mir nicht zu Hause fühlst. Gleichermaßen, wenn es keine gemeinsame Vision darüber gibt, was ins Zuhause gehört und was draußen bleiben sollte, und wie die Grenzen gewahrt werden sollen, würde das Heimatgefühl wahrscheinlich verloren gehen.

Schließlich gilt, dass das Zuhause als sozialer und materieller Raum *die Zeit überdauert*. Eine Hotelsuite ist kein Zuhause, es sei denn, wir »ziehen ein«. Eine Versammlung für ein angenehmes soziales Event oder eine zweckmäßig-utilitaristische Vereinigung zum Erreichen eines bestimmten Zieles macht einen noch nicht zu einem Mitglied eines Haushalts.

Heimat, also, ist ein dauerhafter sozialer und materieller Raum, ein Ort der Resonanz, Verbundenheit und Gegenseitigkeit! Diese Idee, die sowohl Realität als auch utopischer Traum ist, bringt mich dazu, nach Hause zurückkehren zu wollen, wenn ich weg bin. Diese Idee ist es auch, die mich dazu bewegt, Zeit und Energie in das Wohnung-Schaffen (»*Homemaking*«) zu investieren, in das Schaffen, Schützen und Kultivieren von Beziehungen, die das Zuhause Realität werden lassen. Wohnung-Machen in diesem umfassenden Sinne ist eine Herzensangelegenheit, eine Liebes-Mühe. Es ist zutiefst lohnende, aber harte Arbeit, wenn es um unser Kernzuhause geht, und es ist noch härtere Arbeit, wenn es um unser umfassendstes Zuhause geht, das die gesamte Menschheitsfamilie umfasst, die auf dem blauen Planeten lebt.

3. Dynamik der Eskalation und Verdinglichung

Viele Kräfte verschwören sich, um uns das Heimatgefühl zu rauben. Sie entheimaten unsere Welt, untergraben unsere Bemühungen, selbst unsere kleinen Heimaten zu kultivieren, und machen es oft sogar unmöglich, dass Menschen überhaupt ein Zuhause haben, wie diese Person mit einem Einkaufswagen und einem Platz für eine Matratze unter einer Brücke, die ich vorhin erwähnt habe.

Von den Anfängen der Geschichte bis zum heutigen Tag haben Reichtum und Macht Gottes Absicht der »Heimatgestaltung«, seinen *Homemaking*-Vorsatz, vereitelt. Genauer gesagt, unsere ungeordnete und *übermäßige Liebe* zum Reichtum und der *Missbrauch* von Macht haben dies bewirkt. Denn wir brauchen sowohl Reichtum als auch Macht, um ein Zuhause zu haben; tatsächlich könnten wir ohne irgendeine Form von Reichtum und Macht überhaupt nicht existieren. Und doch, wenn sie verzerrt werden, wenn sie die monströsen Merkmale dessen annehmen, was die Bibel Mammon und Leviathan nennt, untergraben sie unser Gedeihen und machen unser Gefühl der gemeinsamen Zugehörigkeit zunichte.

Mammon und Leviathan sind uralte Feinde der Heimat Gottes. Wir kennen sie, obwohl wir sie keineswegs besiegt haben. Es ist wichtig, auch nach spezifisch modernen Feinden der Heimat Gottes Ausschau zu halten. Nur kurz will ich zwei solcher Kräfte, zwei für die Moderne spezifischen Dynamiken, die die Entfremdung und den Sinn des Heimatverlust verstärken, erwähnen. Soziologen identifizieren sie unter den Bezeichnungen *Eskalation* und *Verdinglichung*. Gegen Ende des Beitrags werde ich auf Mammon und Leviathan zurückkommen.

*****

Hartmut Rosa hat in seinen verschiedenen und gelehrten Schriften argumentiert, dass man sich immer schneller bewegen muss, um in modernen Gesellschaften zu überleben. In soziologischer Sprache ausgedrückt kann sich eine moderne Gesellschaft »nur dynamisch selbst stabilisieren, oder genauer gesagt, [...] sie kann ihre Struktur nur durch eine Art *Steigerung* reproduzieren – eher regelmäßig, durch (wirtschaftliches) Wachstum, (technologische) Beschleunigung und/oder höhere (kulturelle) Innovationsraten.«[12] Das ist die Dynamik der Eskalation.

Moderne Eskalation hat zwei Grundformen, und jede erschwert die Arten von Resonanz, Bindung, Gegenseitigkeit und Aufrechterhaltung von Grenzen, die für ein Heimatgefühl erforderlich sind. Die erste ist, wie wir gerade festgehalten haben, die *Beschleunigung des Tempos* des technologischen Wandels und des Lebens im Allgemeinen. Infolgedessen haben wir nie genug Zeit. Rosa schreibt:

> Das ist es, was die alltägliche Zwickmühle der überwältigenden Mehrheit der Subjekte in den westlichen kapitalistischen Gesellschaften vielleicht am treffendsten charakterisiert: Inmitten monetären und technologischen Wohlstands stehen sie kurz vor der zeitlichen Zahlungsunfähigkeit. Wir brauchen mehr Zeit, um unsere Arbeit ordentlich zu machen, wir brauchen mehr Zeit, um unsere Fähigkeiten und Kenntnisse zu verbessern, unsere Hard- und Software zu erneuern, wir brauchen mehr Zeit, um uns um unsere Kinder und alten Eltern zu kümmern, mehr Zeit für unsere Freunde und Verwandten, für unser Haus oder unsere Wohnung und für unseren Körper, und schließlich brauchen wir mehr Zeit, um mit uns selbst, unserem Geist oder unserer Seele oder Psyche fertigzuwerden.[13]

---

[12] Rosa, »Two Versions of the Good Life and Two Forms of Fear: Dynamic Stabilization and the Resonance Conception of the Good Life«, 2.
[13] Rosa, »Two Versions of the Good Life and Two Forms of Fear«.

Nie genug Zeit! Das ist die Abkürzung für: Wer ich bin, was ich tue und was ich habe, ist nie gut genug. Und das wiederum bedeutet: Es bleibt keine Zeit dafür, mich zu Hause zu fühlen, und daher auch keinen Ort, an dem ich zu Hause bin.

Die Beschleunigung des Lebenstempos geht einher mit einer *Ausweitung der Reichweite* unseres Engagements, der zweiten Form der Eskalation. Heutzutage leben nur wenige von uns ihr Leben mit einem beständigen Fokus auf den sozialen und materiellen Raum, der unser Zuhause ist. Als ich Student war, machten wir immer Witze über den Präsidenten unseres Colleges. »Was ist der Unterschied zwischen Gott und Dr. Kuzmič? Gott ist überall und Dr. Kuzmič ist überall, außer hier.« Studenten von heute könnten diesen Witz nicht erzählen, ohne selbst zur Zielscheibe des Witzes zu werden: Mit einem Smartphone in der Hand sind auch sie überall außer hier! Die Anziehungskraft einer ausgedehnten Reichweite sowohl auf die Eltern als auch auf die Kinder lässt das Gefühl von Zuhause schwer fassbar werden.

Zuhause braucht Zeit und Präsenz, aber die Logik der Eskalation in ihren beschleunigten und expansiven Formen macht es schwierig, beides zu erlangen.

*****

Nun zur *Verdinglichung*. *Wissenschaften* sind ein wichtiger Weg, auf dem wir uns heute kognitiv auf die Welt beziehen. In den Wissenschaften erscheinen alle Entitäten als Dinge, als Teil des Netzes kausaler Beziehungen. Wie Bruno Latour kürzlich bemerkte, erfassen die Wissenschaften »alle Dinge aus der Ferne, als wären sie *außerhalb* der sozialen Welt und völlig *indifferent* gegenüber menschlichen Belangen.«[14] *Moderne Technik* tut das Gleiche. Für eine Person mit einem Hammer sehen alle Dinge aus wie ein Nagel, sagt ein Sprichwort. Für eine Person mit einem Werkzeug werden alle Dinge zu manipulierbaren Objekten. Die moderne Medizin ist ein typisches Beispiel: Sie behandelt menschliche Körper als »Dinge«, die zur Ganzheit manipuliert werden können.[15] Mit einem Wort, Wissenschaft und Technologie »verdinglichen« alles, was sie berühren, was die eigentliche Definition von Verdinglichung ist.

Analoge Formen der Verdinglichung treten in anderen Bereichen des modernen Lebens auf. In modernen *Volkswirtschaften* hat der Markt die Tendenz, alles in Waren zu verwandeln, Güter, die gekauft und verkauft werden können. Auch Menschen sind für den Markt nicht heilig, sondern werden zu bloßen Objekten der Wertrechnung.[16] Eine ähnliche Verdinglichung findet in der modernen

---

[14] Bruno Latour, *Down to Earth: Politics in the New Climatic Regime* (Medford, MA: Polity Press, 2018), 66.

[15] Siehe Michel Foucault, *The Birth of the Clinic: An Archaeology of Medical Perception* (New York: Vintage, 1994).

[16] Siehe Michael Sandel, *What Money Can't Buy: The Moral Limits of Markets* (New York: Farrar, Strauss & Giroux, 2012). Dabei handelt es sich keineswegs um ein Alleinstellungsmerkmal moderner Märkte, wie vormoderne Formen des Sklavenhandels zeigen.

Politik statt. Wie Michel Foucault in seinem Spätwerk feststellte, neigt der moderne Staat dazu, die Bevölkerung als seine eigene vitale Ressource zu behandeln. Die Gesundheit, die Fähigkeiten, ja sogar das Glück des Einzelnen werden um der Sicherheit und Entwicklung des Staates willen zu Regierungsanliegen gemacht.[17]

Der Punkt ist nicht, dass moderne Wissenschaft, Technologie, Märkte und Politik einheitlich schlecht sind, sodass wir uns von ihnen lösen sollten. Auf ihre Weise schützen sie uns davor, Kräften ausgesetzt zu werden, die uns zermalmen könnten, und sie bieten somit etwas von dem, woraufhin das Zuhause angelegt ist. Der Punkt ist vielmehr, dass diese mächtigen Wege, sich kognitiv und praktisch auf die Welt zu beziehen, die Welt auf einen kausal verknüpften Zusammenhang manipulierbarer Dinge reduzieren. Wenn wir uns auf diese Weise auf die Welt beziehen, stehen wir vor einem »stummen Universum«, mit dem es schwierig ist zu resonieren und an das man sich nur schwer binden kann. Moderne Wissenschaften, Technologie, Märkte und Politik belegen die Welt und alle Lebewesen darin – Menschen eingeschlossen – mit einem *Bann*, der dazu führt, dass sie wie bloße ausgedehnte Materie erscheinen und sich fühlen – als *Dinge*, die wir benutzen, aber nur schwerlich lieben oder überhaupt nur sehen können als das, was sie wirklich sind. Wie der kanadische Dichter Tim Lilburn bemerkt: »Du kannst diesen Stein nicht *wirklich* sehen, wenn du glaubst, dass die Welt dir gehört, damit du tun kannst, was du willst.«[18] Die Realität in eine Welt der Dinge zu verwandeln, bedeutet, nicht nur die Welt zu ent-heimaten, sondern auch jedes Zuhause, von dem wir glauben, dass wir es darin gebaut haben.

Viele haben – aus unserer Sicht plausibel – argumentiert, dass die Dynamiken der Eskalation und Verdinglichung die Hauptursachen für die gegenwärtige Umweltzerstörung sind. Wenn Pflanzen und Tiere zu bloßen Dingen werden, machen wir mit ihnen, was wir wollen. Und was auch immer wir mit ihnen machen, wir müssen mehr davon und es schneller machen. Kein Wunder, dass die Erde auf unsere Respektlosigkeit mit »Wut« etwa in Form von extremen Wetterphänomenen reagiert. Und da sich niemand auf einem tobenden Meer zu Hause fühlen kann, wird unsere Fähigkeit, uns in der Welt zu Hause zu fühlen, weiter verringert.

Wenn uns Heimat wichtig ist, müssen wir der Dynamik der Eskalation und Verdinglichung widerstehen. Die einzige Alternative, die viele sehen, ist die Suche nach einer Form der *Flucht*. Radikale Formen des Transhumanismus etwa scheinen jede Vision von Heimat aufgegeben zu haben. Stattdessen stellen sie sich das menschliche Überleben in »Wissen« oder »Daten« vor, losgelöst von

---

Die Besonderheit an der Moderne ist die kontinuierliche Schrumpfung des Territoriums des Lebens, das wir von der Marktlogik abschotten können.

[17] Siehe, bspw., Foucault, »The Political Technology of Individuals,« in *Technologies of the Self: A Seminar with Michel Foucault*, ed. Luther H. Martin, Huck Gutman, and Patrick H. Hutton, 145-62 (Amherst, MA: The University of Massachusetts Press, 1988).

[18] Tim Lilburn, *Living in the World as if It Were Home*, 2nd ed. (Xylem, 2019), 30.

jeder Form von kohlenstoffbasiertem Leben.[19] Einige der Superreichen scheinen den Grundstein für eine säkulare »Entrückung« zu legen[20] – Abschied von dieser überbevölkerten, ökologisch verwüsteten, kriegsgeplagten Erde und stattdessen Ansiedlung in friedlichen Kolonien im Weltraum mit ganzjährigem Wetter wie Maui an seinem besten Tag.[21] Für den Rest von uns ist die bei weitem bequemste Form der Flucht das Vortäuschen von Normalität, indem wir mit unseren Mühen und Vergnügen fortfahren, als würden wir nicht schwimmend auf dem Niagara Fluss leben, um das Bild zu verwenden, das Kay Ryan in einem gleichnamigen Gedicht verwendet hat, und dabei vorgeben, »das ferne Getöse« nicht zu hören: Was sollten aber diejenigen von uns tun, die »das ferne Getöse«[22] hören?

4. Eine Vision von Heimat (›home‹) – und ihre Alternative

Um der Entheimatung (»*Un-Homing*«) der Welt zu widerstehen, brauchen wir Ressourcen, vor allem eine Leitvision von Heimat als sozialem und materiellem Ort der Ganzheit und des Gedeihens. Im Rest dieses Beitrags werde ich Ressourcen für den Widerstand untersuchen, die aus der eschatologischen Vision der Welt als Gottes Heim stammen, die ich zu Beginn des Beitrags erwähnt habe.

Der Seher ist Johannes von Patmos. Was er sieht, ist eine andere Art von Welt, die von anderen Arten des Selbst bewohnt und von der Gegenwart Gottes durchdrungen ist, einen materiellen und sozialen Raum, der Gottes Heimat und menschliche Heimat in einem ist. Ein aufmerksamer Leser wird in den Visionen des Johannes leicht reichliche Echos der Erzählungen von Exil und Hoffnung auf Heimkehr erkennen, über die wir in der hebräischen Bibel lesen und die, wie ich bereits sagte, sowohl der christlichen Eschatologie als auch dem säkularen Messianismus Auftrieb verliehen. Johannes von Patmos schreibt am Ende des ersten Jahrhunderts n. Chr. und präsentiert uns einen Kontrast zwischen Babylon, der Stadt des Exils Israels, und Jerusalem, der Stadt der Heimkehr Israels. Aber er

---

[19] Ray Kurzweil, *The Singularity is Near* (New York: Penguin, 2006), 14-21, 427-484.

[20] Die Idee der säkularen Entrückung ist mit dem Gefühl eines Teils der Elite verbunden, dass es, wie Bruno Latour schreibt, sinnlos ist, »so zu tun, als ob die Geschichte sich weiter auf einen gemeinsamen Horizont zubewegen« würde, auf eine Welt, in der alle Menschen gleichermaßen leben und gedeihen könnten« (Latour, Down to Earth, 1).

[21] Siehe die Pläne von Jeff Bezos für bemannte Weltraumkolonien: https://www.techtimes.com/articles/243276/20190514/amazons-jeff-bezos-unveils-plans-for-etablating-human-space-colony.htm. Zu dieser Form kultureller Imagination siehe Fred Scharmen, *Space Settlements* (New York: Columbia University Press, 2019); Fred Scharmen, »Jeff Bezos Dreams of a 1970s Future« (https://www.citylab.com/perspective/2019/05/space-colony-design-jeff-bezos-blue-origin-oneill-colonies/589294/).

[22] Chris Wiman verwendet den Ausdruck in einem Ein-Satz-Kommentar zum Gedicht in »The Bird that Sang I Am« (The American Scholar, Herbst, 2021).

gibt jeder Stadt eine Wendung. Babylon ist auch ein symbolischer Hinweis auf das Römische Reich; und Jerusalem wird das *Neue* Jerusalem, das Objekt christlich-eschatologischer Erwartung. Die dystopische Vision von Babylon – beherrscht von Kräften, die seit Urzeiten und noch immer andauernd Feinde der Heimat waren und sind – soll seine Leser dazu anregen, ihre Hoffnungen auf das Neue Jerusalem zu richten.[23]

*****

Beginnen wir mit der entheimateten Welt Babylon. Obwohl es oberflächlich den Anschein haben mag, dass Johannes sich hauptsächlich mit Ausschweifungen in der Stadt befasst, mit wild gewordener Sinnlichkeit, verachtet er in erster Linie Babylons Politik, Wirtschaft, Religion und – zwischen den Zeilen – dessen Umgang mit der Natur.

- *Herrschaft*: Babylon ist die Welthauptstadt; es herrscht über die »Völker und Scharen und Nationen und Sprachen« durch militärische Macht (18,13), durch Täuschung (18,23) und Verführung (18,3).
- *Reichtum*: Es wird vom Wunsch nach Reichtum verzehrt, einem Wunsch, den es mit den »Königen« und »Magnaten« gemeinsam hat, über die es herrscht und mit denen es kooperiert und handelt. Die Stadt ist mit den feinsten Dingen bekleidet – oder füllt sich damit: von Gold bis zu Gewürzen, von Seide und Scharlach bis zu Pferden und Streitwägen, von Perlen und Elfenbein bis zu Weihrauch und Wein, von Vieh bis zu Sklaven (18,11-13).
- *Ruhm*: Bei Herrschaft und Reichtum geht es jedoch nicht nur um Kontrolle und Besitz; es geht auch um »Ruhm« und »Pracht« (18,7,14).
- *Natur*: Was auffällig fehlt, ist die Natur, die nicht manipuliert und in den Dienst menschlicher Zwecke gestellt wird: Alles in der Stadt wird hergestellt und kontrolliert, und selbst Menschen sind hinter dem Glanz der Künstlichkeit verborgen, der ihnen künstlichen Ruhm verleiht.
- *Höchste Werte*: Mit Juwelen geschmückt und in Purpur und Scharlach gekleidet, toleriert Babylon keine alternativen Werte außer der »animalischen« Besessenheit von Macht, Reichtum und Ruhm; der »goldene Kelch voller Gräuel«, den es hält, ist mit dem Blut von Propheten und Heiligen gefüllt (18,4-6,24). Babylons Thron ist »ein scharlachrotes Tier« voller »lästerlicher Namen«, und die Stadt ist dazu verdammt, »eine Wohnstätte von Dämonen« zu werden (18,2).

---

[23] Wie so oft der Fall mit Städten der Antike stellt Johannes sie als zwei Frauenfiguren dar. Das schafft gewisse Interpretationsschwierigkeiten – einschließlich eines leichten Abgleitens in Frauenfeindlichkeit im Fall von Babylon. Wir können die geschlechtsspezifischen Aspekte der Vision ausklammern, ohne den Kontrast allzu sehr zu schmälern, den wir zwischen dem dystopischen Raum Babylons und dem heimatlichen Raum des Neuen Jerusalems ziehen wollen.

Im Gegensatz zu Babylon ist das Neue Jerusalem »die Heimat Gottes« unter und mit den Menschen (21,2-3).[24]

- *Höchster Wert*: Johannes sieht das Neue Jerusalem als ein »Allerheiligstes«, den Teil des alten israelitischen Tempels, wo Gottes Gegenwart ruhte: Gott wohnt darin und es wohnt in Gott.
- *Herrschaft*: Wenn Johannes Gott und das Lamm (d.h. Jesus Christus) vom Thron aus regieren sieht, regieren sie folglich nicht nur von außerhalb – und sie regieren gewiss nicht durch militärische Macht oder mit Hilfe von Täuschungen, wie Babylon es tut. Sie regieren aus dem wahren Selbst der Menschen heraus, in denen sie wohnen, dem Selbst, in dessen Gefüge das Gesetz der Liebe eingewoben ist. Das impliziert, dass alle Menschen zusammen mit Gott herrschen, was bedeutet, dass niemand *über* irgendjemanden herrscht. Nationen werden nicht unterworfen und ihrer Herrlichkeit beraubt; sie wandeln im Licht Gottes, und durch die »offenen Tore« bringen sie ihre »Herrlichkeit und Ehre« in die Stadt (21,22-27).
- *Reichtum*: Noch mehr als Babylon ist das Neue Jerusalem üppig, voll von Gold, Kristall und Edelsteinen, obwohl sie hier Symbole für die Kostbarkeit der Materie sind, die durchdrungen von und durchlässig für die Gegenwart Gottes ist.[25] Außerdem wird niemand durch Handel oder auf Kosten anderer reich, denn wie in jedem guten Haushalt ist alles für alle gleichermaßen zugänglich; das »Wasser des Lebens« ist als Geschenk kostenlos erhältlich (21,6).
- *Natur*: Das Neue Jerusalem ist ein städtisches Gebiet, aber es ist kein vollständig künstlicher, hergestellter Raum; es ist eine *Gartenstadt*. Der »Strom des Wassers des Lebens« fließt vom »Thron Gottes und des Lammes mitten durch die Stadt. Auf beiden Seiten des Flusses steht der Baum des Lebens mit seinen zwölf Arten von Früchten ... und die Blätter des Baumes dienen der Heilung der Nationen« (22,1-2). Der Garten Eden, wiederhergestellt und erweitert, wurde in die Stadt integriert. Es ist eine Vision der »Harmonie zwischen Zivilisation und Natur.«[26]

*****

Die wahren Bürger Babylons begehren die Güter Babylons – Macht, Reichtum, Ruhm. Aber in Babylon sind diese Güter nur durch Babylons eigene Organisation des gesellschaftlichen Lebens zugänglich, also unter den Bedingungen der Kon-

---

[24] Für eine Zusammenfassung des Kontrasts zwischen den beiden siehe Jürgen Moltmann, *The Coming of God: Christian Eschatology*, übers. Margaret Kohl (Minneapolis: Fortress Press, 1996), 312.

[25] Zur Durchlässigkeit der Materie des Neuen Jerusalem siehe Volf/McAnnally-Linz, Kapitel 9.

[26] Moltmann, *The Coming of God*, 314-315.

kurrenz in einem Nullsummenspiel. Das babylonische Verlangen besteht nicht nur darin, mehr Macht, Reichtum und Ruhm zu haben, sondern *mehr als* andere zu haben; das ist es, was in Teilen Babylons Eskalationsdynamik antreibt. Egal wie sehr Babylons Güter und Babylon selbst begehrt werden, Babylon kann niemals Heimat werden; tatsächlich ist es so, dass je mehr die Babylonier nach diesen Gütern verlangen und je länger sie versuchen, sie auf diese Weise zu erwerben, desto weniger wird sich Babylon nach Heimat anfühlen. Denn egal wie viel Reichtum Babylon schafft, da seine Bürger sich weder »nach dem sehnen, was sie haben« noch es mit anderen teilen, können sie niemals zu Hause ankommen und sich zu Hause fühlen.

Im Neuen Jerusalem hingegen wird alles geteilt. Herrschaft, Reichtum und die Güter der Natur werden alle geteilt; alles wird immer schon von allen »besessen«. Darüber hinaus vereint die verflochtene Reihe von Beziehungen von Gottes Innewohnen in Personen, Gemeinschaften und dem gesamten »Himmel und Erde« jeden mit allem – in der Vision, in der Realität und in der Sehnsucht. Wenn man sich *diejenigen Güter wünscht, die allen gehören und alle vereinen*, dann wird man sich im Neuen Jerusalem und nur dort zu Hause fühlen. Man wird ein wahrer Jerusalemer sein. Aber die Babylonier werden das Neue Jerusalem hassen (vielleicht so, wie Nietzsche, der große Befürworter des Kampfes, Empathie hasste), und wenn sie darin leben würden, würden sie sich eingeengt fühlen, von sich selbst entfremdet. Wie die Kaufleute, die den Untergang Babylons in Offenbarung 18 betrauern, würden sie sich danach sehnen, nach Babylon, der heimatlosen entheimateten Stadt, zurückzukehren, falls sie sich jemals im Neuen Jerusalem wiederfinden sollten.[27]

In der Offenbarung findet eine Art Wettbewerb statt, welche Stadt schöner und üppiger geschmückt ist, obwohl beide auf ihre je eigene Weise beeindruckend sind. Dennoch werden die Babylonier das neue Jerusalem und die Jerusalemer verachten, und sie verachten sie teilweise nur darum, weil sie ein Zuhause wollen und zuhause sind. Umgekehrt werden die Jerusalemer Babylon verach-

---

[27] Die »Heiligen und Apostel und Propheten« freuen sich über den Untergang Babylons. Das macht Sinn, wenn wir es nicht als Freude über den Untergang der Menschen lesen, sondern über den Untergang der Systeme der Produktion und Verteilung von Gütern, der Schaffung und des Besitzes von »Macht, Reichtum und Ruhm«, die die Menschen von Babylon gefangen halten. Ganz am Ende von Offenbarung 18, unmittelbar nach der kurzen Erwähnung der Freude, drückt der Text so etwas wie eine Traurigkeit über den Verlust der Güter aus, die zwar ebenfalls vorhandenen aber vom System befleckt sind: »Und die Stimme der Sänger und Saitenspieler, Flötenspieler und Posaunenbläser soll nicht mehr in dir gehört werden, und kein Handwerker irgendeines Handwerks soll mehr in dir gefunden werden, und das Geräusch der Mühle soll nicht mehr in dir gehört werden, und das Licht der Lampe soll nicht mehr in dir leuchten, und die Stimme des Bräutigams und der Braut soll nicht mehr in dir gehört werden. Denn deine Kaufleute waren Fürsten auf Erden, und durch deine Zauberei sind verführt worden alle Völker; und das Blut der Propheten und der Heiligen ist in ihr gefunden worden und das Blut aller derer, die auf Erden umgebracht worden sind« (Verse 22-24).

ten – und vielleicht die Babylonier bemitleiden –, weil sie sich nicht nach einem Zuhause (»home«) sehnen.[28] Der Kontrast zwischen Babylon und dem Neuen Jerusalem und zwischen der Einstellung von Babyloniern und Jerusalemern zueinander ist eine Erinnerung daran, dass eine Vision von Heimat eine Vision des Lebens ist, die von einem Wertesystem bestimmt wird, das wiederum in eine vorgegebene Darstellung der Realität eingebettet ist.

5. Fazit

Eine Art zu beschreiben, wo wir uns zu Beginn des dritten Jahrzehnts des 21. Jahrhunderts befinden, ist zu sagen, dass wir in einer modernen und globalen Version von Johannes' Babylon leben. Einige von uns mögen sich darin wohl fühlen, aber viele tun es nicht, und keiner unserer Nachkommen wird in einer solchen Welt eine große Zukunft haben. Andere mögen sich nach etwas wie dem Neuen Jerusalem sehnen, obwohl sie nur zu gut wissen, dass wir es nicht bauen können. Das wusste auch Johannes von Patmos; er sah, dass diese Stadt nicht von Grund aufgebaut wurde, sondern er sah sie »von Gott aus dem Himmel herabkommen« (21,2). Aber selbst, wenn wir das Neue Jerusalem nicht erschaffen können, können wir beginnen, im Licht seiner Vision zu leben und uns dadurch am Werk des Zuhause-schaffenden Gottes (»*home-maker God*«) beteiligen. Wenn wir das tun – wenn wir uns, ermächtigt durch den Geist, der Mission Gottes in der Welt anschließen – versprechen die Hebräische Schrift und das Neue Testament gleichermaßen, dass wir die Welt als Gottes und unser Zuhause kennen und lieben lernen können – sowohl als das Zuhause, das es bereits ist, als auch das Zuhause, das es am Tag der Erscheinung Gottes werden wird.

---

[28] Die Offenbarung und die ganze Bibel sind natürlich aus der Perspektive eines Jerusalemers geschrieben. Hätte es ein Babylonier geschrieben, wäre Babylons Rivale, das Neue Jerusalem, wahrscheinlich das Ziel von Zerriss und Spott gewesen.

Henning Wrogemann

Die Kraft des Kontra-Faktischen
Anbetung Gottes als Ziel von Mission und als Ausdruck einer vitalen Kirche

Von Vitalität ist in der Werbung viel zu sehen. Medikamente versprechen Wohlbefinden und Gedächtniskraft, Mineralwasser wird mit Entspannungsmeditation assoziiert, Fitness-Studios werden zu Tempeln der Leistungsgesellschaft. In alledem gilt es, auf dem Markt des Attraktiven mitzuhalten. Doch gibt es auch Schattenseiten, die etwa unter dem Begriff einer Müdigkeitsgesellschaft diskutiert werden.[1] Müdigkeit lässt sich auch in etlichen kirchlichen Zusammenhängen beobachten, wenn die Aufgaben immer größer und die Ressourcen immer kleiner zu werden scheinen. Vor diesem Hintergrund soll hier jedoch nicht ein Lamento angestimmt, sondern umgekehrt nach dem Sinn der kirchlichen Existenz und nach der Quelle ihrer Kraft gefragt werden. Eine vitale Kirche, das ersehnen viele Menschen, manchmal auch außerhalb der Gemeinden und Kirchen. Woran aber kann man Vitalität erkennen? Ich möchte zunächst drei Kriterien diskutieren.

1. Woran ist die Vitalität von Kirche zu erkennen?

Eine geradezu klassische Antwort auf diese Frage lautet, es sei das numerische Wachstum, so Donald McGavran, Gründer und Leitfigur des *Church Growth Movement*.[2] Und in der Tat finden sich weltweit viele Kirchen und Bewegungen, die in ihrem Wachstum eine bemerkenswerte Vitalität erkennen lassen, wie etwa Pfingstkirchen in Westafrika, wo stundenlange Gottesdienste mit Lobpreis, Heilungen und Exorzismen einen Raum der Erfahrbarkeit eröffnen, Erfahrungen, die unter die Haut gehen und anziehend wirken. Diese Vitalität ist zunächst weder klein zu reden, noch schlecht zu machen.

Indes haben insbesondere Deutsche die Erfahrung gemacht, dass große Zahlen nicht unbedingt auf die Vitalität des *Evangeliums* zurückgehen müssen, denn

---

[1] Byung-Chul Han, *Die Müdigkeitsgesellschaft*, Berlin 2010.
[2] Henning Wrogemann, *Missionstheologien der Gegenwart*, Gütersloh 2013.

auch ganze Kirchen können den theologischen Kompass verlieren. Der *Bekennenden Kirche* etwa eignete eine andere Art von Vitalität, nicht die der großen Zahlen, sondern die der Widerstandsfähigkeit. Könnte also auch eine numerisch abnehmende Kirche als eine vitale Kirche gewürdigt werden? Oder begibt man sich damit auf den abschüssigen Pfad, sich das Faktische unkritisch einfach schön zu reden?

Gibt es also harte, messbare Kriterien für Vitalität? Oder sollte man Vitalität entgegen Wachstum einerseits und Widerständigkeit andererseits in einer *allgemeinen Christlichkeit* sehen, selbst dann, wenn sich eine solche nur noch in geradezu homöopathischer Dosis nachweisen lässt? Ist das Christentum in Deutschland deshalb noch vital, weil in der gesellschaftlichen Öffentlichkeit christliche Werte wie Solidarität oder Nächstenliebe nach wie vor eine gewisse Rolle spielen? Ist also Vitalität von Kirchen quasi extern messbar, an den Wirkungen in der Gesellschaft, Wirkungen, die von Menschen allerdings gar nicht mehr primär als christlich gedeutet werden?

Was also wäre die Bemessungsgröße für Vitalität: kirchlich Zahlen, kerygmatisch Widerständigkeit oder gesellschaftlich Christlichkeit? Oder vielleicht marktorientiert die Anzahl der Klicks und Likes von kirchlichen Internetangeboten?

2. Narrative als Orientierungsraum von Identität

Menschen verstehen sich innerhalb von Weltdeutungen, die als Geschichten erzählt werden können. Solche Großerzählungen werden als Narrative bezeichnet. Auch im Bereich christlicher Kirchen finden sich solche Narrative, die vielen Menschen Orientierung geben. Von drei Narrativen soll zunächst die Rede sein.

2.1 Narrativ »Volks«-Kirche

Die Nachkriegszeit in Deutschland wird mitunter als eine Zeit der Restauration bezeichnet. In den 1950er und 1960er Jahren ist eine starke Kirchlichkeit zu beobachten, einesteils sicherlich als Abgrenzung zur nationalsozialistischen Zeit vorher, dann auch befördert durch die aus den Ostgebieten vertriebenen Menschen, die insbesondere in Kirchen eine neue Heimat fanden und Ortsgemeinden belebten. Die allgemeine Kirchlichkeit und Christlichkeit musste dabei nicht stark betont werden, da sie evident war.[3] Das Bewusstsein, eine Volkskirche als

---

[3] Vgl. G. Pickel und K. Sammet (Hg.), *Religion und Religiosität im vereinigten Deutschland. Zwanzig Jahre nach dem Umbruch*, Wiesbaden 2011; B.-M. Haese; U. Pohl-Patalong (Hg.), *Volkskirche weiterdenken. Zukunftsperspektiven der Kirche in einer religiös pluralen Gesellschaft*, Stuttgart 2010.

Kirche des ganzen Volkes zu sein, war damals bei einer Kirchenmitgliedschaft von etwa 94 % in Westdeutschland verbreitet, wohingegen sich die Situation in der DDR deutlich anders darstellte.

2.2 Narrativ »Exodus«

In den 1960er bis 1980er Jahren wurde demgegenüber das Exodus-Motiv sehr stark betont: Als Distanz- und Entfremdungserfahrungen gegenüber Kirche(n) zunahmen und sich eine beginnende Erosion abzeichnete, wurde das Bild von Volkskirche durch die Metapher des wandernden Gottesvolkes flankiert, in manchen Kreisen ersetzt. Als Exodus-Gemeinde verstand man sich als Speerspitze gesellschaftlicher Entwicklung, was ein elitäres Verständnis erkennen lässt.[4] Dem niederländischen Missionstheologen Johann Christian Hoekendijk zufolge, der in den 1960er Jahren einflussreich war, ging es in der christlichen Sendung nicht primär um Kirche, sondern um die *Schalomatisierung* der Welt.

Nicht mehr die Kongruenz *mit* der Gesellschaft, sondern das Voraus-Sein *gegenüber* der Gesellschaft wurde betont. Mit diesem Narrativ konnte nicht nur der Anschluss an internationale Diskurse gelingen (Schwarze Theologie in den USA, Befreiungstheologie in Lateinamerika, Anti-Apartheid in Südafrika, Ökologie global), sondern auch der Erosionserfahrung ein motivierendes Bild entgegengesetzt werden. Das Motto: »Wir nehmen zwar numerisch ab, sind aber äußerst relevant, Qualität statt Quantität.« Wie aber sieht es heute, 40 Jahre später, aus? Ich mache einen Sprung und richte einen Seitenblick auf unseren Nachbar, die Niederlande, die uns in kirchlicher Hinsicht vermutlich zwei Jahrzehnte voraus sind.

2.3 Narrativ »Exil«

Der niederländische Missions- und Interkulturelle Theologe Stefan Paas beschreibt in seinem Buch *Pilgrims and Priests* (2019) das christlich-kirchliche Leben in einer Gesellschaft, die eine kulturgestützte Christlichkeit nicht mehr kennt, als Leben im Exil: »Von Adam und Evas Vertreibung aus dem Garten Eden bis zum Exil des Johannes auf Patmos ist die Bibel ein Buch des Herausgerissen-Werdens (engl. *uprooting*) und der Vertreibung (engl. *displacement*).«[5] Exils-Erfahrungen sind nach Paas »traumatisch«, sie lassen in aller Dringlichkeit und ganz konkret nach Gott fragen. Paas: »Es ist eher eine geistliche Übung, unsere Hilflosigkeit und historische Schuld zu akzeptieren und uns Gott anzu-

---

[4] Einen elitären Zugang dieser Art weisen in der Missionstheologie vor allem Johann Christian Hoekendijk und in der Praktischen Theologie Ernst Lange auf. Vgl. *J. Chr. Hoekendijk*, »Die Welt als Horizont«, in: *Evangelische Theologie* 25 (1965), 467-484.

[5] S. Paas, *Pilgrims and Priests: Christian Mission in a Post-Christian Society*, London 2019, 125.

vertrauen, der sein Volk nicht aufgibt, auch dann nicht, wenn er es ins Exil führt.«[6]

Exulanten erleben sich als macht- und bedeutungslos. Sie müssen froh sein, wenn sie nicht ausgewiesen, ausgerottet oder assimiliert werden, wenn man sie nicht ohnehin gänzlich übersieht. Der Unterschied zum Narrativ der Exodus-Gemeinde ist überdeutlich, denn: Als kleine Minderheit werden Gemeinden und Kirchen eine gesellschaftsgestaltende, institutionelle, ideelle oder diskursive Macht immer mehr einbüßen. Und was dann? Paas plädiert im Sinne des 1. Petrusbriefes dafür, Kirche und Gemeinde als durch Gott erwählte Priesterschaft zu verstehen, die vor Gott für die Menschen und für Gott vor den Menschen steht. Es gehe um eine »missionale Spiritualität« (engl. *missional spirituality*), die das christliche Zeugnis als »Gabe« (engl. *gift*) und nicht nur als Aufgabe (engl. *task*) zu verstehen helfe.

2.4 Narrativ »Klangkörper des Evangeliums«

Volkskirche, Exodus oder Exil: Wie steht es um Kirchen und Gemeinden in Deutschland? Der Befund ist je nach Region sehr unterschiedlich und reicht von einer *spät*volkskirchlichen Situation in manchen Gebieten bis hin zur Diaspora, wo Kirchenmitglieder nur noch wenige Prozent der Bevölkerung ausmachen. Welches Narrativ aber bietet sich für diese Situation an? Ich möchte ein Narrativ vorschlagen, dass zwar als Metapher in der Bibel nicht direkt, aber mittelbar vorkommt: Könnte die Mission der christlichen Gemeinde verstanden werden als die eines *Klangkörpers des Evangeliums*? Das Missionarische wäre dann mit dem Begriff des Klanges und des Evangeliums eingefangen, aber auch mit dem Medium des Körpers. Als einzelne wie als Gemeinschaft spiegeln Christen damit nicht nur die Herrlichkeit des Herrn wider (2 Kor 3,17-18)[7], sondern sie geben den Klang des Evangeliums weiter.

In beiden Metaphern, der des Spiegels und der des Klangkörpers, geht es also darum, dass die Botschaft nicht vom Medium getrennt werden kann, wiewohl die Botschaft etwas Anderes ist und bleibt als das Medium. Es ist die Gefahr eines proklamatorischen Missionsverständnisses, dass es lediglich auf das Kognitive fokussiert, es ist die Gefahr eines aktivistischen Verständnisses von Mission, lediglich auf zu erarbeitende Wirkungen zu fokussieren. Bei beiden Ansätzen wird die Körperlichkeit und Gemeinschaftlichkeit der christlichen Zeuginnen und Zeugen unterbestimmt. Es ist nicht nur das Wort und nicht nur die Tat, die Mission auszeichnen, sondern es ist auch das *körperliche Sein* der Zeuginnen und Zeugen und der Zeugengemeinschaft, also der Gemeinde und

---

[6] S. Paas, *Pilgrims and Priests*, 134.

[7] 2 Kor 3,17-18: »Der Herr ist der Geist; wo aber der Geist des Herrn ist, da ist Freiheit. (18) Nun aber schauen wir alle mit aufgedecktem Angesicht die Herrlichkeit des Herrn wie in einem Spiegel, und wir werden verklärt in sein Bild von einer Herrlichkeit zur andern von dem Herrn, der der Geist ist.«

Kirche, die von Bedeutung ist. Der Atemlosigkeit eines allein auf Wirkung fokussierenden Missionsverständnisses, sei es als Kirchenrettung, sei es als Weltrettung, ist entgegenzuhalten, dass das Evangelium sich auch durch das Medium der Körperlichkeit mitteilt, wenn Menschen Sinn, Versöhnung und Befreiung erfahren und aufatmend Gott danken, loben und preisen, aber auch ihm klagen, ihn bitten und in Fürbitte angehen. Dies geschieht auch und gerade im Medium ihrer Körperlichkeit. Was aber bedeutet das genau?

3. Doxologische Missionstheologie und die Macht des Kontrafaktischen

Ich stelle meinen Erwägungen folgende Definition von Mission voran: *Die christliche Sendung gründet im Gotteslob, in dem die Kraft Gottes den Menschen leiblich erfahrbar wird. Die Sendung zielt darauf, dass die Geschöpfe auf den Sinn ihres Daseins hin transparent werden, den Sinn nämlich, als erlöste Geschöpfe Gott zu loben.*[8] In der optischen Metapher geht es darum, dass Menschen für den Sinn ihres Daseins transparent werden, in eine musikalische Metapher gefasst geht es darum, dass sie (wie gebrochen auch immer) zu einem Klangkörper des Evangeliums werden. Missionarische Existenz wird damit nicht als etwas verstanden, das Kraft aufzehrt, sondern als etwas, das Kraft gibt, das neu Impulse von Lebendigkeit, Hoffnung und Freude zu geben vermag, gerade dort, wo viele Aspekte des Lebens als belastend oder verstörend erlebt werden. Es geht um die grundlegende Frage: Wozu sind wird als Christen, Gemeinden und Kirchen da? Woran machen wir die Sinnhaftigkeit unseres Seins und So-Seins als Christen fest?

Meine Antwort lautet: Es ist die *Anbetung* des dreieinigen Gottes, die den Sinn der christlichen Existenz ausmacht, die die Kraftquelle christlich-gemeinschaftlichen Lebens darstellt und die Ausdrucksgestalten des christlichen Glaubens- und Lebenszeugnisses bestimmt. Es geht nicht um ein Konzept neben anderen, sondern darum, die Verheißungen Gottes neu zu hören, sie auf sich zu beziehen und sie neu ernst zu nehmen. Wo Menschen einzeln wie als Gemeinschaft Klangkörper des Evangeliums werden, muss es wirklich die Christusbotschaft sein, die hier zum Klingen kommt und den Klangkörper allererst zu einem Klangkörper werden lässt. Es geht um die theologische Einsicht, dass die Welterfahrung als das sogenannte Faktische nicht wirklich das Faktische, sondern, mit Dietrich Bonhoeffer nur das »Vorletzte« ist.[9] Letztlich »faktisch« ist die

---

[8] H. Wrogemann, *Den Glanz widerspiegeln – vom Sinn der christlichen Mission, ihren Kraftquellen und Ausdrucksgestalten*. Interkulturelle Impulse für deutsche Kontexte, 3. Auflage, Münster 2022, 30.

[9] D. Bonhoeffer, *Ethik*. Zusammengestellt und herausgegeben von Eberhard Bethge, 12. Aufl., München 1988, 133–141.

Wirklichkeit Gottes, der diese Welt geschaffen hat, erhält und umfängt, der von Christen als versöhnend, erlösend und erneuernd geglaubt und erhofft wird.

Die grundlegende Aufgabe von Kirche ist daher eine liturgische. Zu Recht stellt Günter Thomas heraus: »Im Gottesdienst trifft die Freude über die kommende Erlösung auf die Klage über die noch ausstehende Erlösung. Hier trifft die Freude über die geschehene Versöhnung auf die Bedrängnis durch die bleibende Macht des Bösen, der Sünde und des Todes. Der Gottesdienst ist ein Kampfplatz der Definition des ›wirklich Wirklichen‹.«[10] Diese (Kontra-) Faktizität erschließt sich jedoch nicht in Aussagesätzen, sondern sie wird in der Anbetung Gottes ansatzweise erfahrbar. Im Christusgeschehen stellt Gott das weltlich gesehen Faktische in Frage, so dass sich für die Glaubenden immer wieder neu ein anderer und weiterer Horizont erschließt.[11] Aus dem Erfahrungsraum der Anbetung entsteht ein neuer und anderer Erwartungshorizont im Blick auf die Welt.

Die *doxologische Dimension* von Mission findet sich weltweit in sehr unterschiedlicher Gestalt, etwa in der lateinamerikanischen Befreiungstheologie der 1960er bis 1980er Jahre im prophetischen Protest,[12] im Kontext der ägyptischen Gesellschaft in einer Theologie des Martyriums[13] oder in afrikanischen Kirchen einer sich in Anbetung, Heilungen und Exorzismen[14] manifestierenden Anbetungspraxis. Es sind vielfältige Resonanzen, die immer den Aspekt der Körperlichkeit einschließen, den Protest gegen Gewaltherrscher, die die Körper der Menschen schinden, das Insistieren der Märtyrer auf die leibliche Auferstehung, die geglaubte Kraft des Heiligen Geistes im Medium geheilter und befreiter leiblicher Existenz. Ich spreche daher von *Oikoumenischer Doxologie*, wobei der Begriff oikumenisch (statt ökumenisch) den Bezug zum griechischen Oikos (dt. ›Haus‹) herausstellt, da mit Römer 8 das Ziel der christlichen Sendung darin besteht, dass die *ganze Schöpfung* in den Lobpreis Gottes einstimmen möge.[15] Mission hat demnach auch etwas mit der Schöpfung und deren Erhaltung zu tun, aber eben auch mit der Geschöpflichkeit und Körperlichkeit des Menschen.

Oikoumenisch soll aber auch für die *Vielfalt der Anbetung Gottes* stehen und damit dem Missverständnis wehren, es sei eine ganz bestimmte Form der Anbe-

---

[10] G. Thomas, *Im Weltabenteuer Gottes leben. Impulse zur Verantwortung für die Kirche*, Leipzig, 152.

[11] Bonhoeffer fasst treffend zusammen: »In der Menschwerdung erkennen wir die Liebe Gottes zu seiner Kreatur, in der Kreuzigung das Gericht Gottes über alles Fleisch, in der Auferstehung den Willen Gottes zu einer neuen Welt.« D. Bonhoeffer, *Ethik*, 139.

[12] H. Wrogemann, *Missionstheologien der Gegenwart*, Gütersloh 2013, 277ff.

[13] C. Sauer, *Martyrium und Mission im Kontext. Analyse ausgewählter theologischer Positionen aus der weltweiten Christenheit*, Neuendettelsau 2021, 125-176.

[14] K. J.-B. Kahongya Bwiruka, *Das Phänomen Hexenkinder in Goma. Religiöse Deutungen und Ansätze sozialer Arbeit christlicher Kirchen und Bewegungen im Kontext der Krisenregion des Ost-Kongo*, Münster 2016, 259-307.

[15] Dieser Lobpreis geschieht biblisch gesehen sehr umfassend, etwa durch den Mund kleiner Kinder (Ps. 8,3) oder das Klatschen der Bäume auf dem Libanon (Jes. 55,12).

tung (etwa liturgisch, charismatisch oder ähnlich) gemeint. Ziel ist die Vielfalt der Anbetung Gottes, wie sie in verschiedenen Konfessionen, Denominationen, Kulturen, Milieus und Kontexten vorkommt und sich immer wieder neu entwickelt.

4. Doxologie und die Kraft des Kontra-Faktischen

Die doxologische Grundfrage ist die nach der Perspektive. Die (weltliche) Fixierung auf das vermeintlich Faktische zehrt Kräfte auf. Dann drohen Christen und Gemeinden als Klangkörper des Evangeliums immer mehr zu verstummen. Das Schwingen des Klangkörpers wird unmöglich, die Kehle wird eingeschnürt, die Seele gedämpft, der Glaube zum Kleinglauben erdrückt. Dies sei an fünf Einstellungen erläutert, die nicht selten im kirchlichen und gemeindlichen Alltag vorkommen. Diesen sollen dann kontrafaktische Verheißungen gegenübergestellt und entsprechende geistliche Haltungen und mögliche Konsequenzen benannt werden. Damit wechsele ich von einem mit breiten Strichen gemalten Panorama-Bild zu (durchaus subjektiven) Beobachtungen im kirchlich-gemeindlichen Alltag, gewissermaßen zu lebensweltlichen Miniaturen. Dies ist lediglich als Spurensuche in missionstheologischer Absicht zu verstehen. Es geht nicht um steile Thesen und Konzepte, sondern um ein tastendes Fragen. Missionstheologie hat meines Erachtens die Aufgabe, hermeneutisch sensibel zu beobachten, interkulturell zu informieren und damit kritische Seitenblicke zu ermöglichen, die, *ubi et quando visum est Deo*, inspirierend wirken mögen. Nicht mehr, aber auch nicht weniger.

4.1 »Alles vergeblich« – Von der Depression zur Hoffnung

Nicht selten kommt es vor, dass in Gemeinden eine Vielzahl an Aktivitäten stattfindet, dass dennoch aber die Mitarbeitenden das Gefühl beschleicht, immer weniger zu werden. In die Freude am Bestehenden mischt sich die Beklemmung: Wie wird es, angesichts des Altersdurchschnitts der Gottesdienstgemeinde, hier in zehn Jahren aussehen? Kommt man an die Jugend oder an die mittlere Generation noch heran? Wer könnte mit der Übermacht des Medien- und Freizeitangebots konkurrieren? Oder ist nicht alles irgendwie doch »vergeblich«? Werden genug Menschen von einer solchen Beklemmung ergriffen, breitet sich eine depressive Atmosphäre aus. Der Blick bleibt auf das vermeintlich Faktische gerichtet: Zahlen, Entwicklungen, alltagsweltliche Beobachtungen, die geballte Macht von Demographie, Austritten und gefühltem Bedeutungsverlust. Das Starren auf solche Trends kann dazu führen, dass man den Blick gar nicht mehr von diesem Szenario lösen kann.

Was aber bedeutet es missionstheologisch, dass Christen die Welt unter der Perspektive der Auferweckung Jesu Christi wahrnehmen, einem Geschehen, in dem Gott es ist, der *ganz allein* handelt?[16] Menschen können nichts dazu beitragen und kommen immer schon zu spät, wie die Frauen am leeren Grab. Nachdem Menschen Jesus ans Kreuz gebracht haben, setzt Gott einen Neuanfang zugunsten der Gescheiterten, er schafft aus Tod Leben, ganz konkret, im auferstandenen Gekreuzigten. Hier wird Gottes Liebe überraschend erfahren: ein Erfahrungsraum, aus dem sich ein bestimmter Erwartungshorizont ergibt.

In der Gebetsform der *Klage* drücken Christen einesteils die *menschliche Ungeduld* aus, dass Gott doch jetzt endlich eingreifen möge, nicht nur im Elend der Welt, sondern etwa auch, indem er eine (neue) Erweckung schenkt. Warum hat Gott so viel Geduld, wo es doch um seine Ehre und das Heil der Menschen geht? Gleichzeitig bietet die Klage einen *Raum der Hoffnung*, denn es gibt jemanden, an den man die Klage adressieren kann, jemanden, der im Christusgeschehen bereits gezeigt hat, dass er dort Leben schaffen kann, wo menschliche Augen nur Ausweglosigkeit und Tod sehen.

Um sich jedoch in diesem Narrativ festmachen zu können, ist es unabdingbar, einer Banalisierung der neutestamentlichen Botschaft zu wehren, wenn etwa schon ein Aufatmen oder Lächeln als »Auferstehungserfahrung« gedeutet und damit missdeutet wird. Kirchliche Praxis ist aufgerufen, die Botschaft von der Auferstehung Jesu Christi nicht ins Allgemeine aufzulösen, um säkularen Menschen ein »Übersetzungsangebot« zu machen, sondern, den tiefen Sinn der kontra-faktischen Verheißung immer wieder liebevoll zu erklären. Denn die tiefste Krise der Kirche ist keine materielle Krise, sondern theologische Orientierungslosigkeit im verzweifelten Bemühen um Aktualität. Wo aber im ganz selbstverständlichen Gotteslob bei Christen ein Vertrauen in die Lebendigkeit des Gottes, der Christus auferweckt hat, spürbar wird, kann dies anziehend wirken und Fragen wecken.

Es ist hier das Evangelium von der Auferstehung, das den Klangkörper einen Klangkörper sein lässt, denn die Gelassenheit des Glaubens ist im Inhalt des Glaubens begründet. Der Körper kann nur klingen, wenn er nicht durch den Druck des vermeintlich Faktischen erdrückt wird, und er wird nur dann nicht erdrückt, wenn er Resonanz des Evangeliums von der Auferstehung bleibt. Hier wäre in Gemeinde und Kirche eine *Kultur der Achtsamkeit* zu wünschen, die bei aller Betriebsamkeit die Zeit für das geistliche Leben hochschätzt und bewahrt, um den Anschluss an die Kraftquelle der kontrafaktischen Verheißung des Evangeliums nicht zu verlieren. Was bedeutet das für den Umgang der Mitarbeitenden mit Zeit? Wie steht es mit dem vielseitig spürbaren Erwartungsdruck? Wie anders sollte geistliche Selbstsorge (gemeinschaftlich wie individuell) begründet sein, wenn nicht mit Bezug darauf, Klangkörper des Evangeliums sein und bleiben zu können?

---

[16] »Wird diese wichtige Unterscheidung zwischen einseitigem und partnerschaftlichem Handeln Gottes verschliffen, so fördert dies die moralische Atemlosigkeit und letztlich eine tiefe Trostlosigkeit der Kirche.« G. Thomas, *Im Weltabenteuer Gottes leben*, 223.

4.2 »Das müssen wir schaffen!« – Vom Erfolgsdruck zur Gelassenheit

Ein anderes Narrativ lautet »Das müssen wir schaffen!« und ist eine Beklemmung im Blick auf Kirche im Verständnis der Exodus-Gemeinde. Wo der Sinn von Kirche einseitig an ihrem sozial-ökologisch-pazifistischen Engagement festgemacht wird, wo permanent der Nachweis erbracht werden muss, dass Kirche der Gesellschaft in diesen Fragen voraus ist, scheint ein gnadenloser Erfolgsdruck unvermeidlich. Die Gefahr dieses Narrativs besteht in einem umfassenden Moralismus, da es das elitäre Verständnis nicht ertragen kann, dass innerhalb der Kirche andere Christen ganz andere Ansichten vertreten. Die Maßstäbe des (je nach Richtung) eigenen Aktivismus geben vor, wer innerhalb von Kirche und Gesellschaft auf Anerkennung hoffen darf und wer nicht. Dass sich, angesichts der sich potenzierenden Krisen (Ökologie, Krieg, Migration) mit Verweis auf die Dringlichkeit (»Es ist schon 5 nach 12!«) ein geradezu hysterisches Klima einstellen kann, ist immer wieder zu beobachten.

Von einem doxologischen Missionsverständnis ist hier zu fragen, ob nicht christliche Existenz im *Dank* gründet, dem Dank dafür, dass Gott in Jesus Christus am Kreuz von Golgatha die Welt mit sich versöhnt *hat*? Müsste nicht hier die paulinische Einsicht eine andere Vision von Leben ermöglichen, nämlich im Narrativ der Kreuzestheologie? In Röm 5,8 stellt Paulus heraus: *Gott aber erweist seine Liebe zu uns darin, dass Christus für uns gestorben ist, als wir noch Sünder waren.* Auch hier handelt Gott in Christus stellvertretend für den sündigen, den gottesfernen Menschen, um ihn aus seiner Selbstverkrümmung zu befreien. Ist es aber nicht eine Selbstverkrümmung des Menschen, zu glauben, alles hinge an seinem, des Menschen, Tun? Ist nicht der Leistungsdruck »Das müssen wir schaffen!« eine verdeckte Hybris, als könnte der Mensch einen Himmel auf Erden erreichen? Führt das Elite-Narrativ des Exodus nicht leicht zu einer Überforderung? Ist es nicht ein wenig wie in dem Sprichwort: »Die Friedhöfe sind voll mit Menschen, die sich für unentbehrlich hielten«?

Es ist das *Dankes*gebet, das sich in der Rechtfertigung des Sünders allein aus Gnade festmacht, das Dankgebet, das von der Fixierung auf den Leistungsdruck im wahrsten Sinne erlösen und damit auch lösen kann. Der Klangkörper kann schwingen, aber der Klang wird durch die ihn erfüllende (und umgebende) Luft übertragen, den Geist Gottes, der der Geist des auferstandenen Gekreuzigten ist. Daraus kann Gelassenheit entstehen im Vertrauen darauf, dass der dreieinige Gott seine Kirche und Gemeinde nicht verlässt und sein Reich kommt, auch dann, wenn ich (der ich mich so wichtig fühle) morgen tot sein werde. Eben dieses ist die Kränkung des aktivistischen Egos schlechthin.

Gemeinden wäre darum eine *Kultur der Wertschätzung* zu wünschen, in Gelassenheit auch solche Menschen anerkennen zu können, die im Blick auf Aktivismen ganz andere Meinungen vertreten. Eine durch Gelassenheit ermöglichte Wertschätzung braucht nicht nur das durch Selbstansprüche überlastete Ich, sondern auch das in seinen Moralisierungen überhebliche Ich. So gesehen bringt Gelassenheit nicht nur ein Mehr an Freude, sondern auch ein Mehr an Versöhnlichkeit und Geduld im Umgang mit anderen, etwas, was in gemeindlichen Zusammenhängen dringend gebraucht wird. Was bedeutet dies für den gemeindlichen Umgang miteinander?

4.3 »Alles in Ordnung« – Vom Selbstbetrug zur Vision

Neben Depression und Erfolgsdruck kann die Weltsicht auch durch Selbstbetrug bestimmt sein. In der Meinung »alles in Ordnung« kann es leicht dazu kommen, die Normativität des Faktischen schlicht anzuerkennen und nicht mehr zu hinterfragen. Im Blick auf Christentum und Gesellschaft scheint denen alles in Ordnung zu sein, die das »Christliche« wesentlich in einer Haltung sozialen Verantwortungsbewusstseins erblicken. Hier ist es nicht die Gefahr einer Banalisierung oder Moralisierung, sondern der Anonymisierung der christlichen Botschaft. Mögen Kirchen und Gemeinden auch langsam verschwinden, wichtig bleibt ein »Ethos«, das selbst in kleinster Dosis noch als Wirkung des Christlichen verstanden wird. Spezifisch christliche Inhalte wie Sünde und Gnade, Kreuz und Auferstehung braucht es da nicht mehr, wenn ein Bewusstsein des Transzendenten ausreicht, in dem sich alle gutmeinenden Akteure, gleich welcher Religion oder Weltanschauung, einig wähnen.

Deutet aber die Menschwerdung Gottes in Jesus Christus nicht in eine andere Richtung? Der Schöpfer des Kosmos kommt im Kind von Bethlehem den Menschen nahe, liefert sich ihnen aus, um ihnen als *Immanuel*[17] Heil und Erlösung zu bringen, die sie dringend brauchen. In der Menschwerdung Gottes drückt sich der *Wille* aus, die sündige und vergängliche Welt mit sich zu versöhnen. Dieses Geschehen mit den Augen des Glaubens zu sehen, gibt Anteil an der *Vision* Gottes für Mensch und Welt, die im Christusgeschehen ihren Anfang genommen hat. Es ist der *Name* des Jesus von Nazareth, in dem die Geschichte des Christus-Geschehens sich ereignet hat und erzählbar wird, eine Geschichte, die das So-Sein des »alles in Ordnung« auf Gottes Heils-Vision hin überschreitet und Menschen in diese Verheißung hineinnimmt.

Die angemessene Form der Anbetung ist hier vor allem der *Lobpreis*, der sich einreiht in den Lobpreis der ersten Zeugen. Er ist selbstvergessenes Zeugnis, das von sich selbst wegweist, auf den Namen Jesu Christi und das Christusgeschehen hin. Wie die Klage von Depression zu Hoffnung, wie der Dank von Überforderung zu Gelassenheit führt, so führt der Lobpreis von Selbstbetrug zur Verheißungsvision: Gott will für diese Welt mehr als das Verharren in Gottesferne, Sünde und Tod, er will mehr als ihre Bewahrung, er hat die Welt mit sich versöhnt und gibt geduldig den Menschen die Freiheit, seinem Liebeswillen zu antworten.

Gemeinden wäre in diesem Sinne eine *Kultur der Neugier* zu wünschen, in der Frage, was Gott an Neuem entstehen lassen will, hier, vor Ort, konkret, mit

---

[17] Mt 1,23; vgl. Mt 28,20.

Menschen. Der Klangkörper bringt durch sein Schwingen verschiedene Klänge hervor, immer wieder neu, die aber als von dem einen Klangkörper herrührend erkennbar bleiben. Hier berührt sich die Metapher vom Klangkörper des Evangeliums mit der Metapher des Leibes Christi und seiner Körpersprache. Eine Kultur der Neugier sucht dem nachzuspüren, wo und wie der dreieinige Gott Menschen für das Gotteslob öffnen will, indem sie Zuwendung, Versöhnung und Befreiung erfahren. Es ist nicht zufällig, dass das Einstehen in leiblich-materiellen Fragen in einen doxologischen Horizont eingezeichnet wird, wenn es in 2 Kor 9,12 heißt: »Denn euer Dienst und eure Opfergabe füllen nicht nur die leeren Hände der Heiligen, sondern werden weiterwirken als vielfältiger Dank an Gott.« Dies berührt sich mit der Aufforderung Jesu in der Bergpredigt: »So lasst euer Licht leuchten vor den Leuten, damit sie eure guten Werke sehen und euren Vater im Himmel preisen.« (Mt 5,16)

4.4 »Heiliger Rest« – Von Selbstüberhebung zu Humor

Es war der Missionstheologe Walter Freytag, der gemahnt hat, vier Vereinseitigungen des Reich Gottes-Verständnisses in der Mission zu vermeiden.[18] Demnach werden entweder Reich Gottes und Kirche zu stark miteinander identifiziert (kollektivistisch), das Reich Gottes wird als Summe geretteter Einzelseelen verstanden (individualistisch), es wird mit weltlichen Verbesserungsaktivismen gleichgesetzt (verdiesseitigend) oder erst nach dem Ende der Welt erwartet (verjenseitigend). Diese Mahnung hat bis heute nichts von ihrer Bedeutung verloren. Wo ein moralisierendes Verständnis des Christlichen Kirche und Gemeinde tendenziell abwertet, ist es umgekehrt die Vorstellung von der Gemeinde als ›heiliger Rest‹, die leicht zu Selbstüberhebung führen kann. Nach dem Motto »Wir sind die Standhaften« verleitet dieses Verständnis zur Selbst-Isolierung gegenüber der so ganz anderen Welt.

Müsste aber nicht die Tendenz der Selbst-Isolierung in Pfingsten, dem Fest des Heiligen Geistes, ein Korrektiv finden? Müsste nicht der Dank, von Gottes Liebe gefunden worden zu sein, zur *Fürbitte* drängen? Einer Fürbitte, dass das Geschenk des Glaubens auch andere Menschen erreichen möge? Damit würde das Selbstbild als letzte Verteidiger der Glaubensfestung durch das Vertrauen in das Geistwirken heilsam hinterfragt. Statt Ernst wäre damit auch Humor und Selbstdistanz möglich, Humor als Loslassen falscher Selbstbilder, als Eingeständnis des Provisorischen, als Mut zum Riskanten. Die Fürbitte könnte neu dazu anleiten, Gottes Geisteswirken auch dort für möglich zu halten, wo es einem bisher kaum möglich erschien. Dies kann Raum für kreatives Ausprobieren schaffen in der geistlichen Einsicht, dass das christliche Glaubenszeugnis als Geschehen des Geistes unverfügbar bleibt.

---

[18] W. Freytag, »Mission im Blick aufs Ende«, in: ders., *Reden und Aufsätze*, Band 2, München 1961, 186-198.

Der Gemeinde wäre eine *Kultur des Fragens* zu wünschen, wo Resonanzen des göttlichen Wirkens auch außerhalb der Gemeinde spürbar werden. Kann es sein, dass Gottes Geist vorbereitend bereits am Werke ist, dort, wo man ihn nicht vermutet? Kann es sein, dass gänzlich unvertraute Ereignisse und Formen neue Möglichkeiten andeuten, durch die Gott das Evangelium zum Klingen bringen will? Eine Kultur des Fragens würde auch den Perspektivwechsel einüben: Mit welchen Augen werden wir von denen gesehen, die Kirche und Gemeinde fernstehen?

4.5 »Wenn alle wären, wie wir...« – Von Selbst-Projektion zu Phantasie

Doch nicht nur im Negativen, sondern auch im Positiven liegen Versuchungen. Wo die Gemeindearbeit gut läuft, kann sich schnell das Narrativ einstellen: »Wenn alle wären, wie wir...« – dann, ja, dann würde alles besser werden? Es ist eine Stärke von Kirche in ihrer landeskirchlichen Gestalt, dass sie einen weiten Raum für viele verschiedene Ausprägungen christlichen Glaubens und Lebens bietet. Es ist wie in einem Orchester, in dem sich einzelne Instrumente als besonders wichtig erachten mögen, aber nur im Zusammenspiel einen harmonischen und schönen Gesamtklang ergeben. Die Versuchung des Narrativs »Wenn alle wären, wie wir« liegt in der Selbst-Projektion, da das Kopieren des einen Modells unweigerlich zu einer kirchlichen Monokultur führen würde. Und stehen nicht etliche Konzepte, die von kirchlichen Struktur-Verbesserungen ausgehen, (neben manchem Sinnvollen) in der Gefahr, die in vielen einzelnen Gemeinden gut laufende Arbeit zu beeinträchtigen in dem Willen »das« Problem Kirchenschwund »in den Griff« zu bekommen?

In interkultureller Perspektive kommt der Beobachtung große Bedeutung zu, dass es eine Vielfalt von Geistesgaben ist, auf die sich Christen in Kirchen weltweit berufen. Dies mag dazu inspirieren, sich neu auf die Geistesgabe von *Phantasie* zu besinnen, im Bitt-Gebet: »Komm, heiliger Geist!«. Es ist das *Bitt-Gebet*, welches die Eitelkeit der Selbst-Projektion heilsam in Frage stellt und die Betenden darauf ausrichtet, sich diesem Geist, der der Geist Jesu Christi ist, immer wieder neu auszusetzen. Damit werden die Routinen des geistlichen und gemeindlichen Lebens nicht aufgehoben, es bleibt sehr viel an Pflichtprogramm, das einfach getan werden muss. Aber die Bitte kann Räume heilsamer Unterbrechung ermöglichen, die neue Kraft geben mögen, sowohl für die guten Routinen des Lebens als auch für die ersehnten und erbetenen Neuaufbrüche.

Gemeinden wäre eine *Kultur des Geltenlassens* zu wünschen, eben auch solchen Formen christlicher Praxis Raum zu geben, die gerade nicht mit dem übereinstimmen, was aus eigener Sicht als »normal« gilt. Es ist das Evangelium, dass durch den Klangkörper immer wieder neue Melodien hervorbringt, nicht beliebig, aber je auf eigene Art. Was aber würde ein solches Geltenlassen in Gemeinden und Kirchenkreisen bedeuten? Wie weit kann es gelingen, den Wunsch nach

Kontrolle zurückzustellen, in der Bitte, dass der Geist Christi zum Guten wirken möge?

5. Kirche auf dem Weg – ein Ausblick

Wenn bisher nicht von Konzepten und Programmen die Rede war, so deshalb, weil die derzeitige Krise von Christinnen und Christen, Gemeinden und Kirchen eine wesentlich geistliche Krise ist. Diese äußert sich darin, über dem so genannten Faktischen die Verheißungen Gottes aus dem Blick zu verlieren. Wo diese aus dem Blick geraten, kann es zu Atmosphären von Depression, Erfolgsdruck, Selbstbetrug, Selbst-Überhebung und Selbst-Projektion kommen, die die Gefahren einer Banalisierung der Botschaft, einer Moralisierung, Anonymisierung, Isolierung und Homogenisierung mit sich bringen. Eine geistliche Praxis aber, die die fünf Arten des Gebets wiederentdeckt, könnte befreiende und stärkende Impulse geben und wäre damit Resonanz des Christusgeschehens, das die Kirche ins Leben gerufen hat und im Geist ihres Herrn führt, lebendig erhält und ausstrahlen lässt.

Die Verheißungen bestehen im Christusgeschehen selbst, so dass sich die *Klage* im Horizont der Hoffnung ereignet, die über das Scheitern und den Tod hinaussieht, da Gott im Geist Jesus Christus von den Toten auferweckt hat. Der *Dank* ereignet sich im Horizont der Rechtfertigung des Sünders allein aus Glauben, da Jesus Christus den Menschen mit Gott am Kreuz versöhnt hat, so dass der Mensch seine Selbst-Rechtfertigungen in Gelassenheit loslassen kann. Der *Lobpreis* geschieht im Horizont der Menschwerdung Gottes in Jesus Christus, des Gottes, der sich in diesem Namen anrufen lassen will, im Christusgeschehen die Mächte von Sünde, Tod und Teufel besiegt hat und den Glaubenden eine neue Vision von Leben schenkt. Die *Fürbitte* geschieht im Horizont des grenzüberschreitenden Geistes, der als Geist Christi nicht nur versöhnend, sondern auch überraschend wirkt und in Zeugen auch die Gabe des Humors und damit der Selbst-Distanz ermöglicht. Die *Bitte* ereignet sich im Horizont des Geisteswirkens, das in vielfaltigen Gaben und Ausdrucksformen erfahrbar wird und damit immer wieder neu Räume der Kommunikation eröffnet.

Diese theologischen Motive mögen Gemeinden immer wieder ermutigen und inspirieren, eine Kultur der *Achtsamkeit* und eine Kultur der *Wertschätzung* zu pflegen, eine Kultur der *Neugier* zu entwickeln, eine Kultur des *Fragens* einzuüben und nicht zuletzt eine Kultur des *Geltenlassens* anderer zu versuchen. Die Vitalität der christlichen Gemeinde erweist sich dann darin, dass sie trotz aller Herausforderungen und Bedrängnisse dieses bleibt, Klangkörper des Evangeliums zu sein. Dann mag das eintreten, was im Film *Mission* der Jesuiten-Missionar Vater Gabriel im Urwald äußert, der den Guarani-Indianern auf der Oboe spielend begegnet und darüber nachsinnt, was es bedeuten würde, diesen Menschen mit dem Klang des Evangeliums den Weg des Glaubens zu bezeugen.

Nicole Chibici-Revneanu

Tagungsbeobachtung
Statt eines Schlusswortes: Ein Kommentar zum Symposium aus Sicht einer vorpommerischen Pastorin

1. Tagungsbeobachtung zur Mitte

Bei Tagungen des Greifswalder IEEG spielte der Fußball meist eine nicht ganz unwesentliche Nebenrolle: bild-, wort- und beispielgebend, zur geographischen oder auch persönlichen Verortung. In der Hoffnung, mich damit nicht gleich ins Abseits zu spielen, muss ich nun zugeben, dass in dieser Hinsicht von mir nicht viel zu erwarten ist: Ich bin in Österreich groß geworden, wo sich andere Sportarten in punkto »Identitätsstiftung« oder als »Ressource« (um zwei Stichworte aus dem Beitrag von Christfried Böttrich einzuspielen) meist als deutlich dankbarer erweisen.

Ich bitte also um Ihr Verständnis dafür, dass ich nun etwas untypischerweise einen Bogen in den Wintersport schlage – und lade Sie ein, in einem kleinen Slalom noch einmal durch einige der Beiträge des ersten Teils zu schwingen.

Oben am Berg haben wir uns gemeinsam eingefunden am Beginn der Tagung, mit einem weiten Panorama vor Augen. Bevor wir uns mit Schwung in die Abfahrt geworfen haben, haben wir dieses Panorama zunächst in den Blick genommen, einige Streckenmarkierungen ins Auge gefasst und vielleicht sogar schon nach einem Ziel Ausschau genommen. »Wir können's ja nicht lassen«, ist diese Abfahrt überschrieben: »Vitalität als Kennzeichen einer Kirche der Sendung.«

Tom Greggs hat in seinem Vortrag darauf hingewiesen, dass die Vitalitätsfrage meist in Umbruchszeiten gestellt wird. Verschiedene Krisenphänomene der Kirche, die unsere Zeit prägen, sind in verschiedenen Beiträgen genannt worden. Ich möchte eines hinzufügen, von dem kaum die Rede war: die dauerhafte Überlastung von haupt- wie ehrenamtlich Tätigen. »Wir können's ja nicht lassen«: Das lässt sich als Ausdruck des Sendungsbewusstseins hören, keine Frage. Öfter höre ich es allerdings als Stoßseufzer: Wir würden gerne etwas lassen, wir müssten es auch längst, aber irgendwie – können wir es nicht. Dass in den hinteren Beiträgen auch das »Lassen« als eigene Slalomstange auf der Abfahrtsstrecke zum Schwung einlädt, finde ich vor diesem Hintergrund sehr gut!

Hörte ich den Tagungstitel vielleicht zu pessimistisch? Zum Stichwort Vitalität fällt mir ein Gespräch ein, das ich vor einer kleinen Weile mit dem Pfarrer einer befreundeten Konfession erlebt habe: Als dort eine Gemeinde von schier ungeheurer Größe gebildet wurde, sagte er ganz offen und selbstverständlich, dass man jetzt einfach sehen müsse, wo noch etwas lebendig ist, und dann dort hingehen. (Vielleicht sollte ich hinzufügen, dass der pfarramtliche Dienst in dieser Konfession durch eine Weihe etwas anders konfiguriert ist als bei mir als evangelischer Pastorin.) Dass dann auch etwas sterbe, sagte der Pfarrer, sei unvermeidlich. Aber, und das ist mir ganz entscheidend im Gedächtnis geblieben, das können wir auch getrost in Gottes Hände legen – schließlich haben wir einen Gott, der Auferstehung kann.

Diesen Gedanken finde ich seitdem unverzichtbar, wenn es um die Zukunft der Kirche inmitten der gegenwärtigen Bedingungen geht. Auch, weil ich meine menschlichen Grenzen (und an die stößt man ja im Pfarrdienst unweigerlich früher oder später!) darin geistlich gut aufgehoben finde. »Wir können's ja nicht lassen – Vitalität als Kennzeichen einer Kirche der Sendung«: Das hat mich an diese kleine interkonfessionelle Gesprächssequenz erinnert. Und ich habe mich gefragt: Vitalität als eine nota ecclesiae, als Kennzeichen von Kirche – worauf läuft das hinaus? Sollen wir mit diesem Kriterium an der Hand nun entscheiden: Ist das Kirche – oder kann das weg?

Als ich mit diesen Gedanken im Hinterkopf die ersten Schwünge über den Hang gezogen habe, habe ich dankbar zur Kenntnis genommen: Man kann diese »Vitalität« mit Tom Greggs jenseits aller menschlichen Messbarkeit strikt von Gott her denken. Das ist entlastend. Trotzdem frage ich mich: Kann ich mich in einem so durch und durch theo-logischen Vitalitätsbegriff verorten, mitsamt all meinen Erfahrungen von Gutgelungenem und Gutgemeintem, auch von Enttäuschung, Unbeweglichkeit und vergeblicher Liebesmüh? Dass Gott alles Leben gibt, das ist ja nur ein kleiner Ausschnitt dessen, was sich mit der biblischen Tradition über das Leben sagen lässt. Dass die, die ihr Leben allzu sehr festhalten wollen, das Leben womöglich verlieren, und dass die, die das Leben hinzugeben bereit sind, das Leben gewinnen – könnte mir das all diese Erfahrungen von geschenkter oder auch ausbleibender kirchlicher Lebendigkeit womöglich vielschichtiger aufschließen?

Bei einem Gedankengang, der in diesem Beitrag eher am Rande begegnet, leuchtet mir die Piste besonders strahlend und einladend entgegen: Tom Greggs hat mit einem Zitat von Walter Moberly daran erinnert, dass in der Geschichte des Judentums und des Christentums die Geschichte Israels zu »unserer Geschichte« geworden ist. Das mag im Großen und Ganzen gesehen lange her sein, aber im Kleinen und Besonderen habe ich manchmal Ähnliches beobachtet: Dass tatsächlich eine ganz eigene Lebendigkeit aufleuchtet (und vielleicht etwas ganz entscheidend Vitales und Vitalisierendes passiert!), wenn Menschen die Geschichte Gottes und seiner Leute, die Hoffnungsgeschichte dieses Glaubens zu ihrer eigenen Geschichte machen: mal ganz vorsichtig ausprobierend, mal mit überraschender Selbstverständlichkeit. Sie singen im Gospelchor einen Psalm und finden sich in diesen alten Worten wieder. Sie wagen sich weit in eine biblische Geschichte hinein, um sie als Musical lebendig werden zu lassen. Sie haben sich, seit langem oder sogar zum ersten Mal, in einen Gottesdienst getraut und sitzen nun ganz aufmerksam in der Kirchenbank, probieren diesen oder jenen Gedanken für sich selbst aus, lassen sich berühren und vielleicht sogar ansprechen. Sie besuchen auf Anregung ihres diakonischen Arbeitgebers einen Kurs mit biblischen Inhalten und fragen, fragen, fragen.

Sie merken an diesen Momentaufnahmen (und sehen vielleicht auch, wie der winterliche Sonnenschein beim Erzählen in meinen Augen glitzert): Ja, ich finde es auch am allerschönsten dort, wo die Kirche so lebendig ist, vital und vitalisierend, Lebensort und Erlebnis, der Segen Gottes fast schon mit Händen zu greifen. Damit bin ich allerdings auf einer etwas unübersichtlichen Buckelpiste unterwegs. Es ist ein ständiges Auf und Ab mit der Vitalität der Kirche, Höhen und Tiefen stehen da dicht an dicht.

Dass und wie Christfried Böttrich in seiner exegetischen Grundlegung die Vitalität der christlichen Gemeinde mit dem Resilienzgedanken koppelt, gefällt mir darum ausnehmend gut. Auch unter widrigen Umständen so gedeihen zu können, dass die Gemeinde, die Gläubigen zum Segen werden – so will ich Vitalität der Kirche viel lieber verstehen denn als ein reines, ungebrochen strahlendes Lebensstrotzen auf der Siegerstraße. Trotzdem gedeihen: Entspricht das nicht viel eher dem, der für das »Haus aus lebendigen Steinen« der Eckstein ist, dem gekreuzigten und von Gott auferweckten Christus?

Wie dieser Eckstein eine »Ressource« für die Gemeinde sein kann, das lässt sich dem 1. Petrusbrief auch vor einem heutigen Erfahrungshorizont gut nachbuchstabieren. Und mit einem Seitenblick auf die in diesem Beitrag erwähnten »schreienden Steine« lässt sich aus ebendiesem Erfahrungshorizont auch sagen: Nicht immer sind diejenigen »Steine«, die am lautesten schreien, auch die lebendigsten ...

Im Resilienzbezug des Beitrags von Christfried Böttrich vertieft sich eine Spur, die Michael Herbst mit knappen, sportlichen Schwüngen schon in seinen programmatischen Eingangsworten angebahnt hat: Nicht nur um das Gedeihen geht es bei der angesprochenen Vitalität, sondern auch um Fruchtbringen und Robustheit. »Dr. Wiki« hat mir das kurz vor Tagungsbeginn schon ähnlich nahebracht, fällt mir ein: Wer sich von einer beliebten Online-Enzyklopädie erklären lassen möchte, was mit »Vitalität« gemeint ist, bekommt selbiges zu allererst am Beispiel von Bäumen erklärt – und nicht ohne Bezug zu den Umweltbedingungen, die das Gedeihen entweder von sich aus begünstigen oder doch zumindest für das eigene Gedeihen genützt werden können. In diesem Sinne lässt sich also auch von den Bäumen lernen!

Wird es jetzt langsam zu grün für wintersportliche Bilder? Der praktisch-theologische Beitrag von Tobias Braune-Krickau[1] führte so farbenfroh wie bilderreich durch angegrauten Schnee und frühlingshaft grünende Stellen: Sich darin eine gut befahrbare Spur zu bahnen, verspricht so herausfordernd wie spannend zu werden! Ein wichtiger Kompassgedanke für alle weitere Weg- und Streckenfindung: Die Spannung von Ideal und Wirklichkeit ist schon ein Teil der kirchlichen Wirklichkeit. Ich kann nur zustimmen, muss ich doch an einzelne »schreiende Steine« denken, die von »ihrer« Kirche oder Kirchengemeinde alle möglichen Angebote erwarten – dabei aber gar nicht die Absicht haben, diese Angebote überhaupt zu nützen, geschweige denn, sich an ihnen zu beteiligen. Aber wie hab ich das seinerzeit so schön von den Feuerwehrleuten gelernt? Kirche und Feuerwehr haben manches gemeinsam: Man will schon, dass es sie gibt, aber man hofft eigentlich auch, dass man sie nicht braucht.... Nach diesen Kurven setze ich vorerst zum Einkehrschwung an.

2. Tagungsbeobachtung zum Abschluss

Eine an Einsichten, Anregungen, Begegnungen und Gesprächen reiche Tagung liegt hinter und der Tagungsband vor uns. Da meine fußballerische Verzichtserklärung samt metaphorisch verschneitem Alternativprogramm so wohlwollend aufgenommen wurde, werfe ich wieder das Panoramafernsehen an und sage: Jetzt stehen wir unten am Fuß des Berges und können noch einmal den Blick zum Hang hin heben. Was für eine vielfältige, kurvenreich herausfordernde, tatsächlich auch schwungvolle Abfahrt liegt hinter uns!

In den Beiträgen – und mehr noch in den Diskussionen, die sich nach der Tagung an die Vorträge angeschlossen hatten – ist immer wieder von »Ecken und Kanten« die Rede gewesen. Das fügt sich gut ins sportliche Gesamtkonzept, sind doch die Kanten entscheidend, um beim Skifahren um die Kurve zu kommen! Der richtige Einsatz der Kanten, das Auf- und Abkanten ist ganz wesentlich dafür, nicht nur voranzukommen, sondern dabei auch heil zu bleiben und nicht irgendwo abseits der Piste im Wald zu landen.

Zwischen den Kurven, die wir in den Beiträgen genommen haben, liegen weite Schwünge: Spannungsbögen zwischen mehr oder weniger weit entfernten Polen, die bewusst thematisiert, inszeniert, diskutiert, zueinander ins Verhältnis gesetzt worden sind. Darin lag und liegt in meinen Augen eine besondere Stärke dieser Tagung: Es war, schlicht und einfach, spannend im wahrsten Sinne des Wortes.

---

[1] Der Symposiums-Beitrag von Prof. Dr. Tobias Braune-Krickau (Greifswald) unter dem Titel »›Grau, teurer Freund, ist alle Theorie‹? Über Kirchentheorie und Vitalität« ist nicht in diesem Band abgedruckt.

Besonders schwung- und (in einem guten Sinne) spannungsvoll habe ich das Aufeinandertreffen von Theologie und Empirie erlebt. Dass und wie religiöse Vitalität erklär- und messbar sein könnte, habe ich nach der facettenreichen theologischen Grundlegung des ersten Tages mit besonderer Spannung erwartet – und wurde nicht enttäuscht. Anschaulich und mitreißend brachten Miriam Zimmer und Veronika Eufinger vom Kompetenzzentrum für Pastorale Evaluation zur Darstellung, wie es aussehen (und weiterhelfen!) kann, der Kirche bzw. einzelnen kirchlichen Arbeitsbereichen und Projekten die Blutdruckmanschetten anzulegen.[2] Ganz im Sinne des Hinweises von Carla J. Witt, dass die Empirie im IEEG-Kontext durchgängig weiblicher besetzt war und ist als der theologische Diskurs, führte etwas später Tabea Fischer aus, welche Parameter in der interdisziplinären Arbeit von Theologie und Sozialwissenschaften zu bedenken und zu berücksichtigen sind.[3] Ja, auf diesem Hang ist noch nicht jeder Pistenabschnitt durchpräpariert, und auf Glatteis ist besonders zu achten – und gerade darum waren diese Schwünge und Perspektivwechsel so anregend, wie an den engagierten Diskussionen dieser Beiträge unschwer zu erkennen war. Man fährt eben nach jeder Kurve mit einem neuen Ausblick weiter, einmal in diese, einmal in die entgegengesetzte Richtung!

Weite Schwünge haben wir auch zwischen Vergangenheit und Zukunft gezogen. Die Geschichte des Greifswalder Instituts zur Erforschung von Evangelisation und Gemeindeentwicklung (IEEG) wurde aus verschiedenen Richtungen in den Blick genommen, und einmal mehr zeigte sich: Gerade die Möglichkeit, verschiedene Standpunkte und Erlebnisperspektiven einzunehmen, gibt einem Gesamtbild die nötige Tiefenschärfe und Dreidimensionalität. Der Ausblick auf künftige Forschung und Lehre zu Evangelisation und Gemeindeaufbau bot ein buntes Mosaik, das neugierig macht auf mehr – auch wenn oder gerade weil manches darin Angedeutete noch nicht zu einem fertigen Bild entwickelt ist. Welche bedenkenswerten, zuweilen auch bedenklichen Grundkoordinaten kirchlicher Praxis dazu den Rahmen bilden, hat Thomas Schlegel in seinem Beitrag skizziert; dass dieser Rahmen manchmal heilsame Begrenzung ist, manchmal aber auch frag-würdige Einschränkung, kam in der sich anschließenden Diskussion differenziert zur Geltung.

Ein Stemmschwung aus diesem Tagungsabschnitt ist für mich, deren Arbeit am Barther Bibelzentrum sich im Spannungsfeld zwischen kirchlich sozialisierten, kirchendistanzierten und konfessionslosen Menschen abspielt, von beson-

---

[2] An dem Beitrag im vorliegenden Band hat Prof. Dr. Matthias Sellmann, Leiter des Zentrums für Angewandte Pastoralforschung (ZAP), mitgearbeitet.
[3] Die beiden Kurzvorträge von Carla J. Witt und Tabea Fischer sind in diesem Band nicht abgedruckt. Carla J. Witt hat über zehn Jahre am IEEG als Soziologin gearbeitet und zahlreiche Studien des Instituts verantwortet. Tabea Fischer arbeitet als Psychologin an der Forschungsstelle *Missionale Kirchen- und Gemeindeentwicklung* (MKG) am *Center for Empowerment Studies – Christliches Empowerment in der Säkularität* (CES) der Universität Halle-Wittenberg.

derem Interesse gewesen: Nachdem ich den Blick auf Konfessionslose in manch kirchlichem Zusammenhang als geradezu zoologisierend erlebt habe (der Ungläubige, das unbekannte Wesen...), habe ich Felix Eifflers Blick auf religiös nicht sozialisierte Zeitgenossen als angenehm unaufgeregt, unmittelbar und auf Augenhöhe erlebt. Wie das »nerdige Hobby« Kirche in der künftigen Forschungsarbeit an Evangelisation und Gemeindeentwicklung zur Sprache kommen wird, erwarte ich in diesem Sinne mit freudiger Spannung.

Zu einer kleinen gedanklichen Schrägfahrt haben mich Mirjam Bests Überlegungen zu einer Sendungs- und Herzensökumene veranlasst, die vom Stichwort »Liebe« durchzogen waren: Wenn wir nach einer Aktualisierung oder Erweiterung der bekannten notae ecclesiae fragen, haben wir mit »Vitalität« sicher eine recht eindrucksvolle, schön grundsätzliche Vokabel am Start: Liberté, égalité, vitalité! Aber selbst bei diesem (zugegebenermaßen reichlich assoziativen) Ausruf muss ich mich fragen, ob die ursprüngliche fraternité nicht dichter an demjenigen »Wunschkennzeichen« ist, das uns die biblische Tradition insbesondere als Erkennungszeichen der Jesusleute in weitaus stärkerem Ausmaß nahelegen würde....

Schließlich ist mit dem Beitrag von Patrick Todjeras[4] noch eine weitere, ganz konkrete Spannung weit in den Fokus gerückt: diejenige zwischen Pastoren und Prädikanten. Was für eine angeregte, vielgestaltige und theologisch wie praktisch versierte Diskussion – im Saal und später an den Kaffeetischen!

Bei so viel Pistenglück und Pulverschnee will ich aber das nicht unerwähnt lassen, was – zumindest bei mir – Fragen offen gelassen hat.

Als mitunter schwer zu befahrendes Terrain habe ich die missionstheologischen Überlegungen der Tagung erlebt. Ich schicke voraus: Es war für mich, seinerzeit im Studium, eine wahrlich beglückende und zutiefst motivierende Erfahrung, mit dem Konzept der »missio Dei« bekannt gemacht zu werden – so wie es Michael Herbst in seinem lebendigen, umfassenden Abendvortrag nachgezeichnet hat. Dass Mission vor allen Überzeugungs- und Einverleibungsbestrebungen zu allererst Sendung Gottes ist – und immer gewesen ist! – das ist mir wichtig. Nichtsdestoweniger habe ich manche Etappen dieses Vortrags als steil erlebt, ebenso wie die Frage nach dem kirchlichen »Lassen« im Beitrag von Ralph Kunz, obwohl es über ein gedeihliches »Lassen« im kirchlichen Leben es so viel zu lernen gäbe! Wenn ich von meinen Erfahrungen als Gemeindepastorin her auf die steile Theozentrik blicke, die hier alle Sendungs- und Lebensäußerungen von Kirche konturiert, dann komme ich nicht um das Bild einer Schussfahrt vorbei, mit der ich an vielen Gemeindegliedern bestimmt vorbeifahre – oder sie, mit etwas weniger Glück, sogar umfahre. Die Gemeinde, an die ich dabei konkret denke, würde ich als durchaus vital bezeichnen. Diese Vitalität habe ich in der Gesamtschau eher fröhlich als fromm in Erinnerung: Sicher gibt

---

[4] Der Beitrag von Dr. Patrick Todjeras (Österreich), der unter dem Titel »Ehrenamtliche Verkündigung als Ausdruck von Vitalität« stattfand, ist in diesem Tagungsband nicht abgedruckt.

es in dieser Gemeinde Menschen, die sich zutiefst Gottes und seiner Verheißungen erfreuen; aber in manchen Ausprägungen erfreut sich die Gemeinde vielleicht auch eher ihres Lebens als Gottes.

Wie hat man sich das Leben in und mit so einer Gemeinde als »gesandte« Pastorin vorzustellen – wenn die beiden Pole von Sendung und Leben weiter auseinanderliegen, als es dem entworfenen Idealbild einer Kirche der Sendung entspricht? Ist es dann meine Aufgabe als Pastorin, den langen Weg zwischen beiden Polen in vielen einsamen Fahrten immer wieder allein zu bewältigen? Müsste ich mir die Gemeinde auf den Rücken schnallen, um sie von B nach A zu bekommen? Weder könnte ich das tragen noch wären alle Gemeindeglieder mit so einer Huckepackfahrt einverstanden. Natürlich gibt es viele abgestufte Strategien, wie mit dieser Spannung umgegangen werden kann, einladende Probefahrten, eine kleine Mitfahrergruppe von A nach B und wieder zurück usw. Festzuhalten bleibt aber: Es kann ein weiter Weg sein von einem zum anderen – so wie es, um in den Kontext der Tagung zurückzukehren, ein weiter Weg sein kann zwischen der »Depression der Diagnose« (Thomas Schlegel) und dem »Gott, der Mut macht« (Michael Herbst).

Orientierungspunkte sind für mich bei einer Folie in Michael Herbsts Vortrag aufgeblitzt, auf der neben einem Weintraubenbild mehrere biblische »Überbrückungshilfen« zwischen den beiden genannten Polen angeführt waren. Zum Beispiel 2Kor 12,9 – der Bibelvers, der in meinem Hausflur direkt neben der Eingangstür steht und der mir gerade dann, wenn ich durch diese Tür in einen herausfordernden Tag gehe, ein wichtiger geistlicher Fluchtpunkt ist. Bei besagter Weintrauben-Folie dachte ich mir: Aus diesen Trauben könnte man doch einen guten Glühwein machen, in der Dämmerung eines langen Abfahrtstags in die Hütte einkehren und dann gemeinsam dem nachschmecken, wie genau dieser Wein seine besondere Stärke und Stärkung entfalten kann. Für einen solchen Hüttenabend wäre ich jederzeit zu haben!

Schließlich habe ich gerade zur Bewältigung des herausfordernden Geländes den Beitrag von Henning Wrogemann als eine (und ich meine das sehr viel charmanter, als es klingt!) starke Pistenraupe empfunden: Da werden aus der »Kraft des Kontra-Faktischen« Spuren gezogen, die die Wegstrecke vielleicht nicht unbedingt kürzer werden lassen, sich aber gut weiter vertiefen lassen – und damit die Mühen des Abstands lindern helfen.

Wenn ich nun unten am Fuße des Hanges stehe und zurück nach oben blicke, dann strahlt ein Streckenabschnitt in einem ganz eigenen, eigentümlich schimmernden Licht. Der Abendvortrag von Miroslav Volf hat mich besonders nachhaltig beeindruckt: Das alte Hoffnungsbild vom Himmlischen Jerusalem, dem Zuhause, in dem Gott mitten unter uns ist, das rührt mich immer wieder an. Mit meinem Gospelchor, in dem die Bandbreite christlich-kirchlicher Verbundenheit von »hoch« bis »gar nicht« geht, singe ich seit einigen Monaten ein Lied über das Himmlische Jerusalem und merke: Man muss gar nicht mit der Bibel großgeworden sein und/oder Theologie studiert haben, um sich von dieser Sehnsucht anrühren zu lassen. Dass da ein himmlisches Zuhause wartet, ein Zuhause bei Gott – das webt seine Hoffnungsfäden von ganz allein ins Leben.

Insgesamt hat der Beitrag von Miroslav Volf meinen Blick auf die weitere Tagung geprägt, in seiner wachen und kundigen Zeitdiagnose wie in seiner biblischen Rückbindung. Manche Problemanzeige hat mich danach fragen lassen, wieviel »Babylon-Logik« auch in der Kirche ihre Wirksamkeit entfaltet – etwa im vielzitierten Hamsterrad unserer alltäglichen Arbeit und Belastung, das so wenig zu der guten Sabbatordnung passt, die Gott der Welt gegeben hat. Es hat mich aber auch aufmerksam gemacht für die Lichtkringel, die das Himmlische Jerusalem schon in unsere heutige, auch kirchliche Wirklichkeit malt: Zum Beispiel dort, wo »Klangkörper des Evangeliums« (ein wunderbarer Leitbegriff von Henning Wrogemann!) klingen und Resonanzen erzeugen. Und vielleicht kann ein Gebilde wie mein Chor auch erst mal ein »Klangkörper der Sehnsucht« sein, eine Art Vor-Band für das, was dann noch kommen kann....

Zu dem, was mir am Ende der Tagung durch den Kopf ging, fällt mir noch ein kleines Erlebnis aus meiner Zeit als Gemeindepastorin ein – genauer gesagt, aus der Christenlehre, die an der örtlichen Grundschule stattfand. Auch in dieser Christenlehregruppe waren Kinder aus kirchlichen, ein bisschen kirchlichen oder gar nicht kirchlichen Familien bunt gemischt, einige getauft, andere nicht. Wir haben viel gesungen, es gab Geschichten, Basteleien und Spiele, und am Ende immer ein kleines freies Gebet und das Vater Unser, damit die Kinder lernen, dass man mit dem lieben Gott reden kann. Eines Tages komme ich also zur Grundschule, und ein Mädchen (ungetauft, konfessionslose Familie) läuft mir schon ganz aufgeregt entgegen: Sie war am Wochenende bei einer Hochzeit, irgendwo weiter weg, in einer großen Kirche, mit ganz vielen Leuten. Und jetzt kommt's: »Die haben dort unser Gedicht aufgesagt!«

Unser Gedicht: Das war das Vater Unser. Man könnte also sagen, Lernziel nicht erreicht, bis zur Anbetung Gottes waren wir offenbar noch nicht vorgedrungen. Man könnte aber auch sagen, unser Gedicht ist auch schon ein Stück Zuhause. Eins, das sein eigentliches Ziel vielleicht später findet und entfaltet, aber immerhin etwas, das zu einem Wir gehört, dem sich das Mädchen zugehörig fühlt. Dann kommt das »Home-Making« (Miroslav Volf) eben schon vor der »Anbetung« (Henning Wrogemann). Und das darf auch sein.

Autorenverzeichnis

Abromeit, Hans-Jürgen, Dr. theol., Bischof i.R., geb. 1954, war Bischof der Pommerschen Evangelischen Kirche sowie Bischof im Sprengel Mecklenburg und Pommern der Nordkirche.

Best, Mirjam, Mag. theol., geb. 1993, ist Doktorandin in der Praktischen Theologie an der Universität Greifswald.

Böttrich, Christfried, Dr. theol., geb. 1959, ist o. Professor für Neues Testament an der Universität Greifswald.

Chibici-Revneanu, Nicole, Dr. theol., geb. 1975, ist Direktorin des Bibelzentrums Barth.

Clausen, Matthias, Dr. theol., geb. 1972, ist Karl-Heim-Professor für Evangelisation und Apologetik an der Evangelischen Hochschule TABOR und Theologischer Referent am Institut für Glaube und Wissenschaft (IGUW) in Marburg.

Domsgen, Michael, Dr. theol., geb. 1967, ist Professor für Evangelische Religionspädagogik und Direktor des Forschungszentrums CES (Center for Empowerment Studies/Christliches Empowerment in der Säkularität) an der Martin-Luther-Universität Halle-Wittenberg.

Eiffler, Felix, Dr. theol., geb. 1984, ist geschäftsführender Leiter der Forschungsstelle MKG (Missionale Kirchen- und Gemeindeentwicklung) am Center for Empowerment Studies – Christliches Empowerment in der Säkularität (CES) an der Martin-Luther-Universität Halle-Wittenberg.

Eufinger, Veronika, M.A., geb. 1984, ist Doktorandin am Centrum für Religionswissenschaftliche Studien (CERES) und Wissenschaftliche Mitarbeiterin am Zentrum für angewandte Pastoralforschung (ZAP) an der Ruhr-Universität Bochum.

Greggs, Tom, PhD, geb. 1980, ist Professor für Historische und Dogmatische Theologie und Inhaber des Marischal Chair of Divinity an der Universität Aberdeen (UK).

Haußmann, Annette, Dr. theol., Dipl. psych., geb. 1983, ist Professorin für Praktische Theologie mit dem Schwerpunkt Seelsorgetheorie (Tenure Track) an der Ruprecht-Karls-Universität Heidelberg.

Herbst, Michael, Dr. theol., geb. 1955, war von 2004 bis 2022 Direktor des Institutes zur Erforschung von Evangelisation und Gemeindeentwicklung (IEEG) und von 1996 bis 2021 o. Professor für Praktische Theologie an der Universität Greifswald.

Kunz, Ralph, Dr. theol., geb. 1964, ist Professor für Praktische Theologie mit den Schwerpunkten Predigt, Gottesdienst und Seelsorge an der Universität Zürich.

Autorenverzeichnis

Müller, Sabrina, Dr. theol., geb. 1980, ist Privatdozentin an der Theologischen Fakultät der Universität Zürich, Mitglied der Leitung des Zentrums für Kirchenentwicklung (ZKE) und Geschäftsleiterin des Universitären Forschungsschwerpunktes (UFSP) »Digital Religion(s)« an der Universität Zürich.

Reißmann, David, Mag. theol., ThM, geb. 1988, ist Doktorand am Lehrstuhl für Religionswissenschaft und Interkulturelle Theologie in Heidelberg und Wissenschaftlicher Mitarbeiter an der Forschungsstelle MKG (Missionale Kirchen- und Gemeindeentwicklung) an der Martin-Luther-Universität Halle-Wittenberg.

Schlegel, Thomas, Dr. theol., geb. 1973, ist Kirchenrat der Evangelischen Kirche in Mitteldeutschland mit den Zuständigkeitsbereichen Gemeinde, Seelsorge und »Erprobungsräume« und Wissenschaftlicher Mitarbeiter an der Forschungsstelle MKG (Missionale Kirchen- und Gemeindeentwicklung) an der Martin-Luther-Universität Halle-Wittenberg.

Sellmann, Matthias, Dr. theol., geb. 1966, ist Professor für Pastoraltheologie und Leiter des Zentrums für angewandte Pastoralforschung (ZAP) an der Ruhr-Universität Bochum.

Volf, Miroslav, Dr. theol., geb. 1956, ist Henry-B.-Wright-Professor für Systematische Theologie an der Yale Universität und Gründungsdirektor des Yale Center for Faith & Culture.

Wrogemann, Henning, Dr. theol., geb. 1964, ist Professor für Religionswissenschaft und Interkulturelle Theologie und Leiter des Instituts für Interkulturelle Theologie und Interreligiöse Studien (IITIS) an der Kirchlichen Hochschule Wuppertal.

Zimmer, Miriam, Dr. phil., geb. 1985, ist wissenschaftliche Mitarbeiterin am Zentrum für angewandte Pastoralforschung (ZAP) an der Ruhr-Universität Bochum und leitet dort das Kompetenzzentrum Pastorale Evaluation.

Ulrich H. J. Körtner
Wahres Leben
Christsein auf evangelisch

144 Seiten | Klappenbroschur | 12 x 19 cm
ISBN 978-3-374-06912-5
EUR 12,00 [D]

Kann es wahres Leben geben? Ein Leben, das sich nicht nur gut und richtig anfühlt, sondern gut und richtig ist? Ein sinnerfülltes Leben mit Tiefgang statt bloßer Oberflächlichkeit? Ob Leben wahr oder unwahr, richtig oder falsch ist, hängt davon ab, was oder an wen man glaubt, was oder wen man liebt, was oder worauf man hofft. Das führt zu den weiteren Fragen dieses Buches: Woran genau glauben Christen? Worauf vertrauen sie in Leben und Sterben? Und: Was bedeutet es heute, im evangelischen Sinne Christ zu sein?

Der Wiener Theologe Ulrich Körtner ist weithin bekannt für seine Gabe, das Wesentliche klar auf den Punkt zu bringen. Er bezieht sich dabei vor allem auf das Apostolische Glaubensbekenntnis, das Doppelgebot der Liebe, die Zehn Gebote, das Hohelied der Liebe, das Vaterunser, Psalm 23 und Psalm 51,12–14 sowie die Seligpreisungen.

EVANGELISCHE VERLAGSANSTALT
Leipzig   www.eva-leipzig.de

Tel +49 (0) 341/ 7 11 41 -44   shop@eva-leipzig.de